“十三五”国家重点出版物出版规划项目

图解服务的细节

041

すぐわかるスーパーマーケット　鮮魚の仕事ハンドブック

生鲜超市工作手册 水产篇

海量图解日本生鲜超市先进管理技能

[日]《食品商业》编辑部 编

周征文 译

人民东方出版传媒
People's Oriental Publishing & Media
東方出版社
The Oriental Press

目录

第 8 章

1 年 12 个月的“周度”销售规划 187

第 9 章

“家计”支出与月度数据 245

第 10 章

卖场和商品的相关数据——销售额、利润及其他 259

前言

长期以来，以女性为主的临时工一直奋战在超市工作岗位的第一线，无论是产品加工，还是卖场布置，她们都称得上是不可或缺的中坚力量。

然而，用人企业的相关工作还有所欠缺，使她们未能最大限度地发挥自身能力。

有的企业的确已经着手改革，开始任命临时工为部门负责人，或将其提拔为正式员工。有的企业还认真听取女性员工的意见和建议，将其落实到新商品的开发中，从而获得了消费者的欢迎。

但上述情况仍属少数。

我们认为，只有企业一方做到“培训到位、考核公平”，员工一方做到“认真学习、服务顾客”，双方的正能量互相结合，才能打造出一家优秀的超市门店。

如果不培养员工积极向上、提升自我的心态，就无法使门店生意兴隆。

之所以出版本书，正是基于上述宗旨。本书既是企业培训员工的现场教材，也是供员工们自我学习的精神食粮。

本书作为“生鲜超市系列”中的一册（生鲜水产方面的教材）——其他还包括蔬果、肉禽、日配食品方面的教材——经过重新编辑和大幅整理后，又加入了各部门共通的重要知识（包括卫生管理、标识规则等），因而成为现场培训及自学提高的有力工具。

如今，超市行业迎来了“用人荒”的时代。企业只有导入正确合理的培训及评价机制，激发员工自我学习、自我提高的主观能动性，才能克服困难，实现共赢。

我们相信，劳动者由内而外展现风采的时代终将到来。

2014 年春

“商业界”出版股份有限公司《食品商业》杂志编辑部

第1章

水产部门的基本工作内容

水产部门的基本工作内容

水产部门负责处理的商品可以分为两大类——作为自然界产物的“新鲜水产”和经过干燥、调味等加工的“腌制水产”。其中，“新鲜水产”还能进一步细分为以普通形式流通的“生鲜水产”和通过冷链流通的“冷冻水产”。

以上述大分类为基础，便可区分水产部门的作业内容。而大多数生鲜水产都需要通过“冰盐水处理”来保持其鲜度。

此外，为了让消费者便于烹饪和食用，不能只销售整条活鱼，而应该通过去鳃、去内脏、3 片切、鱼肉切片等加工手段来提升成品的价值（见图表 1-1）。

同理，对于腌制水产，则少不了涉及冷冻冷藏的低温管理及适当的成品周转技术。至于冷冻水产，低温管理和相应的解冻技术则必不可少。

在超市后场加工的生鲜水产、腌制水产和冷冻水产，除了散装销售的以外，都要装盘销售。

要想学会水产的处理 · 加工技术，首先必须掌握各工序的基础用语。

正确的鲜度管理技术

根据是否冷冻、品种及形态的不同，处理水产的方式也各不相同，有的需要解冻，有的需要水洗，有的则需要用冰盐水处理。

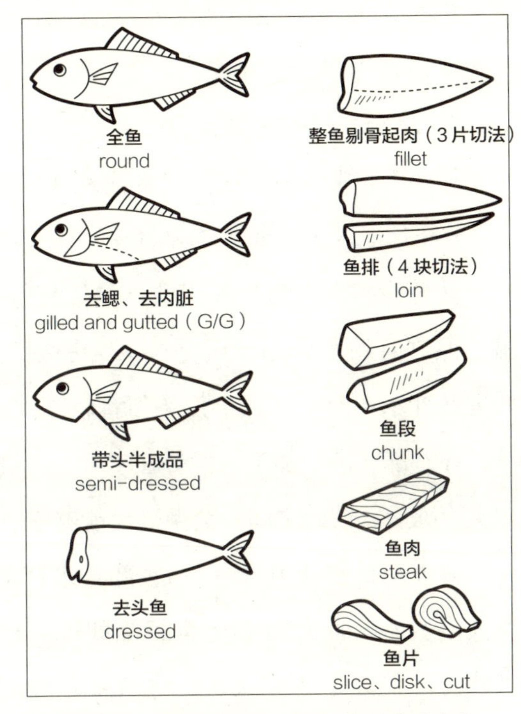

图表1–1　新鲜水产加工成品的形态及名称

① 生鲜水产的鲜度保持

· 去除表面污垢……水洗

· 降低温度，补正表面水分量……用冰盐水（浓度为3.5%）处理

温度上升是鲜度下降的最大原因（见图表1–2）。清洗必须在短时间内完成，事后必须用冰盐水降温（–1℃～–3℃），从而析出多余的表面水分。不过要注意，如果是切下的鱼片，盐分会

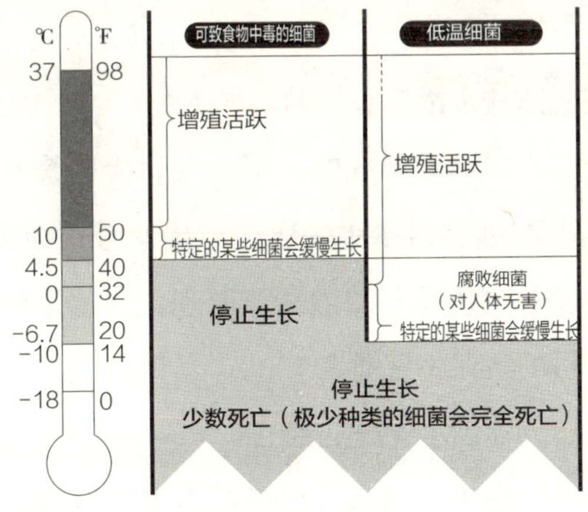

图表1–2　可致食物中毒的细菌（中温细菌）和低温细菌的生长温度范围

渗入内部，因此不能用冰盐水浸泡。由此可见，只有全鱼或去头鱼才适合用冰盐水处理。

② 冷冻水产的品质保持

· 快速解冻………通过用水冲洗来解冻

· 降低温度，补正表面水分量………用冰盐水处理

处理冷冻水产时，理想状态是使其保持在 -10℃ ~-6℃的低温，但这时的水产品异常坚硬，无法用出刃菜刀切割。在加工处理冷冻水产时，日式牛刀（刀背较厚）必不可少。

在冷冻状态下加工的优势在于：一、出肉率高；二、肉片在二次冷冻后，彼此之间不会粘连，能够以非常好的状态进行保存。

解冻时的要点在于：一、部分水产品需要完全解冻；二、绝大多数水产品只要不完全解冻即可，在解冻作业完成后，其身体内部仍处于冰冻状态，之后将其浸泡在冰盐水中，尽可能长时间地保持其低温新鲜的状态；三、在处理大部分虾类时要注意，由于其生活环境往往为半咸水（淡水和海水交汇的水域），因此冰盐水浓度必须调整为 1.5%。

水产品在解冻时，不但其体表会含有多余水分，而且其身体内部也会因冰块融化而渗出水分，为了去除这些多余水分，就需要利用盐分的渗透压原理，这也是用冰盐水浸泡冷冻水产的目的所在（见图表 1-3）。

③冰盐水处理的目的

在加工完成后，仍能最大限度地保持水产品的原味和营养

成分，这便是鲜度管理的目的。为此，需要做到以下两点：

ⓐ 为了抑制会导致蛋白质变性的细菌增殖，要保持低温管理和清洁。

ⓑ 要隔离有氧环境，以防脂肪氧化。

冰盐水处理法则是低温管理中不可或缺的一环。

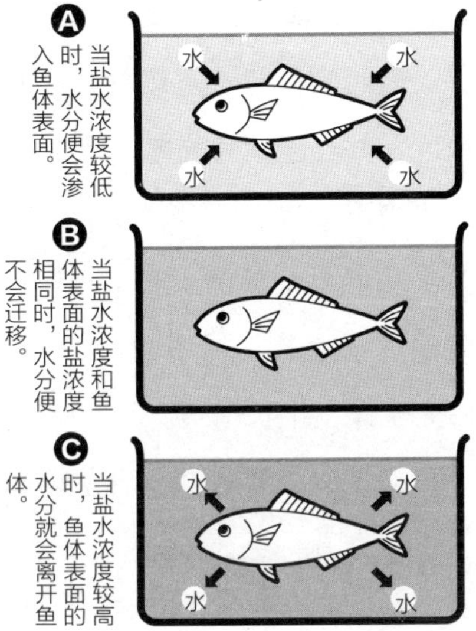

图表 1–3　冰盐水处理法的依据——渗透压原理

由于鱼肉中含有各种成分，因此与零度结冰的水不同，其只有在 –2℃ ~–1℃左右才会结冰。

冰盐水，顾名思义，由冰、盐和水组成。这三种原料唾手可得，是成本低廉的低温媒介。将盐水浓度调至 3.5%（与海水的盐浓度相同），再将温度降至 –2℃ ~0℃，便可制成冰盐水（见图表 1–4，1–5）。

把冰与盐混合，能产生多低的温度呢？这取决于盐的含量。经实验测定，最低可达 –22℃。该温度与操作间冷库的温度（–18℃）几乎一致。

冰盐水处理的主要目的如下：

· 降低水产品的体表温度

· 补正水产品的体表水量

通过降低水产品的体表温度，能够减缓蛋白质自我消化的速度，并且能预防细菌增殖。

当温度降至 –2℃时，已接近可致食物中毒的细菌（中温细菌）和低温细菌的生长临界温度。虽然一部分低温细菌仍能在此温度下生长，但中温细菌和高温细菌（图表 1–2 中未记述）已完全停止生长增殖。

当水产品体表盐分含量降低时或经水冲洗后，多余的水分会渗入体表。

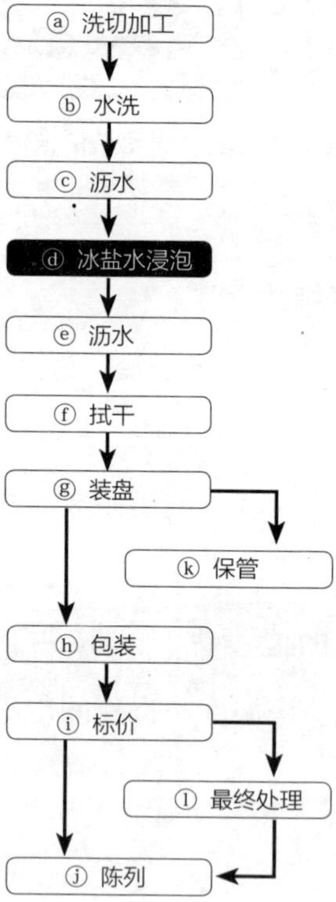

这时，把水产品浸泡在浓度调配得当的盐水中后，其体表的水分含量便能恢复如初。以青花鱼为例，水洗后，其鱼体表面会呈现白色，且发软发涨，而放入盐水浸泡后，其鱼体表面便会重现最初的青色光泽。

对于加入的水，必须事先降温，或者在与盐混合后放入冰箱降温，然后再加入冰。如果不按此方式操作，加入的冰就会融化，便得不

ⓐ 洗切加工
ⓑ 水洗
ⓒ 沥水
ⓓ 冰盐水浸泡
ⓔ 沥水
ⓕ 拭干
ⓖ 装盘
ⓚ 保管
ⓗ 包装
ⓘ 标价
ⓛ 最终处理
ⓙ 陈列

图表 1–4　冰盐水在加工操作中的使用方法

到低温的冰盐水了。

当然，如果时值寒冬，自来水的温度本身就很低（7℃以下），那么可以直接使用。

在了解冰盐水的作用原理后，还须注意其使用方法。

即便冰盐水的制作成本较低，但从所耗费的时间和流程来看，倘若反复重新制作，亦是一项繁重劳动。因此较为理想的状态是“一次制作，多次使用”。为此，就必须保持冰盐水的洁净状态。换言之，需要在使用方式上下功夫。

接下来就结合具体作业流程（见上页图表1-4）进行讲解。

ⓐ 在洗切加工时，即便是全鱼，也必须去除内脏。因为这样能使鱼体中心温度

①冰盐水的正确制作法

最近，部分超市的操作间开始配备盐水处理槽，此举的确便利，但成本较高。作为员工，还是必须学会冰盐水的基本制作法。

所谓3.5%的盐分含量，指的是重量比。准备好50L容量的塑料桶，分别加入10kg水和冰。如此一来，水和冰的总重便是20kg。

将盐的量设为xg，由于其目标重量比为3.5%（=0.035），代入下述公式，便可计算出应放入多少g盐。

经计算可知，需要放入725g盐，才能获得浓度为3.5%的盐水。

虽然混合物的最终温度取决于水与冰的起始温度，但只要充分搅拌，便能简单制成-3℃~-1℃的冰盐水。

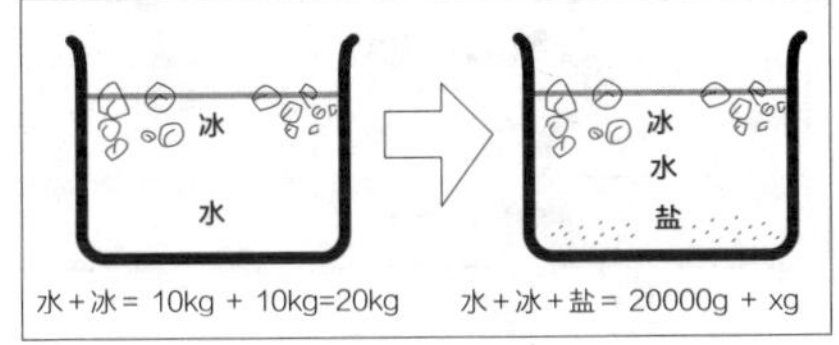

$$\frac{X}{20000+X}=0.035 \qquad X=0.035(20000+X)$$

$$0.965X=700 \qquad X=\frac{700}{0.965}=725$$

②冰盐水的简单制作法

为了保证制作冰盐水的效率，应该使用既定容器（或者测定好容量的水槽）。

首先要备好用来装水和装盐的容器。可用45L容量的塑料桶装水，按照下图所示，在15L、20L及40L处标记刻度；可用盘子等容器装盐，但要保证既定容量可控。

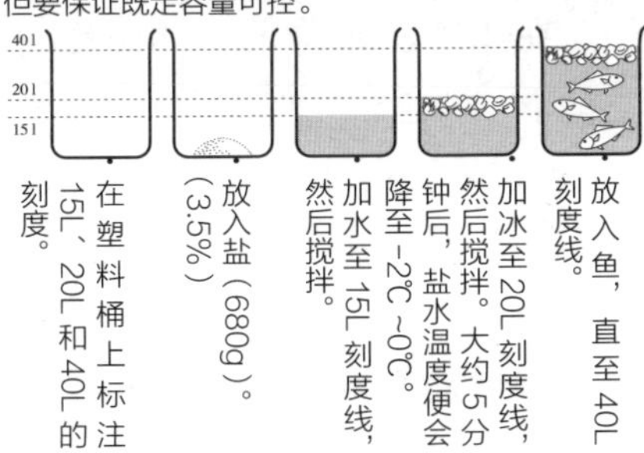

图表1-5　冰盐水的制作方法

下降得更快。

图表1-6 冰盐水处理的实验结果

水洗处理后、冰盐水处理前的鱼体中心温度	浸泡时间	冰盐水处理后的鱼体中心温度
梭子鱼 11℃	10分钟	4℃
飞鱼 14℃	10分钟	6℃
金线鱼 20℃	5分钟	9℃
鲷鱼 17℃	5分钟	10℃
石鲈 20℃	7分钟	13℃
菖鲉(小)10℃	5分钟	6℃
鲣鱼 8℃	30分钟	2℃
鲽鱼 17℃	10分钟	10℃

ⓑ 水洗时，应把残留的血糊和内脏组织充分洗净，以尽量减轻冰盐水的污染。

ⓒ 沥水必须充分，否则会稀释冰盐水，使其无法保持3.5%的浓度。待浸泡完毕后，从流程 ⓔ（二次沥水）至流程 ⓙ（陈列）再到流程 ①（最终处理），都应尽快操作完成，以最大限度地降低鱼体温度的回升幅度。

在用冰盐水降低鱼体温度时，由于鱼体大小不同，其中心温度的下降速度也不同（见图表1-6）。关键在于保证充分的浸泡时间。

至于保管方式，为了不让水产品由于干燥而丧失水分，推荐用泡过盐水的毛巾包裹并密封保存。事实上，冷库的环境极为干燥，较为便利的方法是用带盖的泡沫塑料箱保存。

装盘的基础知识和原则

所谓装盘，是指盛放刺身、在容器上摆放全鱼或鱼片的作业。认真到位的洗切加工固然重要，但亦不可忽视装盘这道工序。甚至可以说，装盘质量决定了最终成品的价值。

装盘时的注意点如下：

· 选择与内容相符的盘子

· 进行适当的搭配点缀（配菜、青芥辣、一叶兰[①]、花卉等）

· 统一每件成品的摆放方向

· 在对相同的成品进行装盘时，要做到整齐均一

· 要将成品擦拭干净

选择盘子是重中之重，超市销售的水产品多达 200~280 种。要记住与每件成品相配的盘子，的确非常不易。

此外，在选择搭配点缀和成品摆放方向时，也要根据不同的时期以及鱼体或鱼片的大小，作出相应的判断。

为此，在装盘时，除了必须把基本常识熟记于心之外，还可以采用名为“装盘总账”的记录方式，使装盘作业的要点变得一目了然（参照下页图）。

关于装盘的基本常识，以下为实例。可视其为必须掌握的基础。

---

① 用于装饰寿司等食品的绿色植物，也有塑料制及纸制的。

装盘总账

商品名：刺身拼盘 A 4 人份
售价：1980 日元 / 盘
成本价：1272 日元

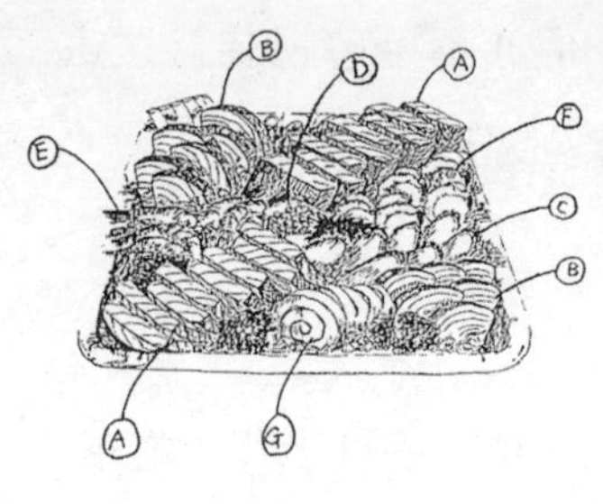

商品管理
①卖场：（刺身）柜台
②陈列：（4）层（2）F
③保管：冷（藏）库
④隔日处理：不可

		日元
Ⓐ 金枪鱼	16 片 ×12g	352
Ⓑ 幼鰤	12 片 ×8g	216
Ⓒ 章鱼	7 片 ×8g	123
Ⓓ 咸鲑鱼子（迷你装）	1 个	180
Ⓔ 甜虾	5 只	193
Ⓕ 虾夷盘扇贝肉	5 片	120
Ⓖ 辣味乌贼	1/4 只	88
		1272

成品制作
使用的鱼类：________
加工：________
装盘：________

包装
盘子：船型大盘
贴签：4~5 人份
搭配点缀：配菜・欧兰芹
附加品：青芥辣 4 份

①全鱼（1条）

首先将鱼的正面朝上。所谓正面，是指将鱼腹侧置于靠近自己的近端，且鱼头朝左的姿势（见下页图）。此外，如果装盘后，盘子“留白”过多，则说明所选的盘子过大。有时，即便盘子尺寸与鱼体大小相符，但鉴于鱼体形状的差异，会导致盘子四角留出过多空白。这时，应根据这种鱼的食用方法，进行适当的搭配点缀，如摆放欧芹和生姜等配菜。

最近，不少超市在上架水产品时，会直接注明推荐的食用方法或烹饪方式，因此搭配点缀决定了成品的用途。

由此，搭配点缀便具有了功能性的意义。黄油、色拉酱和香辛料皆可使用。

②关于鱼片

装盘时，尽量把大小均匀的鱼片放在同一个盘子里，这点非常重要。

以两片装的成品为例，如果鱼片大小均匀，顾客在享用时就不需要为了“如何分配”而烦恼，从而体现“以人为本”的理念。

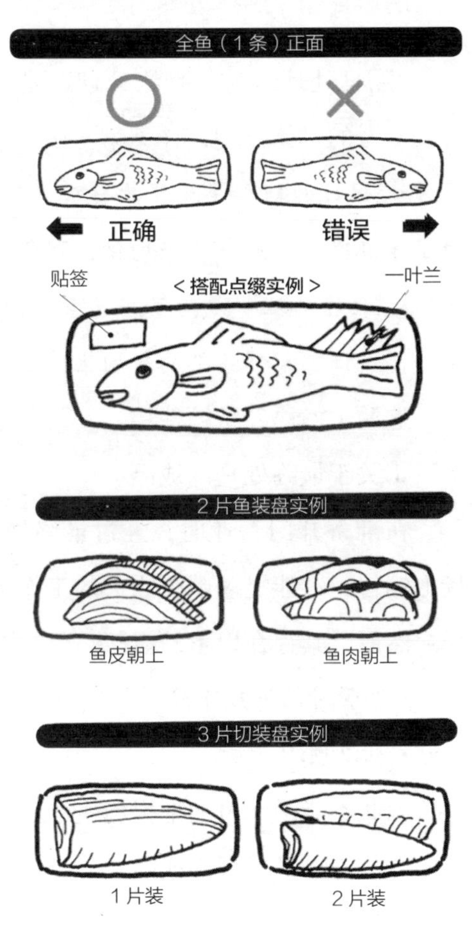

一般来说，最常用的装盘方式有两种（见右图）。

③关于3片切鱼肉

3片切鱼肉的成品装盘方式分3种——鱼肉朝上、鱼皮朝上和交错朝上。1片装时，往往将鱼肉朝上，2片装时，往往交错朝上。企业可自行制定标准。

在装盘流程中，有一项作业是擦拭。鱼体在冰盐水中浸泡过后，势必会残留水分，如果直接包装，事后便会渗漏，从而大幅降低成品价值。

擦拭时，要轻轻按住鱼体表面，使用仔细拧干的厚毛巾认真擦拭。如果是全鱼，在擦拭时，还要稍稍用力摁压鳃盖部位。

此外，如果是已经开腹了的鱼体，还必须仔细擦拭鱼腹内部，否则容易渗血。

隔日处理·最终处理与成品保管

“隔日处理”与“最终处理”是超市生鲜加工中的常用语，有关二者的具体差别，详见第 5 章。

·“隔日处理”是为了次日营业而做的准备工作，其目的是为了保证次日作业量的平均化，避免第二天忙乱。

·“最终处理”是为了当天营业而提前完成的工作，其目的是为了保证当天作业量的平均化，避免当天断货等情况发生。

这两个术语经常被使用。

①关于最终处理的成品

在准备开门营业时，经过最终处理的成品可以直接摆到卖场上销售，这能显著减少当天的工作量。

然而，其存在以下缺点：

·保管时的鲜度下降

·难以预测产量

因此不能漫无目的地提前生产。

②关于隔日处理的成品

隔日处理并非生产成品，而是提前一天完成最耗费时间和精力的作业部分，从而减轻第二天清早的作业负担。

这种方法能实现较高水准的鲜度管理，使水产品基本维持在刚捕捞后的新鲜状态。

·避免了保管时的鲜度下降（至少使其只发生最低程度的下降）

·能控制成品产量，使其与需求量相吻合

且与最终处理相比更为简单。

此外，隔日处理还能扩展成品的范围，除极少数品类外，几乎所有的水产品都能进行隔日处理。

不过，要想彻底实行隔日处理，还必须备齐相应的器具。

并且，根据水产品的不同，其隔日处理的具体方法也有所不同，必须逐一掌握。

水产品加工的基本顺序

水产部门处理加工的水产品可谓形态各异，仅鱼类就有大鱼、扁平鱼和小鱼等。

不同的鱼类不仅外部构造不同，而且诸如骨骼、筋肉和暗红肉等内部构造也不同。在加工时，自然要遵循其内部构造来进行。

此外，根据鱼的不同用途，菜刀的入刀方式也有所区别。因此技术繁杂。

但需要掌握的基本技术其实可谓寥寥。希望大家掌握好这一基本技术。从加工方法来看，基本鱼种可分为：

①鱼的形状：纺锤形

在纺锤形鱼中，金枪鱼是大型鱼的代表，沙丁鱼是小型鱼的代表。大部分纺锤形鱼属于“高机动性”鱼种，能够在水中快速移动。体内具有发达的血合肉是其内部构造特征，这些暗红血合肉能够将氧气输送至全身各部位（参照下页图示）。

②鱼的形状：扁平形

比目鱼和鲽鱼是扁平形鱼种的代表，而鲷鱼和带鱼其实也属于扁平鱼。这些鱼都属于海洋中下层鱼类，游动速度绝对称不上快。其鱼肉并非红色，而是呈白色。

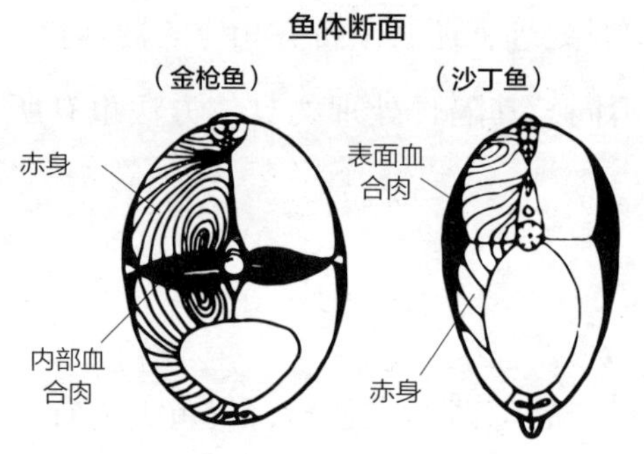

因此其血合肉不发达。

为了弥补这一缺憾，扁平鱼往往拥有坚硬的鱼鳞，以抵挡天敌的攻击；或者通过改变体色来融入环境，以起到隐身的作用。

从栖息的海洋深度来看，处于海洋中层的鱼类，其鱼体仍有一定的厚度；而越是位于海洋下层的，其鱼体就越扁平。

鱼类加工的基础在于，要理解其特征，从而以较高的效率（出肉率）取出可食用的鱼体部分。只要掌握几种代表性鱼类的加工方式，就能做到一通百通。

入门后，就可以进一步进阶——提高加工处理的速度和娴熟程度，培养加工处理时的美学素养。一旦到达该层次，便可以向用人单位申请职业技术补贴（销售额贡献奖）。

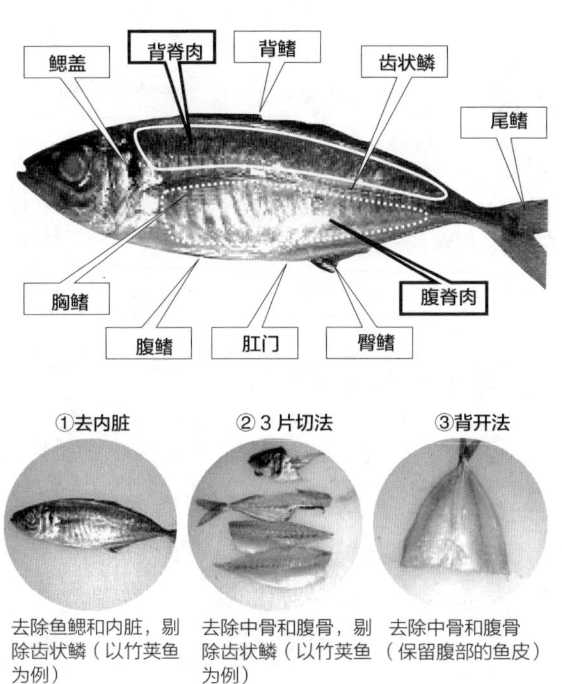

去除鱼鳃和内脏，剔除齿状鳞（以竹荚鱼为例）

去除中骨和腹骨，剔除齿状鳞（以竹荚鱼为例）

去除中骨和腹骨（保留腹部的鱼皮）

不同形状的菜刀的修整方法

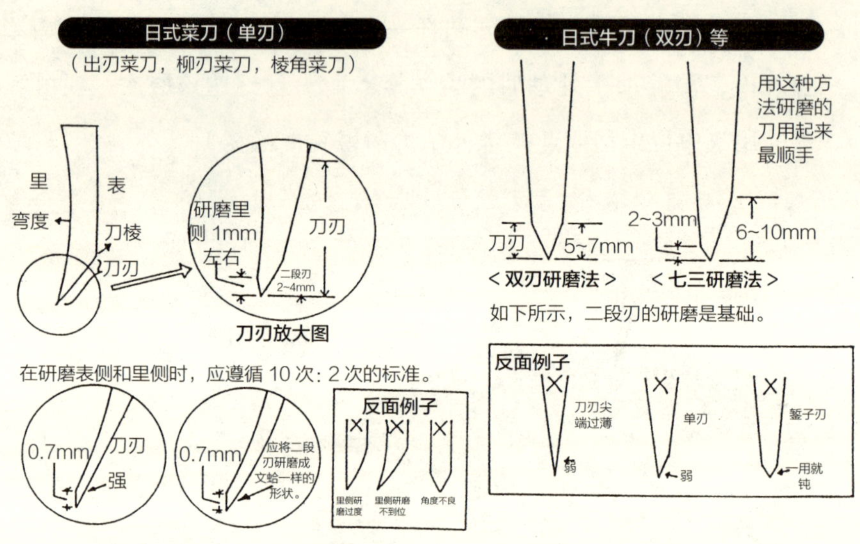

2 片切法与 3 片切法

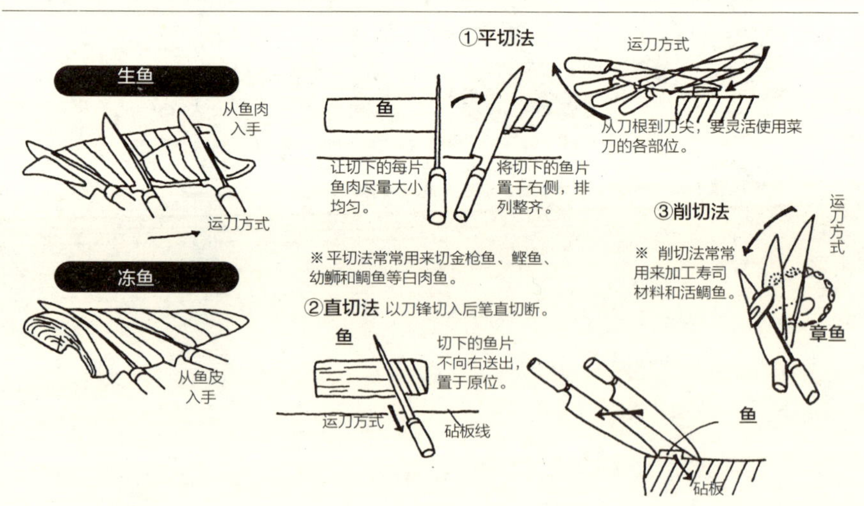

砧板的使用方法、操作时的站立位置

事前准备篇①

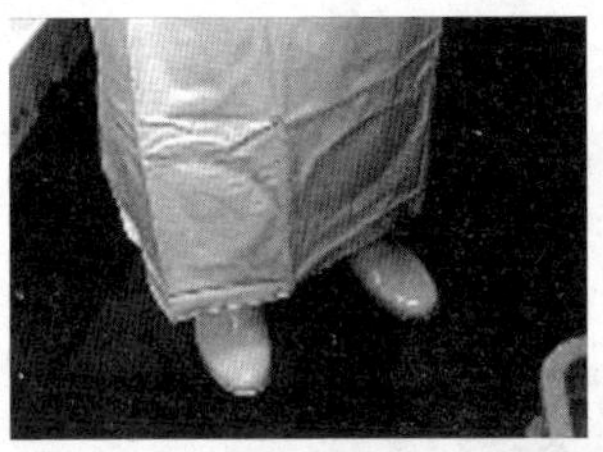

要保持长靴和围裙的整洁，脏污的环境会降低水产品的鲜度和价值，一定要注意。

向后退半步，人与砧板之间应保持一拳左右的距离（约10cm）。

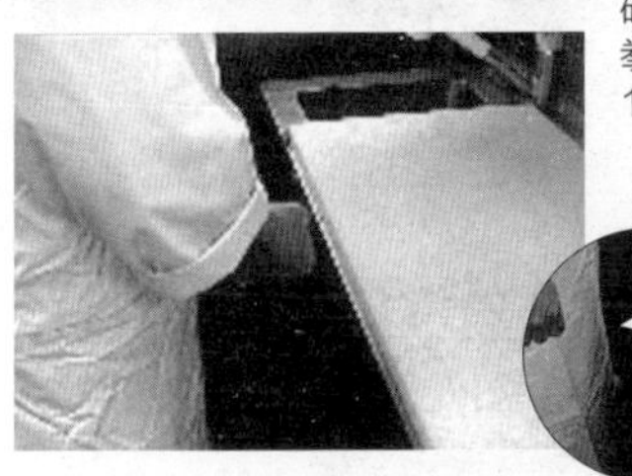

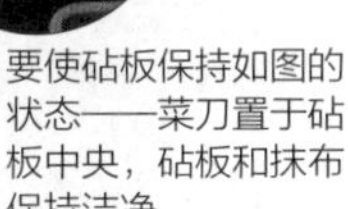

要使砧板保持如图的状态——菜刀置于砧板中央，砧板和抹布保持洁净。

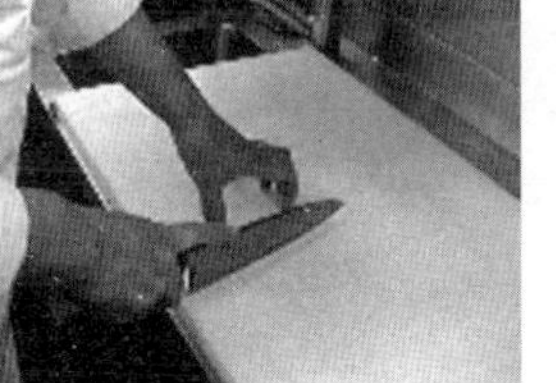

选择入刀角度时，应以“便于操作”为基准，切勿勉强采用生硬的姿势。

砧板的右端一般用于处理内脏和鱼杂，因此在加工时，应遵循“从右至左”的移动方向。砧板中央一般用于主要的加工操作，左端则用于最终处理。

菜刀的握持和使用方法

事前准备篇②

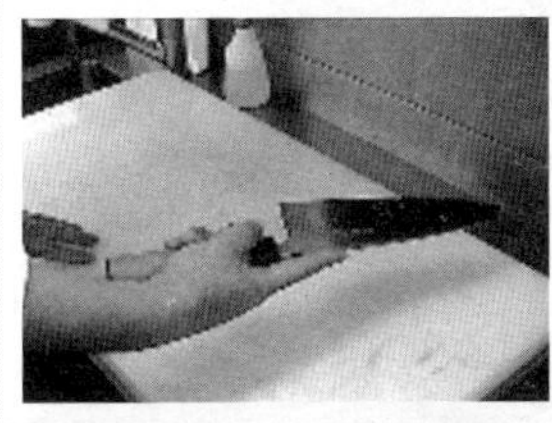

握持菜刀时，切勿用力过度，应保证手腕能够柔软灵活地转动。

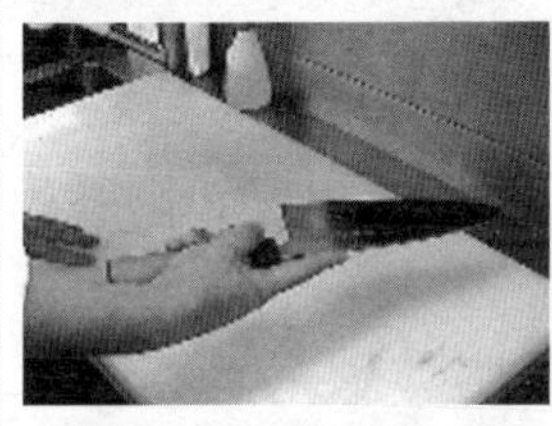

“指向型”
此为基本的握持方法，在切不需要怎么用力切割的物体时，可以用此方法。

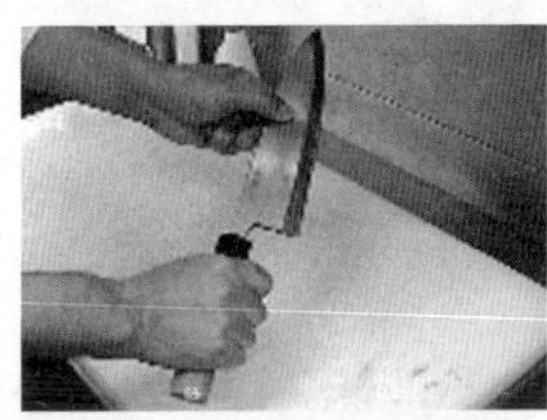

“手握型”
在切需要用力切割的硬物时，可以用此方法。

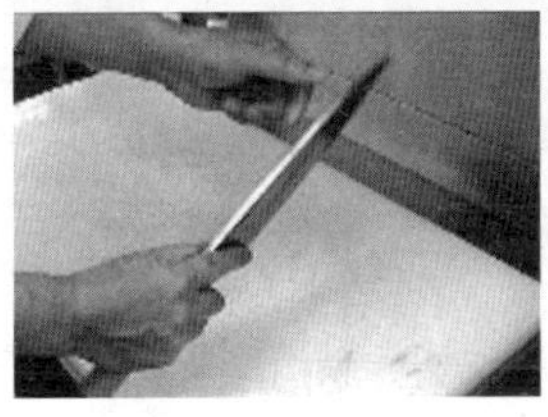

“按压型”
在剥皮时，可以用此方法。

菜刀各部位的名称 括号内为主要用途

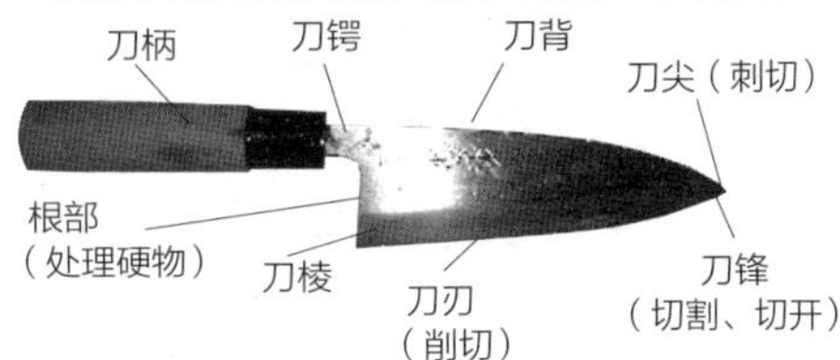

菜刀的研磨方法

开工和收工时的基础作业

用洗涤剂认真洗净附着在菜刀上的油脂和鱼鳞，尤其要注意，残留的鱼鳞有时会弄伤手。

如图所示，右侧的为粗目磨刀石，主要用于修整刀刃的卷刃和缺角。左侧的为细目磨刀石，可将已用粗目磨刀石修整过的菜刀再用此研磨。倘若不用细目磨刀石进行最后加工，则刀刃会在使用不久后马上变钝或再次卷刃。

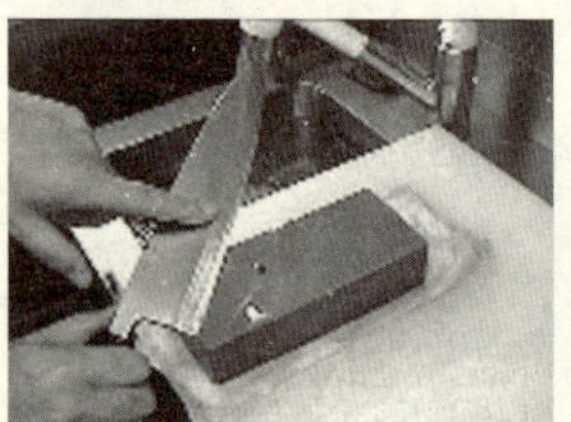

在使用磨刀石前，须将磨刀石放在水中浸泡 30 分钟。在磨刀石下方垫上毛巾加以固定。并应提前确认菜刀的缺口或刀锋的问题所在，从而对研磨的重点部位做到心里有数。

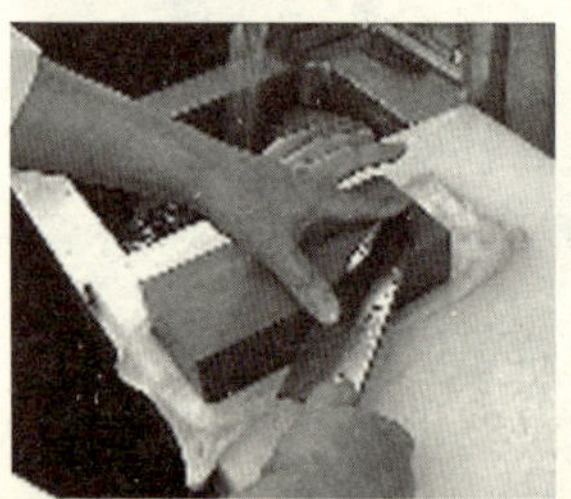

调整刀刃缺口和刀锋的角度，并与磨刀石贴紧即可。研磨时，要用到整块磨刀石的面积。要注意的是，真正起到研磨作用的并非磨刀石本身，而是磨刀石上的粒子（石屑）。
切忌冲水过度，刀身与磨刀石之间应呈大约 45 度角。用左手轻轻扶住刀刃里侧，按照"从刀锋至刀根"的顺序研磨。左手从上部摁住菜刀，右手向前推出。推出去的时候要用力，拉回来的时候则要轻盈。

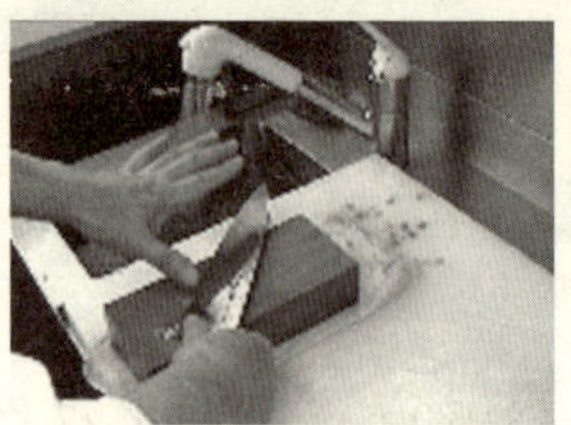

当磨刀石屑产生太多或磨刀石过于干燥时，就需要补充水分。磨刀时，要勤于确认刀刃是否研磨均匀。磨到刀刃在另一边出现毛边（飞边）为止。

如果磨刀石表面凹凸不平，就会影响研磨。可用细目磨刀石将其表面磨平。

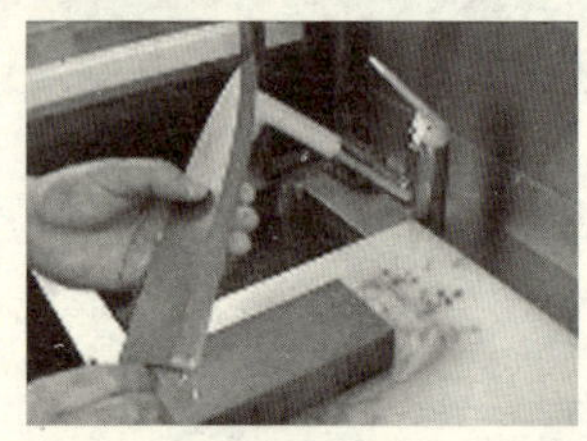

出现毛边时，应将刀身贴紧磨刀石，轻轻研磨。如果使用的是粗目磨刀石，则切忌反复研磨。

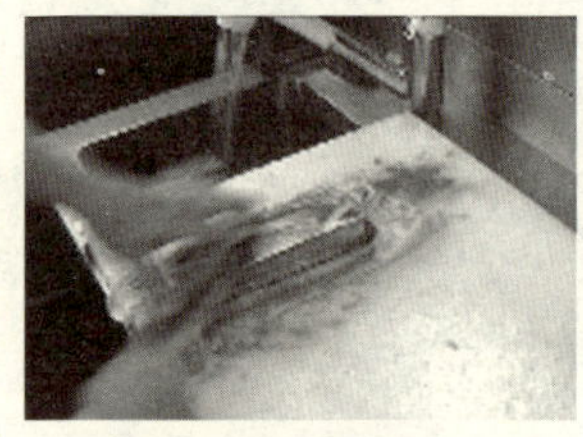

使用细目磨刀石，修正在粗目磨刀石上产生的表面凹凸。

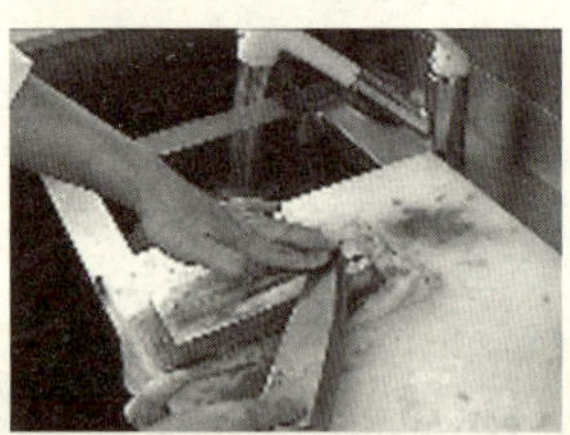

将刀身紧贴磨刀石表面，用力拉回来，从而去除残留的毛边。

最后用盘子之类的容器收集研磨产生的碎片和碎渣，以保持清洁。

第2章

水产部门的商品基础知识

各种水产的加工处理流程

日本竹荚鱼（盐烤）

主产地

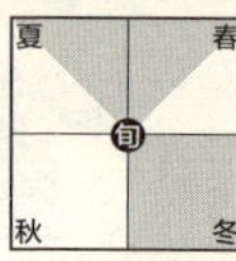

食用方法 刺身、鱼排、盐烤、南蛮腌制、腌泡

鲜度 眼珠透明、鱼鳃鲜红无浊、肉质坚挺、背部呈青绿色、腹部呈金黄色的为佳

特征 背鳍处肥厚的油脂含量较高。根据习性，可分为近海洄游性的黑竹荚与沿岸栖息性的黄竹荚。黄竹荚的时鲜期为 5~7 月，黑竹荚的时鲜期为冬季。

别名 鲭鱼、马鲛鱼、马鲭鱼

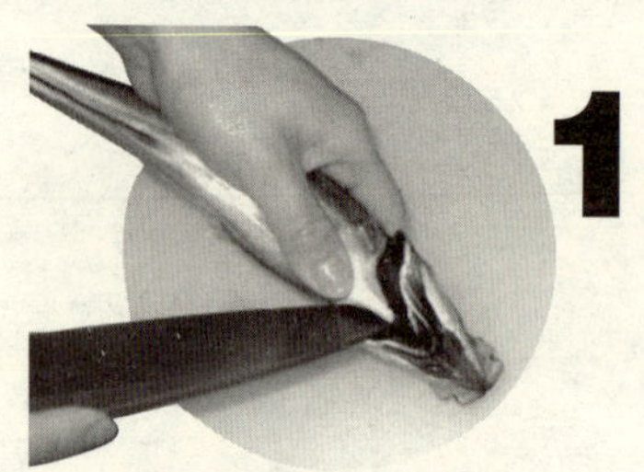

1

将鱼腹朝上，左手按住鱼身，从头部与鳃的接合处入刀，切至鱼鳃根部。

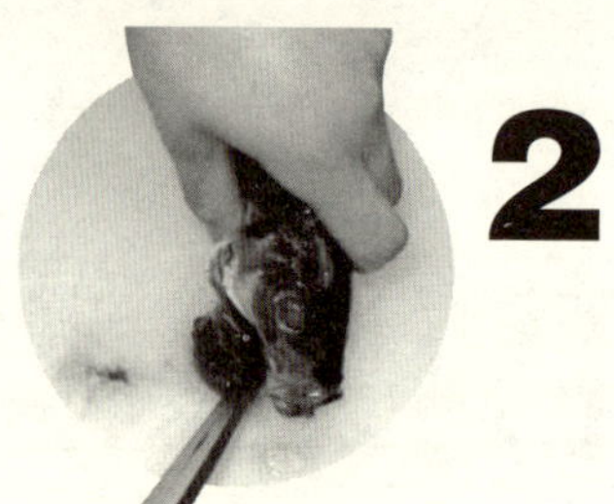

2

右手使用刀尖，将鱼鳃从鱼体内拉到砧板上，左手同时挤压鱼腹内侧。

3

从尾部入刀，切除竹荚鱼的齿状鳞。图示为切除单侧齿状鳞的方法，在实际操作中，另一侧也需切除。

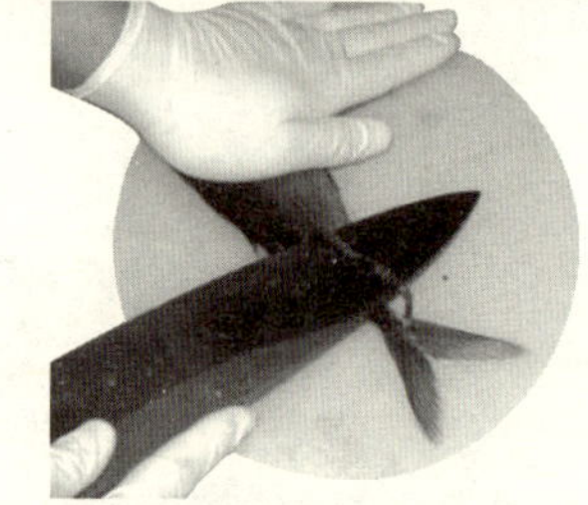

4

从尾部入刀，往头部方向切下去，从而切除另一侧的齿状鳞（制作刺身时，齿状鳞不予切除，此时要注意，运刀方向不可朝上）。

5

切除齿状鳞后，从鱼腹处入刀，从胸鳍根部下侧至肛门处，用刀尖斜切。

腹部入刀完成后，让刀尖深入鱼腹，将内脏挑除。

6

常见鱼种的去鳃、去鳞方法

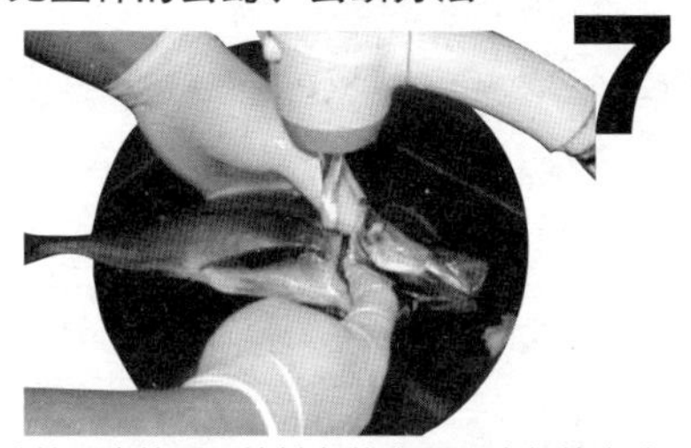

内脏处理完毕后，擦拭鱼体表面和腹部的水分，并且以 1cm 为间隔，在鱼身上半面划切装饰刀痕，斜着划切 3 刀即可。

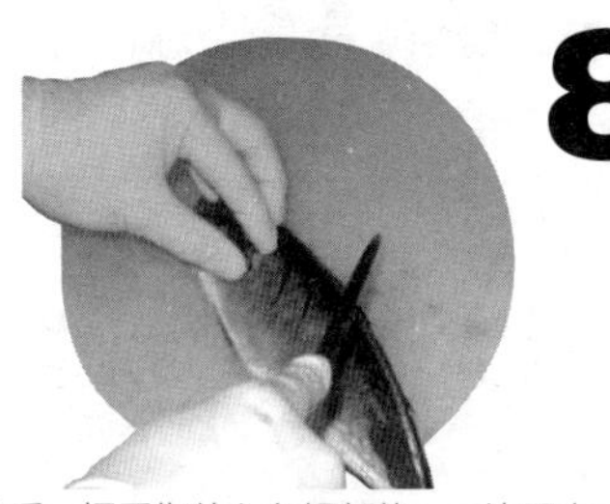

取出内脏后，把手指伸入鱼鳃部位，一边用水不断冲洗，一边抠除残余的内脏组织和头部附近的残留血污（要用水龙头快速冲洗，时间一长，鱼体表面会变色，从而丧失鲜度）。

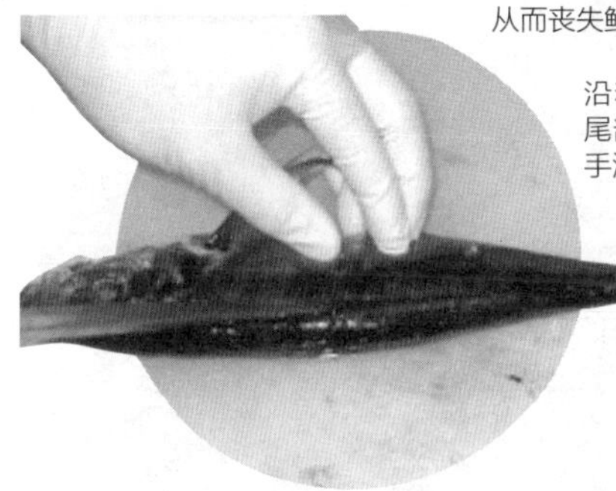

沿着鱼身下半面的背鳍，从距离尾部大约 3cm 处入刀，使用暗刀手法，向头部运刀。

< 完成的成品 >

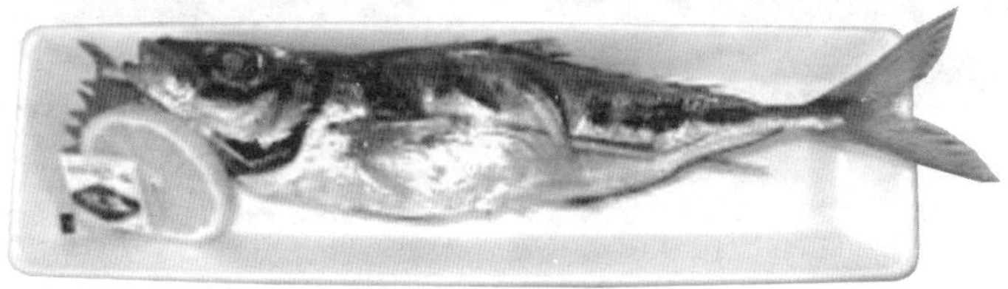

页面标注说明

阴影部分为主要捕捞区域

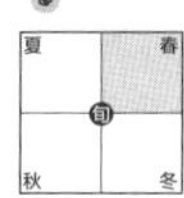

时鲜期 阴影部分为时鲜期所处季节

竹荚鱼 3 片切法

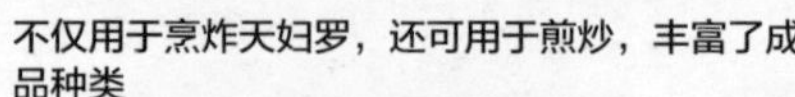
不仅用于烹炸天妇罗，还可用于煎炒，丰富了成品种类

1

与盐烤的事前处理方法相同，去除全身鱼鳞及齿状鳞。切除齿状鳞时，既可从下往上运刀，也可从上往下运刀。

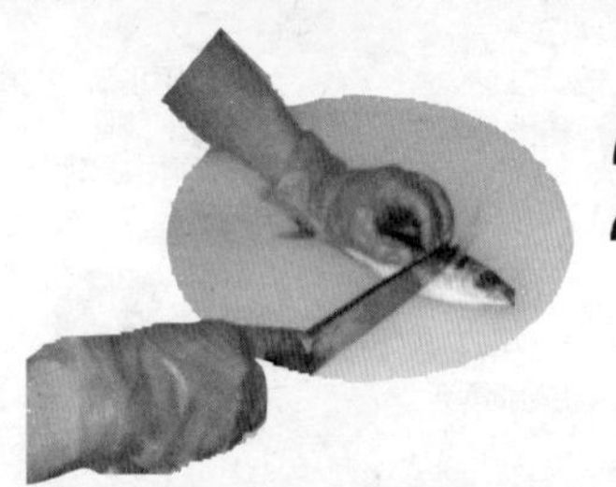

2

切下鱼头。在砧板的角落进行切割，以防止弄脏整块砧板，此为清洁化作业的基本原则。切鱼头时，切忌大力一刀切断，而应该用刀根部分切背骨，逆向运刀切鱼腹。注意运刀要流畅顺滑。

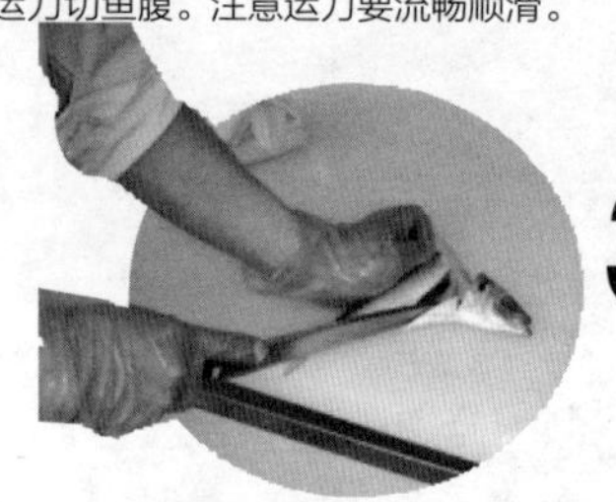

3

逆向运刀切下腹部。这样虽然会稍许导致出肉率下降，但能够提高内脏处理的速度，并且避免了砧板的过度污染。之后，用刀根部分挑除内脏。

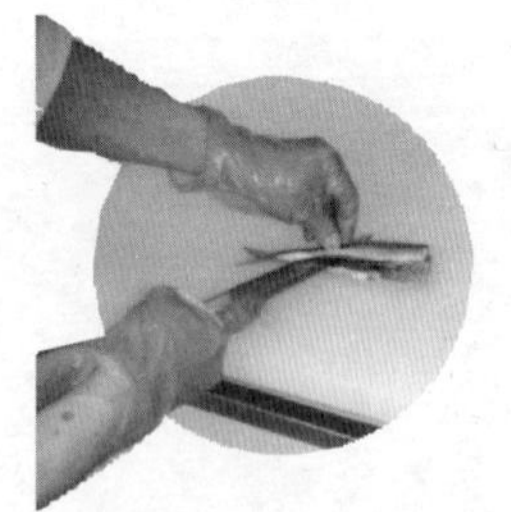

4

确认背骨位置后，从背侧入刀，向前推刀。操作时应使刀尖顶住砧板，从而获得支撑、保持平衡。

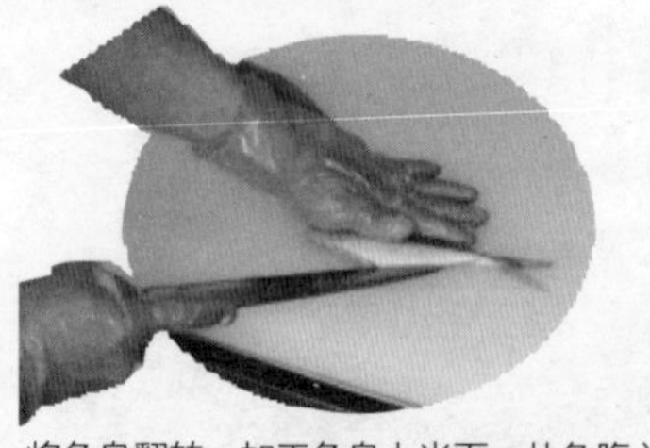

5

将鱼身翻转，加工鱼身上半面，从鱼腹入刀，将鱼肉一刀切下。虽说用的是“大名切法”（译者注：这种切法会导致鱼骨上残留较多鱼肉，看起来比较浪费，因此被称为“大名切法”），但完成品还是非常精致的。

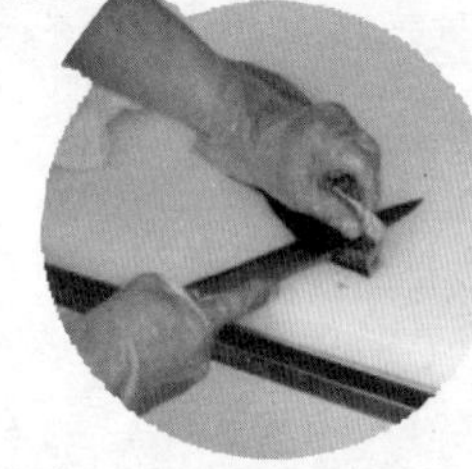

6

转动鱼身，左手轻轻捏住鱼腹部，右手入刀，从尾部往头部方向运刀，刀尖必须触及背骨。

7

去除腹骨，修整周围部分。最后直立切下的一刀最为关键，它决定了成品的价值，因此不可怠慢。

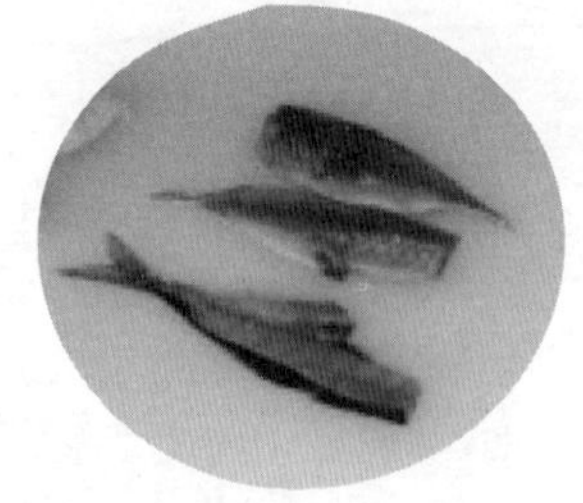

8

鱼身下半面、鱼身上半面，再加上鱼背这三片肉，便是所谓“3 片”切的由来。

竹荚鱼 开背法

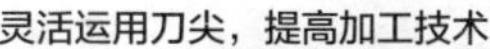
灵活运用刀尖，提高加工技术

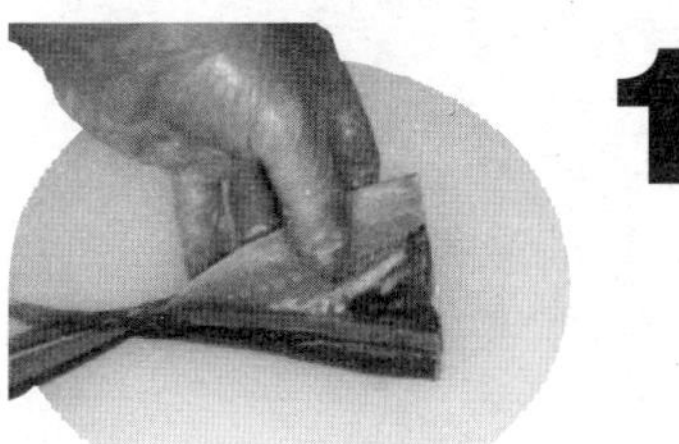
1

在去除全身鱼鳞及齿状鳞后，将鱼头切下。沿着背骨将菜刀运至尾部，注意让运刀位置保持在鱼背，菜刀尖端不要切到鱼腹。切至鱼尾根部时，要认真仔细，慢慢运刀。

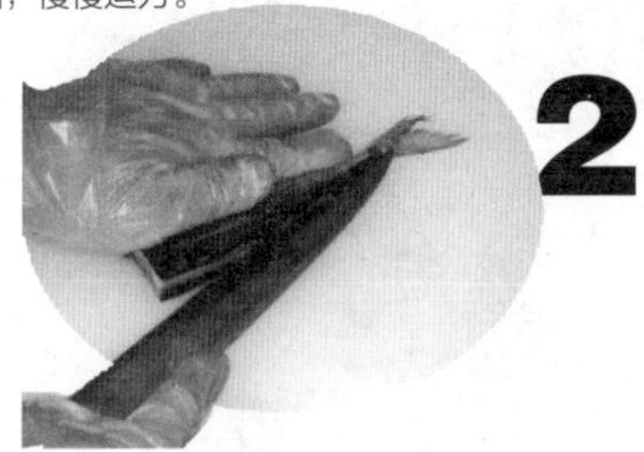
2

将鱼尾转至远离自己的一端，从尾部入刀，沿着背鳍切割，然后把尾部转至左侧，使得鱼身下半面与背骨分离。

3

进一步运刀至尾部，将鱼身举高，使得鱼骨朝下、鱼身朝上，然后切开尾部。

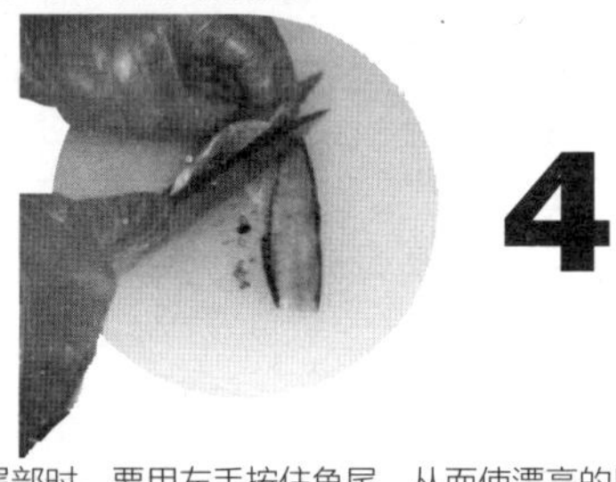
4

切开尾部时，要用左手按住鱼尾，从而使漂亮的尾鳍得以保留（如果鱼尾根部缺损，会导致鱼体纤维组织坏死、鱼尾耷拉起皱，从而影响成品质量）。

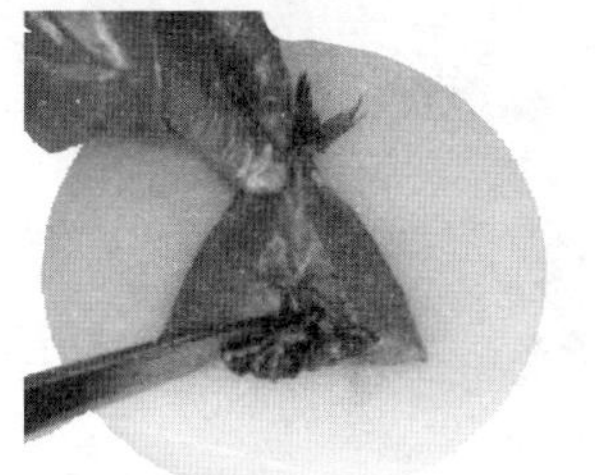
5

挑除左右腹骨，同时剔除内脏（运刀的方式及力度与去除腹骨时不同，要用刀尖划出切痕并刮除内脏）。

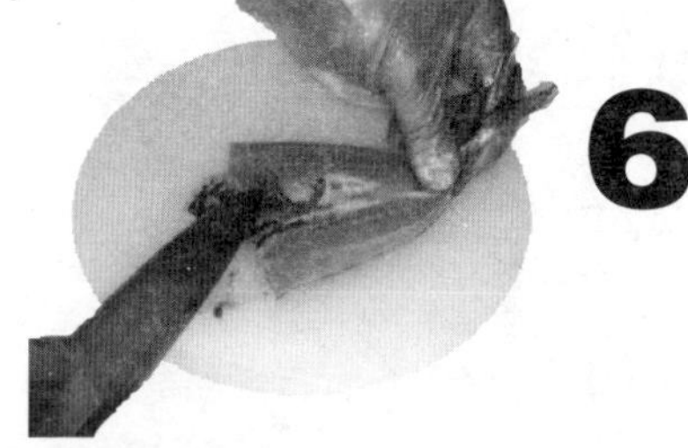
6

剔除内脏时要仔细到位。

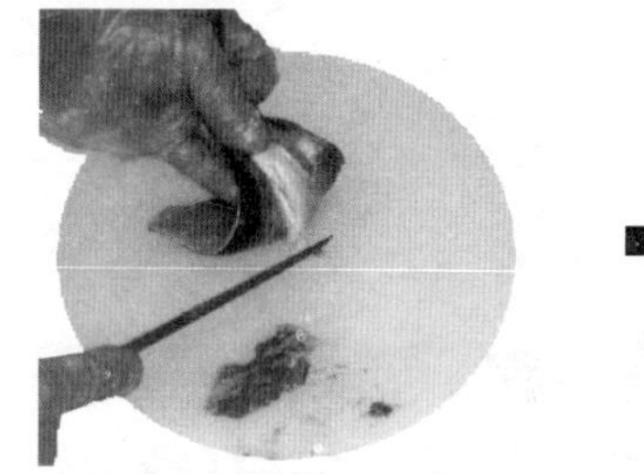
7

最后拿起鱼尾部分，去除位于腹部的刺状鱼鳍（拔除时注意缓慢施力，切忌用蛮力，否则常常会导致腹肉和鱼皮一起被扯下）。

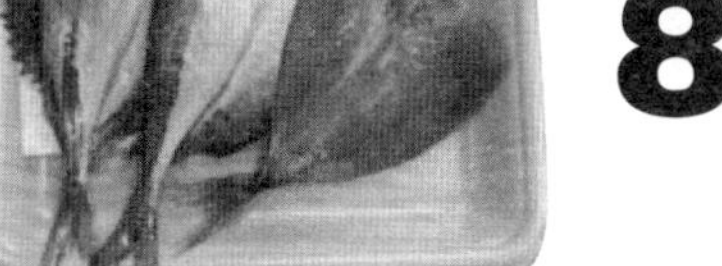
8

煎炸用开背竹荚鱼完成。

竹荚鱼 造型刺身

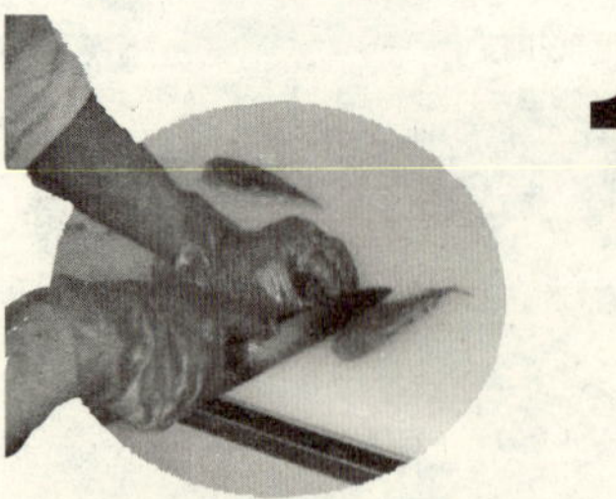

1

3 片切法的要领在此也通用。尤其是切刺身时，在最后的修整阶段，需要全神贯注（切口角度会左右刺身的鲜度）。

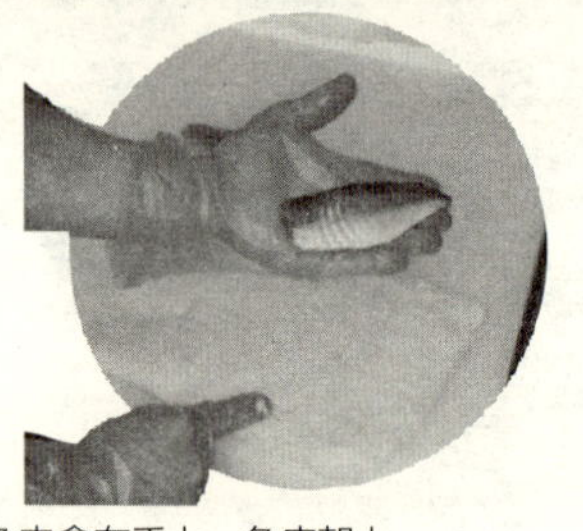

2

将鱼肉拿在手上，鱼皮朝上。

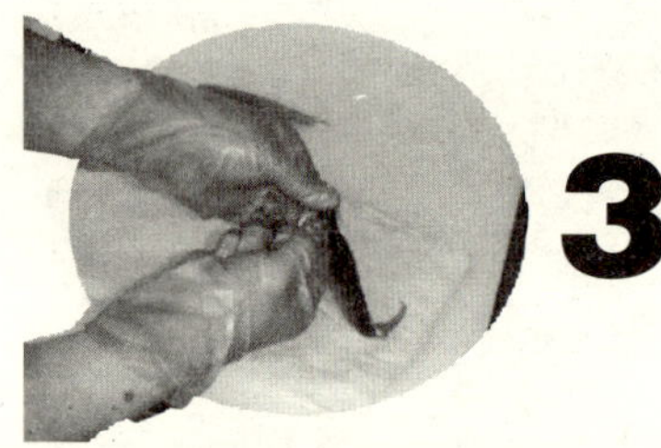

3

揭起背侧鱼皮，用大拇指和食指捏住皮端。

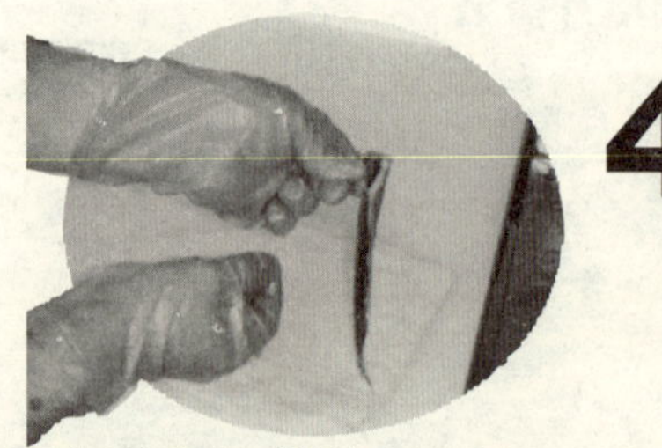

4

用手指捏住鱼皮，使其与鱼肉剥离。剥至鱼腹的 1/2、鱼身的 1/4 左右即可。

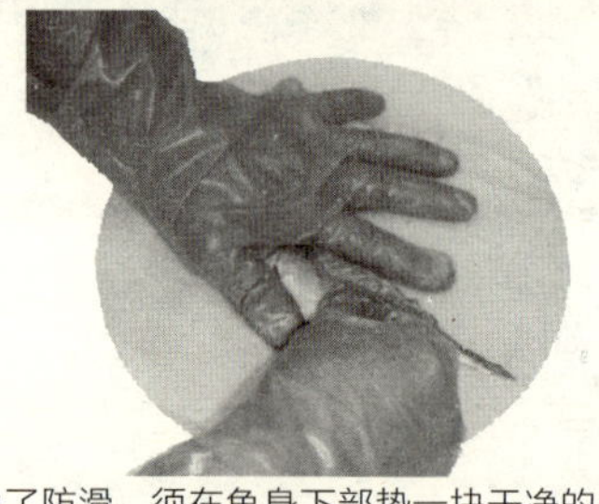

5

为了防滑，须在鱼身下部垫一块干净的毛巾，左手按住鱼身，切勿用力过度，右手一口气剥下残留鱼皮（如要使用拔刺器，则需在剥皮前拔除鱼小骨）。

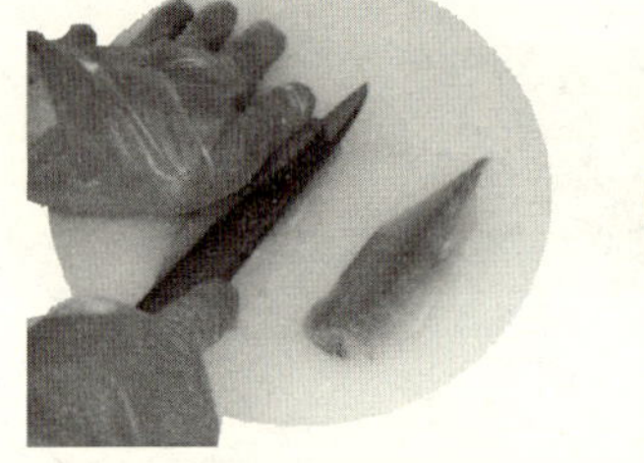

6

为了快速去骨，可使用 V 字切法。左手指肚按住鱼身，右手沿着小骨的轨迹斜刺入刀。

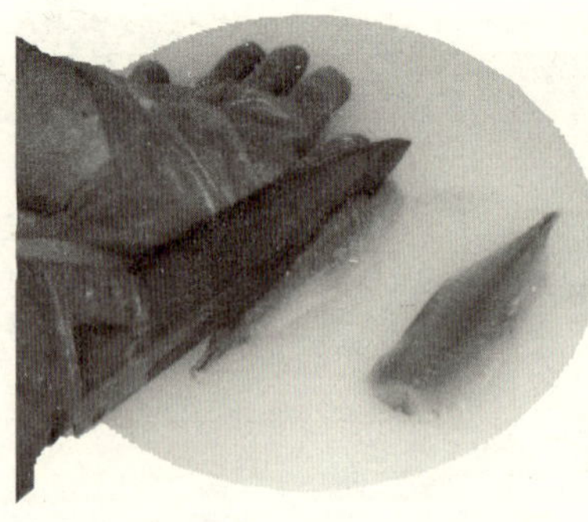

7

改变菜刀的方向，以同样的方式从反方向入刀。当感觉到刀尖切到鱼骨的清脆声响时，便告完成。然后去除切掉的鱼骨部分。

价廉的竹荚鱼经过加工 便可成为利润的源泉

8

背骨也可作为出售的成品。“鱼骨脆饼”是深受小朋友欢迎的零食。

9

采用多种切法的刺身拼盘。包含削薄切法、平切法等。

10

放上鱼尾和鱼头，虽然略有变形，但不失为一种造型（鱼身中央以白芝麻点缀，可谓赏心悦目。不过有的人对芝麻过敏，因此需要添加过敏成分标识）。

11

带有斜切刀痕的造型刺身（保留银色鱼皮能强调新鲜感）。

远东拟沙丁鱼（手开法） 用于油炸烹制和制作天妇罗

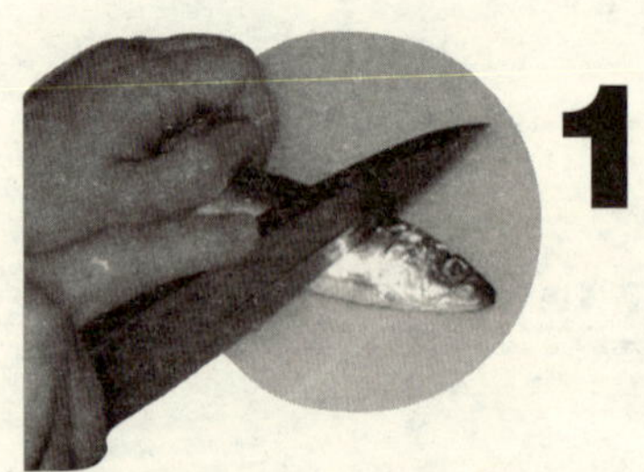

1

把鱼头朝右置于身前，从鱼头根部入刀，向着胸鳍边缘切下，一口气切断头部（应在处理鱼杂的砧板区域进行操作）。

主产地

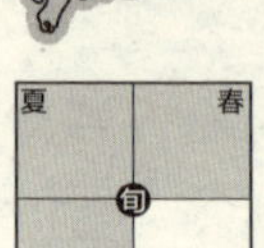

食用方法 刺身、盐烤、天妇罗、汉堡肉馅、鱼丸

鲜度 首先必须挑选鱼鳞丰满的，其次需要注意鱼眼是否清澈、鱼鳃是否呈鲜红色、腹部是否具有弹性。若符合上述条件，则为佳品。

特征 远东拟沙丁鱼的身体上部有7个左右的黑点，被称为“七星”。与其他沙丁鱼品种相比，其油脂含量及卡路里较高，不仅可用于盐烤或做成小沙丁鱼干，还常常被作为饲料和饵料使用。

别名 沙丁鱼、斑点莎脑鱼

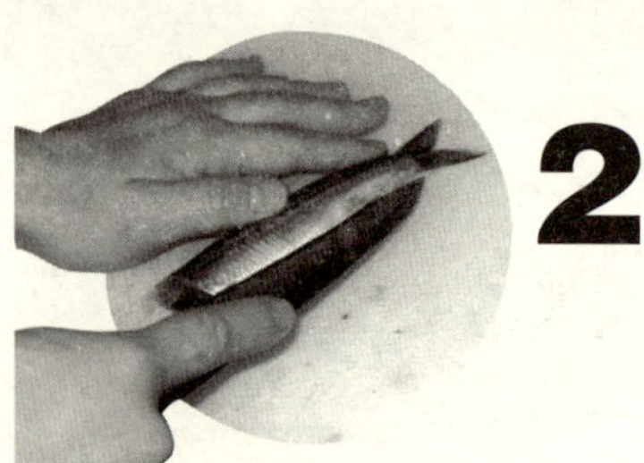

2

把鱼尾朝外放置，鱼腹向右，向着肛门和腹骨上部径直入刀。

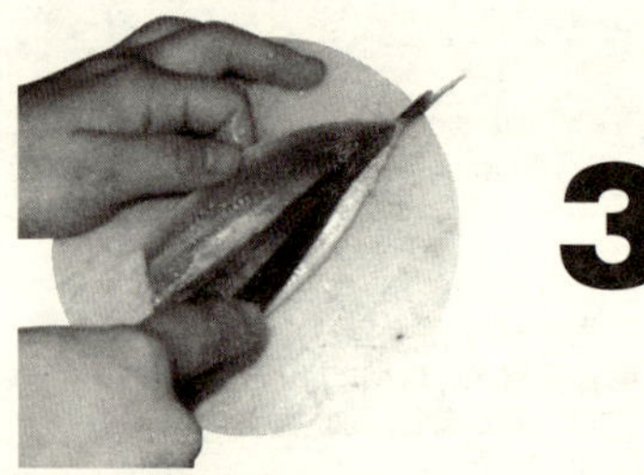

3

沿着中骨运刀，直至背侧，注意不要切到腹骨。（此处暂时保留内脏）

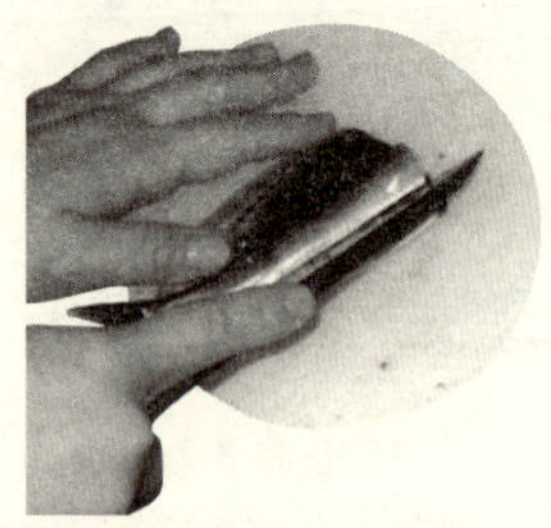

4

把鱼身翻过来，去除另一侧的鱼骨，让鱼皮一面朝下，从头部入刀，切至肛门（不要切到腹骨，暂时保留内脏）。

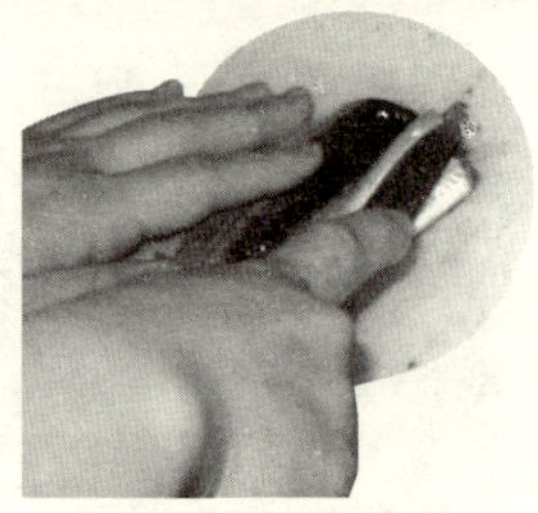

沿着中骨入刀，让刀刃深入鱼体，从鱼头运刀至鱼尾，去除鱼骨（暂时保留内脏）。

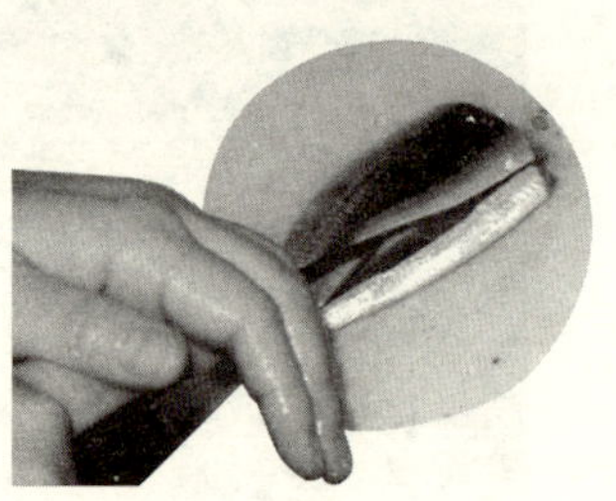

沿着中骨入刀，让刀刃深入鱼体，用刀尖切除尾部中骨，同时剔除内脏。确认鱼骨和内脏皆去除干净后，进行修整，使鱼颈部分保持笔直坚挺。

7

红鲑（盐渍鲑鱼）

剔除了鱼鳞、鱼鳃和内脏的留头盐渍红鲑和去头红鲑是常见的加工原料。倘若掌握了加工技术流程，便能够在实际应用中发挥作用。

主产地

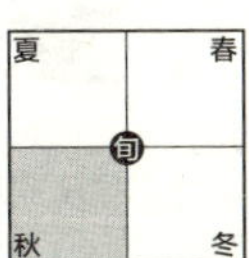

食用方法 冻刺身、盐烤、汁烤、油炸、法式黄油烤鱼、腌泡、火锅

鲜度 鱼鳞呈亮银色、身体肉感厚实的为佳。鱼鳃颜色应鲜艳，鱼牙应排列整齐、呈梳子形。

特征 鲑鱼不仅限于红鲑，还包括白鲑和银鲑，但论肉质的鲜美程度和艳红的色泽，红鲑可谓佼佼者。因此常常被用于制作烤鱼块、熏鱼和罐头等。

产地 北海道

别名 红大马哈鱼、青背大马哈鱼

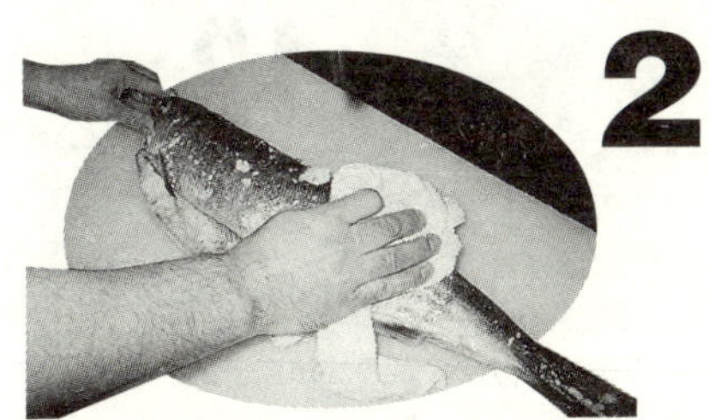

首先用毛巾擦去鱼体表面的盐和黏液。

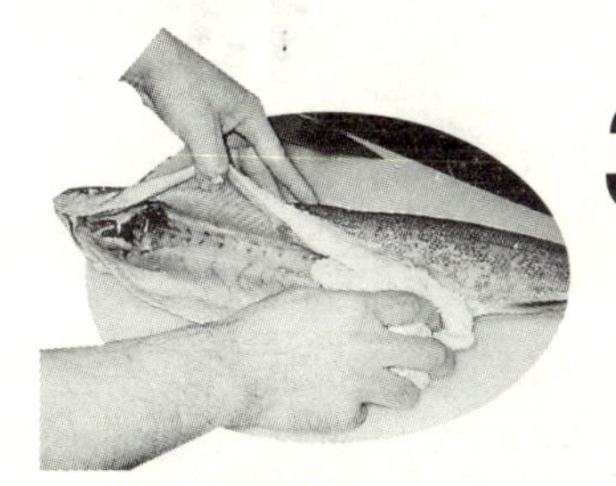

虽然已经去除了鱼鳃和内脏，但还需要认真清理鱼腹中多余的盐和残留的污物。

为了便于切割，先切下背鳍和腹鳍。

切下鱼头，包括镰状鱼骨。

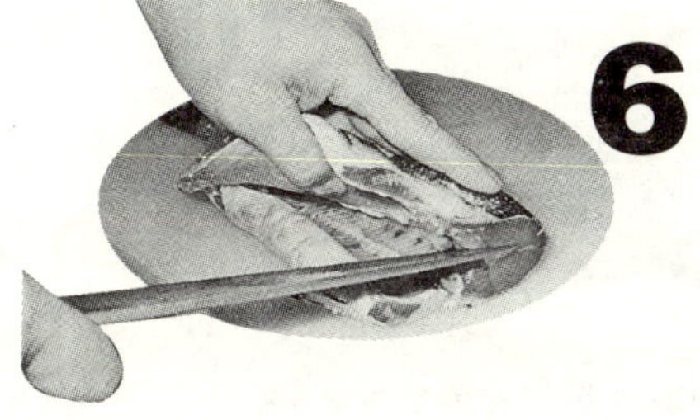

将鱼腹朝里侧，从鱼头切口处入刀，沿着中骨，把鱼肉切成鱼片。

左手压住菜刀，右手向前运刀。注意不要让鱼体解冻过度。

8

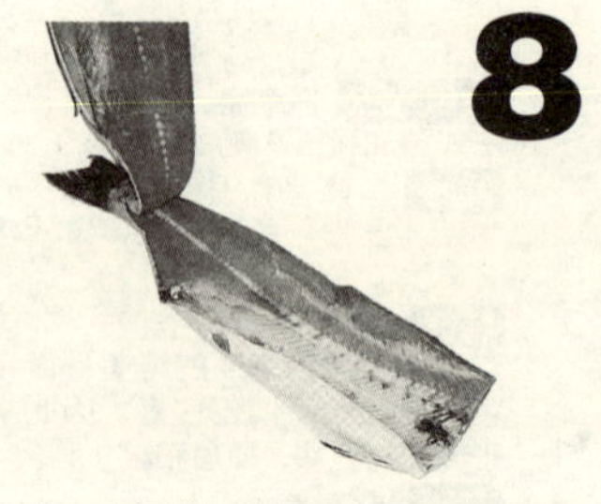

剔下一片鱼肉，它是进一步加工有骨鱼片或无骨鱼片的材料。

9

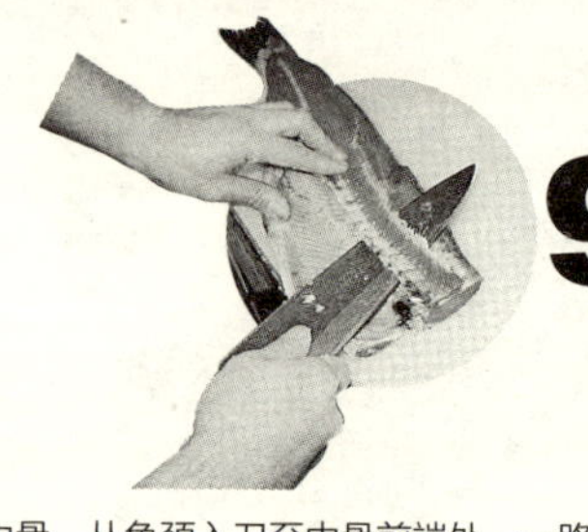

去除中骨，从鱼颈入刀至中骨前端处，一路向前运刀。

10

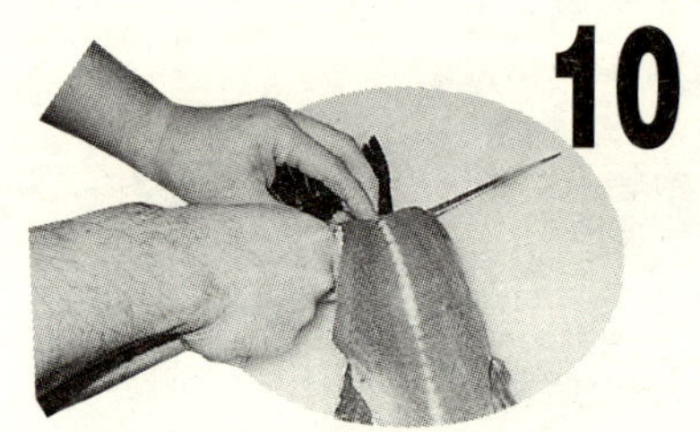

在鱼尾根部收刀切割，使鱼肉与中骨分离。

11

接下来再将一条带头半成品红鲑切出鱼头和 3 片切的部位，用于制作常规鱼片及便当中的刺身。

12

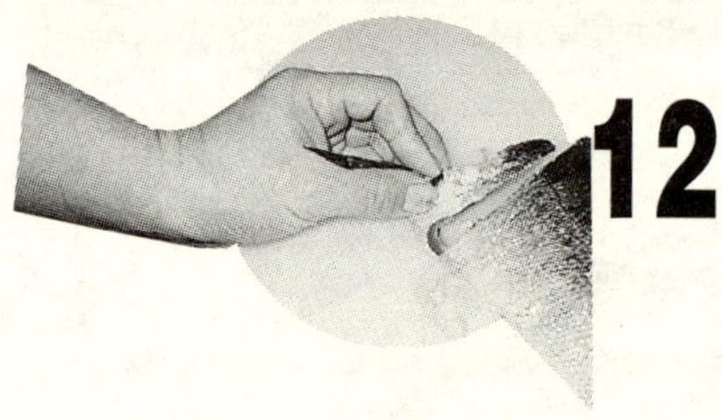

首先切割鱼片和镰状鱼骨部分。要注意盘子的内径，并相应调整切口角度。

13

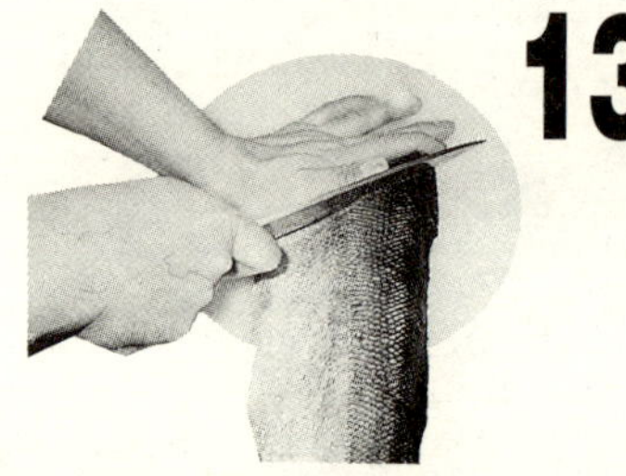

从鱼皮一面切割（如果是无盐生鲑鱼，则从鱼肉一面切割）。如果是高盐度红鲑，就要根据盛盘的内径（约 15cm）切割，一般每片鱼片的平均重量在 60~65g 为宜（如果是低盐度红鲑，则为 70~75g）。

14

<常规鱼片>切好的鱼片通常放在砧板或铺有毛巾的生鲜托盘中。在确保鱼片宽度和厚度适中后，再进行正式装盘。

鲣鱼（鱼块成品）

主产地

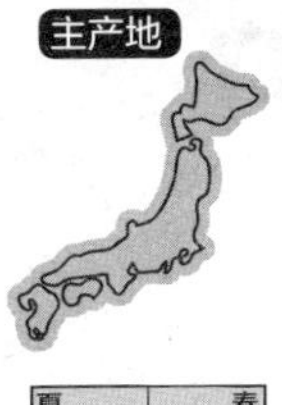

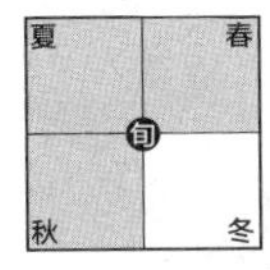

食用方法 刺身、鱼排、红烧、熟鲣鱼干

鲜度 鱼体鲜艳、条纹清晰的为良品。鱼眼应乌黑而有光泽，背部和腹部应富有弹性。

特征 每到早春时节，鲣鱼便会随着日本暖流，从南九州游经四国海岸、房总，一路北上，游至宫城县金华山后洄游。与“初鲣鱼”相比，这种南下后洄游的“洄游鲣鱼”油脂含量更高，也更美味。

产地 鹿儿岛、高知

别名 正鲣、炸弹鱼、Skipjack Tuna

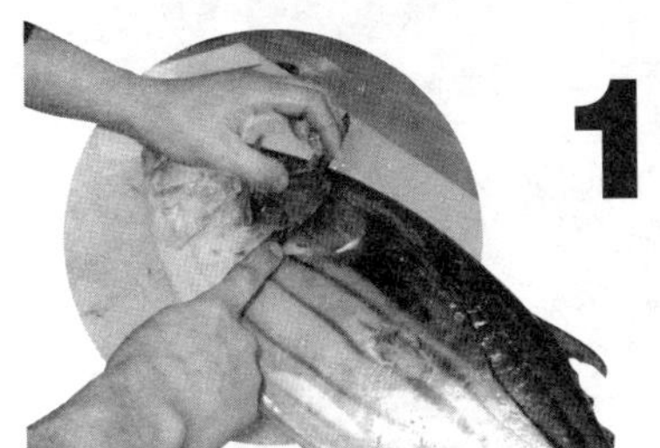

用流水冲洗鱼体表面。用菜刀将胸鳍侧面及侧线上的硬皮部分削掉。

从胸鳍部分着手，斜刺 45 度左右入刀，以刀根部分施力切割，从鱼背运刀至中骨。注意要保留力度，以免切到内脏（为了尽量保持砧板清洁）。

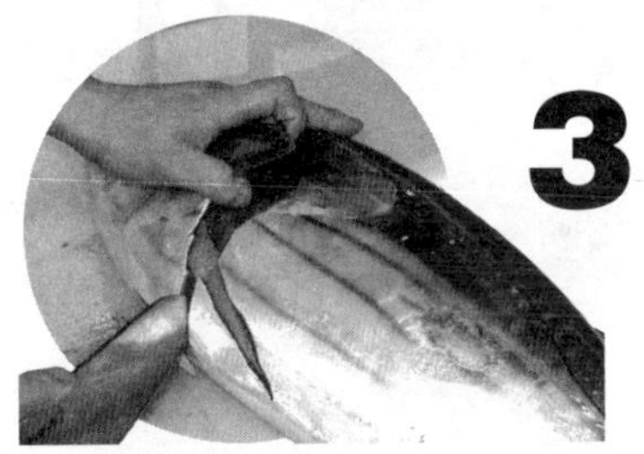

用刀尖切割包裹内脏的表面膜皮，入刀至腹鳍部分。这样可以做到不切破内脏，而将内脏整个挖除。

翻转鱼身，使其头部朝左，采用与处理鱼身上半面时相同的方式入刀。斜切 45 度左右切割胸鳍部分，以刀根部分施力，从背侧运刀至中骨。不切到内脏是关键。

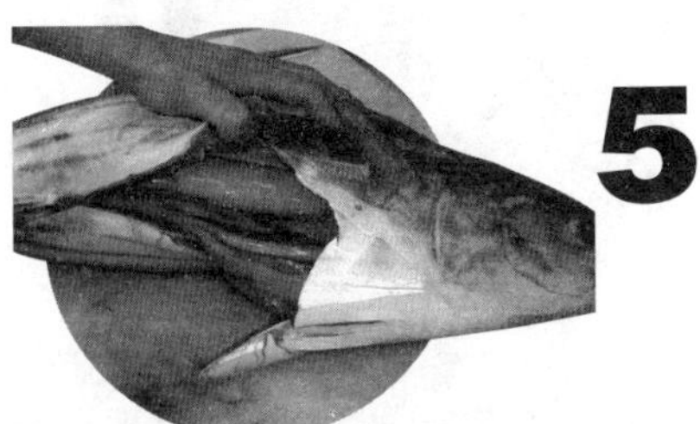

将刀尖切入鱼腹后，鱼头转向右侧，切割残留的腹皮，并运刀至肛门，从而切开整个腹腔。由于没有割破内脏，因此不会出血（可减少砧板污物）。

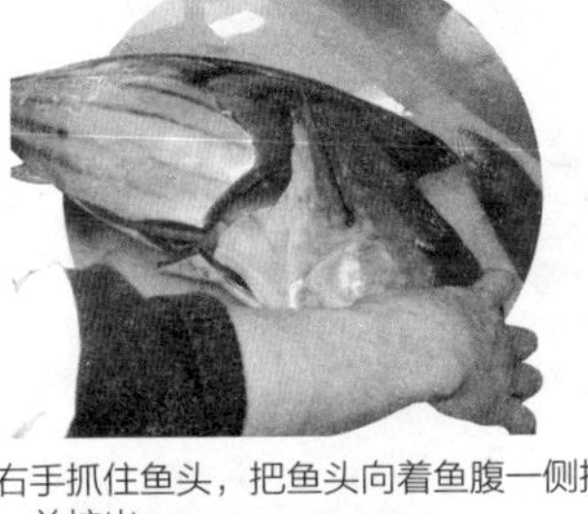
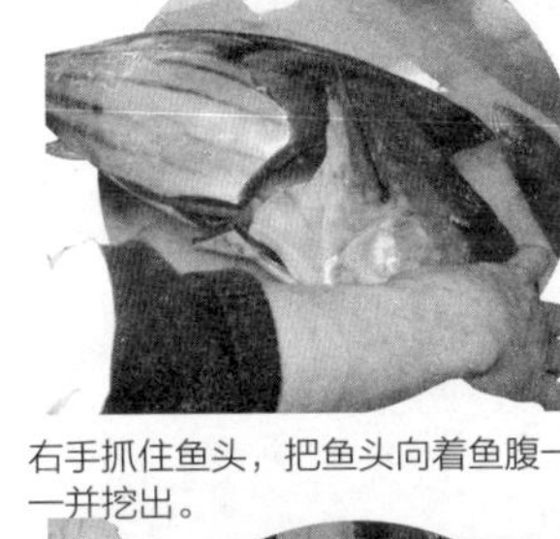

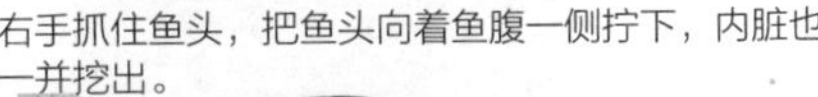
右手抓住鱼头，把鱼头向着鱼腹一侧拧下，内脏也一并挖出。

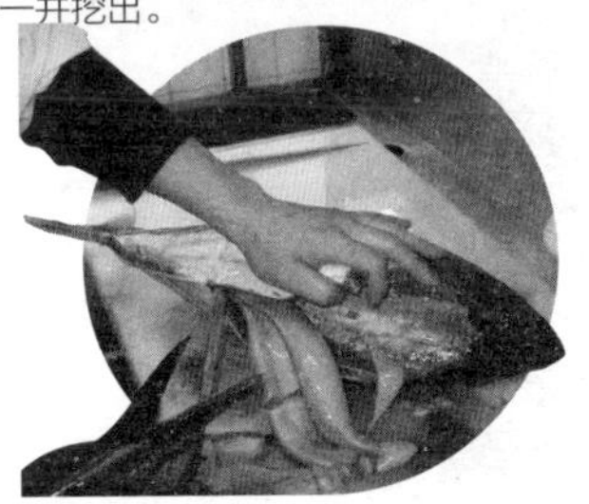

取下鱼头之后，再去除内脏。加工量较大时，可以把所有鲣鱼先统一加工到这一步，然后再进行剩余的流程。

8

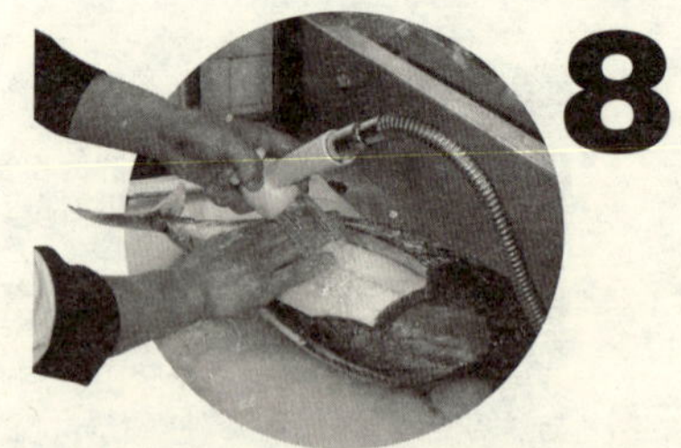

去除了鱼头和内脏后，用水龙头冲洗腹腔中残留的污物和鱼体表面的血渍。

9

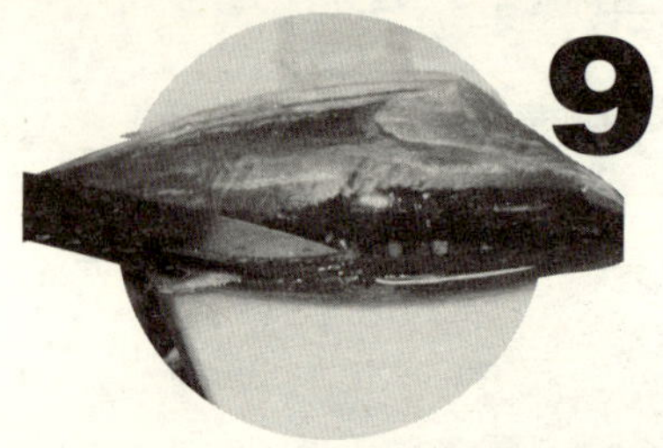

左手按住鱼尾，右手持菜刀，刀尖朝上（逆向菜刀），从第 2 背鳍部分入刀，把靠近第 1 背鳍处的硬皮去除（使用菜刀，慢慢剥离）。技术熟练后，可省去去除背鳍的工序。

10

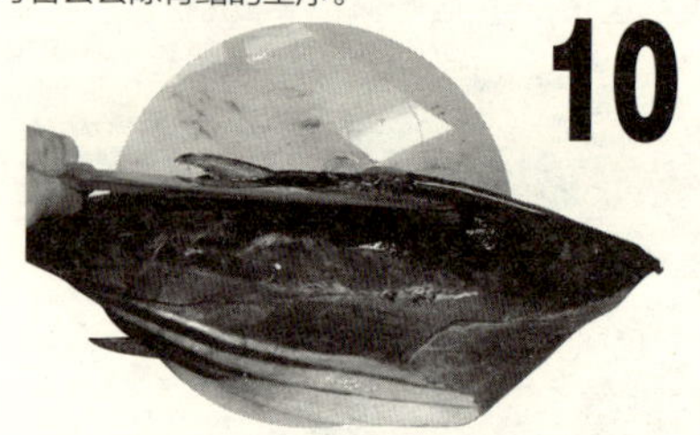

同上述工序，以逆向菜刀切除反面背鳍附近的硬皮。

11

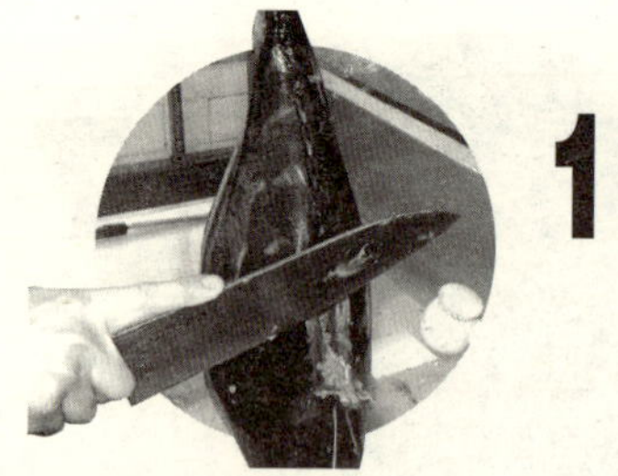

倒提鱼身，把留有切痕的背鳍彻底切除，要以往前推的力道运刀。

12

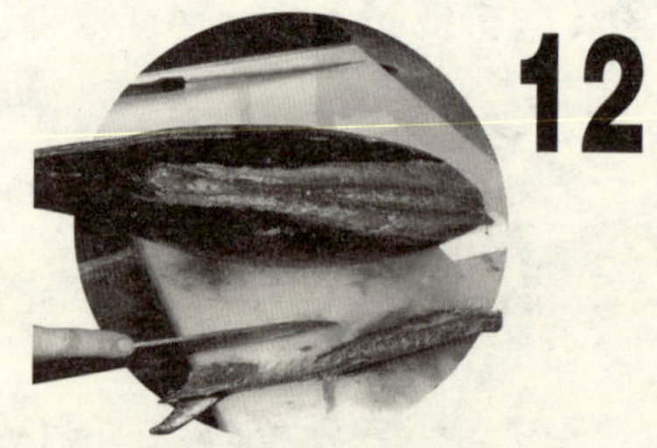

去除背鳍后的状态。切下的鱼鳍附带着鱼皮。

13

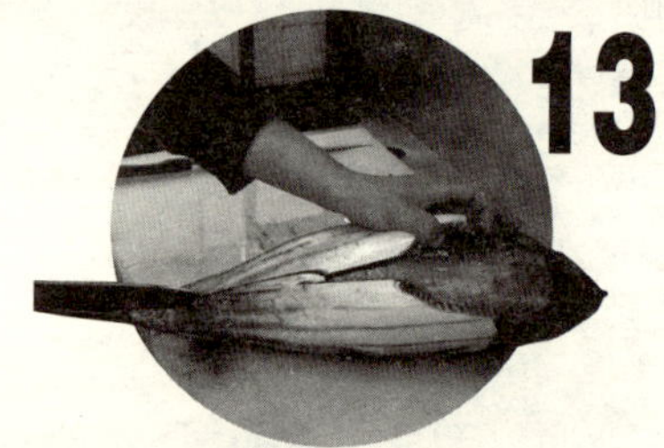

从肛门处入刀，沿着臀鳍上方运刀至鱼尾。注意不要让刀尖朝上，否则中骨会残留鱼肉，从而降低出肉率。

14

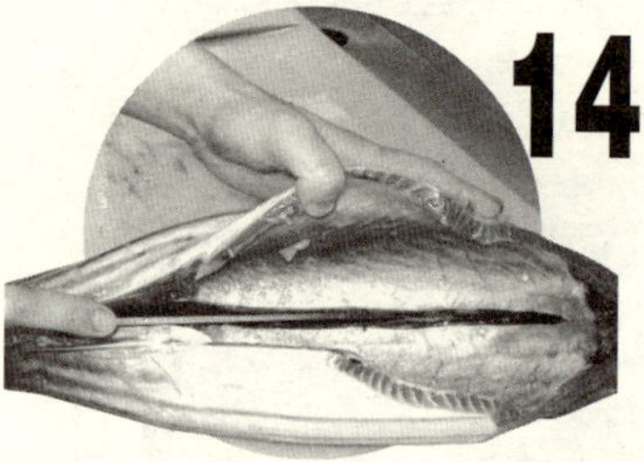

沿着腹部中骨入刀，此时应切入深处。左手应稍稍抓起鱼体，使刀口清晰可见，让加工操作更为便捷。

15

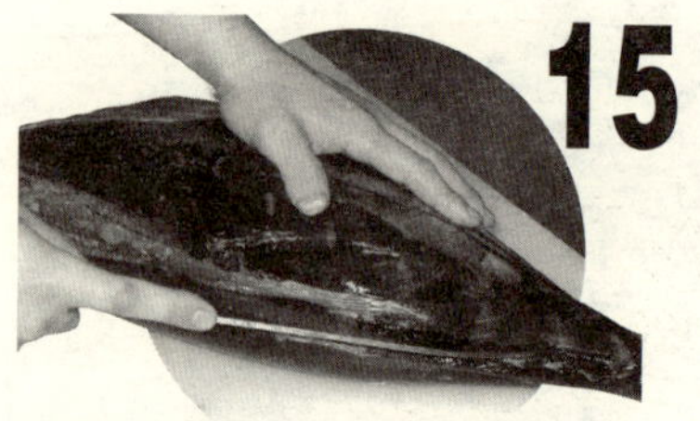

把鱼背转向靠近自己的一侧，从鱼尾入刀，沿着中骨运刀至颈部，然后进一步深入切割。操作时，左手应稍稍抓起鱼身上半面。

在去除内脏时，应竭力避免污染砧板

左手稳稳抓住尾部，从鱼尾入刀，沿着中骨上部运刀至颈部，要一气呵成。

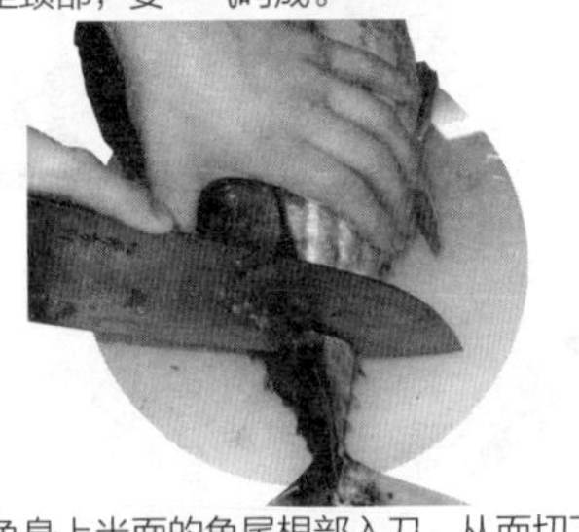

从鱼身上半面的鱼尾根部入刀，从而切下鱼身上半面。

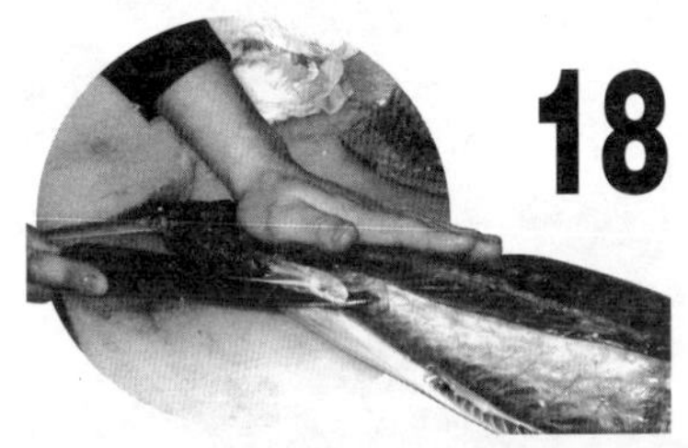

在切除上半面后，接着处理下半面。从肛门处入刀，沿着臀鳍运刀，刀尖朝上；然后沿着中骨深入切割。注意不要让刀尖扎透中骨。

将鱼身半转，从去除了背鳍的切口处入刀，沿着中骨运刀。切割时，应用左手扶住鱼身，以便确认切割的位置和刀锋的行进方向（注意不要让刀尖朝下）。

20

左手扶住尾部，从尾部入刀，沿着中骨运刀至颈部。不要让刀尖朝下。

用菜刀尖端向外侧用力，以“由内向外推”的方式切下鱼身下半面的尾部。

靠近鱼颈的腹骨部分藏鱼腹深处。切除时，需用菜刀尖端挑除，用力的要领在于“拉扯”，即把腹骨部分拉向靠近自己这一侧。

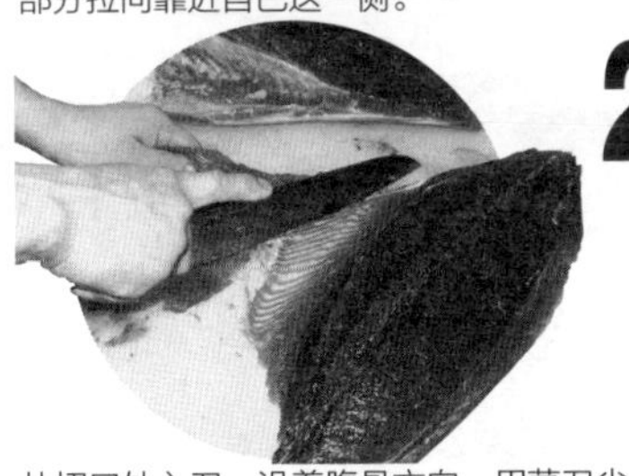

从切口处入刀，沿着腹骨方向，用菜刀尖端剔除腹骨和腹膜。最后用刀锋进行切除和修整。

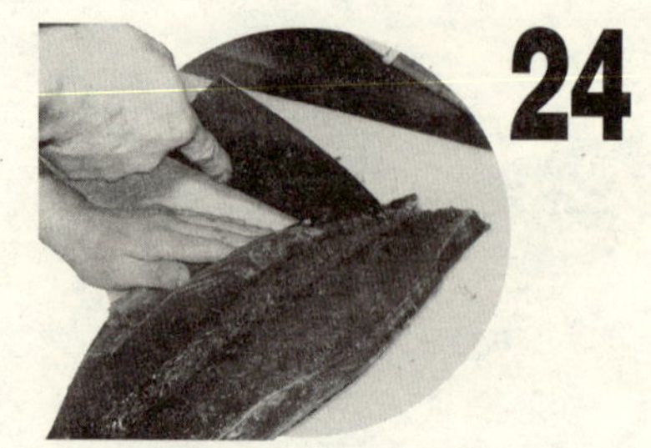

将刀尖朝上（逆向菜刀），以“由内向外推”的方式切割。

彻底去除腹骨和腹膜（完成此工序后，洗净砧板和菜刀）。

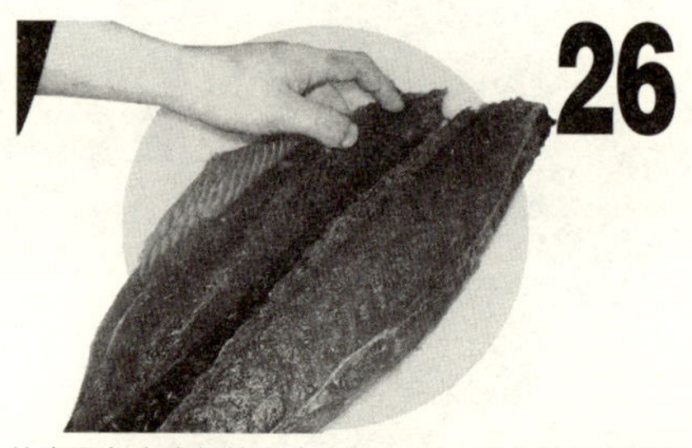

从半面鱼肉腹部的血合肉处入刀，将小骨部分置于菜刀右侧，刀尖要深入鱼皮部分，但注意不要切到鱼皮。

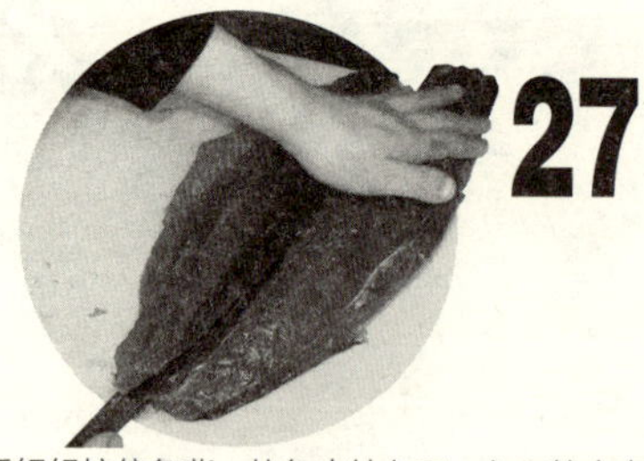

用左手轻轻按住鱼背，从鱼皮处入刀，入刀的方向与砧板基本呈直角。如此切割后，鱼肉边角变得棱角分明，赏心悦目。

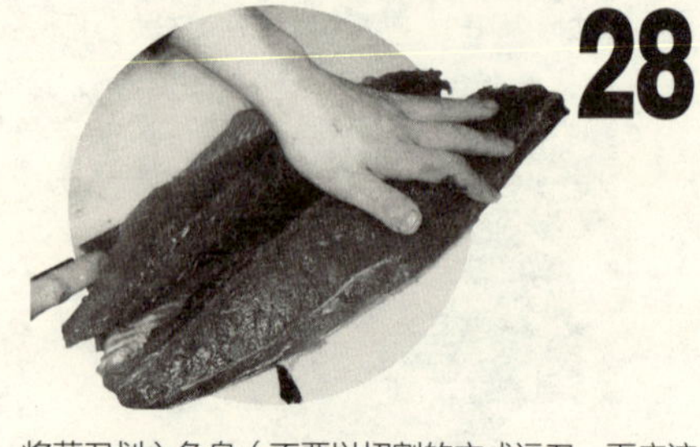

将菜刀划入鱼身（不要以切割的方式运刀，而应该在鱼肉与鱼皮之间划入菜刀，让刀刃顺着砧板方向，由上至下游走）。沿着砧板调整刀棱角度，以“从右往左推”的方式运刀。

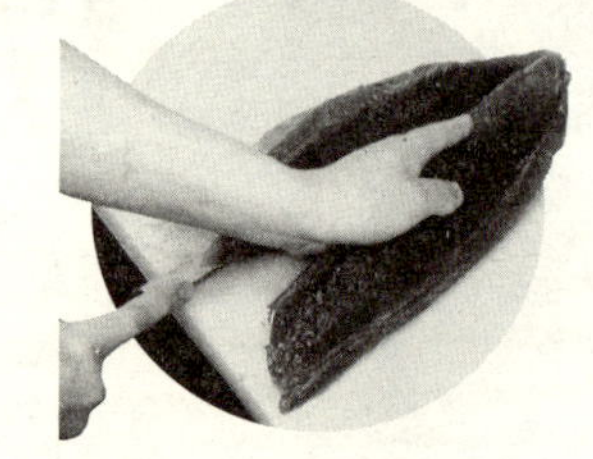

左手按住鱼皮，让菜刀尖端切到鱼皮处为止，然后沿着砧板，以“推动”的施力方式从右向左运刀。

翻转鱼身，使其背部朝上，并将鱼身置于自己左手端。从血合肉处入刀，直线切入，刀尖直达鱼皮（这样一来，鱼小骨就位于菜刀右侧）。

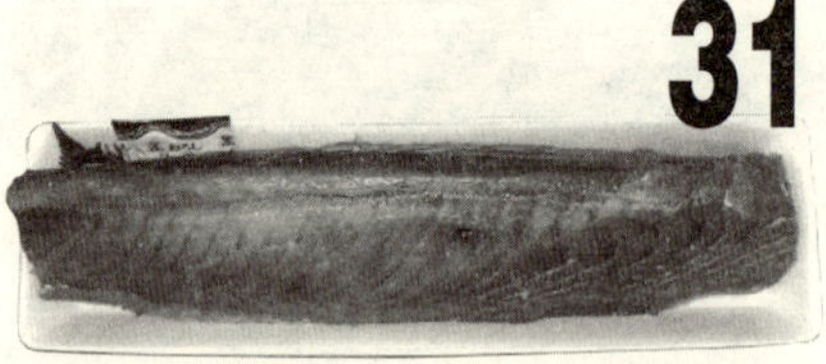

鱼身处理、3 片切法和去皮。每道工序都必须清洗并擦拭砧板。去皮时，需要用水擦净砧板后再把砧板擦干。砧板右侧用于加工操作，左侧用于修整操作。剥皮时，要让刀尖顺着砧板的角度平滑运刀，不要让刀尖朝上。入刀时要深入鱼皮末端。在进行去皮加工时，必须使用刺身菜刀。

鰤鱼

鱼块、刺身、削切刺身及鱼杂的单品项目（SKU：Stock Keeping Unit）生产

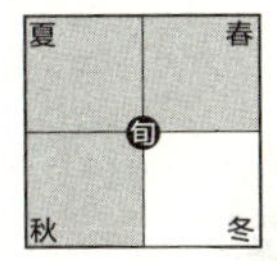

食用方法 刺身、照烧、盐烤、红烧、酱腌

鲜度 鱼鳞结实、腹部富有弹性的为佳。油脂饱满的鱼体会呈现具有透明感的糖稀色。

特征 作为出世鱼（译者注：伴随着成长，名字会不断变换，价值也不断上升的鱼种）的代表品种，不同地区有不同的叫法，但以代表性的名称，则可以根据其体长归纳为 MOJYAKO、WAKASHI、FUKURAGI（15cm 以下）；INADA、MEJIRO（40cm 前后）；WARASA（60cm 前后）；BURI（60cm 以上）。此外，也有“HAMACHI”的叫法（15~50cm）。

产地 京都府 石川县 爱媛县（HAMACHI）

别名 青甘鱼、平安鱼、油甘鱼

1

冬季是其最为时鲜的季节，此时的鰤鱼被称为“天鰤”。其鱼块和刺身是用途广泛的食材，鱼杂的价值也不可小觑。首先使用刷帚刮除体表的黏性物质。

2

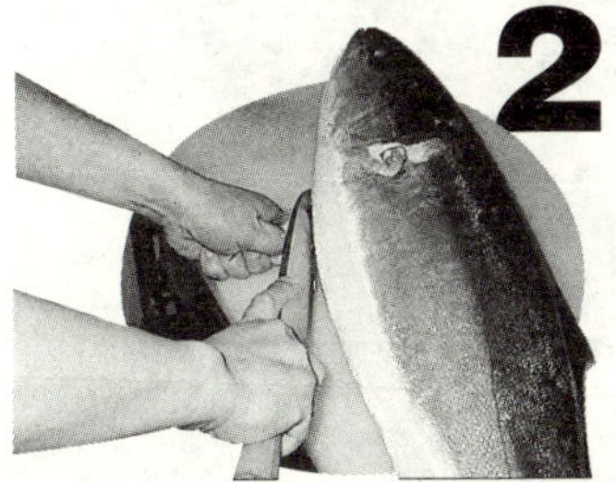

先切除胸鳍，使之后的切片作业更方便。接着切除腹鳍，两侧的鳍都要一刀切下。

3

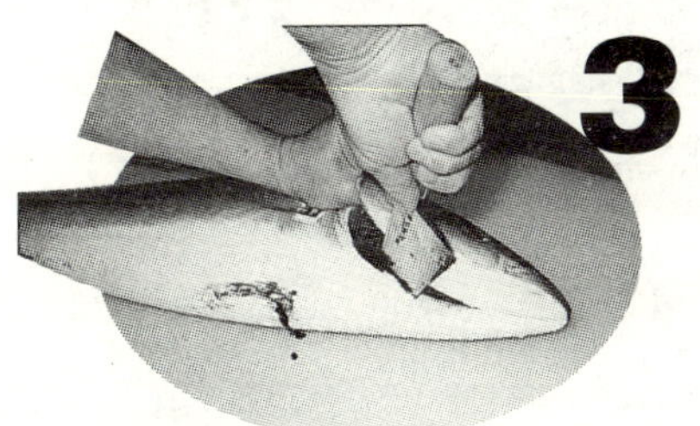

用手打开鱼鳃盖，沿着鱼鳃入刀。

4

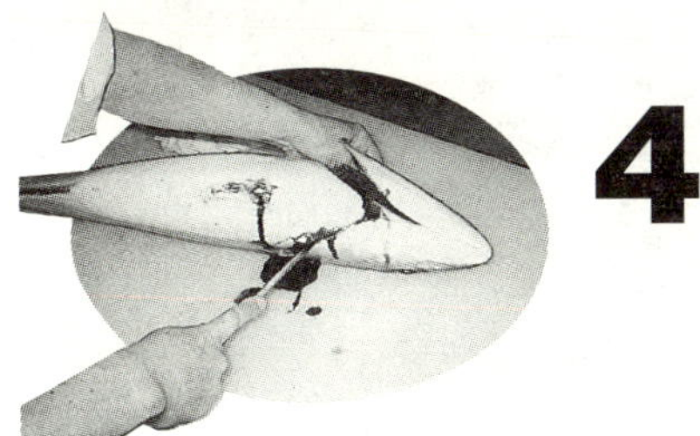

切割鱼下颚，沿着对向鱼鳃运刀。

5

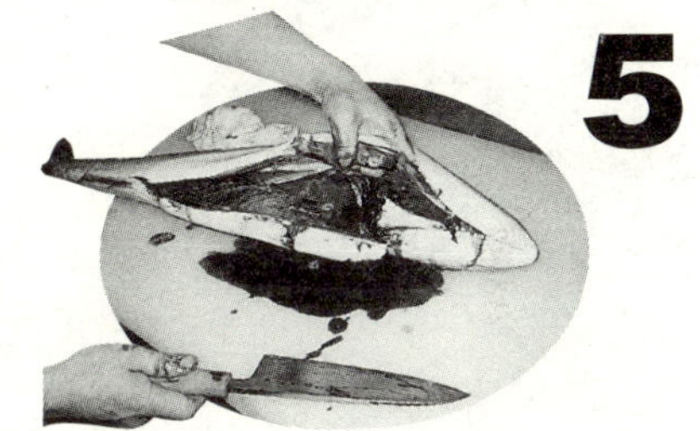

从下颚切至肛门口，剖开鱼腹。之后切割鱼鳃根部，把鱼鳃和内脏一并掏出。

6

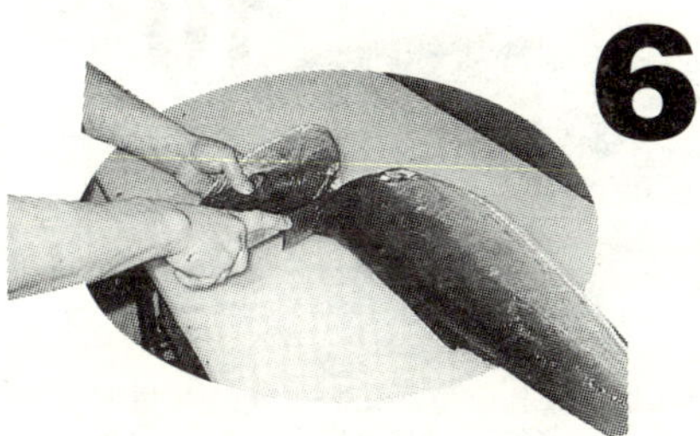

鱼头是鱼杂中附加价值较高的部位。从镰状鱼骨上部入刀，切下鱼头。

7

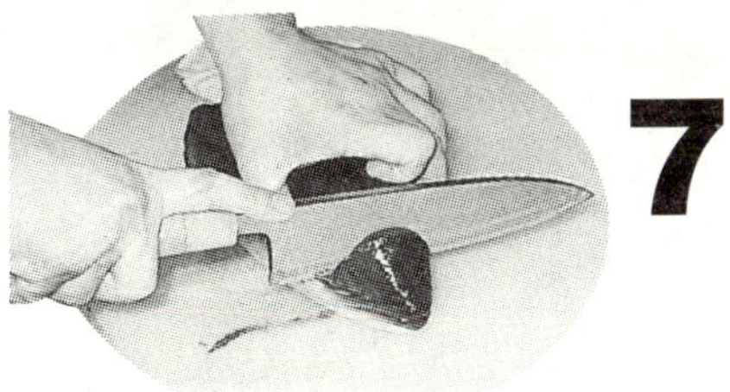

鱼头的处理方式有若干种。图中的方法是首先从鱼口上部的软骨部分入刀。

鰤鱼

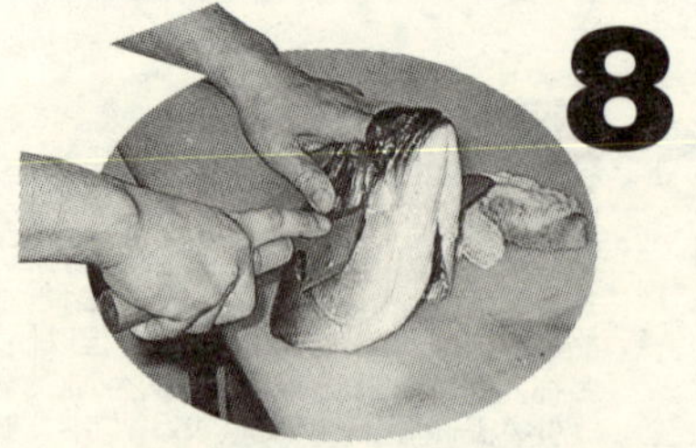

8

沿着鱼颚入刀，切下鱼唇和鱼颚。

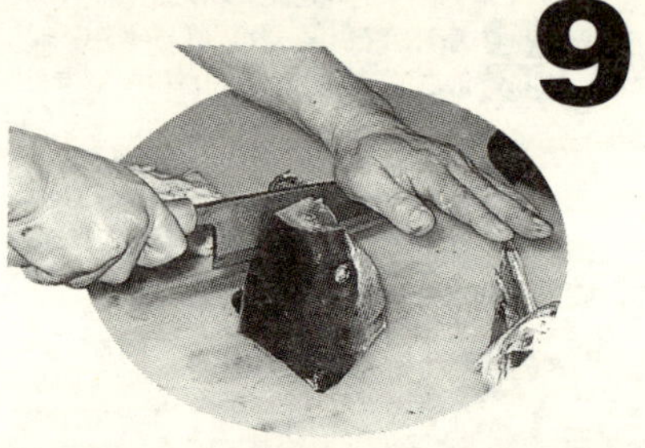

9

将头部直立，鱼口朝上，从正中的软骨部分入刀，把鱼头切成对半。鱼头是烹煮鰤鱼萝卜的优质食材。至此，鱼头的处理可告一段落。之后根据具体需求，进一步加工即可。

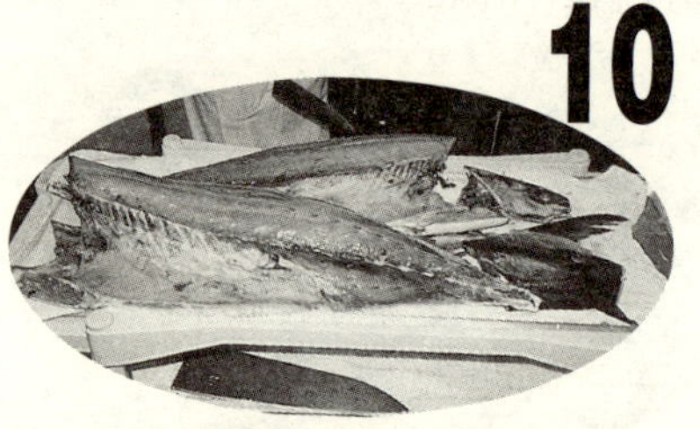

10

通过 3 片切法得到鱼肉和鱼杂部分，接下来进入生产“刺身”和“鱼块”类成品的流程。

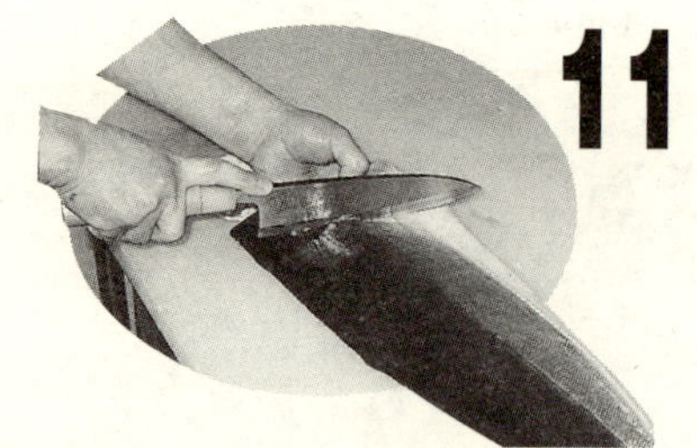

11

用半片鱼身制作刺身。紧贴胸鳍下部入刀，角度要垂直，一刀切下镰状鱼骨。

12

去除腹骨，腹骨当然也是用于烹煮鰤鱼萝卜的优质食材。

13

鱼腹部附着血合肉，首先切下背侧鱼肉，然后从腹侧鱼肉中切下血合肉（可用于烹煮鰤鱼萝卜）部分。从内向外拉，从而剥下背侧鱼肉的鱼皮。如果想保留腹侧鱼肉肥肉处的银皮，可以把腹侧鱼肉切成两部分，然后再进行去皮。

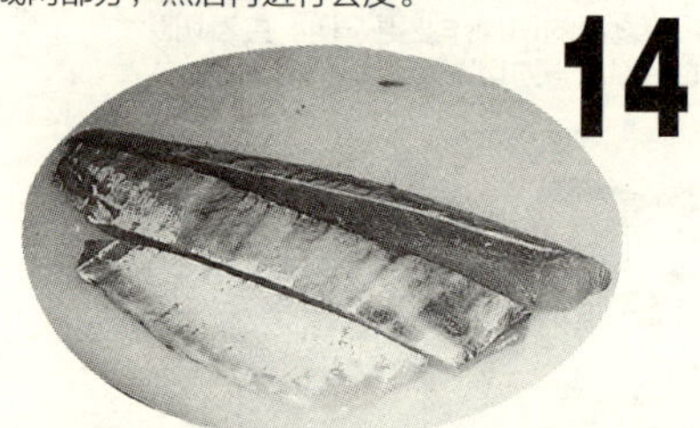

14

切好的背侧鱼肉、腹侧鱼肉和肥肉三部分。要有效利用这三大部位，制作出刺身成品。为了更好体现肥肉部分的亮银色泽，可划切装饰刀痕。

15

天鰤刺身拼盘
背侧鱼肉 4 片，腹侧鱼肉 3 片，肥肉 1 片。

16

背侧鱼肉、腹侧鱼肉和肥肉搭配组合而成的刺身拼盘
制作刺身成品时，应用心斟酌各种花样及变化。

17

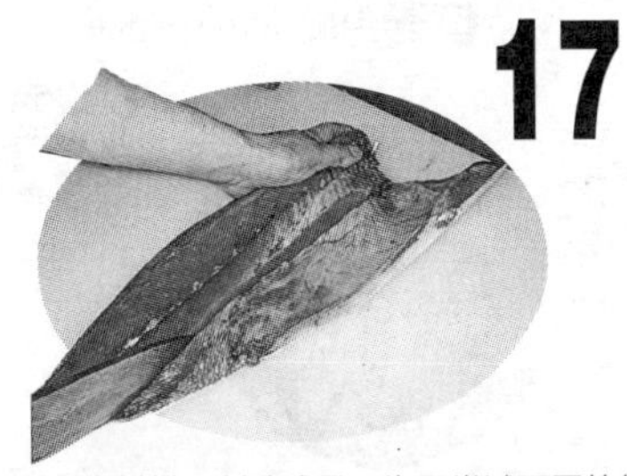

以半片鱼身为材料，制造成品。为了尝试不同的做法，这次在加工时力图保留更多的背侧鱼肉，并进一步发掘肥肉部分的成品价值。

18

切除肥肉部分的镰状鱼骨，并去除腹骨、剥去鱼皮。在肥肉边缘处划切装饰刀痕，刀痕呈斜面，从而凸显银皮的价值。

19

＜薄切刺身＞
用平切法亦可，而“鱼肉朝上、鱼皮朝下”的薄切法，也能够让刺身单品显得更华丽。

20

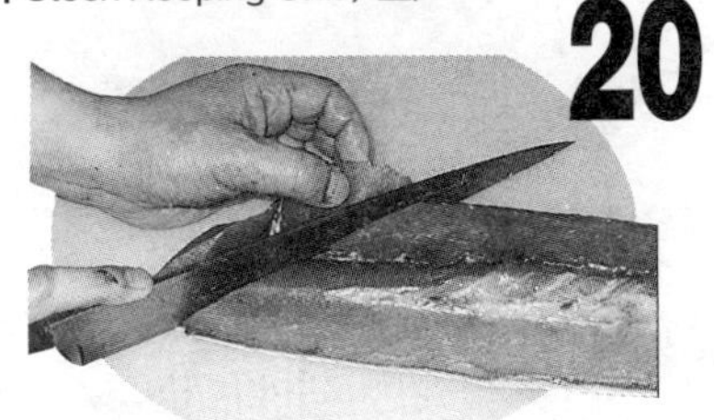

鱼块。把鱼皮朝下，从鱼尾入刀，触及鱼皮时收刀，收刀时的切口要干净利落。

21

鱼块成品
按照基本原则，每块鱼块的平均重量应保持在 70g 左右。

22

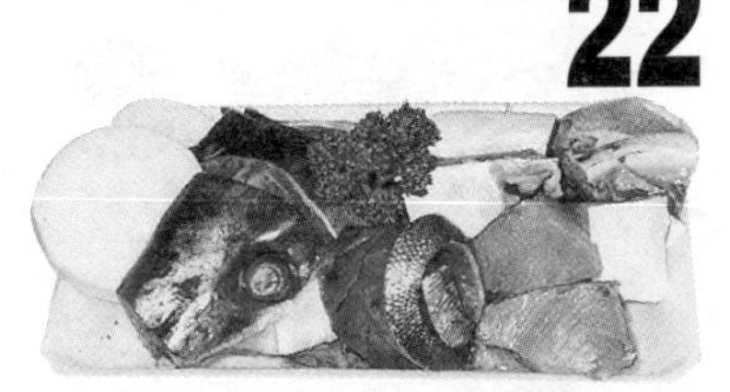

鱼杂成品
把鱼头切成三部分，并切割中骨。如果成品在加工过程中沾染血污，则必须用水洗净。这是烹煮鰤鱼萝卜的食材。

23

一整条（约 6kg）野生鰤鱼的成品加工方式。
刺身和鱼块的比例要视具体情况和需求而定。制作用于涮锅的鰤鱼成品食材也是一种思路。

青花鱼

2 片切法

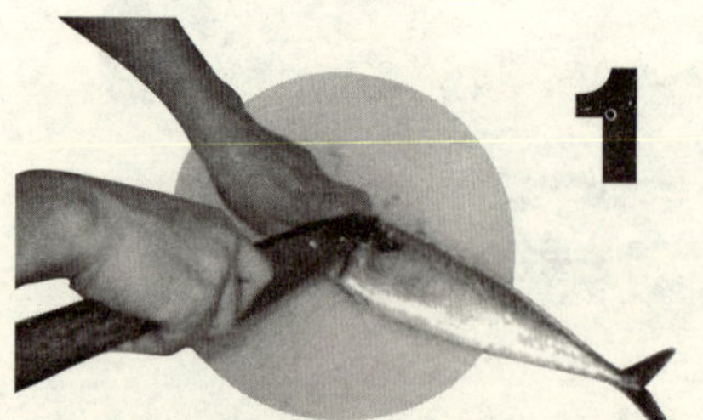

1

鱼头朝左，将鱼腹置于靠近自己的一端，靠近胸鳍根部入刀，用力将鱼头切落。运刀时，要从刀尖一直用到刀根，平稳顺滑地切割。

主产地

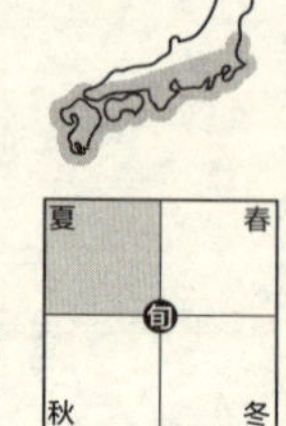

食用方法 刺身、酱炖、干青花鱼片

鲜度 鱼体富有弹性、表面青白光泽鲜艳的为佳。鱼眼应有透明感。

特征 青花鱼大致可分为日本青花鱼和澳大利亚青花鱼。澳大利亚青花鱼比日本青花鱼略小，体长为20~30cm，鱼体侧面和腹部有许多黑色斑点。日本青花鱼是冷水性鱼类，澳大利亚青花鱼是温水性鱼类。青花鱼在全世界的年捕捞量为200万吨，其中日本就占了100万吨。在日本的水产捕捞量中，青花鱼占了一成。

别名 鲐鱼、鲭鱼、油胴鱼

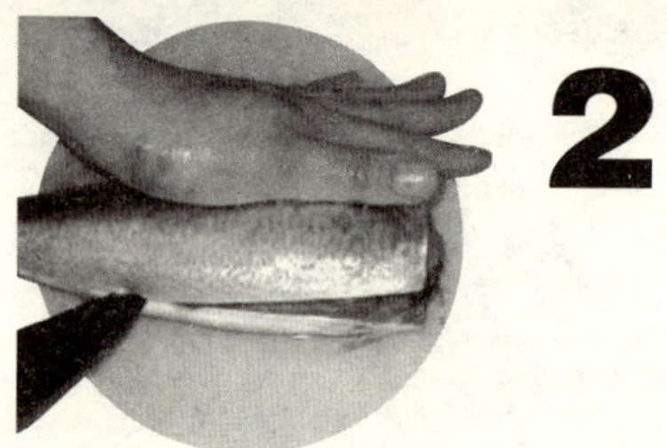

2

将鱼身翻转，从靠近自己一端的腹鳍上部入刀，运刀至肛门，从而切开鱼腹。腹鳍必须去除（鱼身下半面有2片腹鳍）。

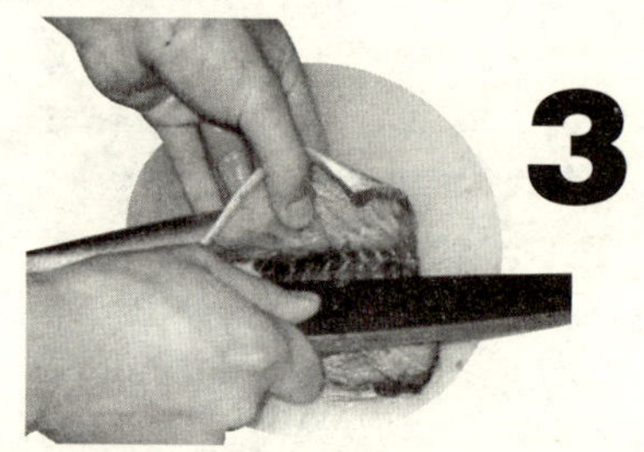

3

开腹后，左手拉高腹侧，右手用刀刃末端挑除内脏。对于附着于中骨部分的残留血污，必须用菜刀各部位仔细剜除。

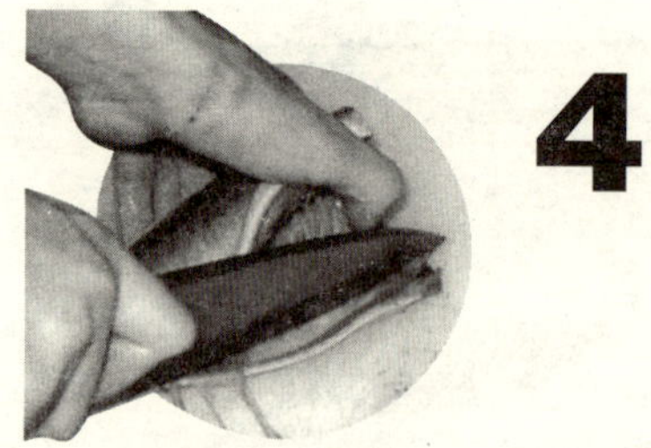

4

去除了内脏和血污后，用刀尖沿着肛门运刀，切除位于下侧的鱼鳍部分。

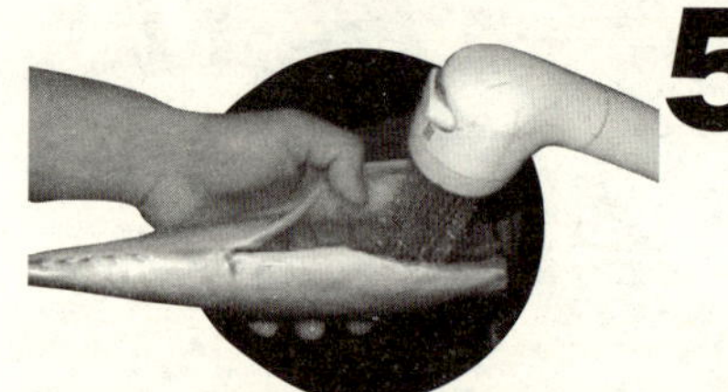

5

用水龙头冲洗原内脏和腹腔处的残留血污。如果在淡水中冲洗过久，鱼体表面就会变色泛白，从而丧失鲜度。因此在冲洗完毕后，应擦拭鱼体表面，然后用备好的冰盐水浸泡，从而补充鱼体水分并降低鱼体温度。

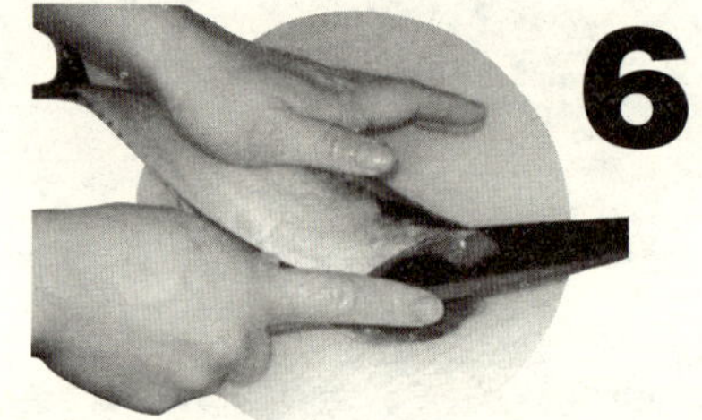

6

除去水分后，将鱼腹置于靠近自己的近端，将鱼体颈部置于右手边，从镰状鱼骨处入刀，朝尾部运刀，要从刀根一直运到刀尖，以“拉扯”的施力方式，切割中骨。菜刀沿着中骨游走，注意不要让刀尖朝上。

7

装盘时，要用布擦净鱼身。去骨鱼肉置于下方，鱼头置于左侧。

红鲽鱼

用于炖煮的鱼块成品

红鲽鱼体表黏稠滑腻，且鱼鳞粗糙。

用刮鳞器去除上半面的鱼鳞。然后刮除下半面的鱼鳞。

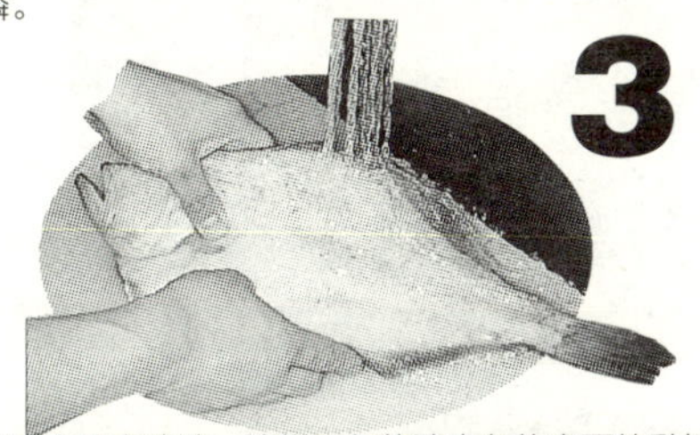

用流水认真清洗，这样不仅能洗去鱼体表面的黏性物质和残留鱼鳞，还能洗去鱼体上的弧菌和杂菌。此外，还应使用刷帚等工具清洁砧板，并用毛巾擦干。

从鱼身上半面的鱼鳍后方入刀，切下鱼头。

主产地

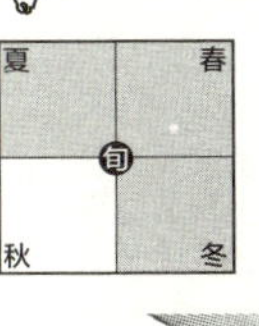

食用方法 红烧、烧烤、刺身

鲜度 冬季较常见，红烧后非常美味。鱼体呈浓重赤褐色且充满弹性的为佳。

特征 与庸鲽外形近似，但尾鳍形状较为圆滑。分布于宫城县金华山以北的太平洋、岛根县以北的日本海及鄂霍次克海。没有眼睛的一侧呈现内出血般的红色，因而得名红鲽鱼。体长约 40cm。

5

翻转鱼身，使其头朝右，然后用菜刀挑除内脏，注意不要伤及鱼卵。进行内脏去除作业时，要保持鱼身位置不变。

根据鱼体大小不同，加工处理会有些许差别，但一般来说，如果是 3 片切法，则应该让鱼卵呈现在切口。鱼尾留到最后切。鲽鱼鱼体较易渗血，因此要用清洁的毛巾擦拭干净。

装盘时，原则应将鱼身上半面朝上，但如果是 2 片切法或者 3 片切法，以“黑白”或“白黑白”的对比色呈现，则更为赏心悦目。装盘时，要清晰展现鱼肉切口处的鱼卵。

冷冻大眼金枪鱼（鱼块成品）

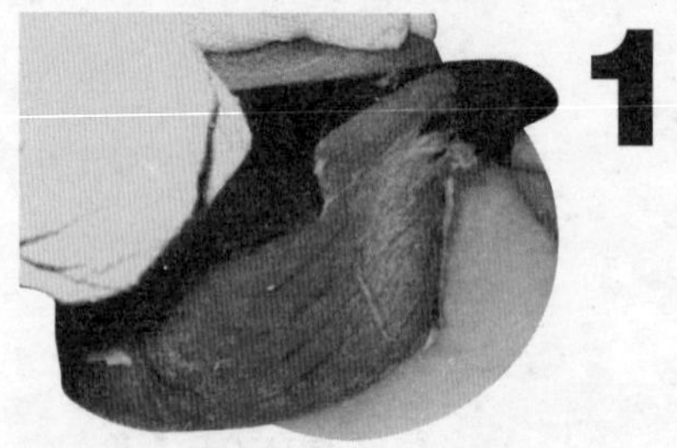

把低温解冻的大块冷冻鱼肉竖起，去除鱼皮上残留的血块。操作时要避免弄湿砧板。在切鱼块时，要戴上新的工作手套。如果血块残留，就会在完全解冻时融化为黑色血液。

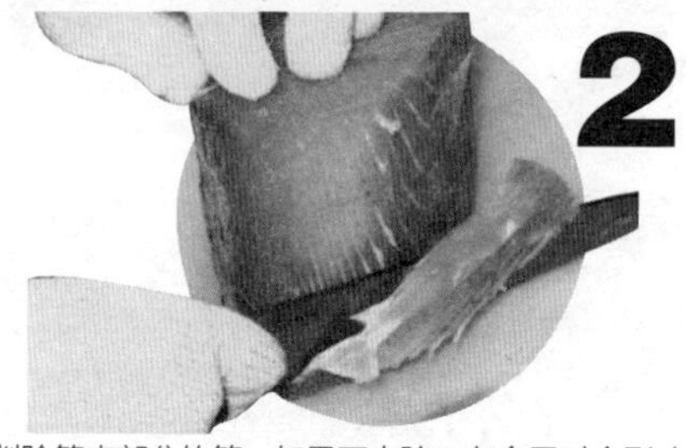

削除筋肉部分的筋。如果不去除，在食用时会影响口感，所以必须去除干净。

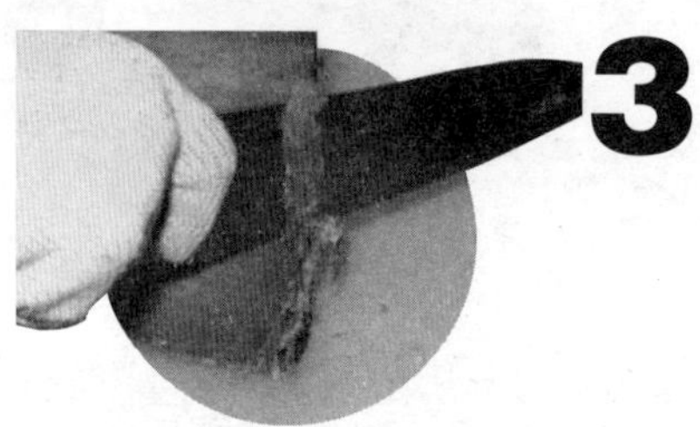

附着血合肉和血管的部分。有时也会存在粗大的血块，切削时要力度适中。

主产地

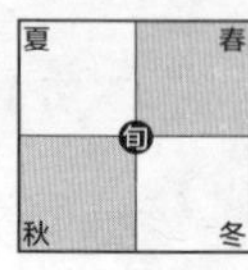

食用方法 刺身、照烧、酱腌

鲜度 由于是冷冻水产品，因此应确认其冷冻温度是否受到严格管理。可将金枪鱼互相敲打碰撞，如果冻结状态合格，则会发出较为清脆的声音，类似于金属击打声。鱼身坚实、呈鲜红色且具有透明光泽的为佳。

特征 大眼金枪鱼的价格仅次于黑金枪鱼和南方蓝鳍金枪鱼。其捕捞量在金枪鱼类中居首位，广泛栖息于全世界的温暖海域，几乎都是远洋鱼。捕获后，绝大部分都通过超低温冷冻的方式保存和流通。其鱼肉鲜红，与其他金枪鱼相比，脂肪含量较低。在日本，与关西相比，关东地区的人更爱食用大眼金枪鱼。

产地 神奈川

别名 肥壮金枪鱼、吞拿鱼

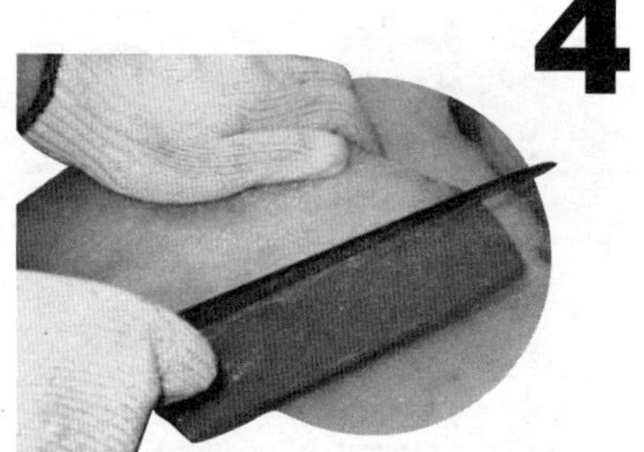

在金枪鱼肥肉部分和筋肉部分的分界处，有一条非常粗的筋。要先从筋的外侧入刀，然后将其切除。

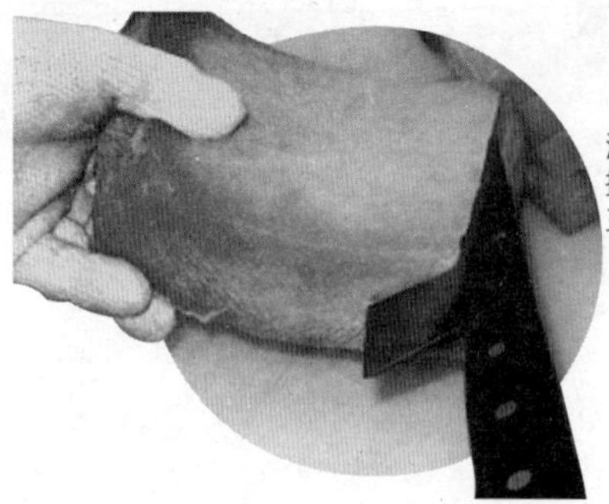

5

沿着那条筋的内侧入刀，从而把鱼肉分割为肥肉、筋和筋肉三部分。可把筋敲打或剥去。

6

去除筋肉部分后，如果鱼肉的断面非常大，鱼皮一侧的鱼块有所变形，就需要将断面朝下，然后从鱼皮部分的左侧直着入刀，入刀的方向要尽量保持平行。

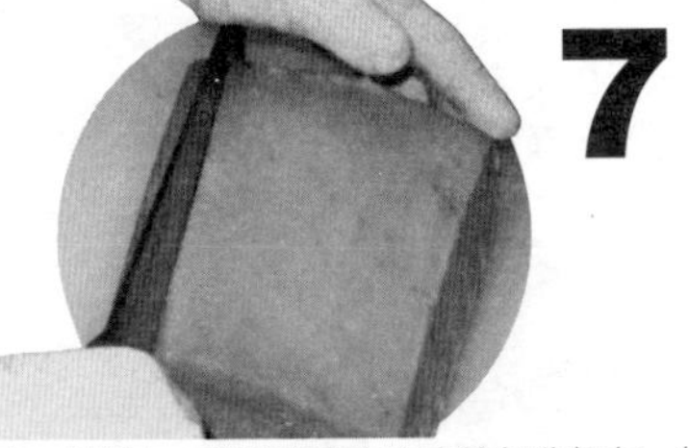

7

将鱼皮一侧朝上，并将含有血合肉的部分朝左，然后垂直入刀。在切下鱼肉时，尽量利用平面部分，这样既能保持平衡，也能使上力气。由于左手要按住刀尖部分，因此可能会出现手滑而切到手的情况，要注意安全。

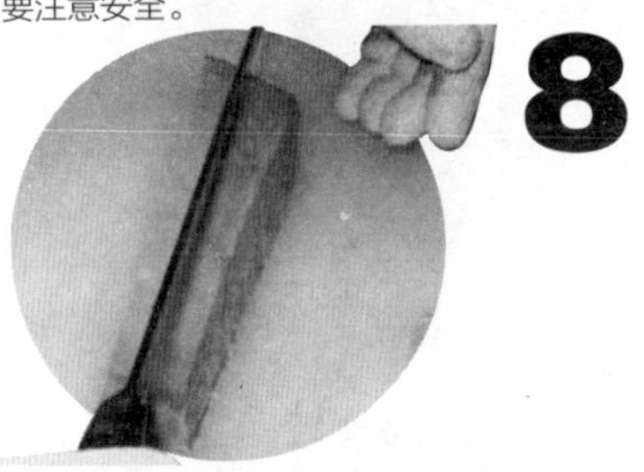

8

一旦接近筋的部分，就要顺着切口角度来调整菜刀角度。

趁金枪鱼肉仍在冷冻状态时在保持干燥的砧板上加工

9

对于鱼头和鱼尾附近的肉块，有时不把其分割为鱼身上半面和下半面。此外，当表面有鱼骨时，应用菜刀切除。

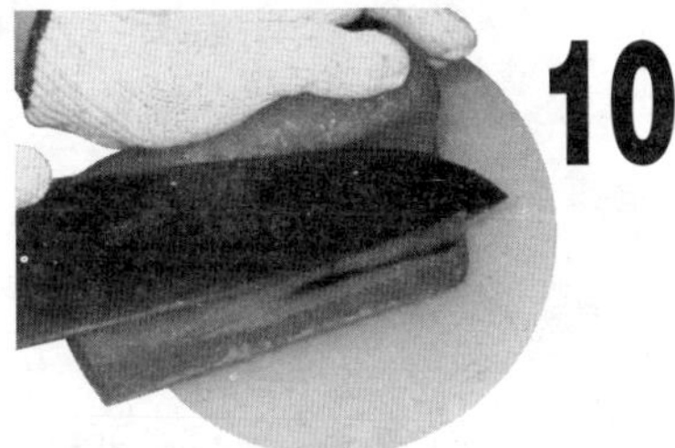

10

剔除血合肉和鱼皮一侧的筋。

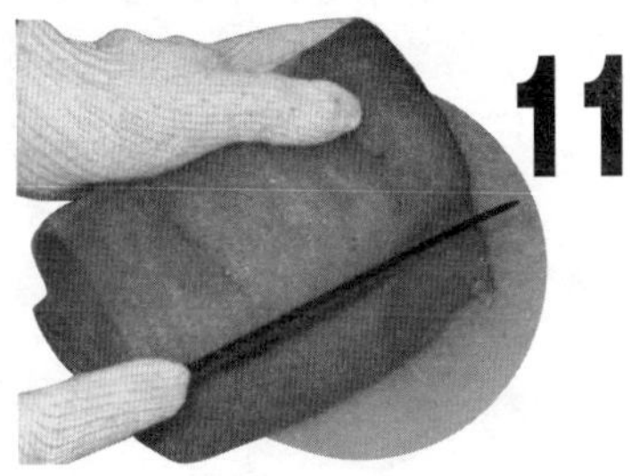

11

处理方式与含有鱼皮的大块鱼肉相同，把筋肉和筋进行分割。

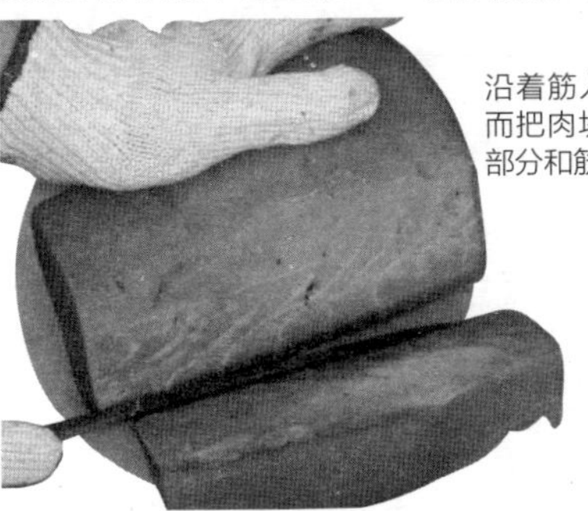

12

沿着筋入刀，进行切断。从而把肉块进一步分割为肥肉部分和筋肉部分。

冷冻大眼金枪鱼（鱼块成品）

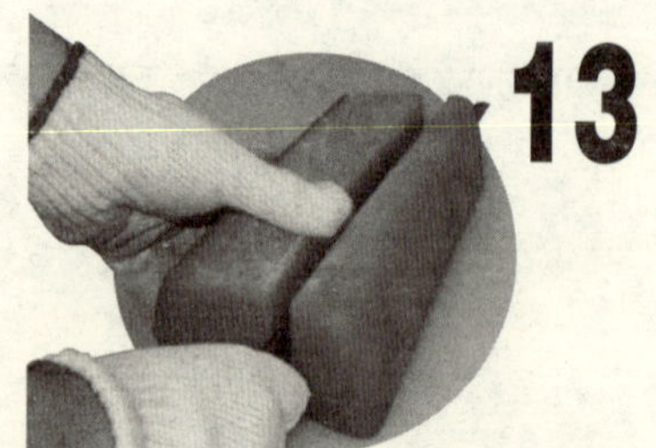

将切下的筋肉部分的断面朝上，入刀时，菜刀应与带鱼皮的一侧平行，从而把鱼肉分割为上半面和下半面。入刀时要沿着鱼皮切，把肉块切成长方形。

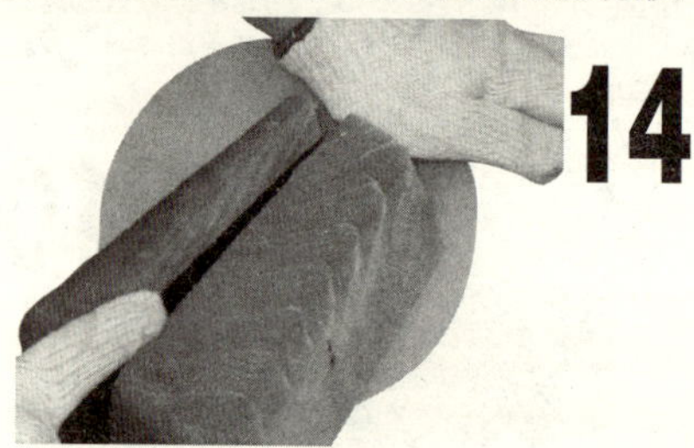

调转肉块，将鱼皮一侧朝上，并将含有血合肉的部分朝左，沿着左侧面垂直入刀。由于接近鱼头和鱼尾的肉块前后宽度不同，在处理时，要从靠近自己的一端开始运刀，根据右侧面的角度变化，逐渐调整入刀的角度。

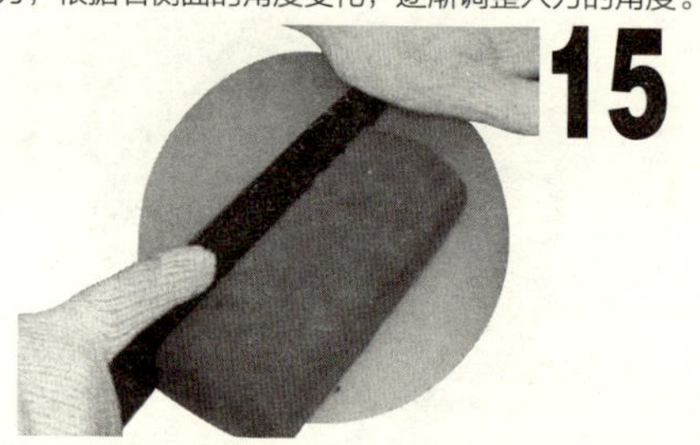

接近鱼头和鱼尾部分的肉块上半部往往较为单薄，切鱼块时，一般切为 1~2 块为宜。用刀进行修整时，应与血合肉一侧及其背面的低处保持平行。

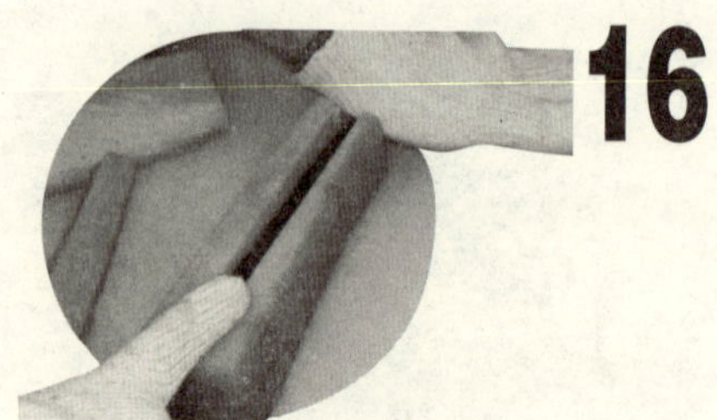

切面朝上，沿着左侧切面笔直入刀，从而切下鱼块。

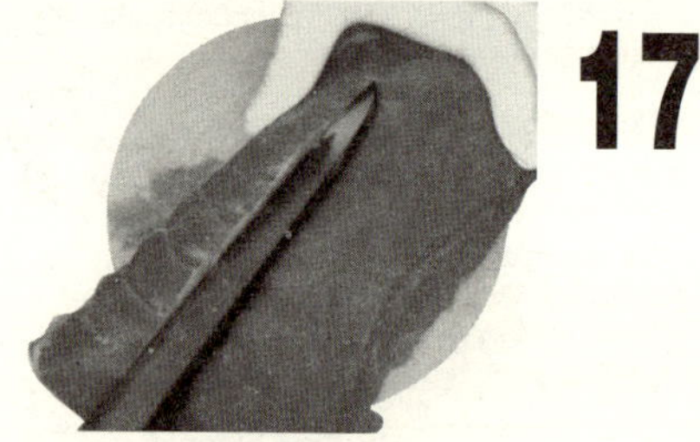

修整上半面的鱼骨及凹凸不平的表面纹理。

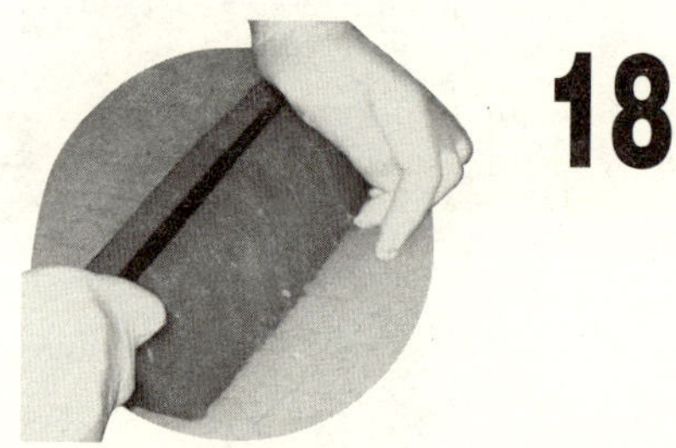

将含有血合肉的部分朝左，入刀时应与左侧面平行。

19

上半面的肉块一般能够切成 2~3 块鱼块，余下的肉块部分可以顺着左侧切线切割底边部分。切勿斜切，否则会导致鱼块横截面变小，从而减损其价值。

把维持冻结状态的金枪鱼肉放在保持干燥的砧板上加工

切面保持朝上，这样能够防止入刀时鱼块滚动，从而保证加工作业时的稳定性。要在这种便于切割的状态下适当调整鱼肉的角度和位置。

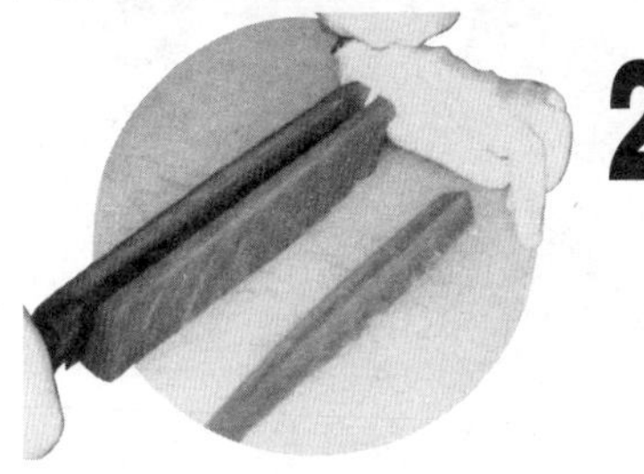

将切面朝上，顺着右平面笔直入刀，切下鱼块。

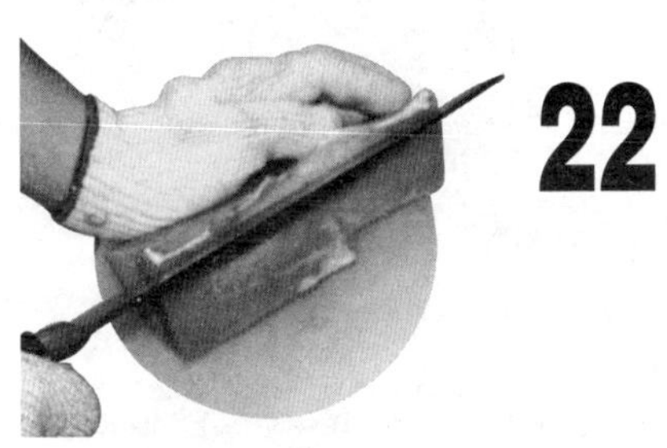

左手按住筋肉部分，从筋肉纹理的外侧入刀。

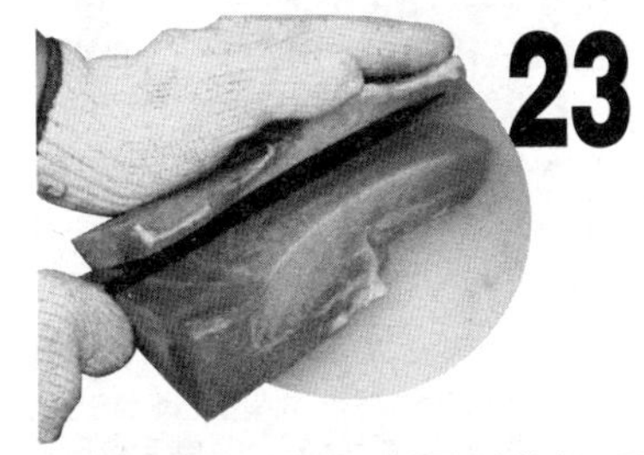

沿着筋肉纹理入刀，去除肉筋。粗硬的肉筋会严重影响鱼肉成品的口感和质量，导致丧失消费者的信赖，这是必须杜绝的。

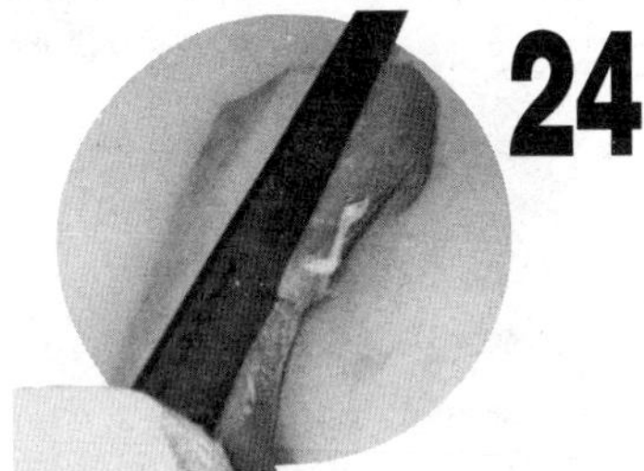

去除肉筋后，用菜刀修整鱼块，使其尽量呈长方形。

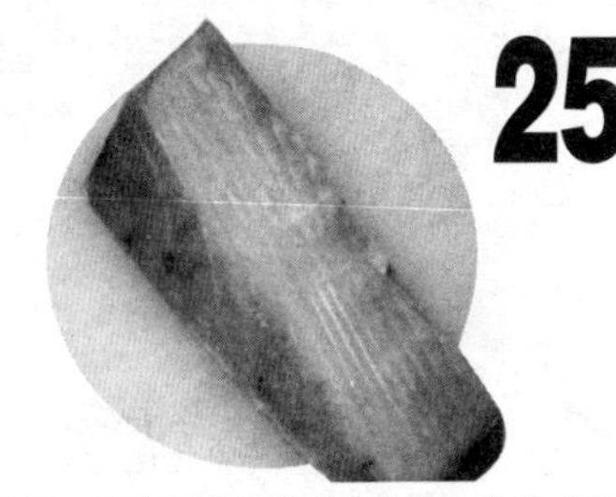

去除粗硬肉筋和筋皮后的长方形鱼块便可作为成品销售。如果鱼块无法修整成长方形，则应加工处理为方块或造型切片。

鱼块装盘为成品，一份通常包含 1~2 块鱼块。装盘时，要让厚实的部分朝上，并将青芥辣调料置于左上角。

生大眼金枪鱼（鱼块成品）

加工时，要尽量多地产出形状工整的鱼块，并保证鱼肉纹理与切口平行

1

与冷冻的相比，生金枪鱼通体柔软，因此必须用双手分别托起鱼头和鱼尾部分，将其小心地置于砧板上，换言之，要做到轻拿轻放。一旦鱼体扭曲，鱼身会立即破裂。

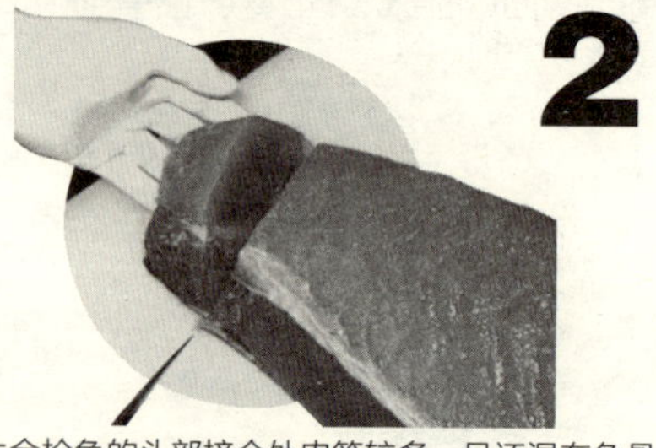

2

生金枪鱼的头部接合处肉筋较多，且还混有鱼骨。应每隔 5cm 左右切一刀，将其切成数块立方体。

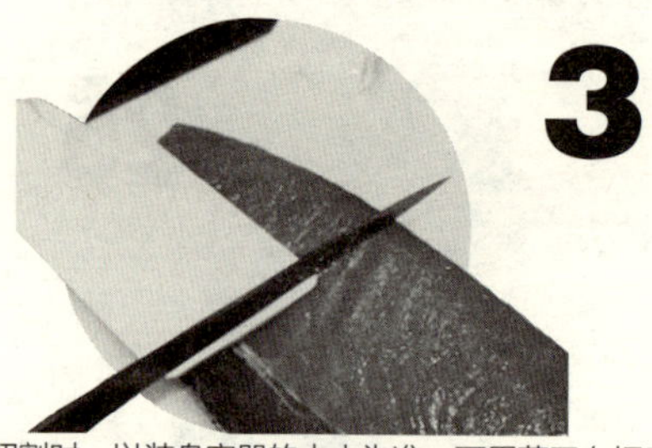

3

切割时，以装盘容器的大小为准，可用菜刀在切口处做记号。鱼块的长度应比盘子内径短 2~3cm。每切一块之前，都要用菜刀做记号，以确定尺寸。

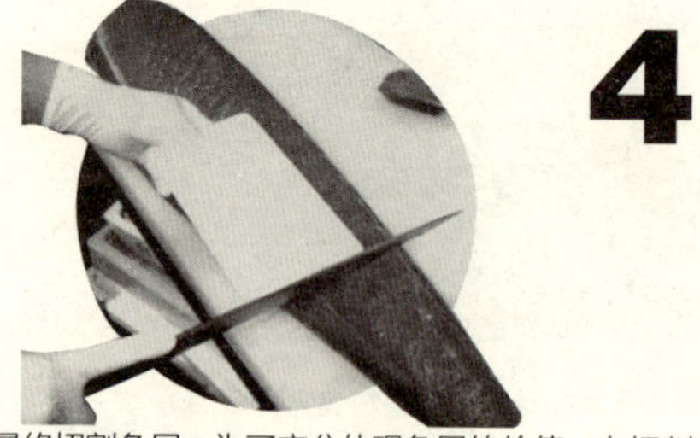

4

最终切割鱼尾，为了充分体现鱼尾的价值，在切割时，对长度应进行稍许调整。

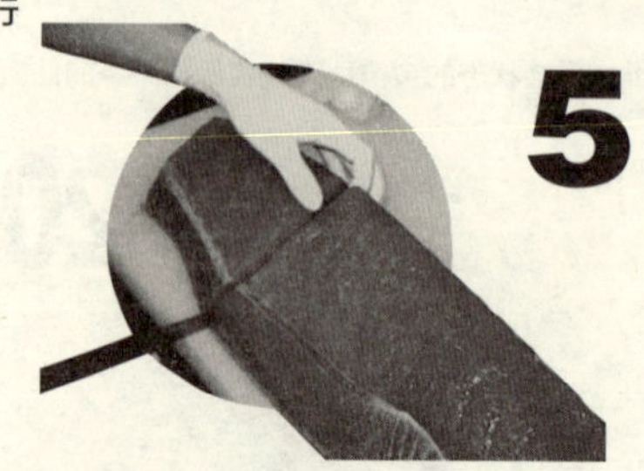

5

按照盛放盘子的大小做好记号，然后从记号处径直切下，要使用柳刃菜刀，连皮切割。

6

将切好的金枪鱼分成肉块。

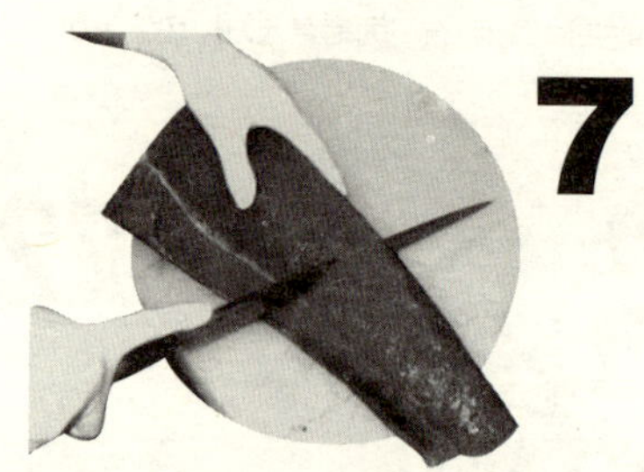

7

将鱼尾切成薄片或立方体，做成销售的成品。在切割带鱼尾的末端肉块时，应比头部鱼块和中端鱼块多切 2cm 左右。

8

经切割，4 分之 1 鱼身分成了 3~4 块鱼块。如果想做出大鱼块（1 块 200g 左右），则可把 4 分之 1 鱼身切成 2 块鱼块。

金枪鱼（薄切法）

大小和厚度均匀，且切角一致，提高了成品价值。

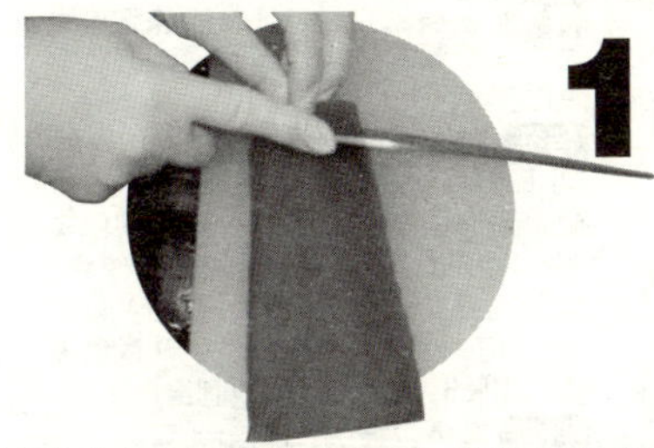

从鱼块的左边开始切。运刀时，要从刀根用到刀尖，以画圈的方式切割，且要保持节奏的流畅。以“拉动”的施力方式斩切，待收刀时，以刀锋切下鱼肉。

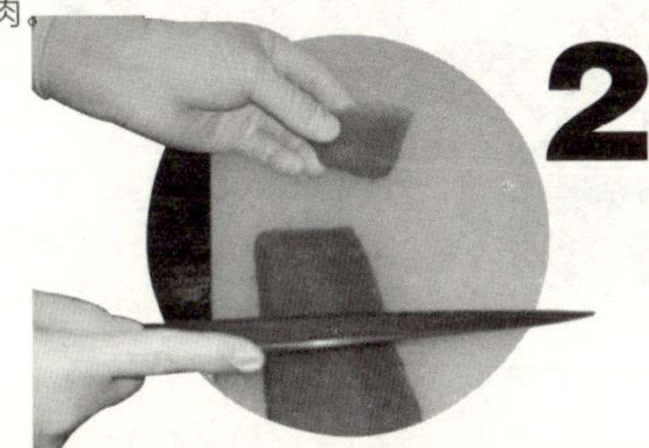

左手拿住切下的鱼肉，摆在砧板左侧。边角肉可切成大块，即为成品。

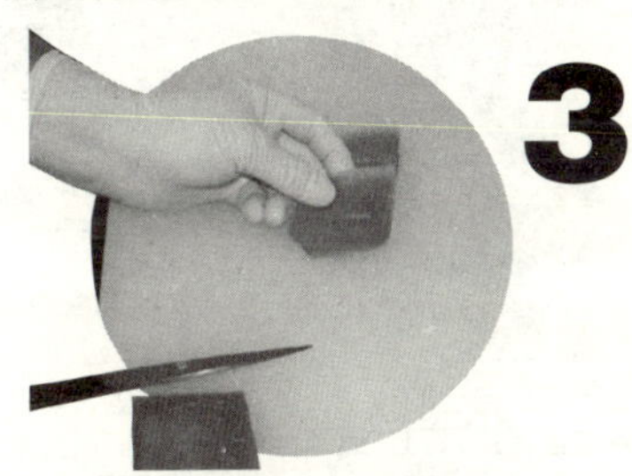

从左向右切，将切下的鱼肉从左至右摆放。

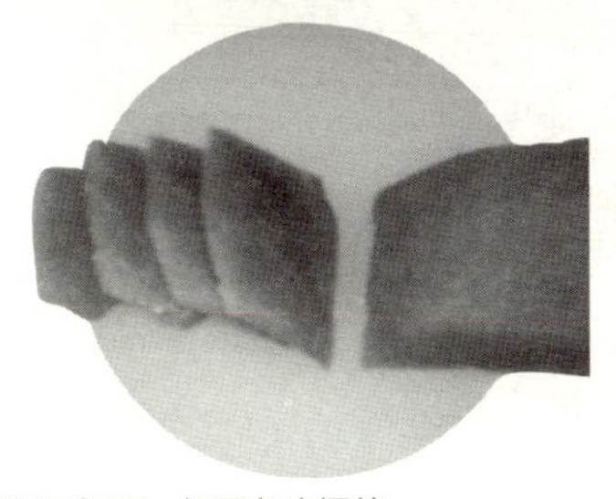

以相同间隔、相同角度摆放。

切下的鱼肉，无论大小还是厚度，都要均匀。

注意装盘时的角度。内侧的角度也要保持一致，从而实现赏心悦目的效果。

侧面的角度也一致。

< 完成品 >

比目鱼

1

活杀放血的养殖比目鱼在鱼市中的价格趋于稳定，是一年中随时可买到的珍贵白肉鱼。使用金属材质刷帚的话，连细小的鱼鳞都能去除干净。刮除鱼鳞时切忌用力过度，从鱼尾入手，直至鱼头，去除鱼体表面的黏性物质和鳞片。

主产地

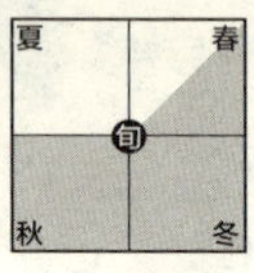

食用方法 刺身、黄油烧、油炸、奶汁烤菜、盐烤、红烧、法式黄油烤鱼

鲜度 鱼身富有黏性、从鳃盖到边缘肉质皆肥厚的为佳。腹部隆起的较易腐烂。

特征 就如它的别名“大口比目鱼”、“小口鲽”一样，嘴大是其特征之一。栖息于海里的泥沙中，具有保护色技能，能够根据海底的颜色改变体色。大型比目鱼（体长 80cm 左右）较味美；幼鱼被称为“SOGE”，味道稍逊色。肉质清淡，适合做成刺身。

别名 鲽鱼、板鱼、偏口鱼

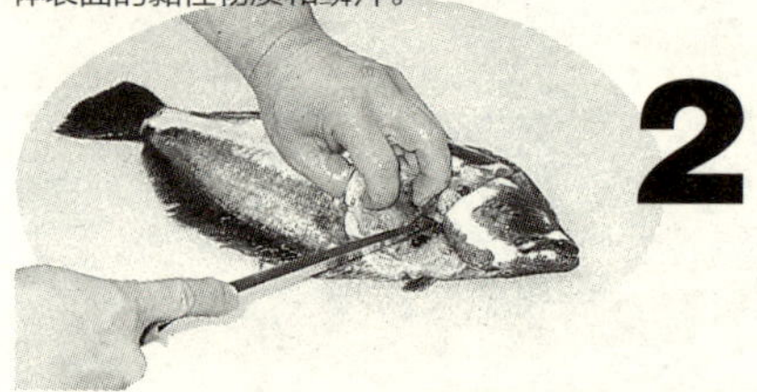

2

掰开鱼鳃，去除内脏。仔细去除血污后，从胸鳍下部入刀，切下鱼头。

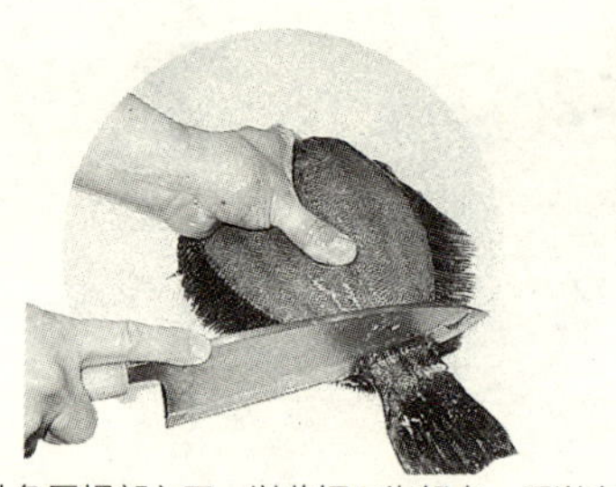

3

从鱼尾根部入刀，以此切口为起点，用逆向菜刀的方式，沿着背部边缘线划出切痕。

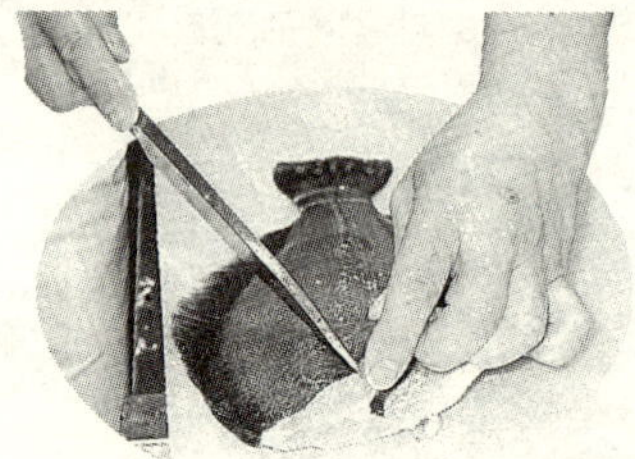

4

用左手手指确认中骨的位置。

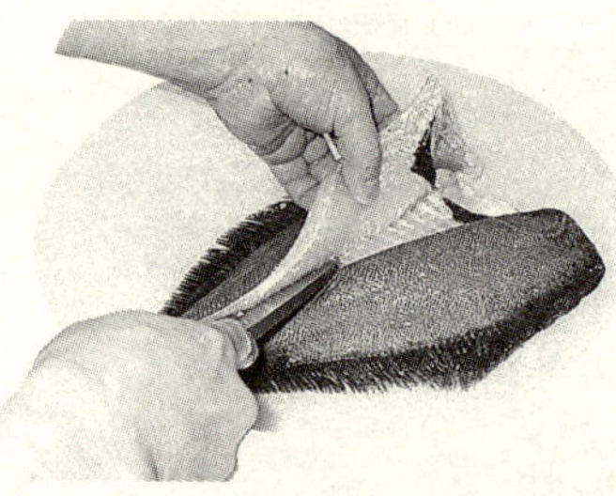

5

将鱼尾置于靠近自己的一端、鱼腹置于左侧，从鱼头的中骨位置径直入刀，运刀至鱼尾切口。首先从鱼头切口出发，沿着中骨，以“剖解”的方式朝鱼腹运刀。运刀时应用力均匀，流畅地切割鱼身正面的腹侧。

6

转动鱼身，使其朝向颠倒，接着从鱼尾切口出发，沿着中骨，同样以“剖解”的方式朝鱼头运刀。在向前运刀时，要时刻确保菜刀触及中骨，从而切割鱼身正面的背侧。

一年中几乎随时可得的珍贵白肉鱼，适合加工成薄切刺身

7

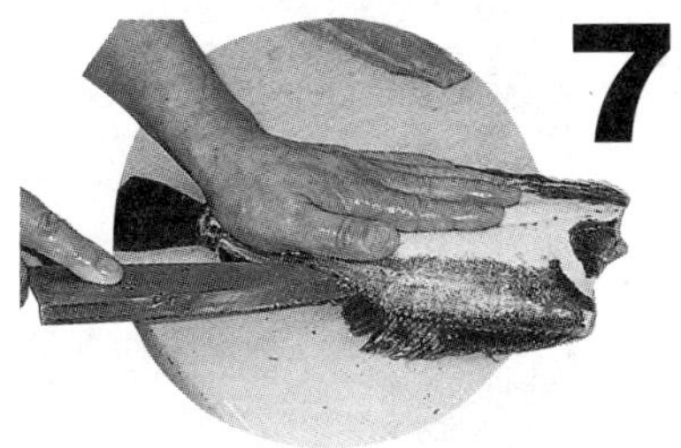

将中骨朝下，以鱼身反面的鱼尾切口为起点，用逆向菜刀的方式，沿着鱼腹边缘划出切痕。

8

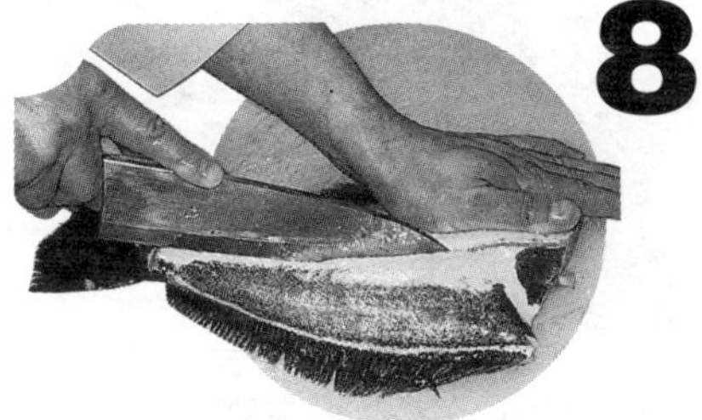

用左手手指确认鱼头切口处的中骨位置，沿着中骨径直入刀，运刀至鱼尾切口。

9

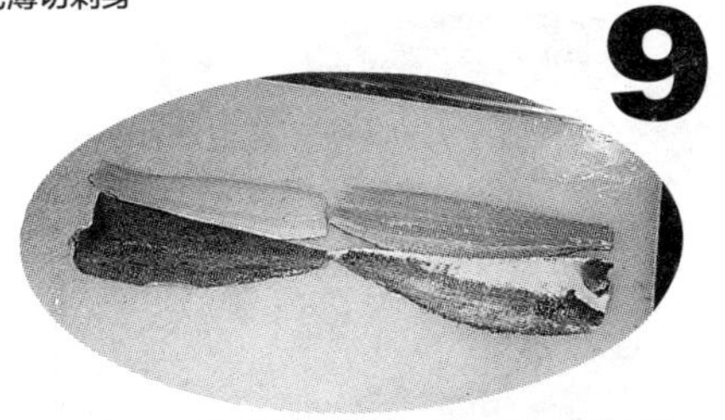

与处理鱼身正面时相同，鱼身反面也分割为 5 片。除头部外，背部和腹部各切为 2 片鱼肉。如图所示，左边为反面的背肉和正面的腹肉，右边为正面的背肉和反面的腹肉，其重量也大致相同。兼职员工必须掌握该技能。

10

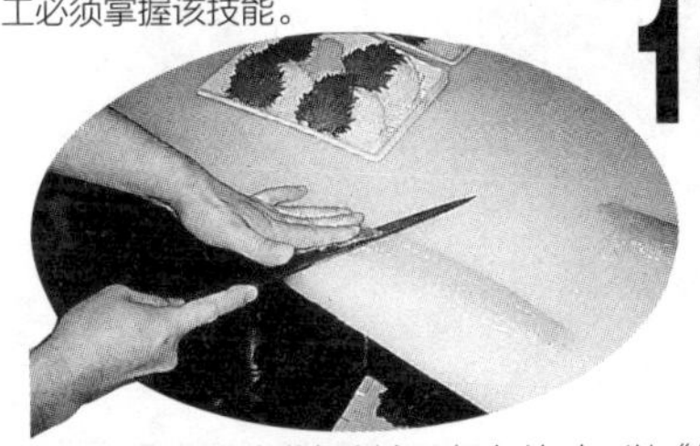

比目鱼一般加工为薄切刺身，切鱼片时，以“每片重量 8g 左右”为基准。为此，必须事先确定待切鱼肉的重量。

11

< 薄切刺身 >
如果透过切下的刺身，能够看到装饰用紫苏叶的轮廓，那么就恰好达到了“8g 左右”的标准重量，此时的刺身能够呈现白鱼肉的上乘质感。可搭配红蓼和南瓜等配菜。

12

< 比目鱼的造型刺身 >
SOGE（小尺寸的比目鱼）的大小比较适合造型。

青鲽（冷冻）

用于干煮的 2 片切法

主产地

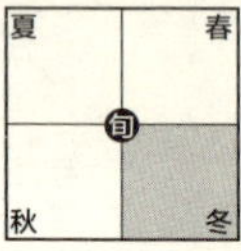

食用方法 产卵前的“带籽青鲽”为烹饪上品，可干煮或盐烤。

鲜度 鱼体表面光鲜、呈暗褐色并富有黏性的为佳。

特征 通常栖息于水深 50~200m 的泥沙中。每逢冬季产卵期，便会聚集于内湾浅滩水域，此时便是捕捞时节，因此青鲽在日本被称为“浅场鲽”。若狭湾的“一夜干”（译者注：一种日本鱼干）便是以青鲽为原料的代表性水产加工品。青鲽能够长至 40cm。产卵前的“带籽青鲽”为烹饪上品，可干煮或盐烤。

1

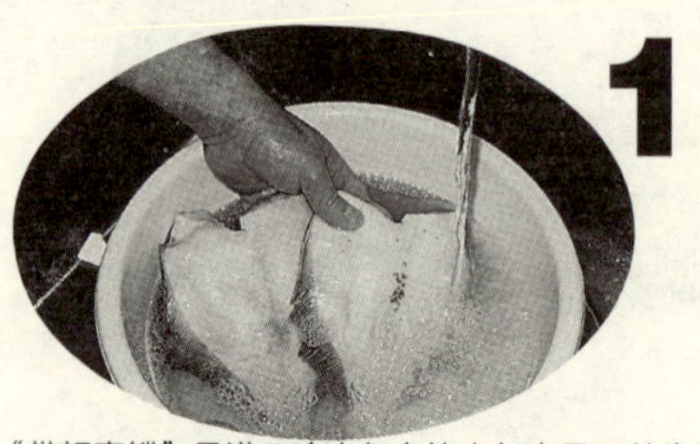

“带籽青鲽”是进口冷冻鱼中的人气商品。首先要在冷冻状态下去除体表细鳞，可使用刷帚。之后可进行急速解冻，比如用热水使其升温，接着用毛巾擦干，最后放入冷藏库保存。

2

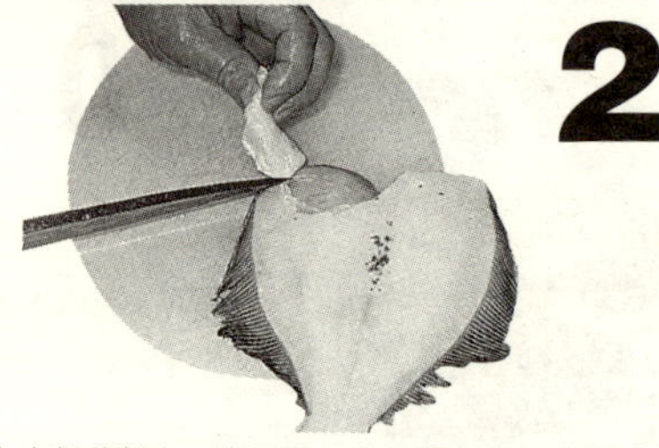

将白肉部分朝上，为了进一步突显鱼卵，应切除表皮。通过这项加工，可使“带籽青鲽”的商品价值上升。

3

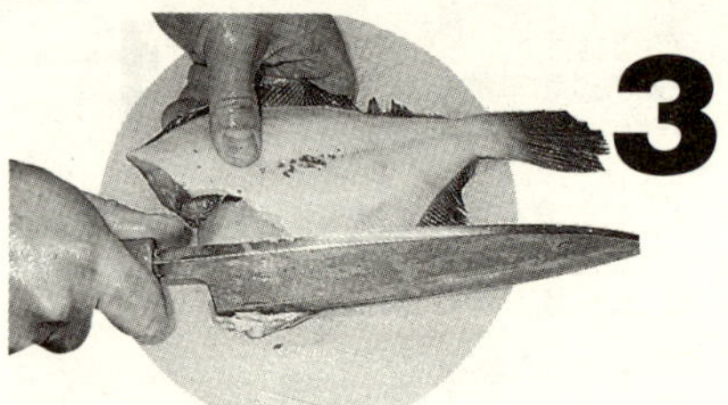

使用出刃菜刀的根部，剔除鱼腹下部突出的鱼骨。如果剔除不到位，等到成品封口包装后，鱼骨会突兀地外露，因此加工时要格外仔细。

4

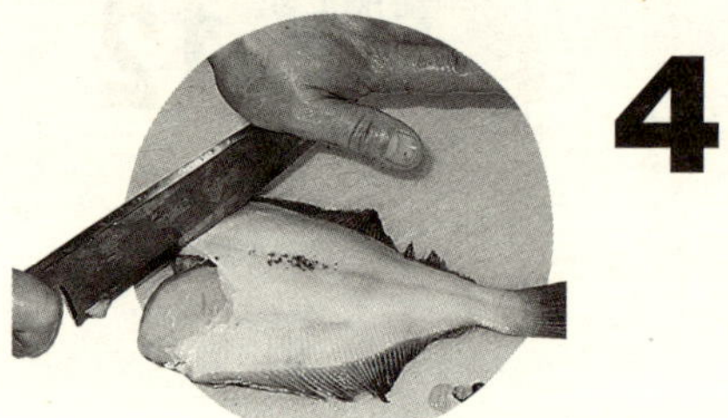

在已经去头的鱼身背部切割三角形。这种方式能够使切下的鱼块呈现优美的角度，并能够强调切口的鲜度。

5

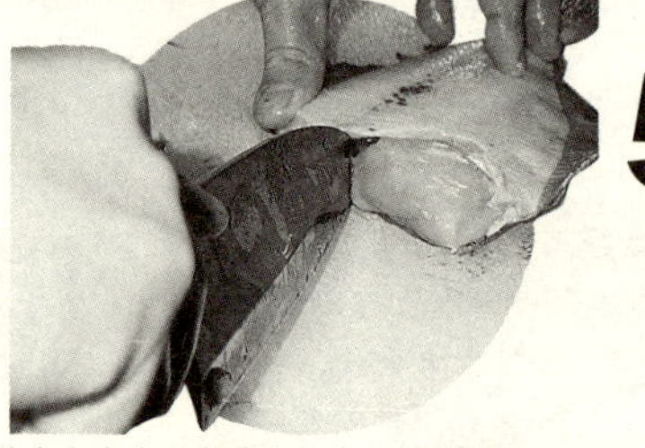

除去血合肉。在冰冻状态下较易去除。如图所示大小的鱼身可切成 2 片。为了让每片所含的鱼卵量大致接近，应斜刺入刀。

6

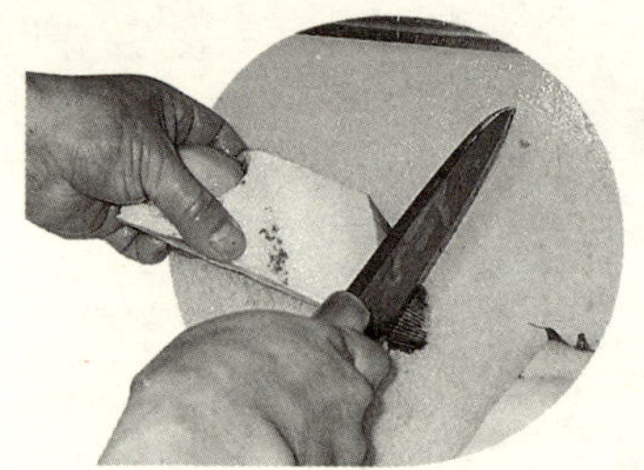

切割完毕后，同时进行去除鱼鳍的作业。鱼尾也采用同样方式切割，如果是冷冻鱼肉，使用日式牛刀更为便利。

7

<装盘>

在西日本，一片正面（黑色部分）朝上，一片正面朝下的包装方式较为常见。

木叶鲽

划切装饰刀痕，以用于油炸和干煮

1

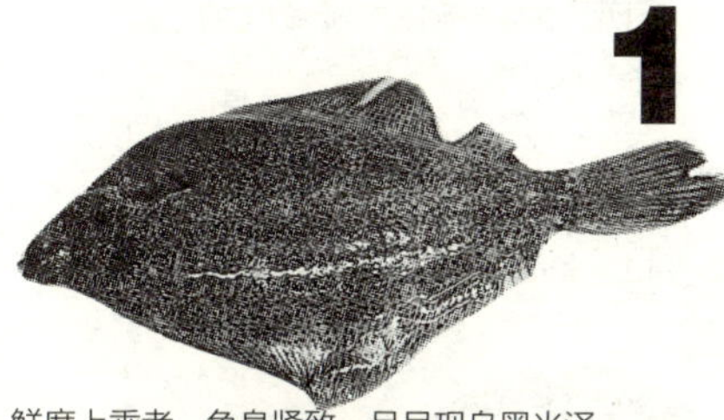

鲜度上乘者，鱼身紧致，且呈现乌黑光泽。

主产地

夏	春
秋	冬

旬

食用方法 刺身

鲜度 鱼身坚硬且呈现乌黑光泽的为佳。

特征 两只鱼眼如木板一般高高隆起，因此在日本被称为“目板鲽”，为温水性鱼类，在南日本分布较多，肉质厚实。栖息于水深 10~70m 的泥沙中，体长约 30cm。干煮后非常美味。

别名 铁仔、八角鱼、田鸡眼、猴子鱼

2

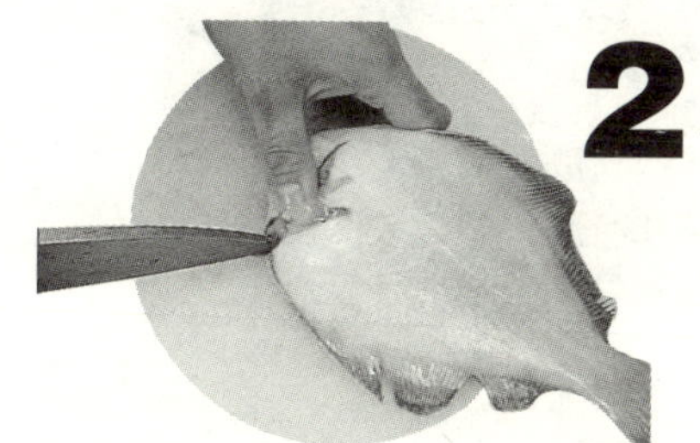

从腹部的鱼鳃下部斜刺入刀，为取出内脏做准备。

3

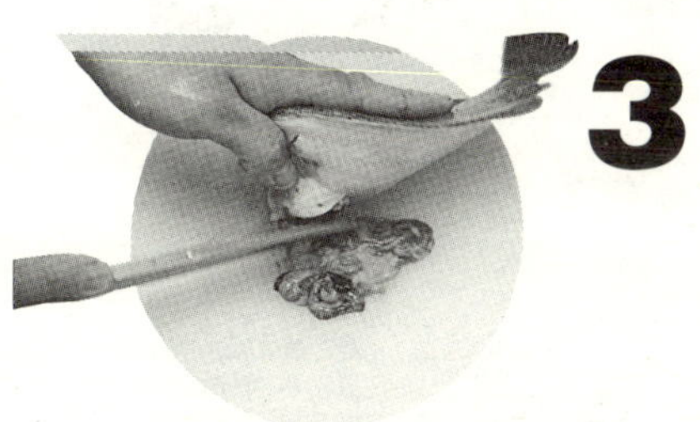

翻起鱼身，使其朝上，然后用菜刀尖端挑除内脏。

4

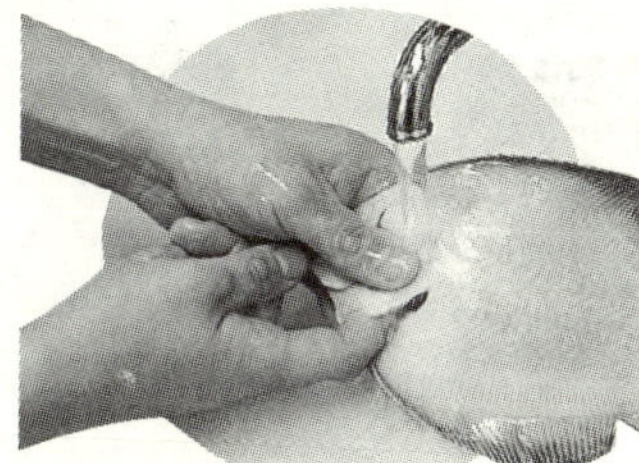

用流水仔细冲洗鱼腹内部。

5

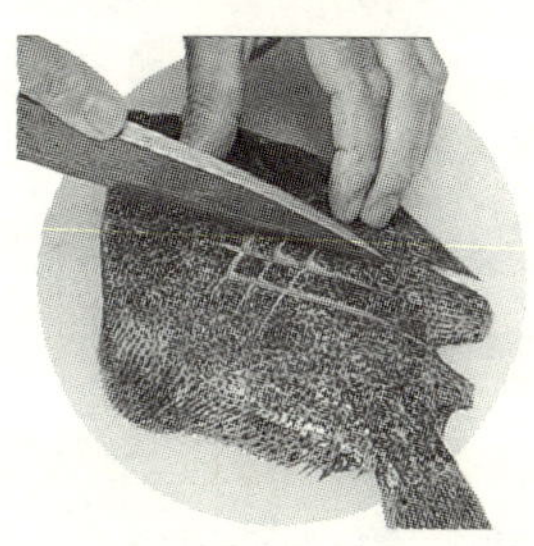

要加工成炸物食材时，如果鱼身较小，则在背部划切装饰刀痕即可；如果鱼身较大，则应顺着鱼鳍根部划切，以便于烹炸入味。

<用于干煮的成品>
鱼鳍和鱼尾的前端也修剪得非常整齐。

鮟鱇鱼

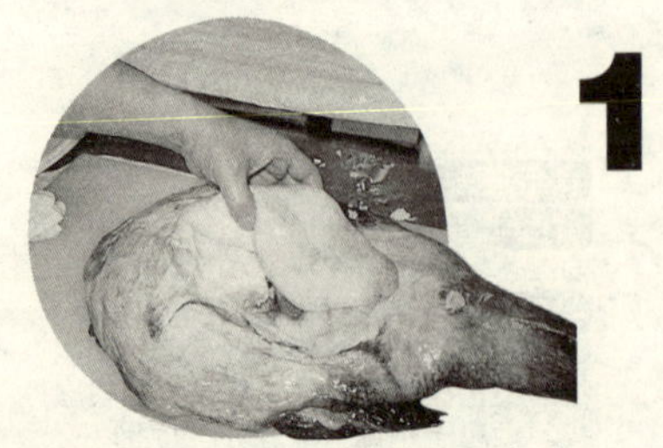

1

鮟鱇鱼的“7大神器”是指鱼肝、胪（手鳍、鳍腕、胸鳍、尾鳍）、葛（卵巢）、柳肉（鱼身肉、鱼脸肉）、水袋（胃）、鱼鳃和鱼皮。其中鱼肝最为珍贵。在处理时，应最先取出鱼肝和卵巢。

主产地

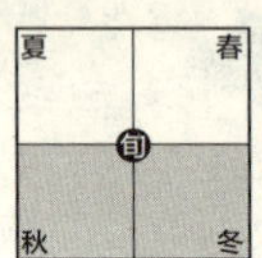

食用方法 火锅、鮟鱇鱼肝

鲜度 上佳的鮟鱇鱼应富有黏性且无异味，鱼肝要大且呈黄色，其周围的血管应呈现鲜艳的血红色。

特征 分布于太平洋和印度洋的温带海域，栖息于水深200m以下的海底。鮟鱇鱼可谓“浑身是宝”，鱼皮、鱼肝、卵巢、胃、鱼脸肉、鱼身肉、鱼下巴，这7部分都是可食用的美味佳肴，被誉为“鮟鱇鱼的7大神器”。肉质柔软，富有黏性，脂肪含量少，口感清淡，非常适合下火锅。

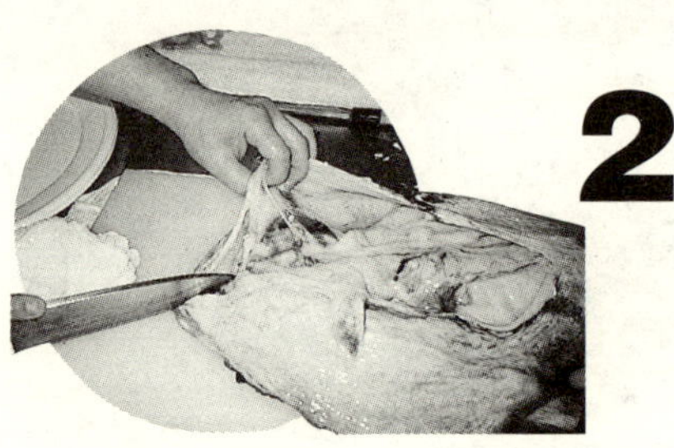

2

取出鱼肝后，将鱼腹朝上，首先切开鱼唇边缘。

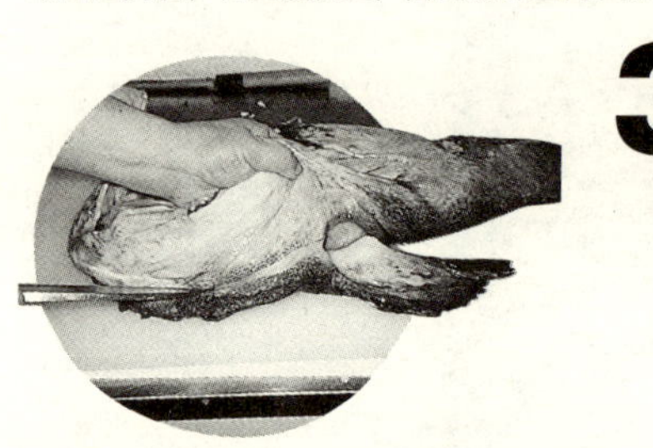

3

用菜刀划切鱼体侧面，以便剥皮。剥下腹部一侧的鱼皮后，翻转鱼身，用菜刀划切鱼头及侧面。

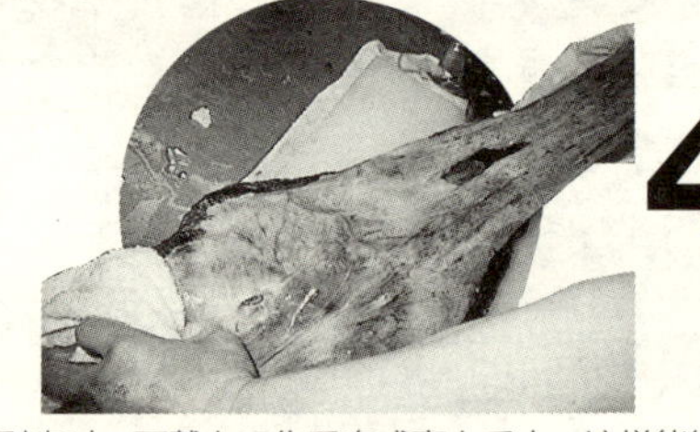

4

剥皮时，可戴上工作手套或裹上毛巾，这样能够省时省力。

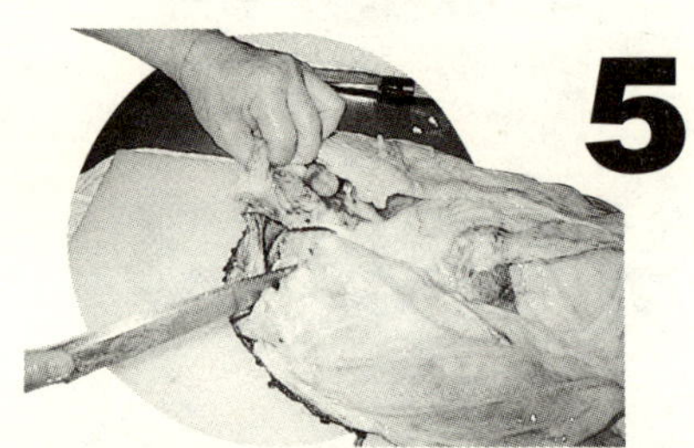

5

剥皮作业完成后，将鱼腹朝上，以便着手去除胸鳍。为了去除胸鳍，必须先把与胸鳍左右对称相连的腹膜和腹骨去除。应使用锋利的菜刀，以“拉扯”的施力方式逐一切除。

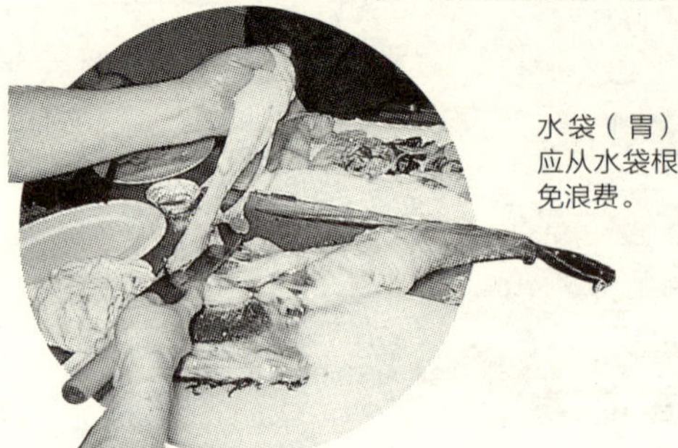

6

水袋（胃）非常美味，应从水袋根部切除，以免浪费。

灵活运用“7 大神器”的火锅料理组合

7

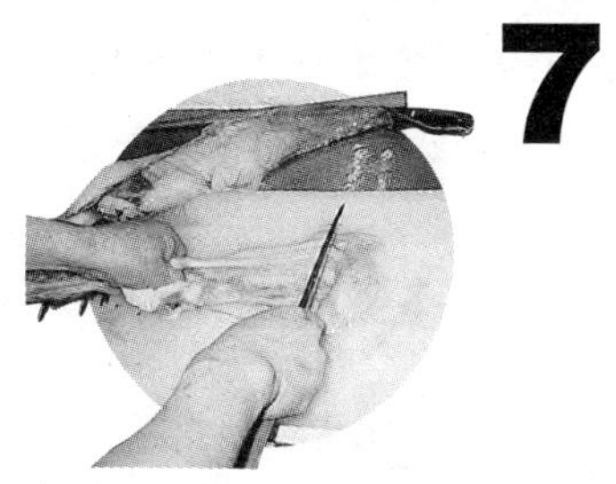

去除胃部残留物，用菜刀仔细剔除内侧的黏稠物。

9

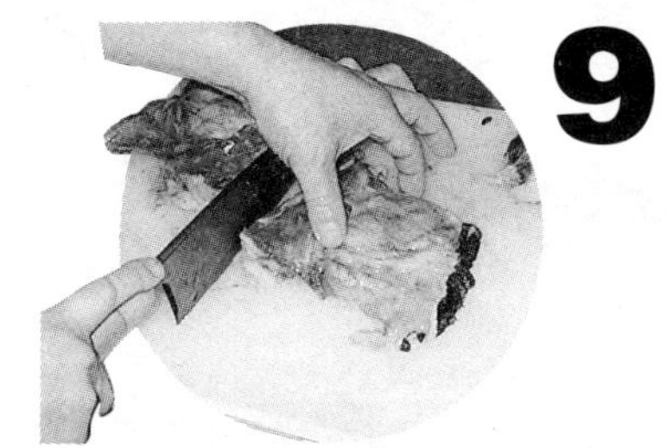

切下鱼头上的鱼唇，在两只鱼眼之间入刀，一切为二。

8

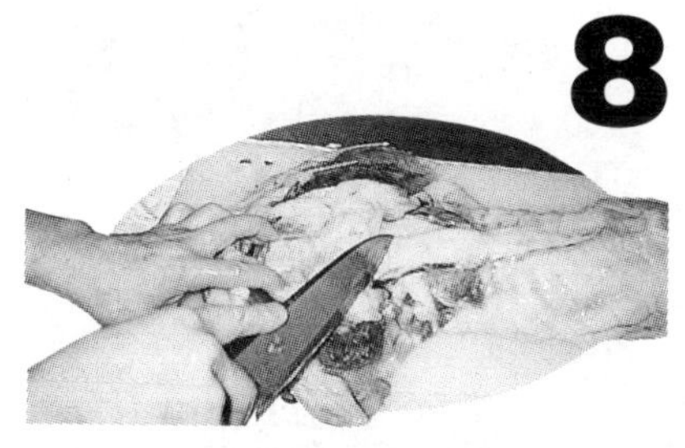

摘除鱼鳃，然后切下鱼身肉和鱼头根部。

10

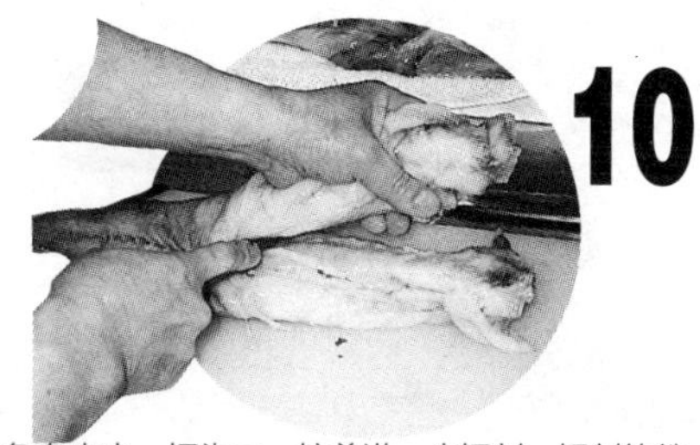

将鱼身肉也一切为二，接着进一步切割。切割的份数视鱼身大小而定，如图所示的尺寸，可采取“3片切法”，中骨最好剔除。

11

＜鮟鱇鱼火锅料理组合＞
囊括了鮟鱇鱼的“7大神器”。

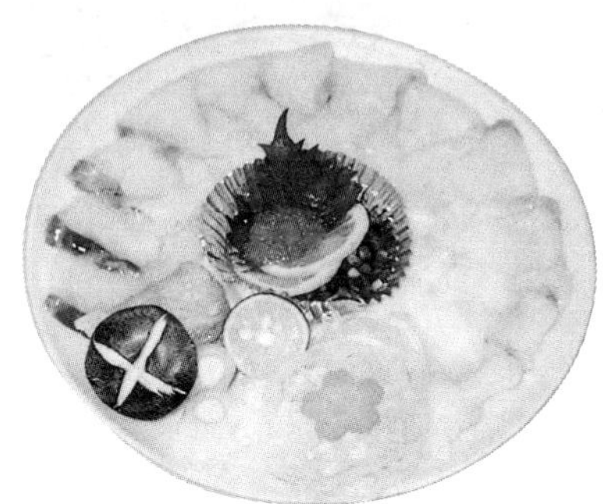

12

＜鮟鱇鱼涮涮锅＞
如果鮟鱇鱼非常新鲜，其鱼肉也会富有光泽和弹性。以修整好的鱼肉为原料，可以制作用于涮涮锅的鱼片。可使用薄切法，把鱼肉切成每片 20g 左右的鱼片。需要注意的是，只有极为新鲜的鮟鱇鱼肉才能作为涮涮锅的食材。

伊势龙虾

把虾肉切片，加工成龙虾刺身

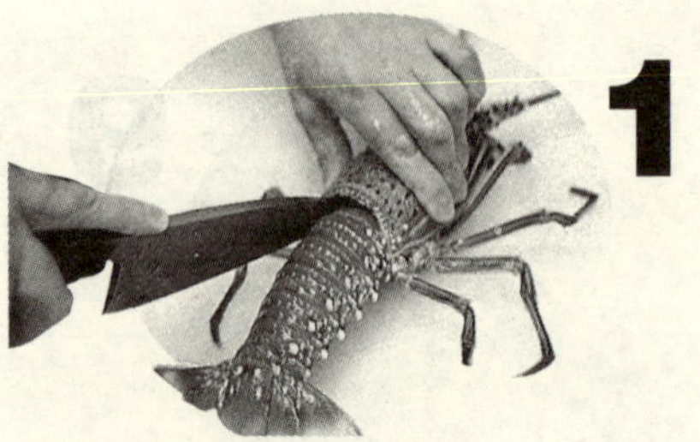

1

最好使用活龙虾进行“活杀加工”，这样不但能够减少加工失误，而且切下的虾肉非常紧致富有弹性。从虾头根部入刀，把龙虾切成两部分。首先从左侧入刀。

2

接着从右侧入刀，切割虾头。

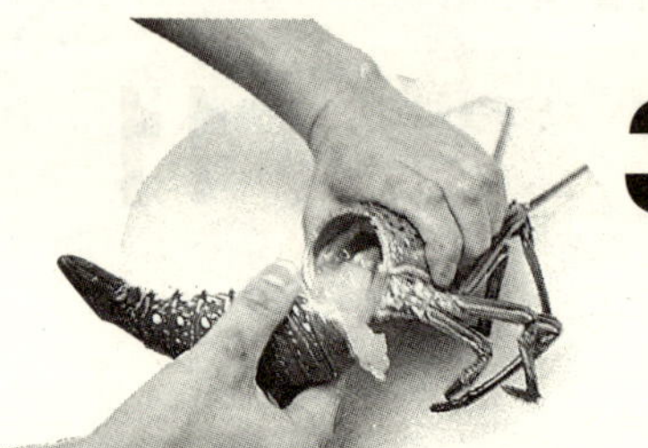

3

然后从下部入刀，用手把龙虾扯断。

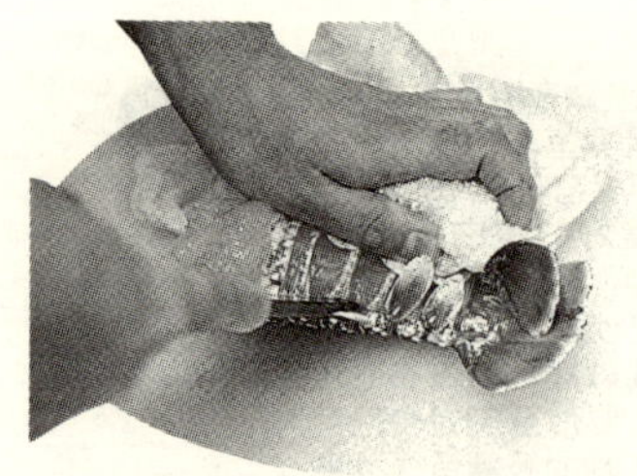

4

将虾背朝下，用菜刀在上下甲壳之间的接合处划切，左右都要顾及。

主产地

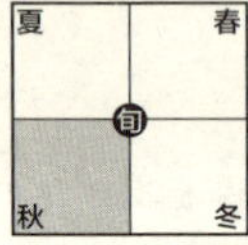

食用方法 刺身、烤龙虾、煮龙虾、奶汁龙虾、炸龙虾

鲜度 虾壳厚实、用手触碰后活蹦乱跳的为佳。

特征 伊势龙虾为日本水产品中的重要品种之一，与对虾齐名。作为长寿的象征物，不管是正月还是贺宴，都是餐桌上不可或缺的佳肴。时鲜期为春夏之间，但出于物种保护的考虑，夏季为禁渔期，因此在秋季大量上市。

产地 三重县

别名 镰仓龙虾

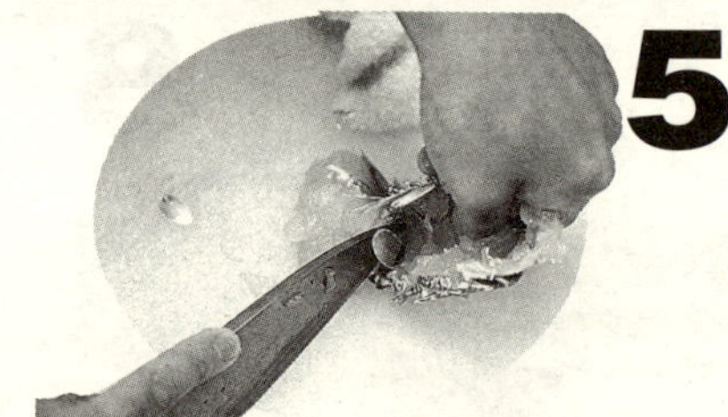

5

在加工时，龙虾还是活的，因此很难从背部虾壳中拉出虾肉，所以直到这一步，才能用菜刀去壳。

6

用菜刀把虾肉切片，然后装盘。

7

伊势龙虾周身通透，与剑尖长枪乌贼类似，搭配紫苏叶、欧芹和菊花等，能够展现非常赏心悦目的装盘效果。

真章鱼（切片）

从章鱼须或章鱼须根部入刀切片即为成品

1

章鱼爪要一条条地切。

食用方法 刺身、醋腌、天妇罗、章鱼烧、汆章鱼

鲜度 体表呈茶色且富有光泽、刀切会出水的为佳。

特征 日本人喜食章鱼。像真章鱼、大章鱼和饭章鱼等日本产章鱼占章鱼总消费量的 10%，而非洲西北海岸产的非洲章鱼则占 70% 以上。日本产章鱼中，尤以濑户内海明石海峡产的“明石章鱼”最为昂贵。

2

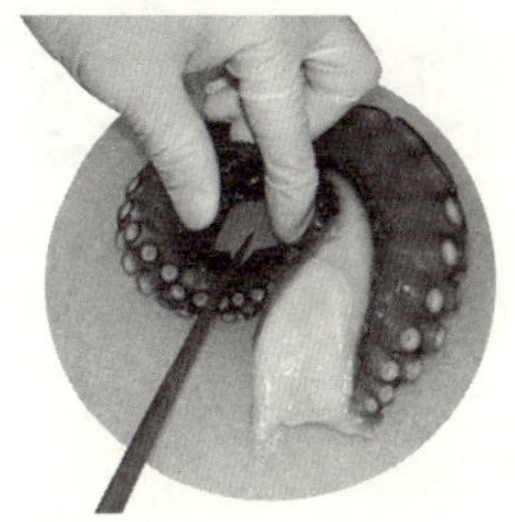

切掉章鱼爪的前端。

4

切下后，用左手置于砧板左侧，摆放整齐。

3

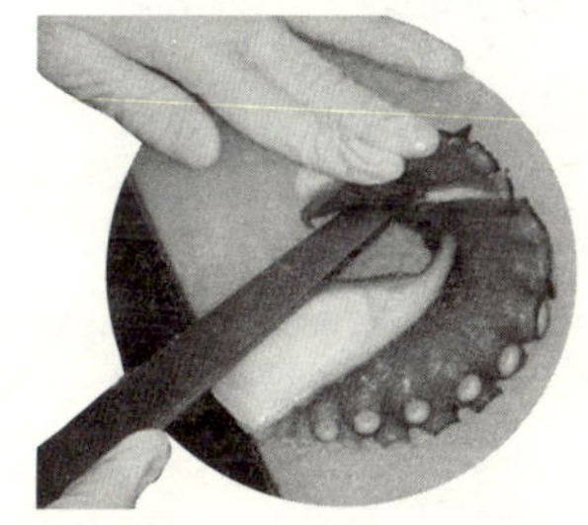

将吸盘一侧朝外，用刀根部分削切，左手食指和中指按住要切的部分，以保持平衡。

5

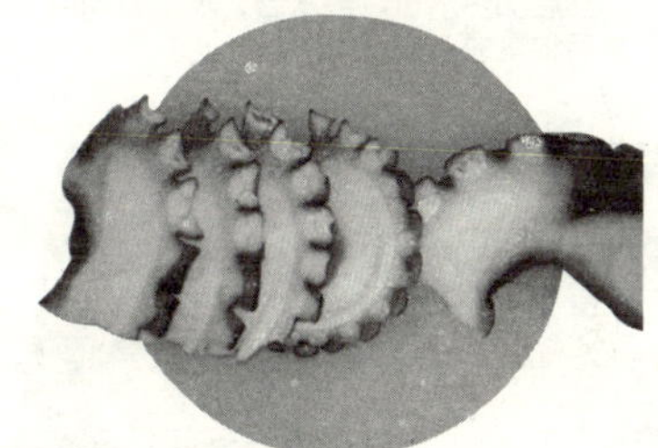

将切下的肉片从右至左整齐摆放，削切时，要尽量保持肉片大小和厚度均一。

6

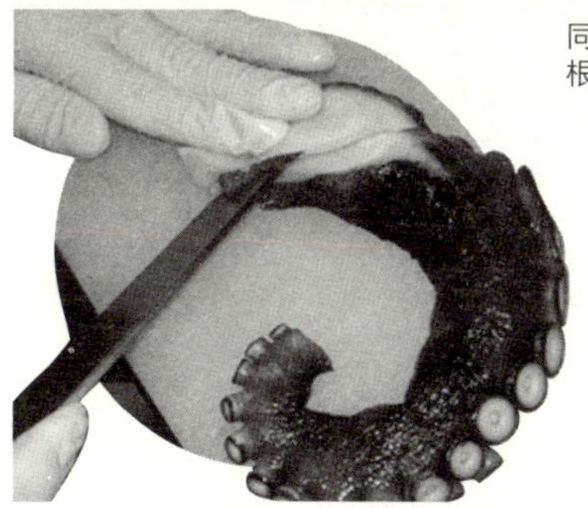

同样，也可从章鱼腿根部入刀。

大章鱼（涮涮锅）

章鱼涮涮锅，发挥吸盘的价值

1

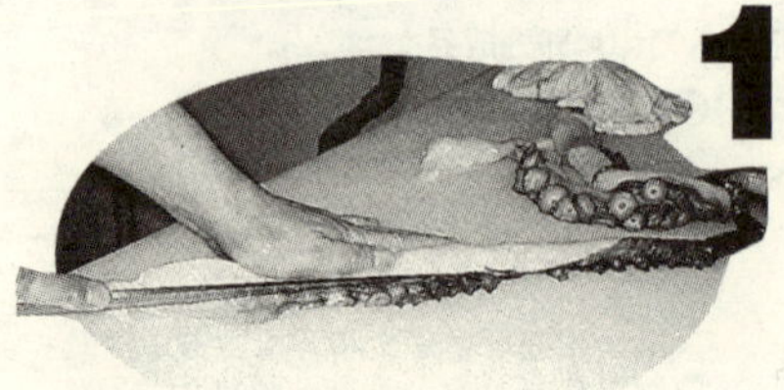

把吸盘从爪上切下。应先用菜刀拍打吸盘，如果吸盘牢牢吸住了砧板，则证明章鱼非常新鲜。此时入刀，就能轻松切下一面的吸盘，然后再从另一侧入刀，割离吸盘和章鱼爪。

主产地

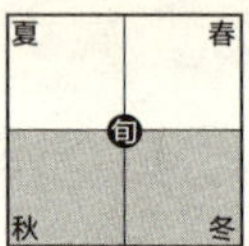

食用方法 刺身、醋拌、醋腌、熏章鱼干、涮涮锅

特征 体长3~5m，是全世界体型最大的章鱼。与真章鱼相比，其身体更为柔软，水分也更多。章鱼的加工用途广泛，可加入醋或其他调味料，成为人们所喜爱的食品。

别名 大蛸、水蛸、盐蛸

2

先将切下的吸盘放入篓筐中，加盐充分揉搓，以除去上面的黏物和污物，然后加热水。过热水后，吸盘便成了美味食材。最后将其放入冷水中降温。

3

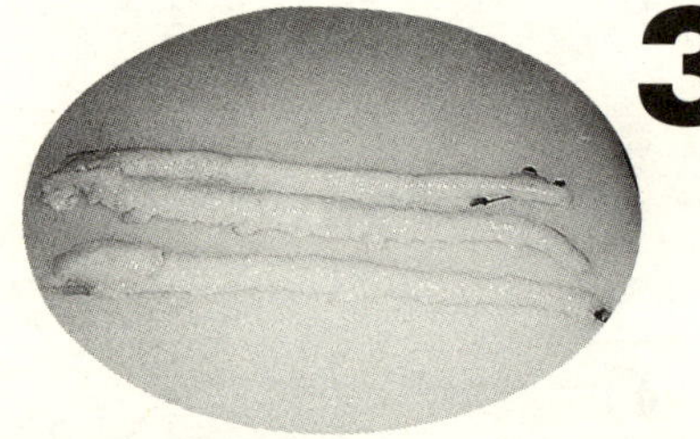

除去了吸盘的章鱼爪如果过大，可先稍加冷冻，以便于切割。图中大小的腿肉则可直接切片，从而加工成造型美观的拼盘。

4

<活章鱼刺身>
吸盘也很美味，因此不可或缺。活章鱼刺身是提升单品价值的必要形式。

5

<章鱼涮涮锅>
夏季热销商品，应强化章鱼作为火锅菜的吸引力。

鳕鱼（生）

1

冬天“火锅季”不可或缺的食材。大部分超市只出售去头鱼块，其实也可另辟蹊径，以“整条全鱼”的方式挖掘其附加价值。

食用方法 鱼杂锅、酒渍、酱腌、盐烤、火锅

鲜度 鱼身富有弹性、鱼块呈淡粉色的为佳。

特征 与鲑鱼并称为北海地区的代表鱼种。其鱼块常常被用来下火锅，因此市场上出售的多为鳕鱼块和盐腌鳕鱼。

别名 大头青、大口鱼、明太鱼、阔口鱼

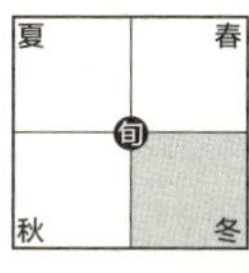

2

图为体重 5kg 的雄鳕鱼。首先用刷帚将鱼体表面的黏性物质和细鳞仔细刮净。如果是雄鱼，则其精巢（鱼白）是价值所在。应从肛门处入刀，小心运刀至鱼颚下部，注意不要伤及鱼白。

3

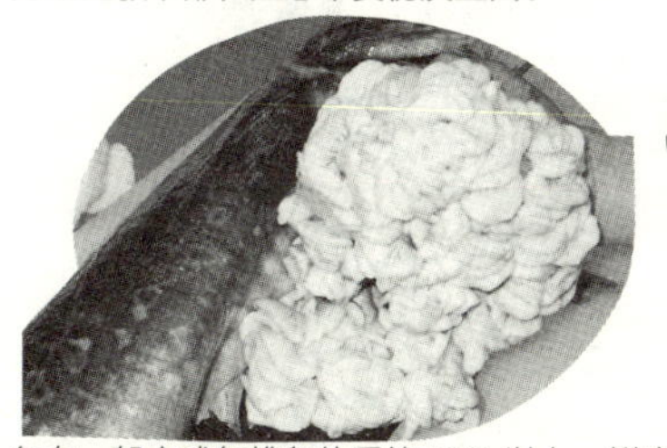

鱼白一般占成年雄鱼体重的 20% 以上，鲜度极高，用于生食。取出鱼白后，应将其放入篓筐，用水稍加冲洗后，放入冰箱沥干。

4

价值仅次于鱼白的是鱼肝，下锅后极其美味，因此也应优先取出。

5

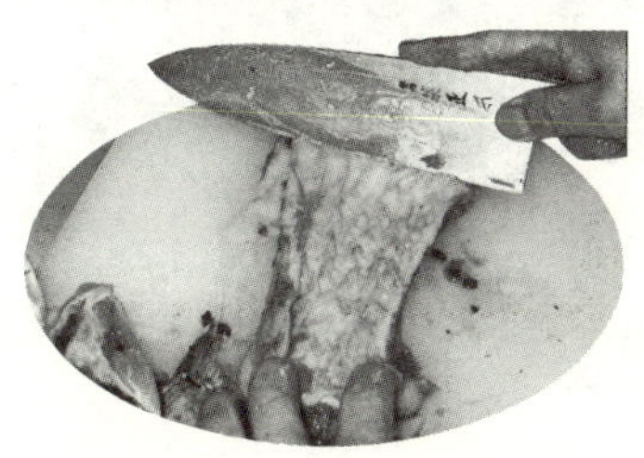

胃部也是下锅佳肴。首先切开胃袋，去除内部残留物，然后用菜刀剔除胃里的黏性物质。

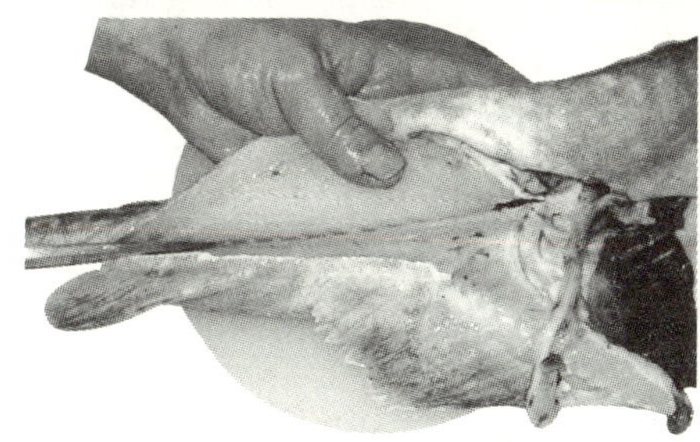

切下鱼头后，将鱼头置于右侧、鱼腹置于靠近自己的近端，沿着中骨，从肛门入刀，朝着鱼尾运刀。

7

将鱼身半转，背侧置于靠近自己的近端，沿着中骨，从鱼尾入刀，朝着鱼头运刀。鱼尾附近的中骨较粗，因此菜刀要尽量深入切割。完成后，再以鱼尾为出发点，以逆向菜刀的运刀方式切鱼片。

8

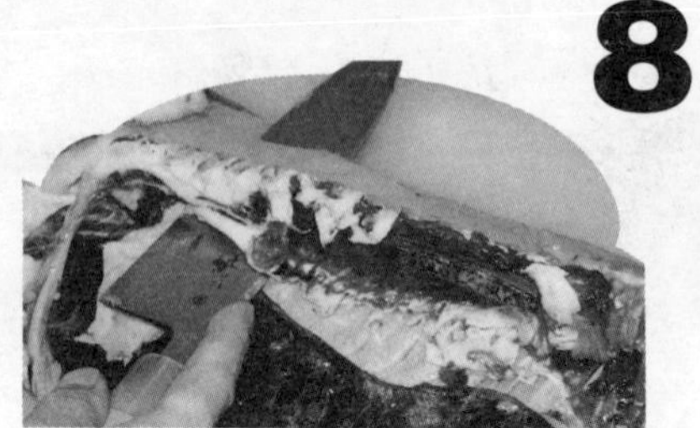

鱼头、中骨、鱼肉、鱼白、胃袋、鱼肝等部位是整条鳕鱼的价值所在。如何灵活利用这些部位来提高商品附加价值，将是今后的竞争重点之一。

9

处理附着中骨的鱼肉部分时，首先将鱼皮一侧朝下，从头部入刀，剔除中骨。中骨可用作锅底汤料。

10

<鳕鱼火锅料理组合>
经柚子醋调味后很美味。也可用于烹煮韩式泡菜锅，从而丰富鳕鱼的吃法。图片中，拼盘组合中间的配菜是韩国泡菜，也可换成其他酱料。

11

如果鳕鱼非常新鲜，即便切成 20g 左右的薄鱼片，也不会失去弹性。鱼片既可用于下火锅，也可用于涮涮锅。图为用于涮涮锅的成品。配上葛根粉丝和辣萝卜泥，营造赏心悦目的装盘效果。

真鲷

提到刺身，就少不了鲷鱼。如今，一年四季几乎都能买到鲷鱼，因此必须在成品加工上下功夫。

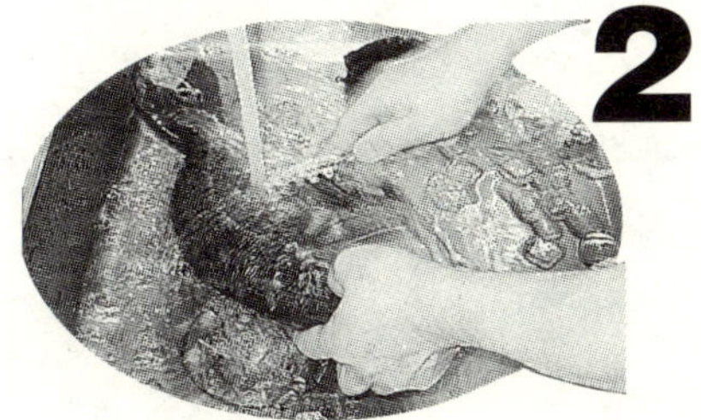

用刮鳞器去除鱼鳞。头部的鱼鳞较为难刮，鱼眼下部、鱼口周围的鱼鳞尤其容易残留，应使用出刃菜刀剔除。

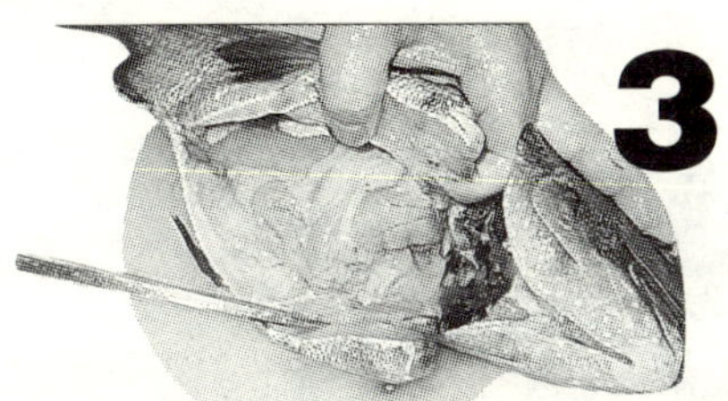

沿着鱼鳃，从鱼颚下部入刀，运刀至肛门，从而剖开鱼腹。从鱼鳃和镰状鱼骨的根部入刀，切割鱼颚根部，挑除鱼鳃和内脏。用水清洗鱼腹后，用毛巾拭去残留水分。

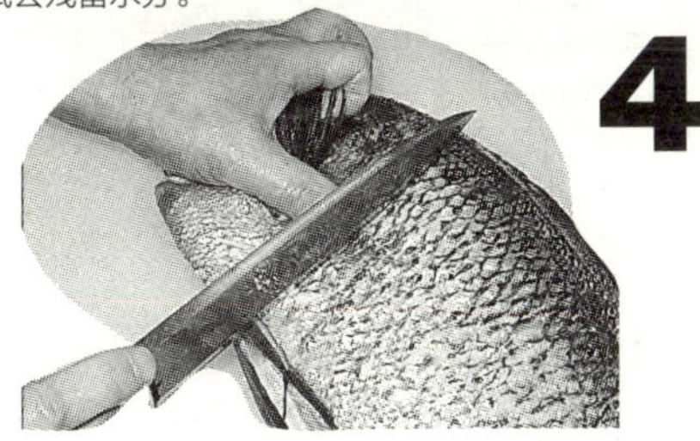

除了刺身和鱼块之外，冬季的推销重点就数鲷鱼火锅材料了。鱼头的价值也很高，应从胸鳍右侧入刀，径直切下鱼头。

主产地

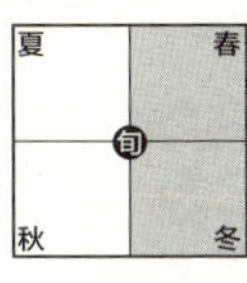

夏	春
旬	
秋	冬

食用方法 刺身、盐烤、红烧、酒蒸、火锅

鲜度 鱼眼呈青色、体表鲜红且富有弹性的为佳。

特征 就如日本谚语“即便腐烂了也是真鲷”（译者注：意为“瘦死的骆驼比马大”）所言，鲷鱼是日本人最为珍视的食用鱼类。近年来，养殖的鲷鱼也纷纷上市，使得日本人的餐桌上一年四季都少不了它。鲷鱼以对虾为食，因而吸收了大量虾壳中所富含的红色素——虾青素，因此通体呈美丽的樱色。鲷鱼集美型、艳色和鲜味于一体，可谓“海鱼之王”。虾青素具有极强的抗氧化性，有益健康，鲑鱼肉和鲑鱼子中也富含虾青素。

鲷鱼的鱼头价值很高。虽然径直切下的方式会使鱼头带有大量鱼肉，从而导致鱼身的出肉率下降，但却能大大提升鱼头等鱼杂部分的附加价值。

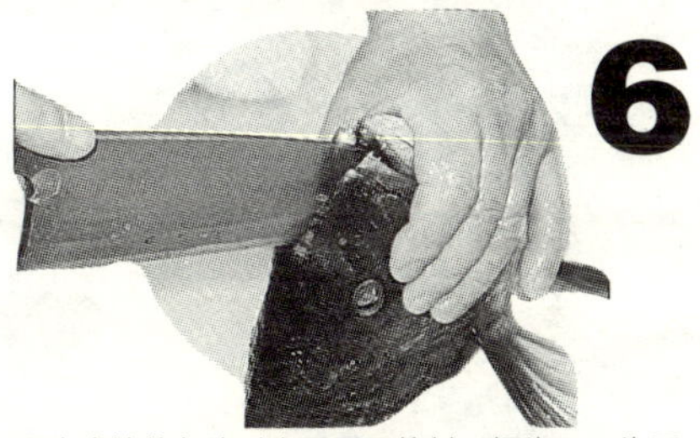

左手稳稳按住鱼头，右手用刀将其一切为二。为了进一步去除残留的细鳞，可将鱼头表皮一侧朝上，置于砧板，淋上热水，细鳞便较易去除了。

采用 3 片切法处理而成的鱼肉、中骨和鱼头。接下来要以它们为材料，进一步精心加工。

作为火锅和涮涮锅材料的成品

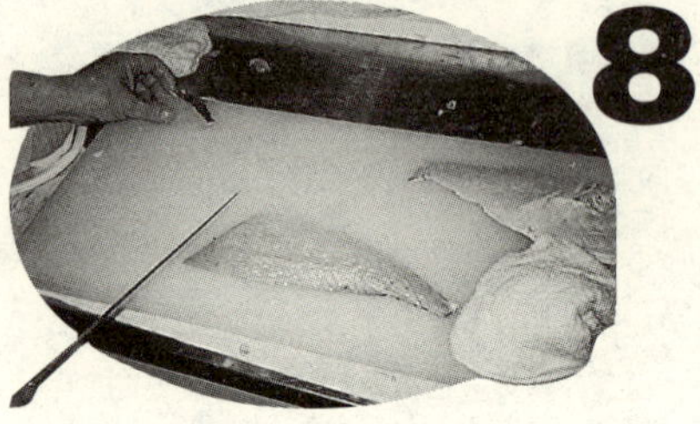

8

首先加工火锅材料。将鱼皮一面朝下，把鱼肉切成小片，每片重量保持在 30g 左右为宜。

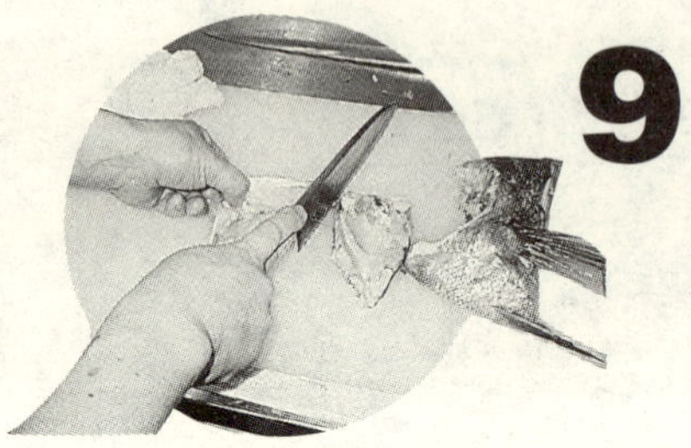

9

为了提高成品作为火锅材料的价值，需要进一步加工鱼头。把切开的两片鱼头分别剁成 6 块左右。

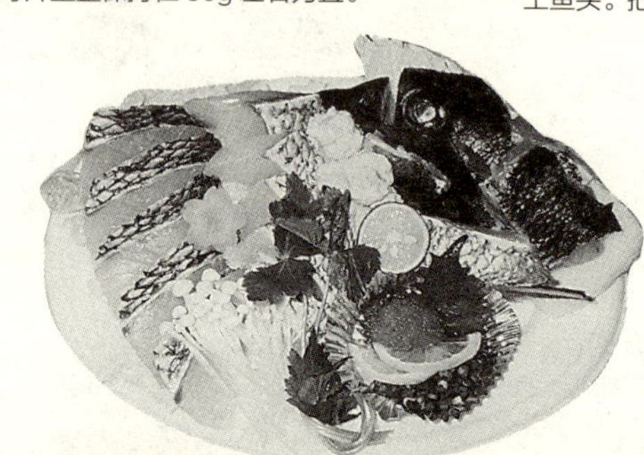

10

< 鲷鱼火锅料理组合 >
光是半边鱼肉和半个鱼头，就已经是一道非常丰盛的火锅材料了。可加入辣萝卜泥和小葱等作为佐料。

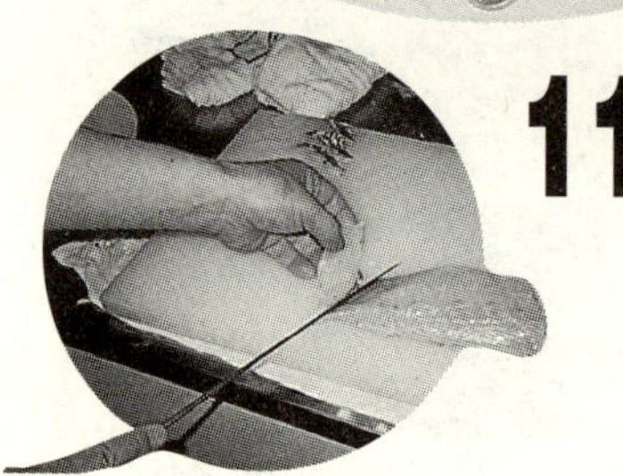

11

接下来讲解夏季的推销重点——鲷鱼涮涮锅。将鱼片一面朝下，进行切片。鱼片要尽量切得宽大，以提升其作为涮涮锅材料的价值。

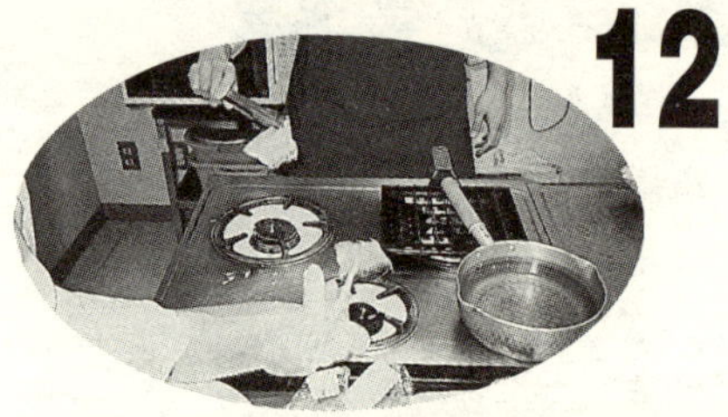

12

而中骨可谓是进一步提升附加价值的利器。撒上少许盐后，将其放在火上进行炙烤，烤到中骨表面呈现焦色即可。这便是决定涮涮锅美味与否的锅底汤料。

13

< 鲷鱼涮涮锅料理组合 >
装盘时，将烤过的中骨置于靠近自己的近端。不仅是冬季的火锅，通过推广夏季的涮涮锅，让鲷鱼成为四季皆宜的人气商品。

可用于涮涮锅、造型刺身和火锅等，成品多样化

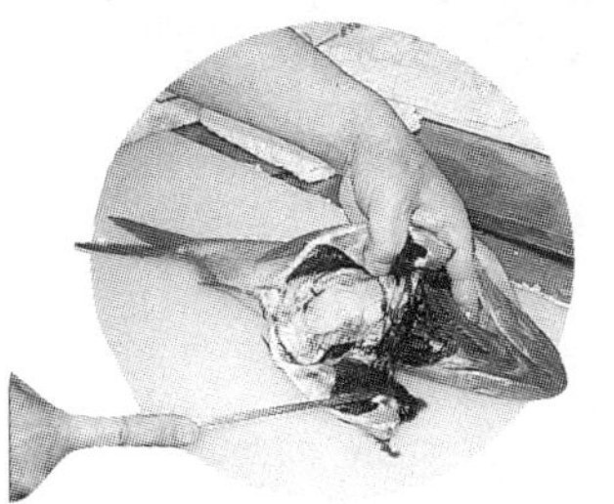

不仅可做成刺身，还可考虑金目鲷的其他烹制方法，如火锅和涮涮锅等。去除鱼鳞后，再剔除鱼鳃和内脏，接着用水清洗。然后先不要切下鱼头，将鱼腹置于靠近自己的近端，从肛门入刀，沿着中骨，运刀至鱼尾根部。

主产地

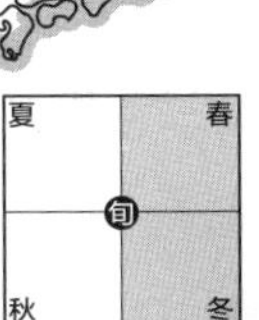

夏	春
秋	冬

旬

食用方法 刺身、干煮、火锅、酒渍、油炸

鲜度 鱼眼散发金色光芒、鱼体鲜红且鱼鳞金亮的为佳。

特征 为了在深海捕食，眼睛就必须能够捕捉到微弱的光，这便是金目鲷鱼眼呈金色的原因。幼鱼 3 年后便能成长至 30cm 长，5 年后能达到 40cm，大的能长至 50cm 左右。其鱼体脂肪含量较高，但做成刺身、鱼杂或干煮后却口感极佳。再加上其肉质柔嫩，在烧烤前，需用少量盐进行揉搓后，再用酒渍或酱腌。

别名 红鲷鱼、银目鲷

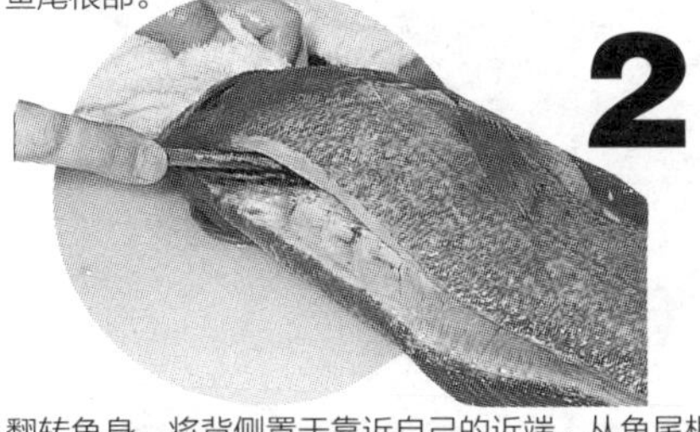

翻转鱼身，将背侧置于靠近自己的近端，从鱼尾根部入刀，沿着中骨运刀，入刀时要用力，应朝着两只鱼眼之间深深地切入。接着以鱼尾为起点，把鱼身上半面与中骨分离，此时应左手按住鱼头，右手拿菜刀，从中骨根部切割。

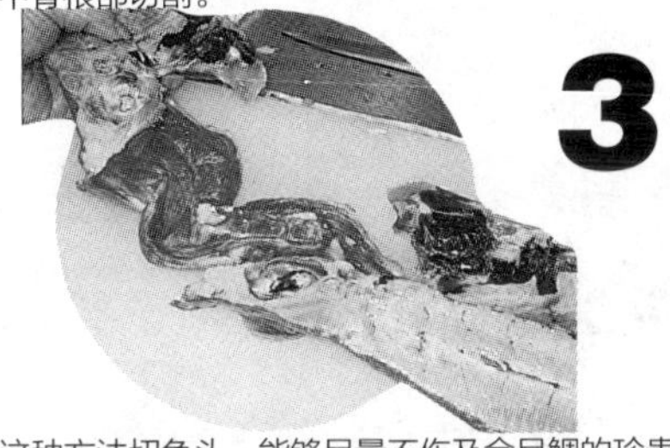

用这种方法切鱼头，能够尽量不伤及金目鲷的珍贵部位——鱼眼。此外，与真鲷不同，在处理金目鲷时，用这种方法能够更为轻松地切割鱼头。

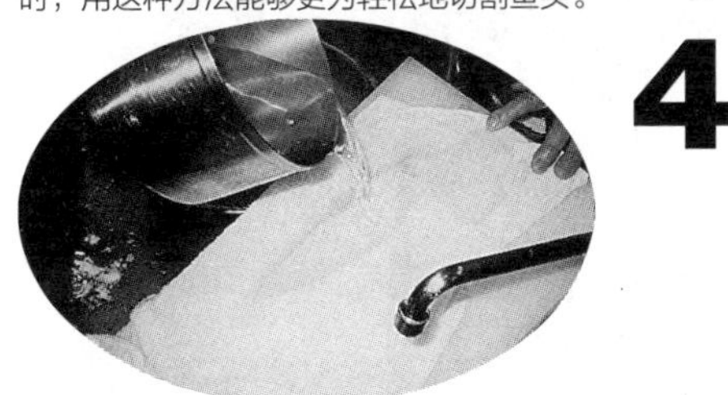

去除半片鱼身的镰状鱼骨、腹骨和小骨，然后进行水焯加工——倾斜砧板，在鱼皮一侧撒上些许粗盐，用干净的毛巾覆盖鱼身，然后在其上方浇热水。

待鱼身出现蜷曲，立刻将其放入冷水中，以去除余热。水焯是最能凸显鱼皮价值的加工方式。水焯完毕后，便能用鱼身进一步制作涮涮锅材料了。将鱼皮一侧朝下，把鱼身削切成鱼片。切片时要注意，与切刺身相比，应切得较厚一些。

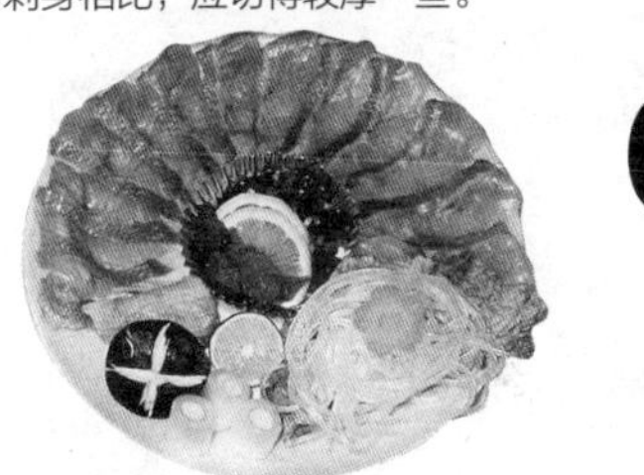

<金目鲷涮涮锅>
除了火锅和刺身之外，这道成品也是应该大力向顾客推销的。

<金目鲷火锅材料>
金目鲷属于白肉鱼，口味清淡，最适合下火锅。与辣萝卜泥和柚子醋可谓绝配。鱼头的附加价值是重点。

带鱼

1

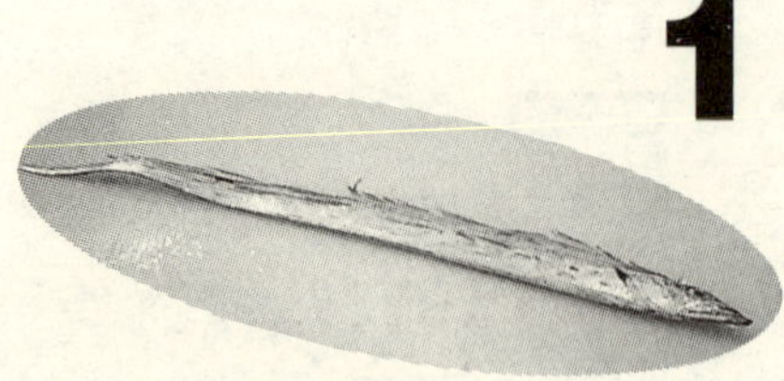

从夏到秋，带鱼都是盐烤佳品。

主产地

食用方法 刺身、盐烤

鲜度 新鲜带鱼周身覆盖银白色膜（鸟嘌呤），如镜面一般，银粉不脱落，鱼眼突出且鱼身坚硬的为佳。

特征 带鱼如其名，鱼身扁平细长，并呈银白色。人们常说秋季的带鱼最为美味，但其实带鱼一年四季的口感较为稳定。其为白肉鱼，肉质柔软且清淡。

别名 刀鱼、太刀鱼、站鱼、牙带鱼

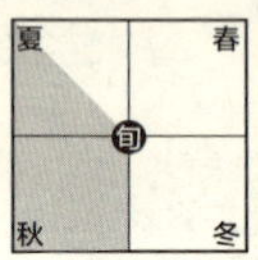

2

从胸鳍内侧入刀，切下鱼头。然后使用刀根部分或尖端部分剔除内脏。要把鱼腹内的黑膜仔细洗净。

3

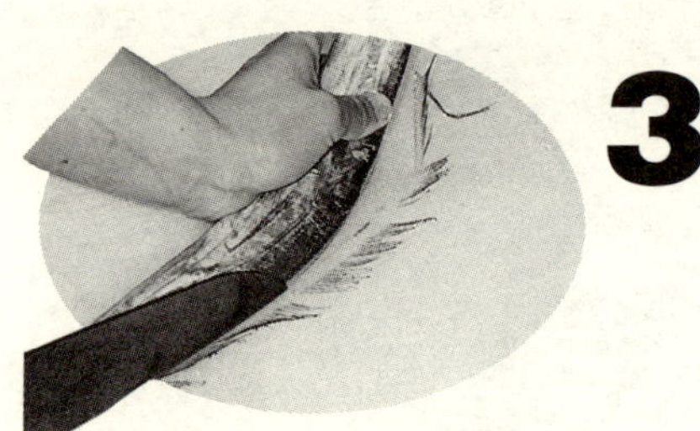

背鳍坚硬，是食用时的累赘，要用菜刀切除干净。

4

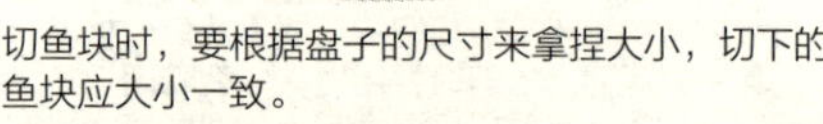

切鱼块时，要根据盘子的尺寸来拿捏大小，切下的鱼块应大小一致。

5

切好后，应用毛巾擦拭鱼块，以防解冻后渗出汁液。

6

< 装盘实例 >

幼鲫

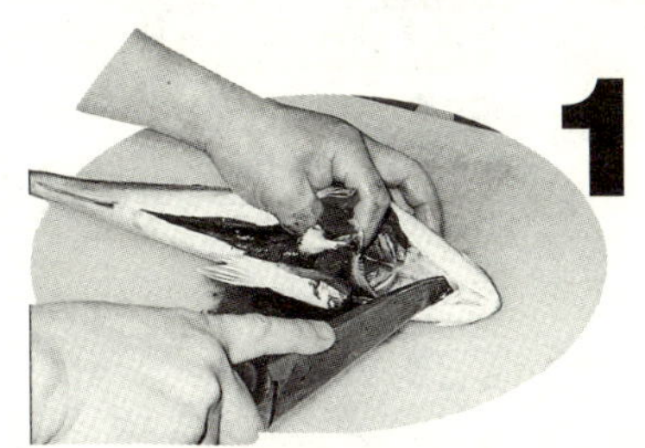

洗净鱼体表面的黏性物质，之后掰开鳃盖，沿着鱼鳃入刀，切至鱼颚下部，然后进一步运刀至肛门处，从而剖开鱼腹。接着从鱼鳃和镰状鱼骨的根部入刀，切割鱼颚根部，从而去除鱼鳃和内脏。最后在冷盐水中浸泡 10 分钟。

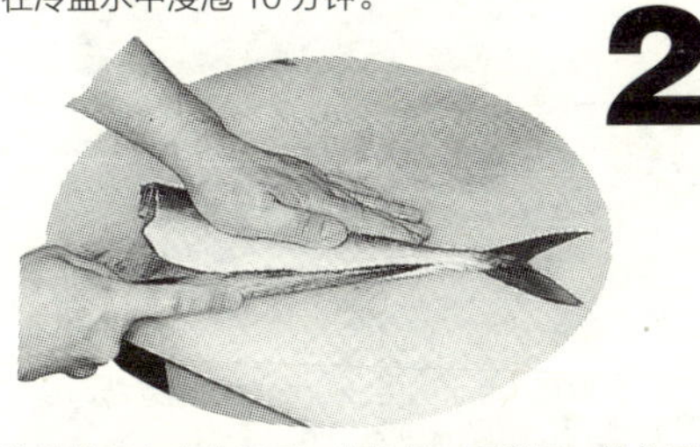

接着处理鱼身的反面，将鱼骨一面朝下，从鱼尾处入刀，运刀至鱼头处，沿着中骨切割腹侧；之后半转鱼身，从鱼头处入刀，运刀至鱼尾处，沿着中骨切割鱼背。

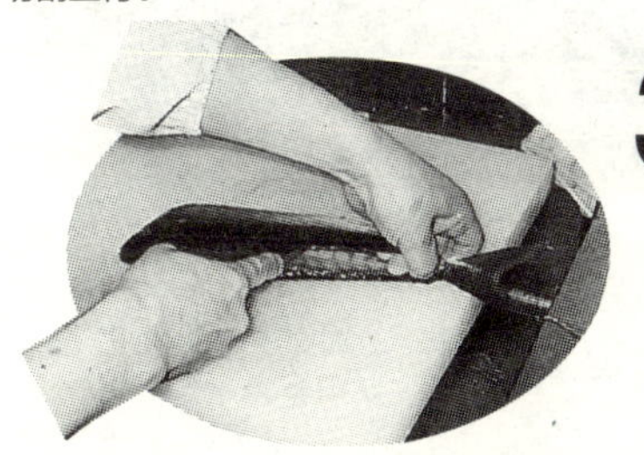

从鱼尾处入刀，沿着背骨切割，采用 3 片切法。接着削下鱼腹肉。

可做成各式各样的刺身

主产地

夏	春
成年鲫鱼产季为冬季	
旬	
秋	冬

食用方法 刺身、盐烤、煮鱼杂

鲜度 新鲜的幼鲫鱼眼清澈、鱼体富有弹性和光泽，且鱼身的黄条纹清晰，鱼鳃呈鲜红色。

特征 作为代表性的洄游鱼，其洄游区域从堪察加半岛海域至中国台湾省近海。幼鱼（体长 40cm 左右）时栖息于沿岸，长至 60cm 左右后，便开始洄游。

别名 BURI（京都府、石川县）、HAMACHI（爱媛县）

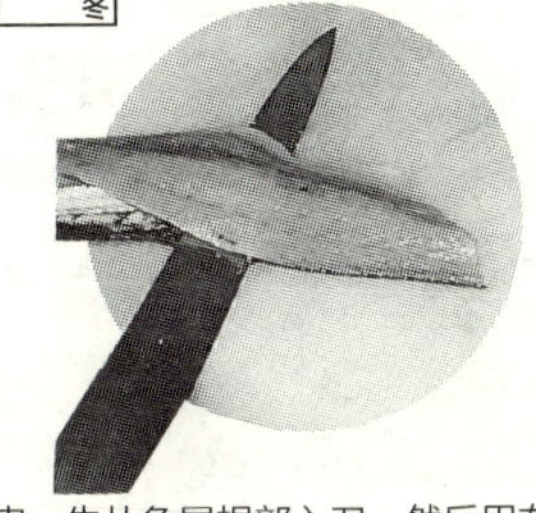

剥去鱼皮，先从鱼尾根部入刀，然后用左手手指捏住鱼皮。左手一边用力向外拉扯鱼皮，右手一边运刀。处理时，动作要迅速利落，避免中途停顿。

幼鲫较为廉价，是人气很高的刺身食材。除了切成鱼块外，还可以考虑将其做成造型刺身。在造型时，不可遗漏几种基本样式。摆放鱼块时，应按照切割的顺序，由上至下摆放。

6

<刺身拼盘>
鱼背肉采用平切造型，鱼腹肉采用削切造型和玫瑰花型。

青箭鱼

主产地

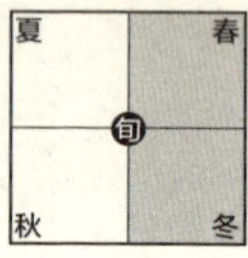

食用方法 酒渍、酱腌、刺身、盐烤、照烧、天妇罗、鱼锄火锅、法式黄油烤、油炸

鲜度 鱼体呈青灰色且弹性紧致的为佳。

特征 青箭鱼为蓝点马鲛（鲅鱼）的幼鱼。在日本关西地区，人们把体长 50cm 以内的称为青箭鱼，把体长 70cm 以内的称为杨柳鱼，把体长超过 70cm 的称为蓝点马鲛（鲅鱼）。

别名 箭鱼

1

用淡水冲洗，去除残留在鱼体上的肠炎弧菌，然后用冷盐水浸泡。如果没有浸泡用的设备，在鱼皮光泽不受影响的情况下，可以省略盐水浸泡的工序，用淡水洗去污物和肠炎弧菌即可。

2

图中是将鱼头置于左侧，左手轻轻摁住鱼头，右手用菜刀轻快地切下鱼头。注意不要把力量施加在鱼体上。而在实际操作时，可以将鱼头置于右侧，然后按照上述方法切下鱼头。置于右侧的好处在于，在切下鱼头后，可以直接进行去除内脏的工序，并为之后的鱼块切割提供便利。

3

切割腹鳍和背鳍。

4

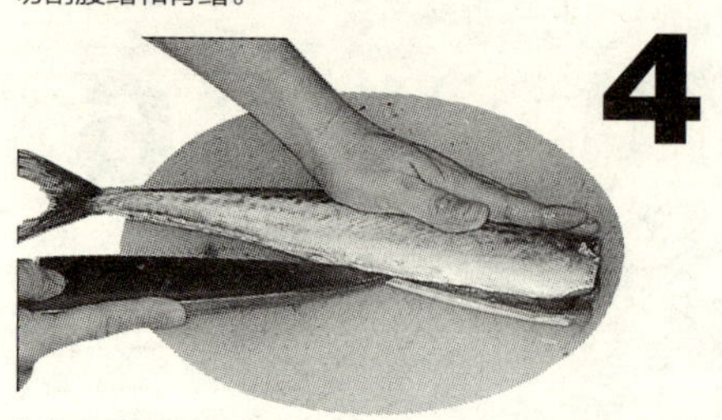

为了去除内脏，首先要从镰状鱼骨入刀，切至肛门。

5

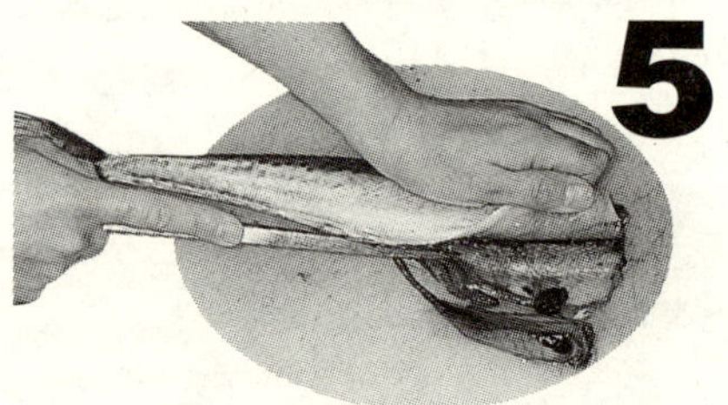

使用刀根部分剔除内脏和血合肉。如果残留的血污难以除净，要用淡水仔细冲洗。

6

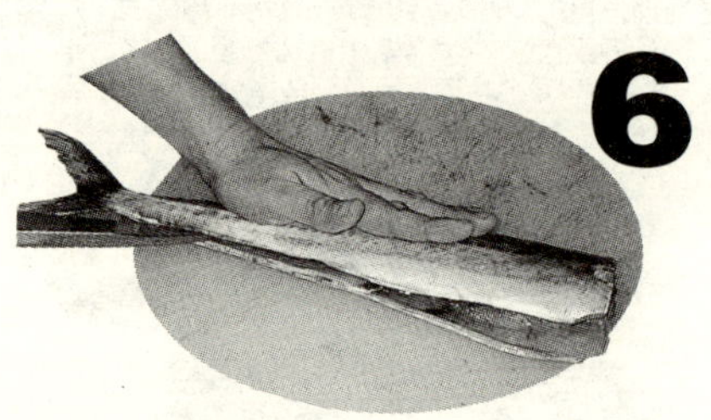

沿着中骨入刀，切至鱼尾。此时要注意，切勿让刀尖穿过中骨而切到鱼身另一侧。

7

切下鱼腹肉后，翻转鱼身，进入切除鱼背肉的工序。从鱼尾入刀，沿着中骨切割。先划出刀痕路径，再使用 3 片切法。这是加工的基本功。

抓握鱼体时要避免伤及鱼体，切割时要以盘子尺寸为准，此为加工的两大要诀

8

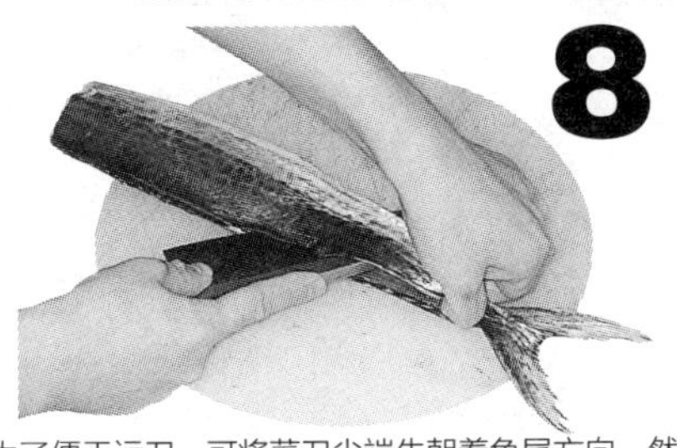

为了便于运刀，可将菜刀尖端先朝着鱼尾方向，然后入刀，接着实行 3 片切法。

9

青箭鱼的鱼身柔软，如果切割不当，会导致鱼身破裂。反之，如果切割得当，则能使鱼身上半部呈现隆起的饱满效果（见图中下部）。

10

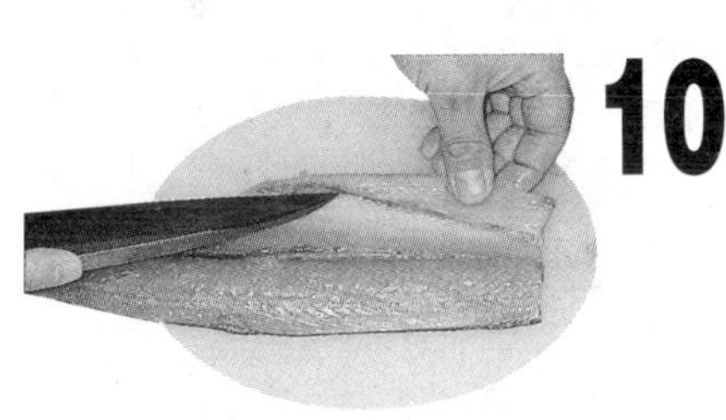

切除腹骨和血合肉等不净部分。

11

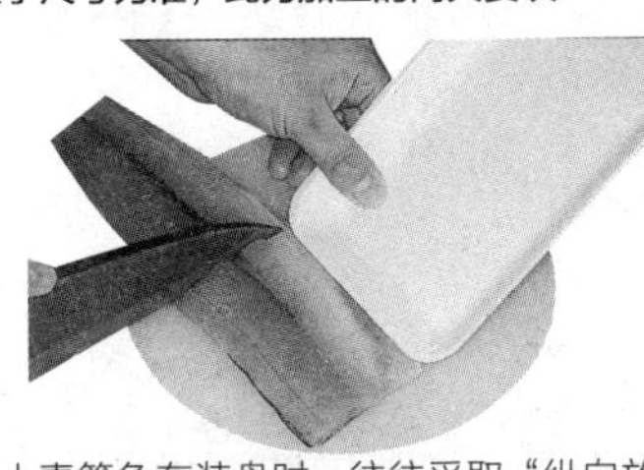

小青箭鱼在装盘时，往往采取“纵向放置”的方式。因此在切割鱼片时，应依据盘子的宽度切割（鱼尾部分可以丢弃，但也可以收集这些“边角料”，创造出新的成品）。

12

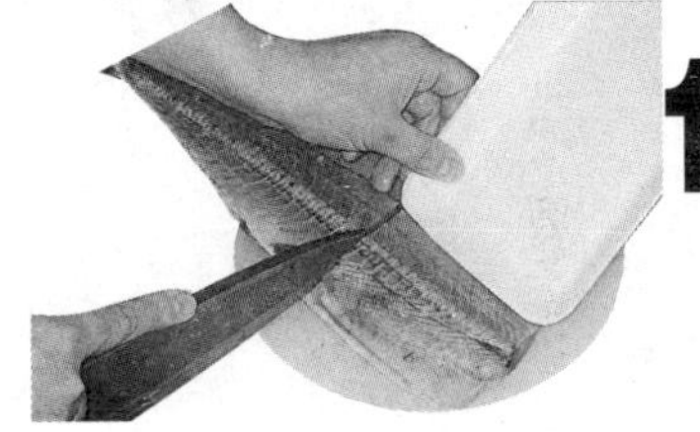

与无骨鱼块一样，切割有骨鱼块时，也应依照盘子的尺寸。虽说去骨鱼肉更好卖，但在加工青箭鱼时，最常用的方式是“连骨头一起切割”。

13

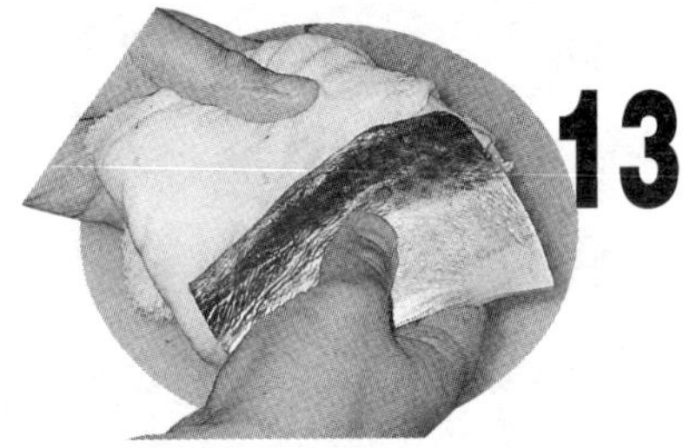

对于切下的鱼片，要用干净的毛巾仔细拭去上面的水分和血污。

14

<切片装盘实例>
装盘的方式繁多，图中采用的是“左侧无骨展示肉，右侧有骨展示皮”的方法。若让无骨的和有骨的交错放置，也不失为一种提升新鲜感的方法。装盘时，要遵循“从左至右”的基本原则。

针鱼

去皮后“银光闪闪”的鱼肉是成品的价值所在

夏 春
旬
秋 冬

食用方法 刺身、醋泡、盐烤鱼干

鲜度 新鲜针鱼的鱼鳞银光闪闪，背部和腹部具有透明感，且鱼腹紧实。腐坏变质会先从鱼腹的内脏开始，因此一旦鱼腹变为褐色，便是腐坏的征兆。

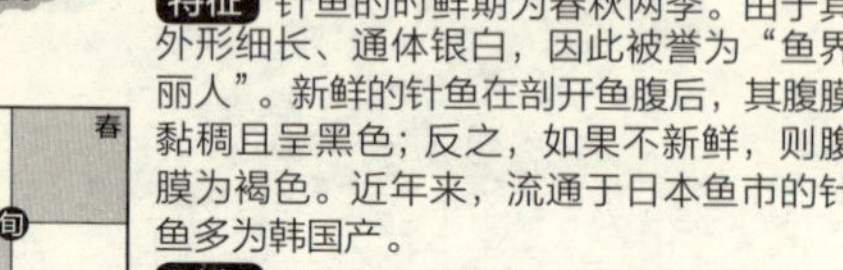

特征 针鱼的时鲜期为春秋两季。由于其外形细长、通体银白，因此被誉为“鱼界丽人”。新鲜的针鱼在剖开鱼腹后，其腹膜黏稠且呈黑色；反之，如果不新鲜，则腹膜为褐色。近年来，流通于日本鱼市的针鱼多为韩国产。

别名 双针鱼、针亮鱼、鄂针鱼、细鱼

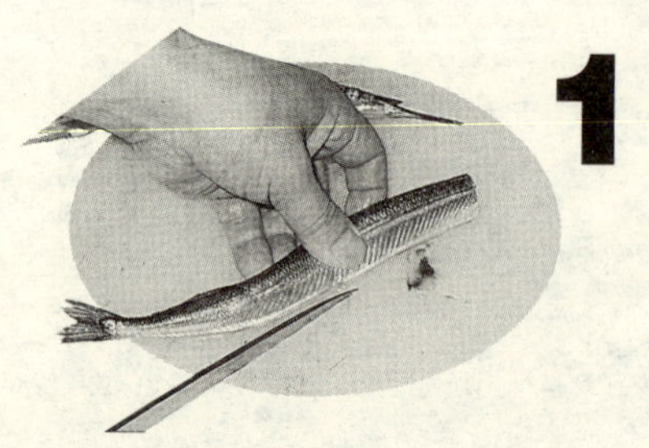

1

去除腹骨时，可使用小号出刃菜刀，但用柳刃菜刀更为便利。首先切下鱼头，然后用刀尖部分切除腹鳍。腹鳍必须在这一步处理掉，否则在剥皮时，鱼皮会卡在该部位。接着以同样的方法，去除另一侧的腹鳍。

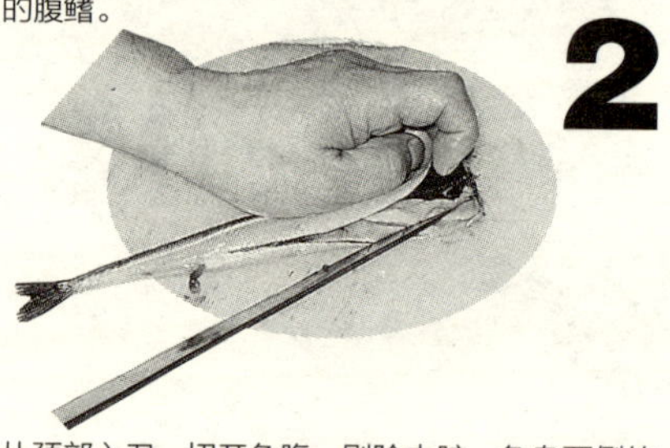

2

从颈部入刀，切开鱼腹，剔除内脏。鱼身两侧的腹骨位置有黑色腹膜，必须仔细挑除，然后用水洗净。

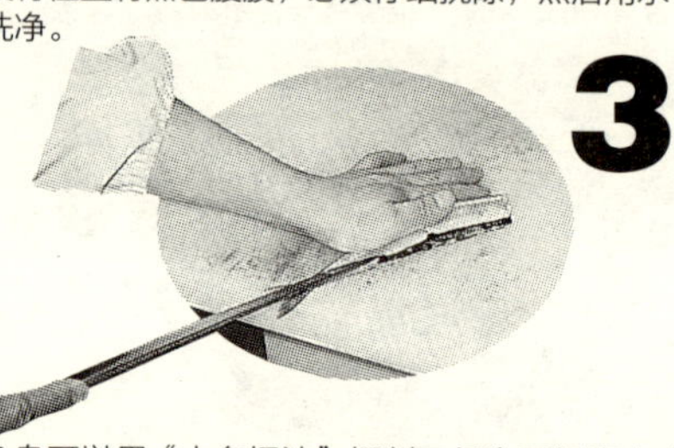

3

鱼身可以用“大名切法”切割，但为了提高出肉率，图中采取了 3 片切法。首先沿着中骨入刀，切至鱼尾根部。

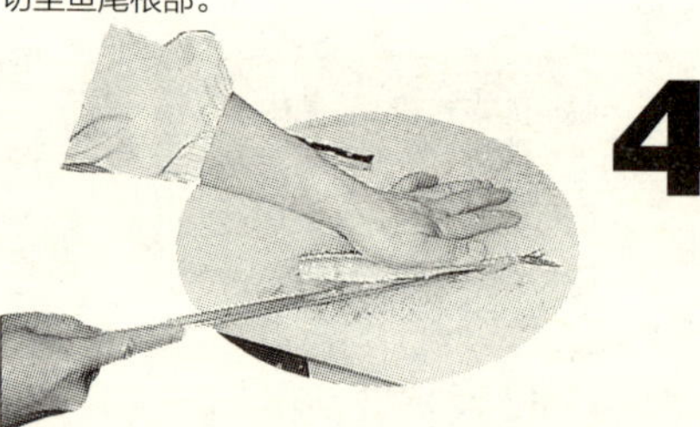

4

接着半转鱼身，从鱼尾处入刀，沿着中骨，朝颈部运刀。切下一侧鱼肉后，将鱼骨一侧朝下，然后以相同方式，先从鱼尾处入刀，再半转鱼身，从颈部入刀，运刀至鱼尾。从而完成 3 片切法。

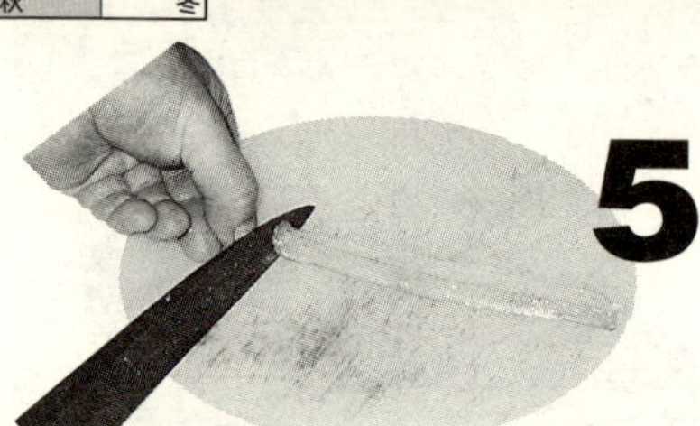

5

用菜刀刀面压住鱼身，然后轻轻地前后拉切，从而去除腹骨。接着将鱼皮一面朝下，从鱼尾处入刀，左手手指按压住鱼尾一端的鱼皮。

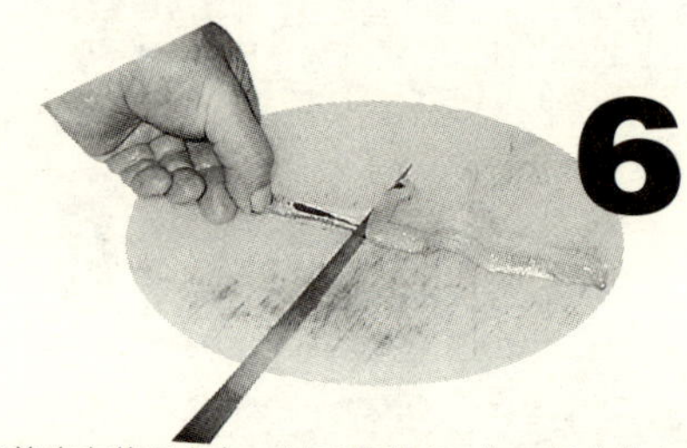

6

接着改变菜刀方向，以刀背剥皮。为了提高效率，推荐使用靠近刀尖的刀背部分。应一口气运刀至颈部，从而剥下鱼皮。切勿中途停顿，否则可能会使鱼皮断裂。

7

<针鱼造型刺身>

即使去皮，鱼肉仍会呈现银色，因此是最适宜加工成造型刺身的食材，能够起到画龙点睛的美化效果。只要在装饰上下功夫，就很容易提升针鱼的价值。

翎鲳

尽量避免转动和翻转鱼身，此为加工时的要点

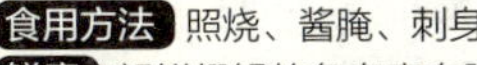

主产地

夏	春
秋	冬

旬

食用方法 照烧、酱腌、刺身

鲜度 新鲜翎鲳的鱼身富有弹性，体表呈银灰色且有光泽。由于属南方系鱼种，因此鱼鳞较易去除。鱼鳃鲜红且下腹部紧实的为佳。

特征 在日本关东地区，人们不太食用翎鲳；但在关西地区，其则被视为重要的桌上佳肴。虽然濑户内海是捕捞翎鲳的重要海域，但其实它属外洋性鱼类。每年6、7月份游入内海，秋天回到外洋。其鱼骨柔软，风干后非常适合油炸。与其他鱼种相比，即便加以冷冻，鲜味也不会降低太多。

别名 真鲳、鲣、蝴蝶鱼

1

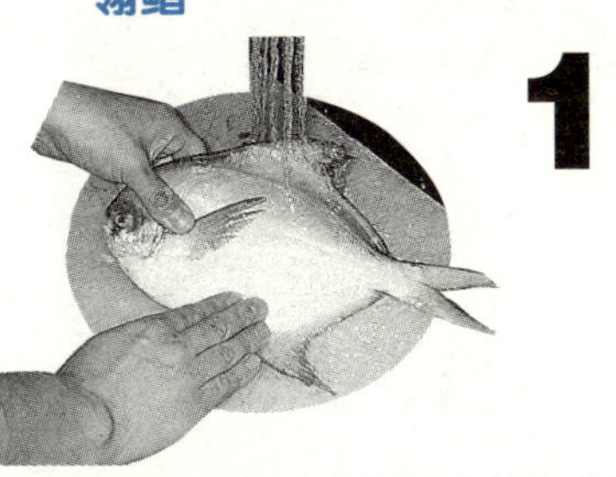

即便用淡水冲洗，翎鲳体表也不会失去光泽，因此最好一开始就洗净，以避免食物中毒。其肉质鲜嫩，最适合盐烤和制成西京酱鱼。

2

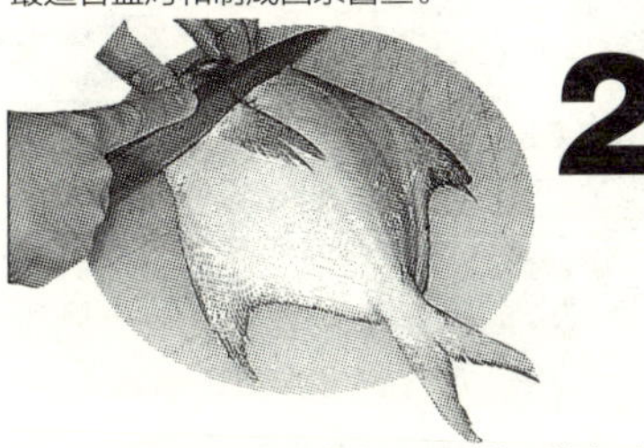

将鱼头置于左侧，从鱼鳍前部入刀；然后将鱼头置于右侧，切割鱼头。这样一来，接下来去除内脏时，就省去了翻转鱼身的工序。然后切除胸鳍。

3

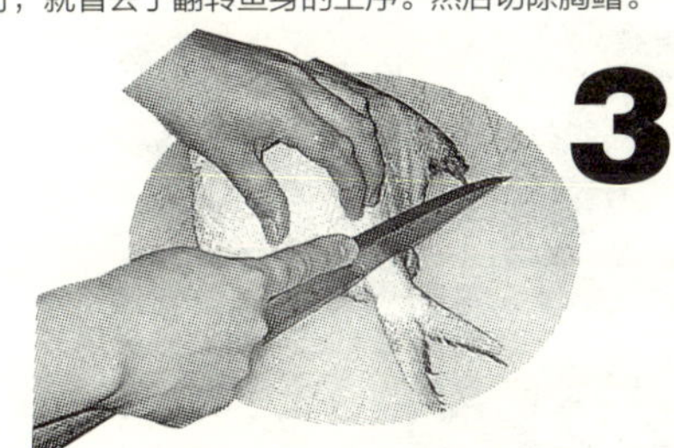

一般来说，要最后切除尾鳍。图中的作业方式选取了“连续去除各部位的鱼鳍”，因此有所不同。

4

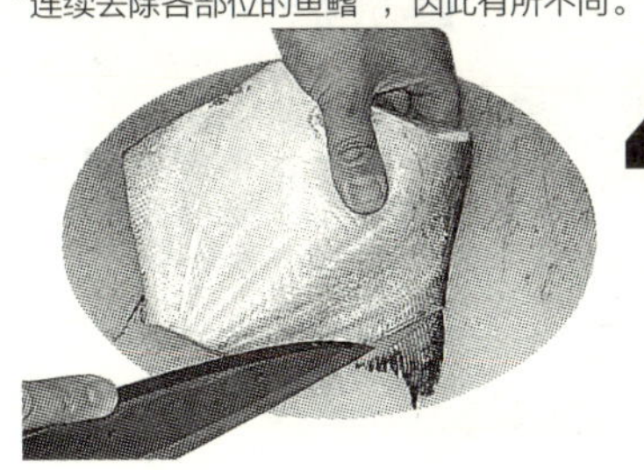

切腹鳍时，应沿着臀鳍径直切割。切背鳍时，应以鱼尾处为起点，沿着鱼身轮廓径直切割。

5

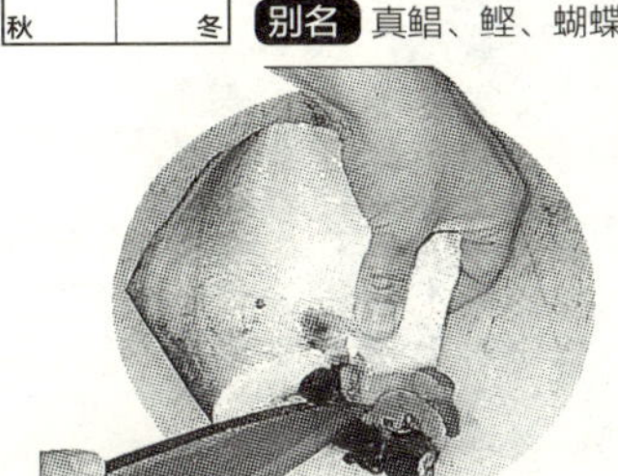

图为去除内脏的作业，但一般来说，应该在切割鱼鳍前去除内脏。

6

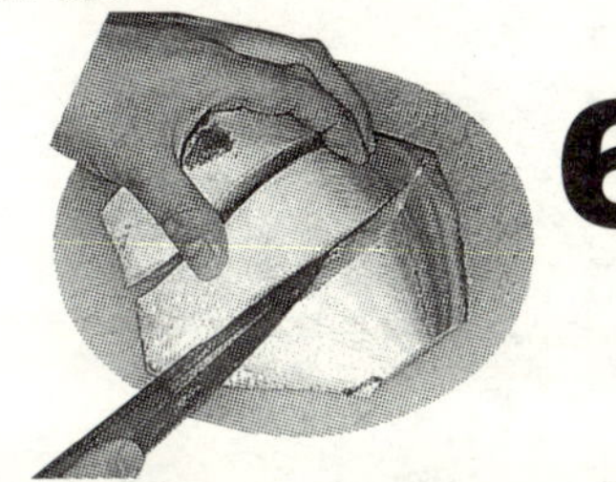

去除内脏后，洗净鱼腹，然后把鱼身分割为镰状鱼骨、中间肉和鱼尾三部分。如果鱼的个头较小，也可分割为两部分。鱼尾部分应尽量切得大一些，从而保证“分量感”。

7

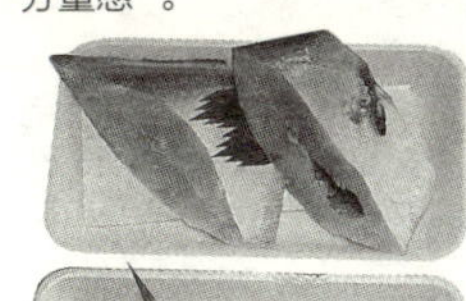

<用于照烧的肉块>装盘时，应把卖相最好的中间肉独立放在一个盘子里；鱼头和鱼尾部分放在一个盘子里，且为了让二者切口角度一致，应斜着摆放。

马面鲀

1

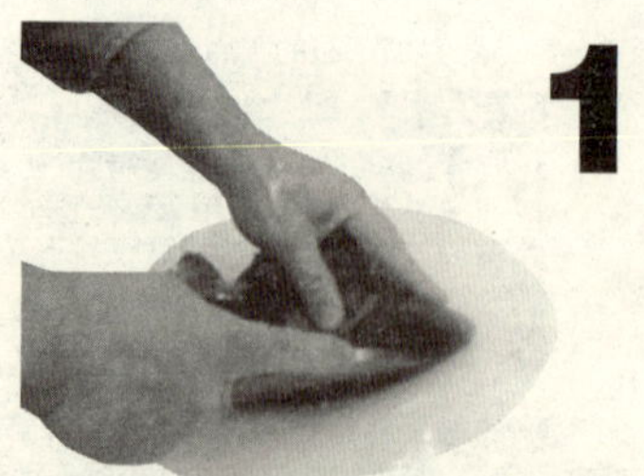

先去除背部的棘刺。(背鳍的变形部分)接着以鱼头为起点，以鱼尾为终点，用菜刀划切鱼皮。

主产地

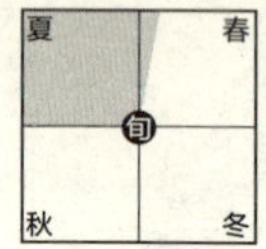

食用方法 干煮、蒸煮、什锦火锅、法式黄油烤鱼

鲜度 新鲜马面鲀的鱼眼通透且有弹性，鱼体呈淡褐色且鱼皮粗涩。

特征 与丝背细鳞鲀相比，其鱼口较尖、鱼脸细长，与马脸相似，因此得名“马面鲀”。烹煮前要去皮。其为白肉鱼，且肉质紧实。用新鲜马面鲀做出的刺身非常鲜美，深受日本人的喜爱，甚至有“无河豚，则食马面鲀”的说法。

别名 面包鱼、橡皮鱼、猪鱼

2

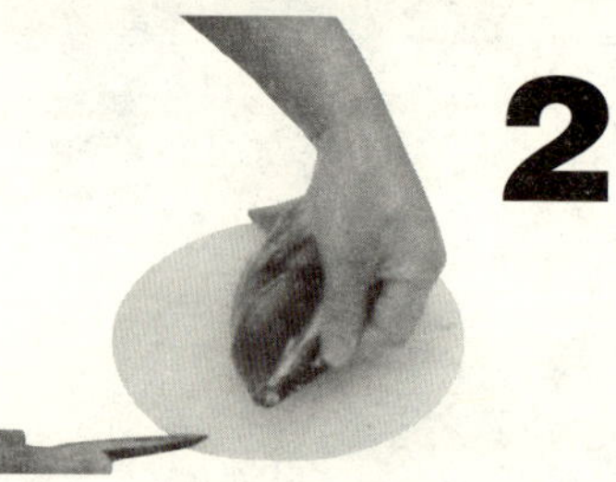

稍稍翻起鱼皮，以确认划切深度是否到位。

3

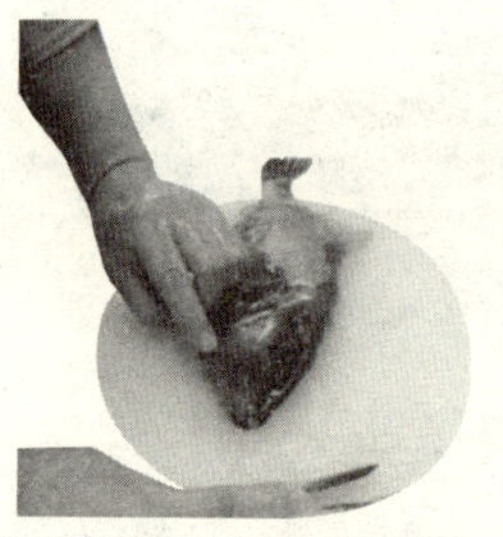

去除鳃盖和腹鳍后，从鱼唇根部入刀，使鱼皮与鱼体分离。

4

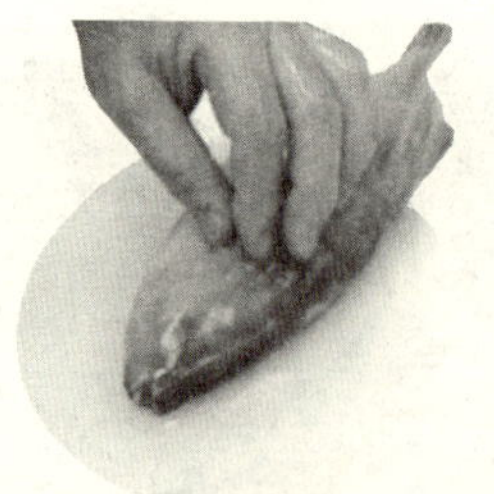

去除胸鳍。完成这些前期作业后，才能进入剥鱼皮的工序，否则鱼皮会在中途断裂，从而影响作业效率。

5

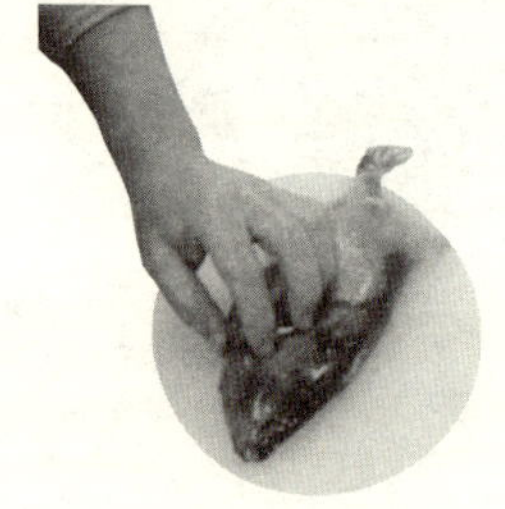

6

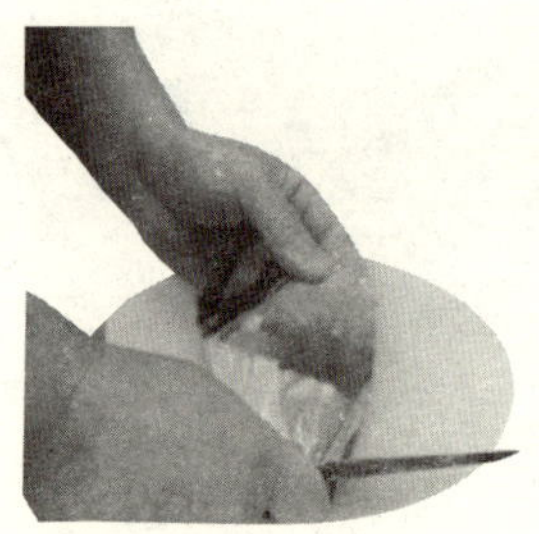

用刀根部分按住鱼口，一口气剥下鱼皮。

7

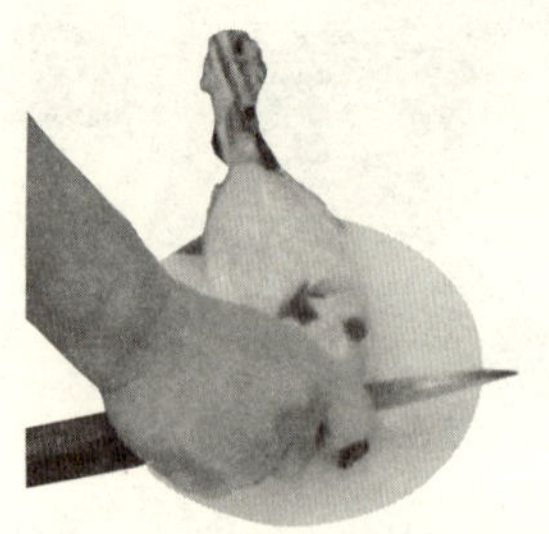

夏季法式黄油烤鱼，冬季下火锅。加工简单利润高

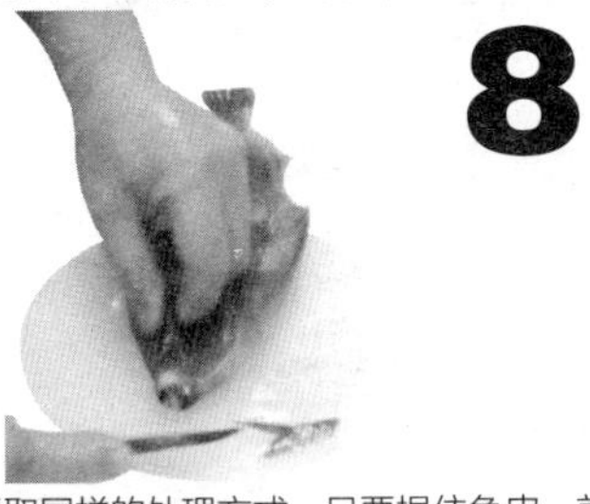
8

另一侧也采取同样的处理方式。只要捏住鱼皮，就能尽量避免在划切时伤及其他部位。

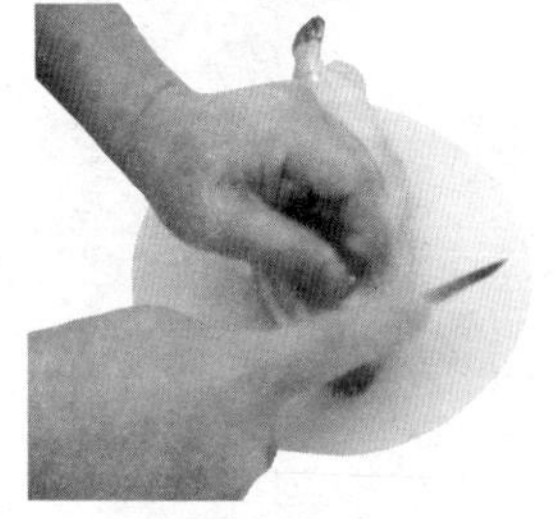
9

同样地，用刀根部分稳稳按住鱼口。

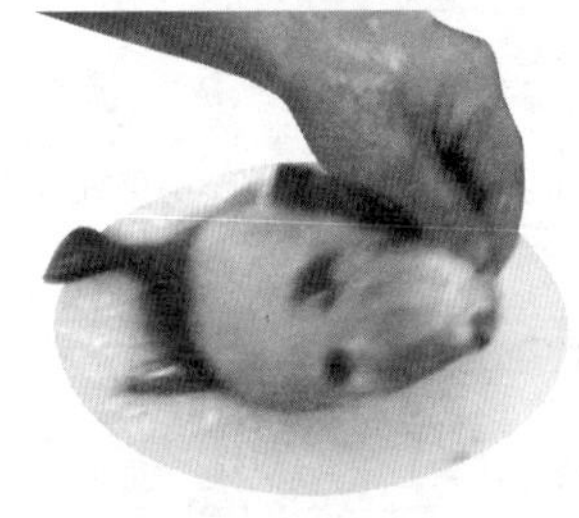
10

11

去除表皮部分后，用水洗净真皮的黏性物质，然后进入处理内脏的工序。左手摁住鱼鳃部分，稍加用力，鳃盖就会打开，然后就可以用右手轻松去除鱼鳃了。

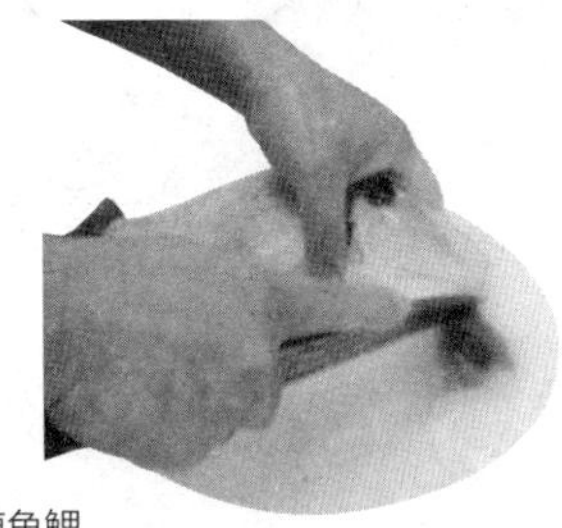
12

切掉鱼鳃。

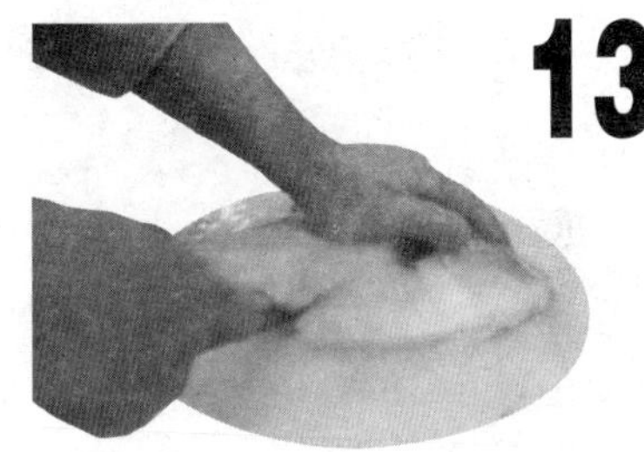
13

处理内脏。从肛门入刀，朝着鱼腹上部运刀。

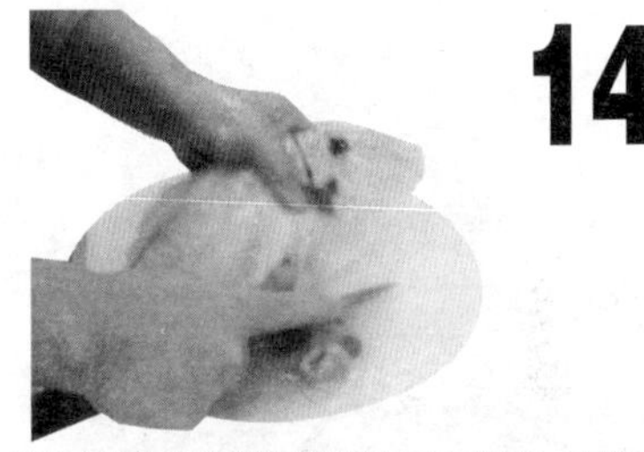
14

剔除内脏（事先把鱼鳃根部切除干净的话，去除内脏时就能做到“一气呵成”。该技巧适用于各种鱼的加工）。

15

<用于火锅的成品>
每到冬季，马面鲀往往被用作下火锅的材料。

短吻红舌鳎（关西切法） 烹制法式黄油烤鱼的人气食材

1

舌鳎是烹制法式黄油烤鱼等菜式的佳品，日本关东人喜食青舌鳎，关西人则喜食红舌鳎。

主产地

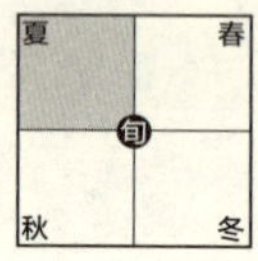

食用方法 油炸、法式黄油烤鱼、盐烤

鲜度 鱼眼一侧为体表，鱼体另一侧呈白色、鱼鳍呈红褐色的为佳。鱼腹隆起的较易腐坏。应挑选表皮光鲜且具有黏性的。

特征 短吻红舌鳎的近缘种有黑牛舌鳎、日本钩嘴鳎、宽体舌鳎等，它们统称为舌鳎科鱼类。体长约 25cm，是烹制法式黄油烤鱼和奶汁烤菜等法国菜的知名食材。

别名 焦氏舌鳎、驹舌、乔氏龙舌鱼

2

该鱼种的鱼鳞较大，应先用刮鳞器刮除。注意不要遗漏鱼身背面的鱼鳞。

3

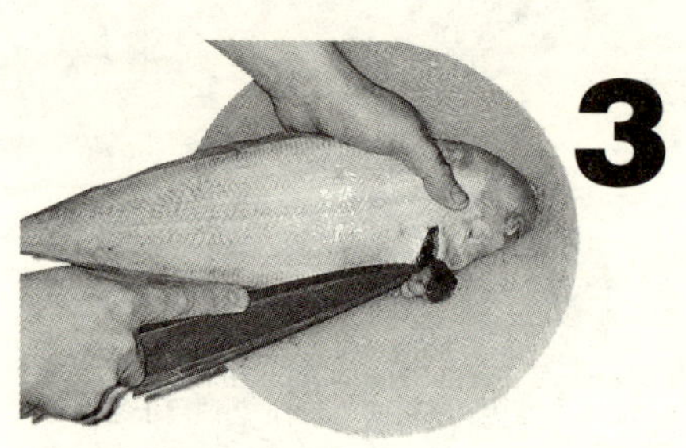

在鱼身背面一侧的鱼鳃根部割开 3cm 左右的切口，从切口处扯出鱼鳃和内脏。

4

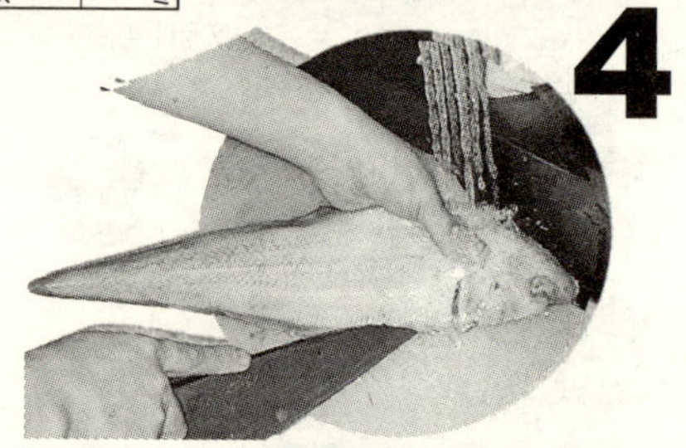

一边用水冲，一边仔细清洗已经去除了鱼鳞、鱼鳃和内脏的鱼体。注意要使用流水。

5

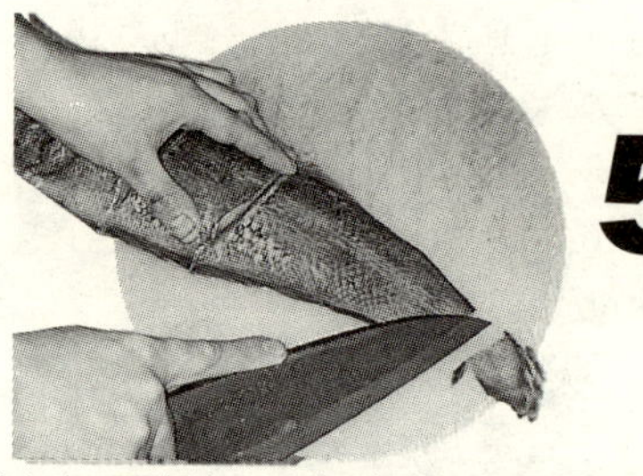

将鱼身正面朝上，用菜刀切割。根据鱼身尺寸大小，可灵活选择 2 片切法或 3 片切法。在关西，如果用 3 片切法，一般第 1 块会连头切；第 2 块是最好的中间肉，因此会切得小一些；第 3 块包括了鱼尾部分，会切得大一些。

6

图为 3 片切法的成品。中间肉的部分单独装盘出售，鱼头和鱼尾部分则放在一起出售。

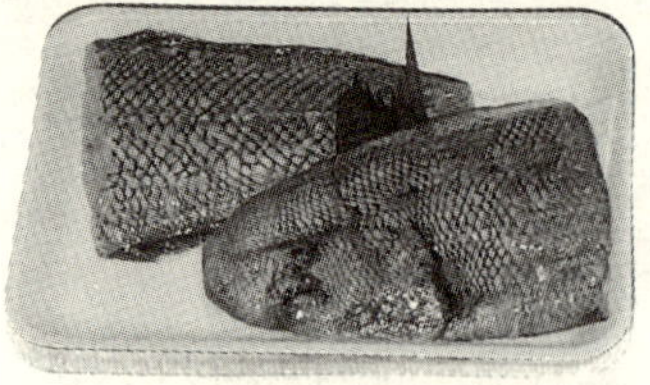

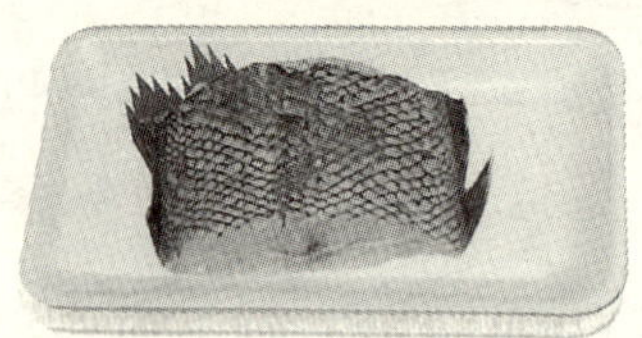

牛尾鱼

1

牛尾鱼的背鳍非常锐利，有伤及皮肤之虞。因此首先要逐片切除。在处理背鳍的同时，往往会顺便把腹鳍也一并切除。

主产地

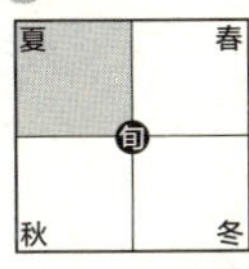

食用方法 鱼杂、刺身、天妇罗、汤锅主料、红烧

鲜度 鱼眼透明且有弹性。大牛尾鱼的体长将近 1m。鱼体乌黑油亮、鱼身紧实的为佳。鱼腹呈白色的油脂含量较少，鱼腹呈黄白色的油脂含量较多。只要够新鲜，即便不是活鱼，也可做成刺身。但如果鱼身瘫软，则证明不新鲜，这点要注意。

特征 牛尾鱼为温水性鱼类，大多栖息于沿海 20m 深处的泥沙中。由于其冬季不进食，春季才开始觅食，到了夏季，已经体肥肉膘，因此其时鲜期为夏季。

别名 博氏孔鲬、竹甲

2

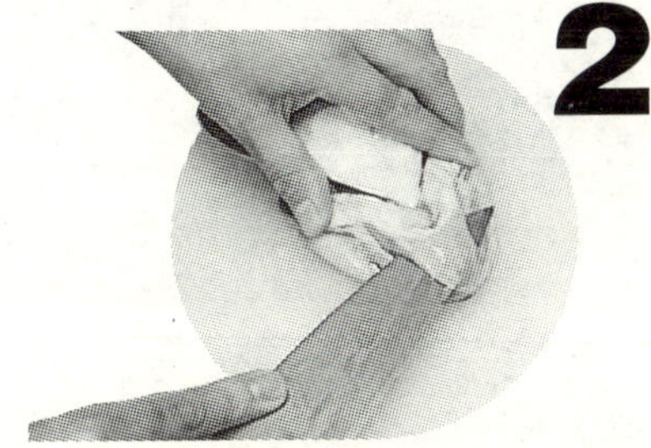

接着翻转鱼身，进行切割鱼唇和鱼颚的工序。

4

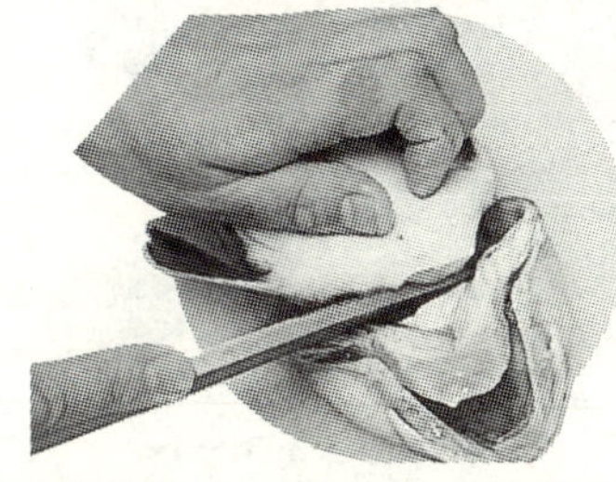

从鱼头根部入刀，切下鱼颚。该部位往往会有泥沙。

3

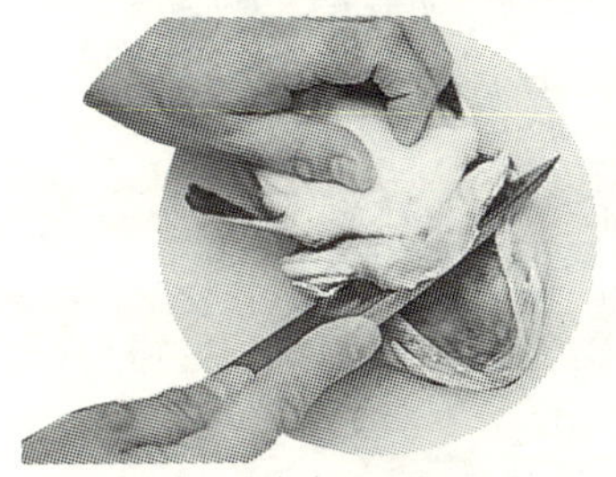

从鱼颚根部入刀，要切得尽量深。

5

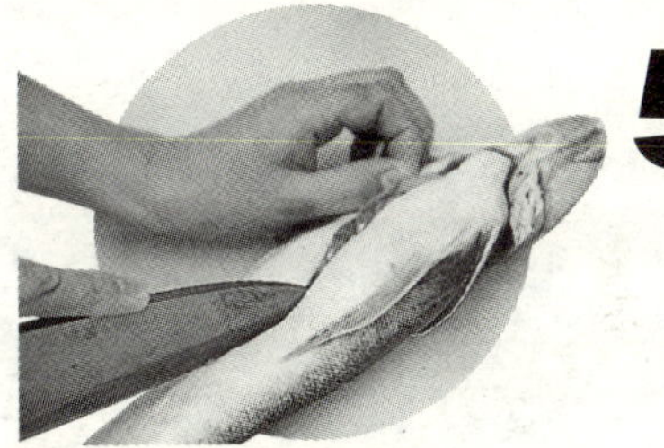

从鱼头根部入刀，纵向运刀至靠近肛门处，从而切开鱼腹。

6

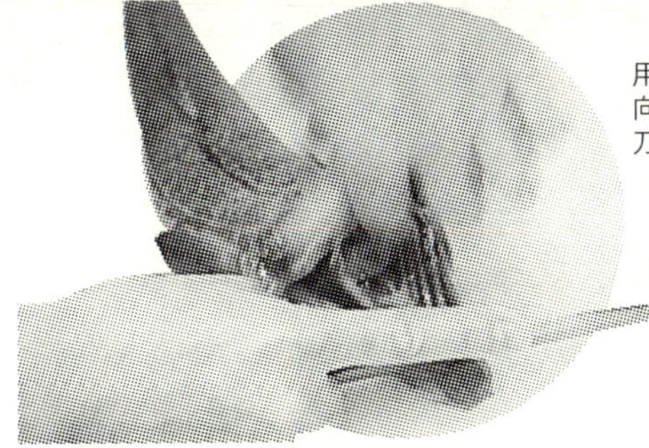

用手指钩住鱼颚上部，向上拉扯，同时用菜刀挑除内脏。

牛尾鱼体型较大，因此在切除背鳍和腹鳍时，要认真仔细

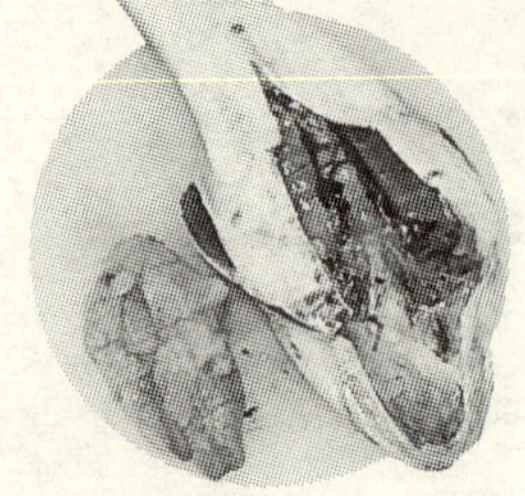

7

鱼子非常美味，留着装盘用。

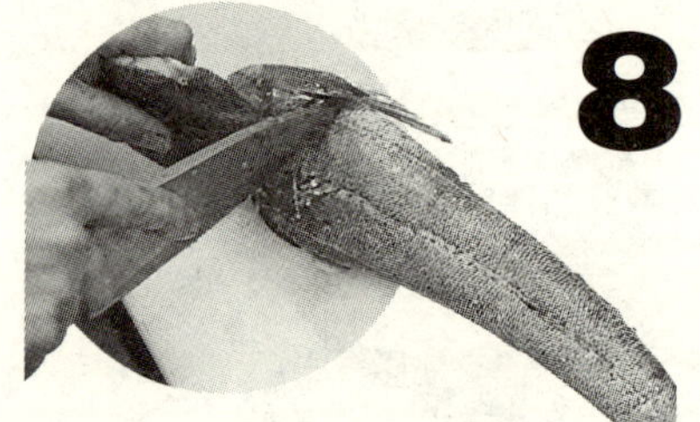

8

处理附着中骨的鱼肉部分时，首先将鱼皮一侧朝下，从头部入刀，剔除中骨。中骨可用作锅底汤料。

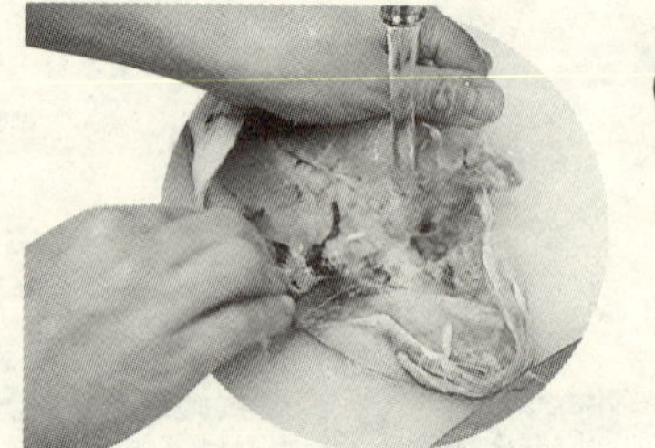

9

用淡水洗净残留的鱼鳞和内脏零碎。

10

可保留鱼鳍，以起到装饰作用。鱼头可以切除，但关西人一般习惯保留鱼头。牛尾鱼体型较大，可以把鱼身横切为 3 部分。

<“横切鱼块”拼盘实例>

做刺身时，首先要对切下的3块鱼身进行加工，先用刀剔除腹骨、用拔刺器除去小骨，接着剥去鱼皮，以获得的无骨去皮鱼肉为材料，用削切法制作造型刺身。

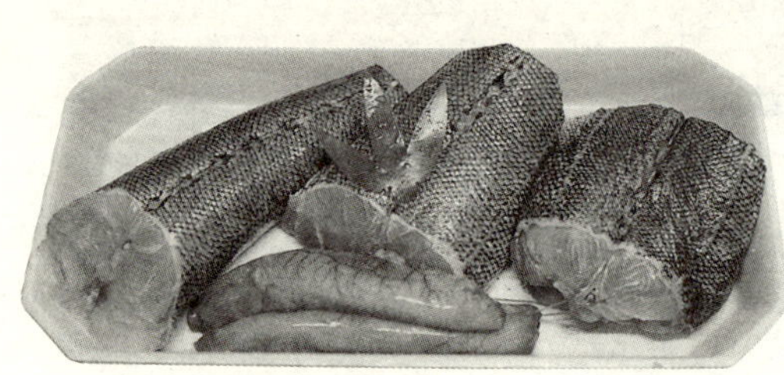

12

<关东风格的拼盘实例>

（包含鱼头）

红方头鱼

它是高级鱼，关键在于将其加工成适用于烤制的成品

1

虽然日本人把方头鱼称为“甘鲷”，但其并不属于鲷鱼科，反而与隆头鱼的血缘关系更近。红方头鱼的成长速度较为缓慢，大约要 8 年时间才能长至 30cm 的成年鱼。大鱼眼和大额头是其特征。

主产地

食用方法 刺身、海带卷刺身、酒渍、酱腌、盐烤

鲜度 鱼眼透明且有弹性、鱼体呈粉红色的为佳。

特征 方头鱼科中包括红方头鱼、黄方头鱼和白方头鱼，其中以红方头鱼最为常见。红方头鱼属于白肉鱼，且水分较多，但却是京都怀石料理中不可或缺的高级鱼。其成长速度较为缓慢，往往要 8 年才能长至 30cm 左右。

别名 红马头、马头鱼

2

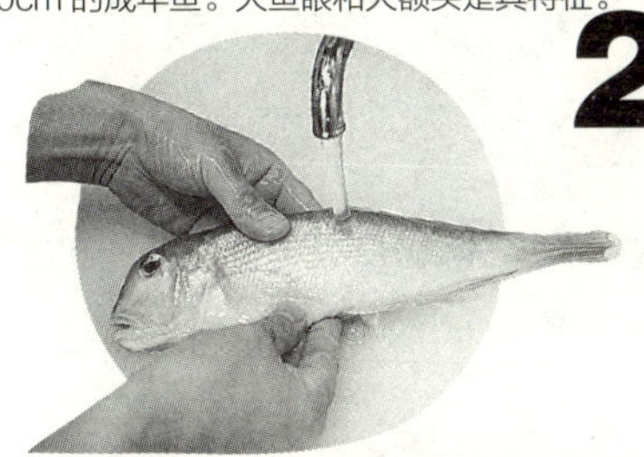

用菜刀去除鱼鳞后，用水仔细洗净残留鱼鳞。

3

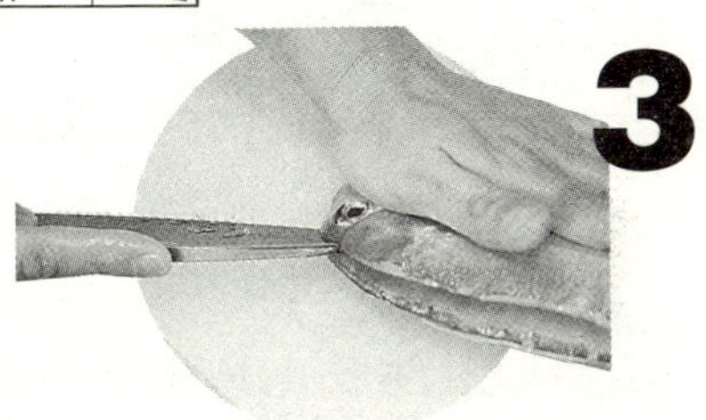

为了将鱼从脊背处切开，先从背部入刀，运刀至鱼头前方。

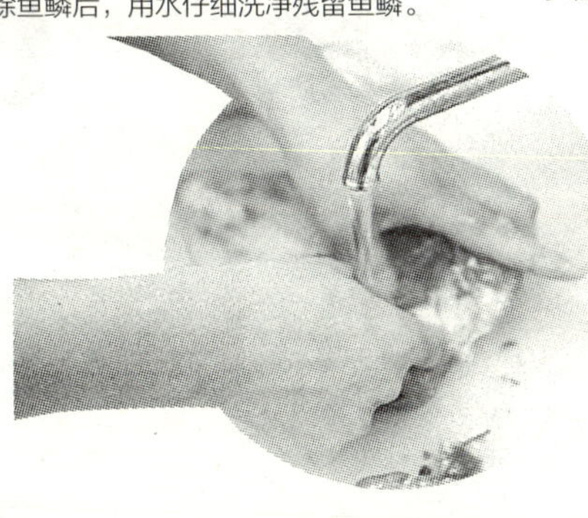

4

用水仔细清洗腹腔，注意不要把鱼身浸在水中。

5

图为装盘实例。沿着中骨入刀，应深入切割，从鱼头运刀至鱼尾，从而剔除鱼骨（保留内脏）。

太平洋褶柔鱼

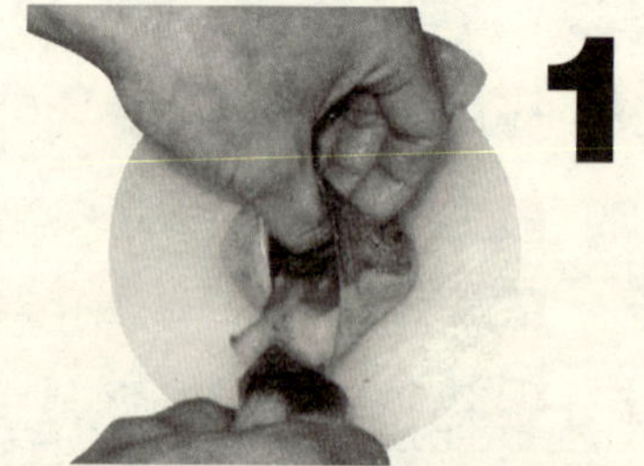

1

将左手大拇指插入连接鱿鱼身体和爪的根部，从而去除连接内脏和身体的软骨。

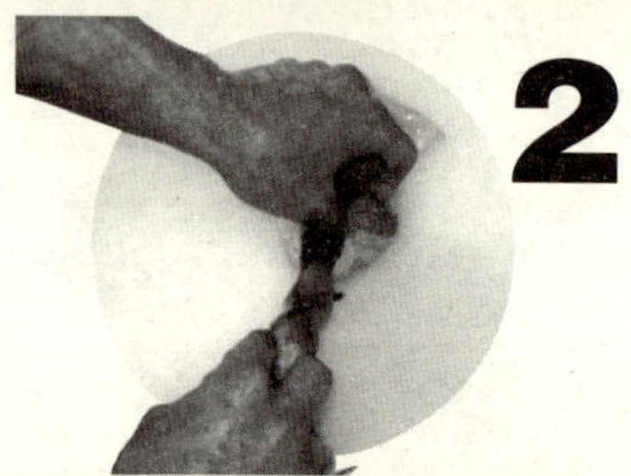

2

沿着软骨，用左手大拇指扯下根部，同时用右手将鱿鱼爪和内脏一并拉出。注意不要让内脏破裂（以免弄脏砧板）。

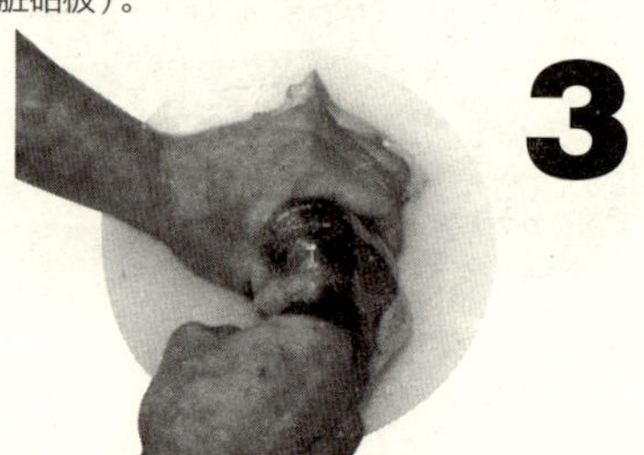

3

去除了内脏和鱿鱼爪之后，将右手食指和中指插入鱿鱼身体内部，掏出残余内脏。沿着鱿鱼鳍（俗称耳朵），去除残余软骨。

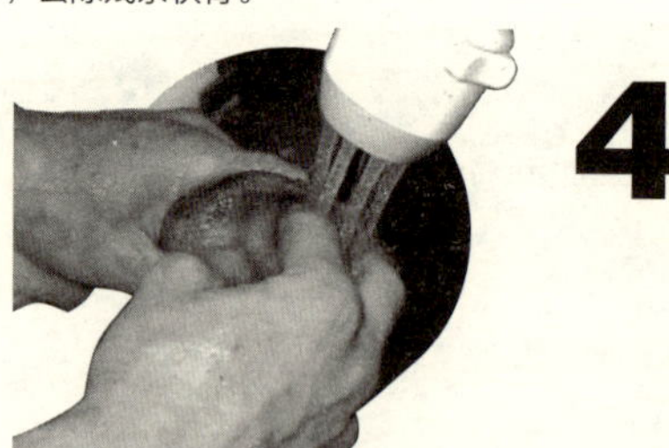

4

用水龙头冲洗鱿鱼身体内部。

主产地

食用方法 刺身、油炸、乌贼饭、腌酵、醋腌、酒渍、鱿鱼干、酱油腌

鲜度 颜色是判断其鲜度的基准。通体茶褐色的为佳。

特征 身体呈圆筒形，中央部分鼓起，鳍呈三角形。在种类繁多的乌贼中，捕捞量最多的便是太平洋褶柔鱼。

别名 东洋鱿、北鱿、日本鱿

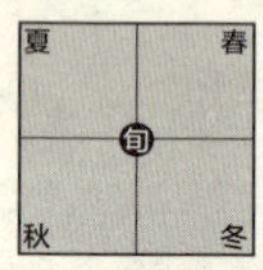

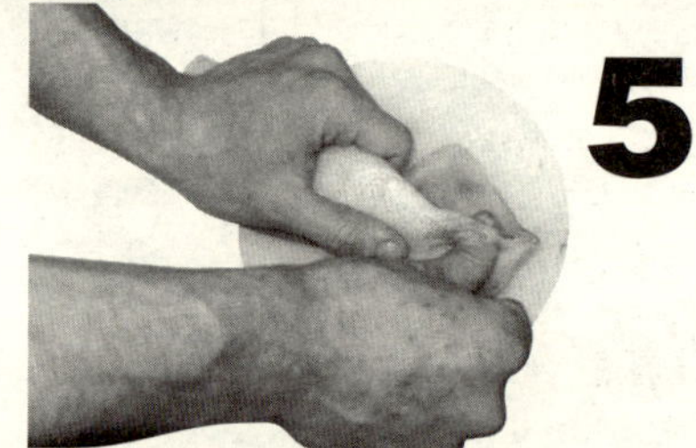

5

去除鱿鱼鳍时，务必从根部入手（这样便于下一步操作）。

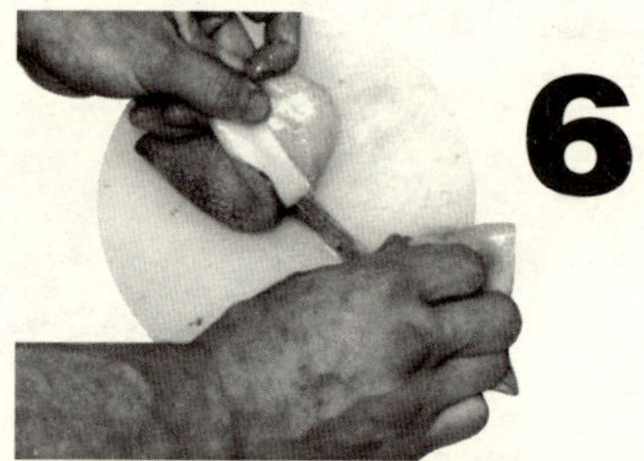

6

右手摁住鱿鱼鳍，左手大拇指和食指插入鱿鱼鳍周围的组织，从而扯下胴体（其实是头部）。注意不要把鱿鱼鳍附近的皮肤扯断。

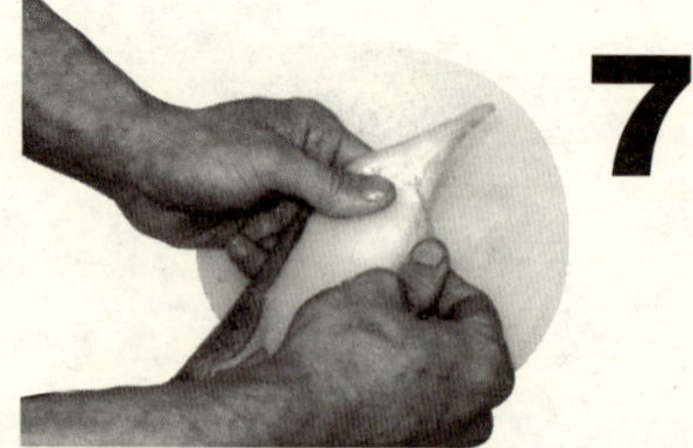

7

去除鱿鱼鳍时，要用右手大拇指和食指撕开皮肤翻起的部分。剥皮时，要把表层皮和内层薄皮（等于有2层）一同剥离，这样能有效避免皮肤在中途被扯断。

剥皮和处理鱿鱼爪的工序

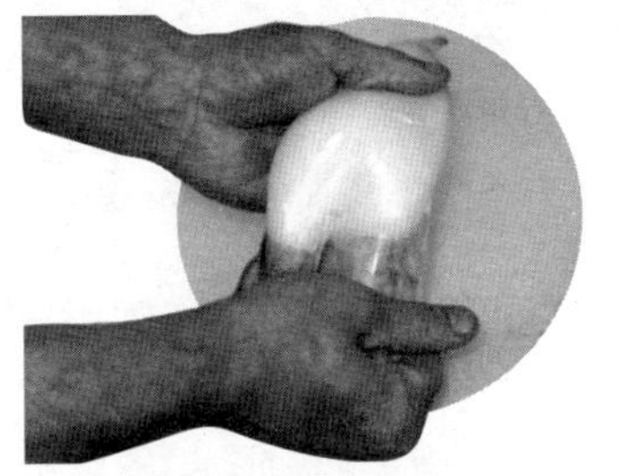

剥皮时，要用右手牢牢抓住皮肤，同时用左手手指往外顶（切勿将力量集中于指尖，否则会导致鱿鱼的皮肤破裂，从而影响作业效率）。

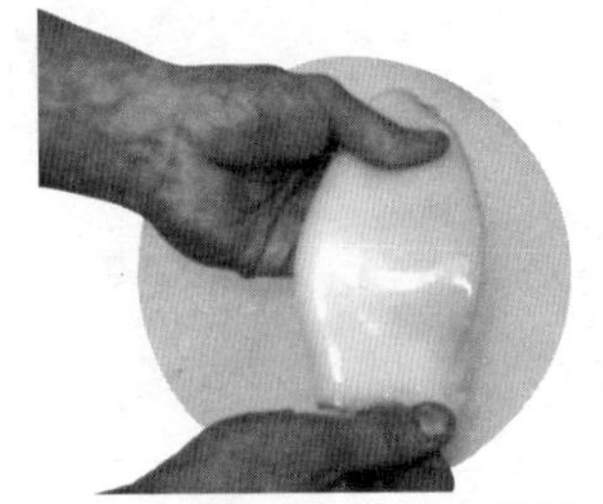

剥皮完成。还要确认是否有皮肤残留及寄生虫存在。

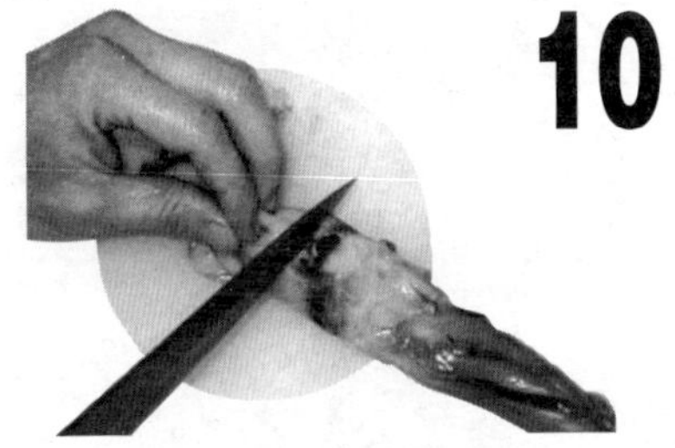

完成剥皮工序后，从鱿鱼眼珠下方入刀，切割剩下的鱿鱼爪，从而使腹部和爪部分离。

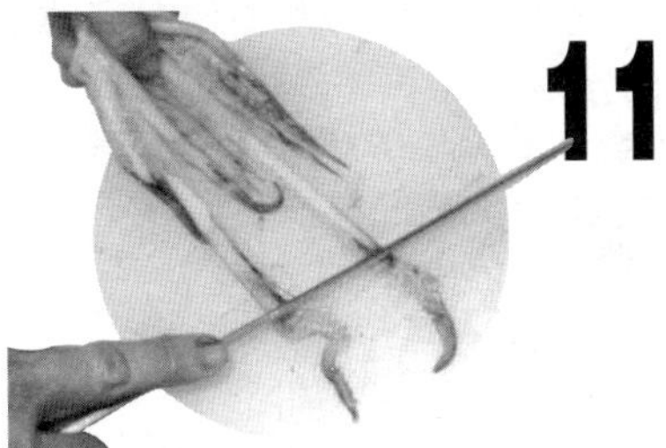

从吸盘处入刀，切割两根长足（其实是鱿鱼的手）。

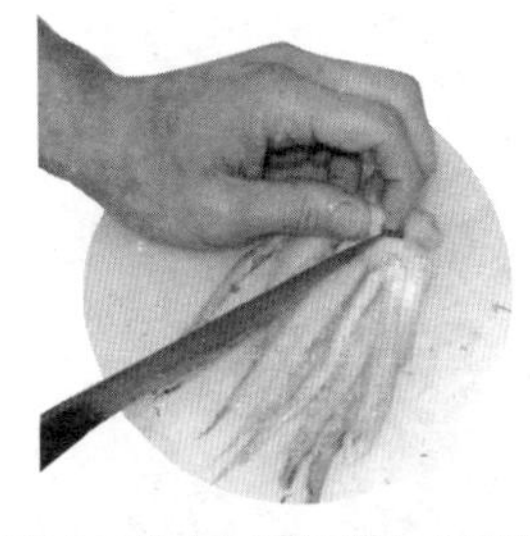

从鱿鱼爪的中央部分划切。爪根部（口部）常常存在寄生虫，一旦发现，应用菜刀尖端削掉（尼柏绦虫＝米粒状寄生虫）。

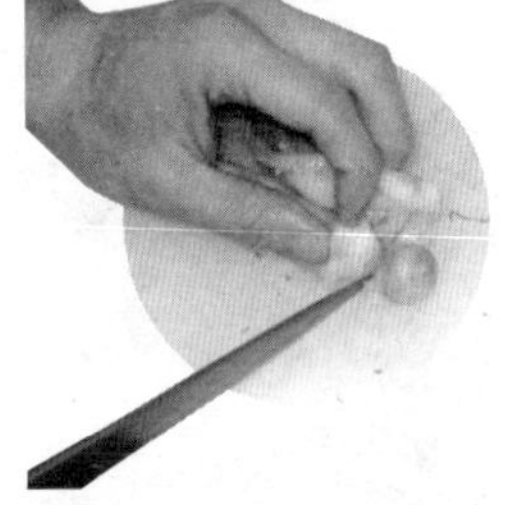

切开鱿鱼爪，剔除口部。然后用水龙头冲洗，应一边洗一边揉搓鱿鱼，注意洗净吸盘中的污垢，然后将鱿鱼置于沥水板上。

14

＜造型刺身＞
为了让太平洋褶柔鱼显得更为光鲜，应在造型时保留内脏，再搭配焯过的鱿鱼鳍和鱿鱼爪。

金乌贼（墨鱼）

1

金乌贼肉质柔嫩厚实，非常美味，因此适合生吃。

主产地

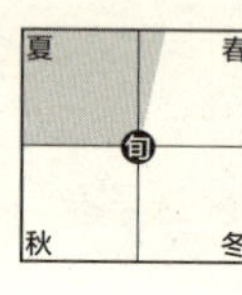

食用方法 刺身、拌海胆、天妇罗、油炸、醋泡

鲜度 活的金乌贼会根据环境而改变体色，且通体呈透明状。至于被捕捞后而死亡的金乌贼，眼珠乌黑透明有弹性、体表有黑色波状条纹的为佳。

特征 金乌贼体长可达 30cm 左右，身上有石灰质的甲壳，因此被日本人称为“金甲乌贼”。常见于日本关西地区的鱼市。

别名 墨斗鱼、乌鱼

2

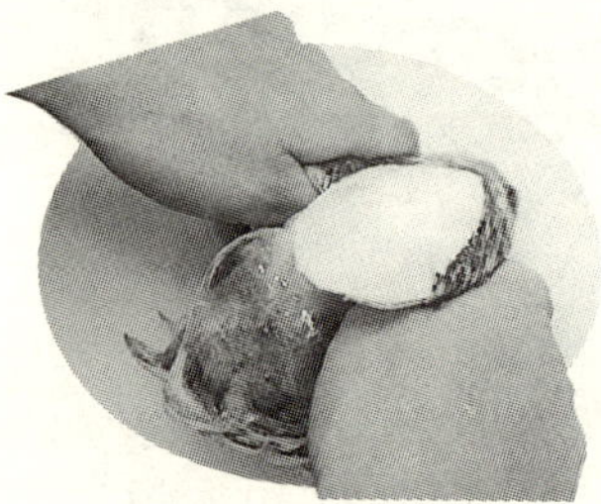

将甲壳朝上，两只大拇指插入乌贼外壳，然后朝着头部方向推压，甲壳就会被挤出，接着用手取下即可。

4

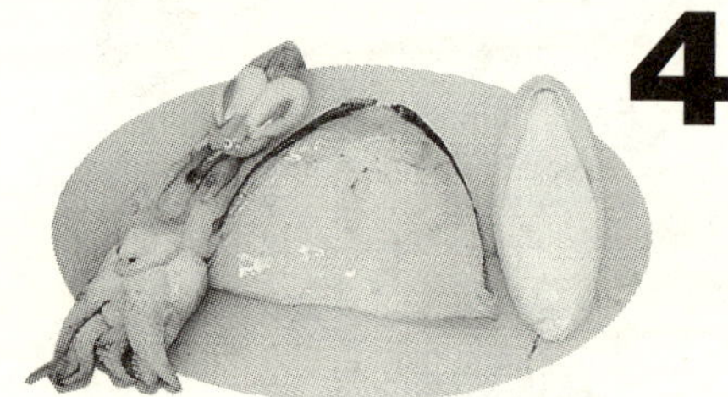

去除内脏后的各部位。

3

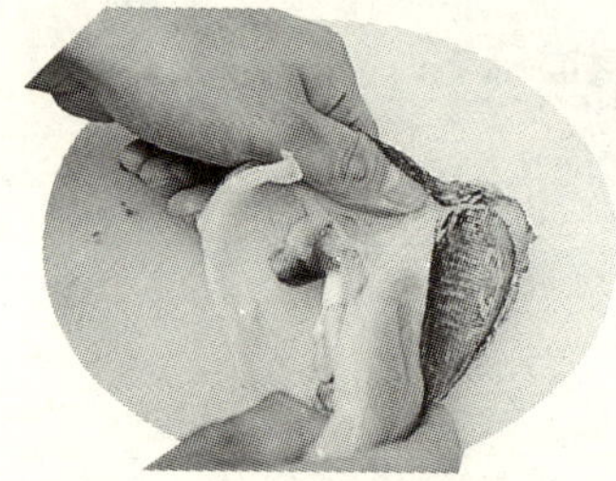

翻开外壳，同时向外拉墨囊。这样一来，与墨囊相连的内脏组织也会被一起拉出。

5

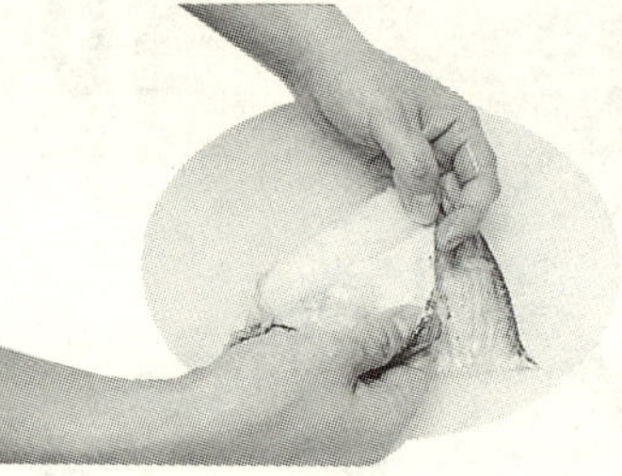

剥皮应从头部入手，先撕开一个口子，然后整张剥下。该作业完成后，薄皮仍然残留着。

将乌贼翻转，用菜刀划切身体下端。划切时应控制力度，不要切到砧板。为了便于剥去薄皮，还要划切身体表侧的头顶部。

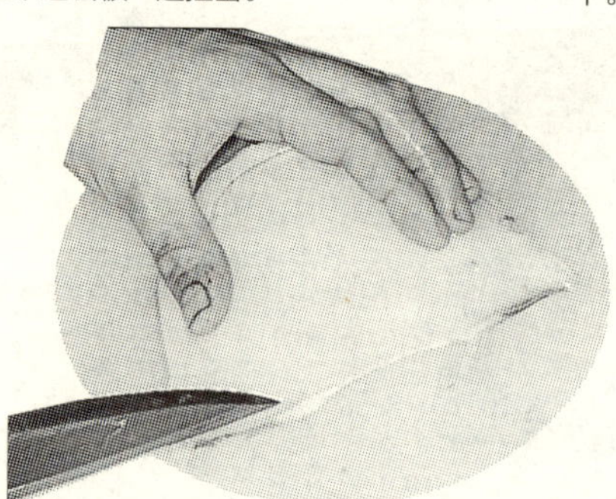

造型刺身成品

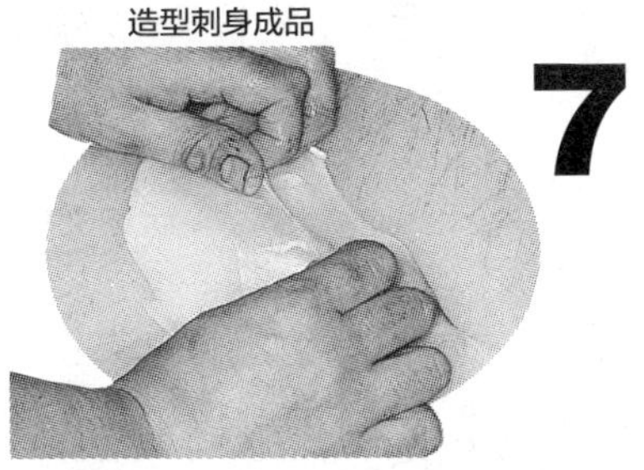

将头顶部的切口翻过来，从而剥离身体内侧的薄皮。同理，再将身体内侧的切口翻过来，从而剥离身体表侧的薄皮。

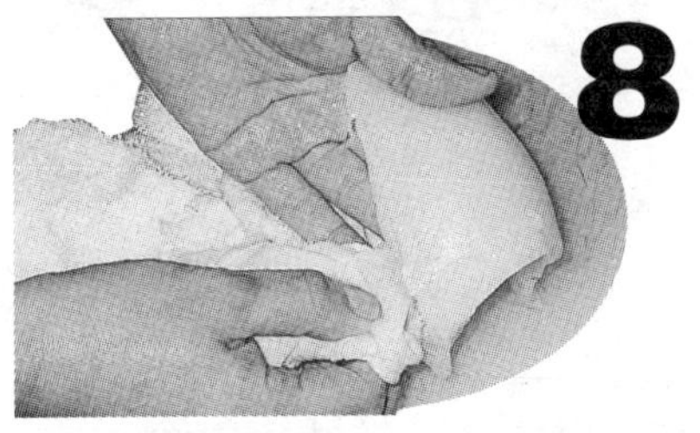

之后，如仍有薄皮残留，可使用干净的毛巾摩擦，从而将其去除干净。

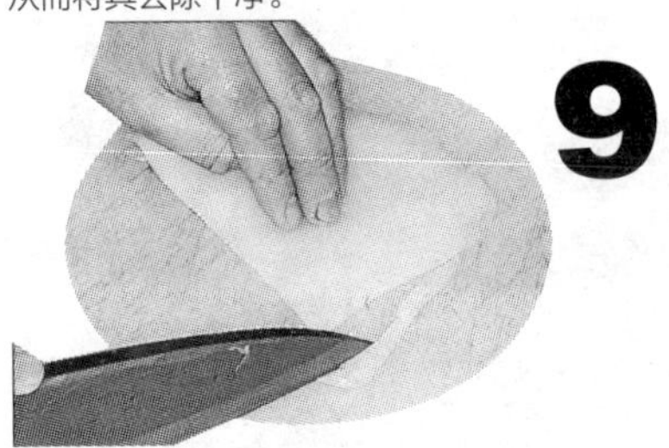

用菜刀修整金乌贼的两端，正反两面都要修整。

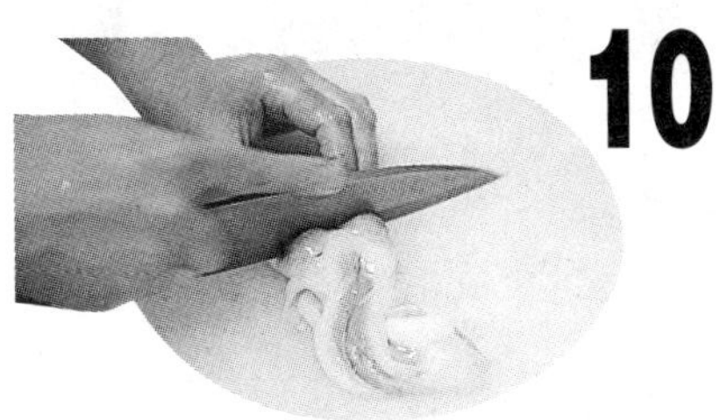

标准的做法是“从眼珠上方入刀，做V字型切割”，但在实际操作中，一般从眼珠下方入刀，做平行切割。

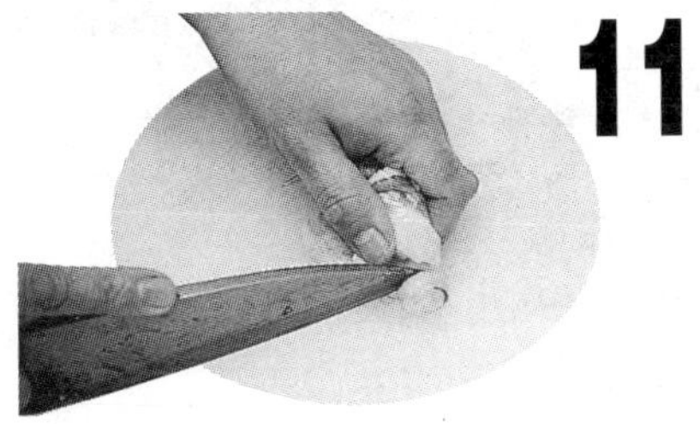

去除坚硬的口部（俗称喙嘴）。

<装盘实例>

13

<金乌贼造型刺身>
装盘方式可谓多种多样，一般根据金乌贼的大小选择。图为小尺寸的装盘实例，如果尺寸较大，往往采用“一盘四样”的装盘方式。

剑尖枪乌贼

用柳刃菜刀，将其制成刺身

1

从眼珠下方入刀，切下乌贼爪。接着纵切外壳背部，从而切开乌贼的身体。

主产地

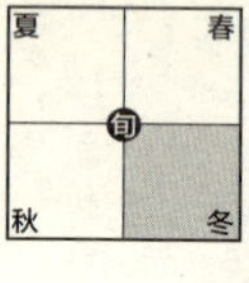

鲜度 新鲜的剑尖枪乌贼通体呈茶红色。

特征 剑尖枪乌贼与长枪乌贼的外形非常类似，但前者的肉质更为厚实，且体长可达 50cm（包括乌贼爪）。剑尖枪乌贼是制作鱿鱼干的最佳食材，被日本人誉为“第一鱿鱼干”。由于五岛列岛是其主产地，因此这种鱿鱼干也被称为“五岛鱿鱼干”，可谓极品美味。

产地 长崎县

别名 句公、拖鱿鱼、剑端锁管、透抽

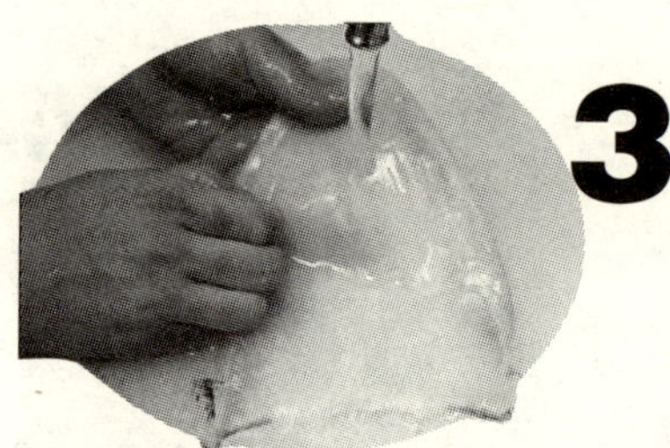

2

用手指撑开切口，掏出内脏。

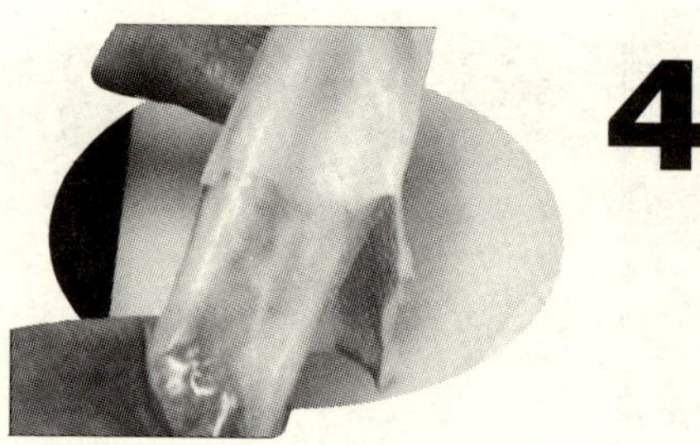

3

一边用手清除残留的薄皮，一边用淡水冲洗乌贼。

4

抓住头顶部的皮，向下拉扯，就能剥下整张皮。然后用毛巾清理残留的皮。

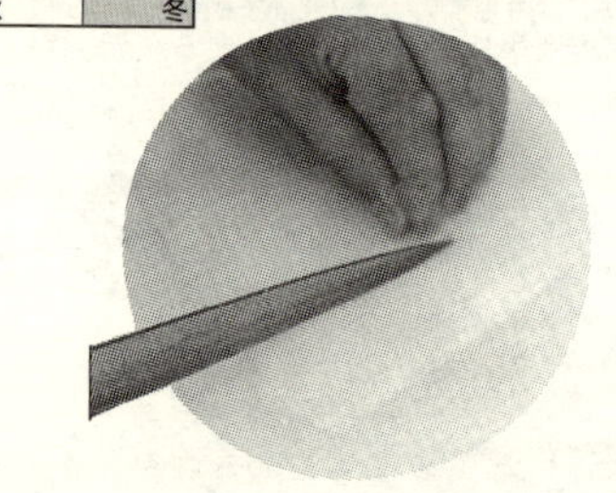

5

顺着剑尖枪乌贼的轮廓，在其身上纵向划切刀痕。如果要将乌贼切成细条状，则应把它横放在砧板上，先割除外壳的下端部分，然后再开始切。注意，除非是体型特别大的剑尖枪乌贼，否则不要将其一切为二。

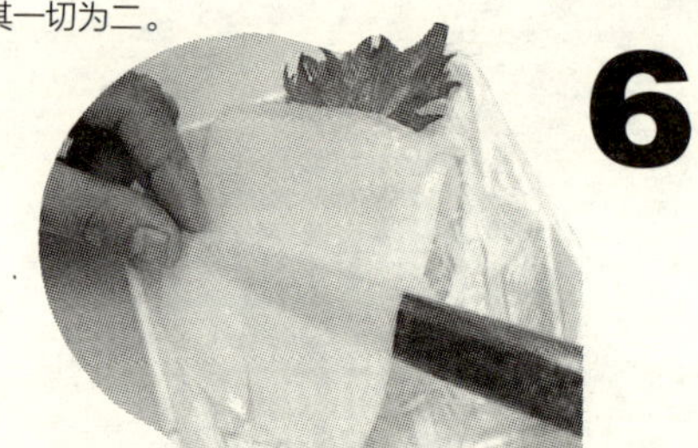

6

装盘时，要巧妙运用柳刃菜刀的刀背，将修整好的乌贼肉沿中线对折一下。

7

<刺身>

剑尖枪乌贼的透明感较强，最适合用紫苏、欧芹和菊花来搭配。黄绿相映，相得益彰。

毛蟹（造型加工）

除最热销的年末时节外，也要加工和推销毛蟹成品

1

解冻时，首先将蟹壳一面朝上，待表面的冰融化后，再将腹部朝上，继续解冻。要防止组织液随着解冻而外渗，损失鲜味。

2

打开蟹壳，切下蟹爪，对每只蟹分别进行解体处理。

3

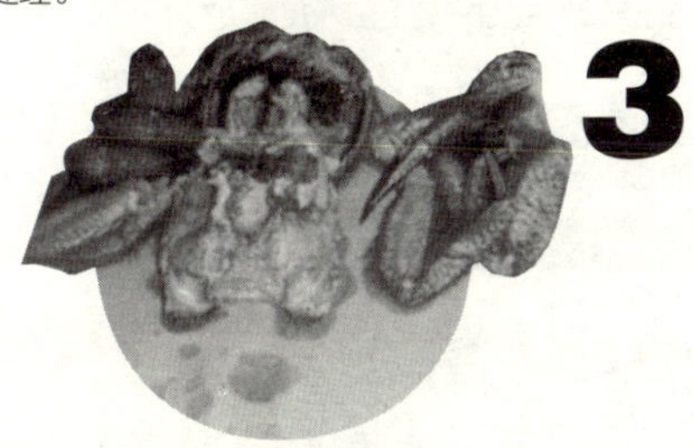

倘若解冻不充分，则会导致壳内的蟹黄（肝）走样，从而影响成品价值。其他内脏、蟹鳃、蟹嘴和蟹脐都要去除。

4

铺上配菜，将蟹壳内侧朝上摆放。装盘时，要注意配菜和蟹壳的位置，以免蟹黄流到外面。

主产地

夏　春　旬　秋　冬

食用方法 蘸二料醋（由醋和酱油调制而成）、蘸三料醋（由醋、酱油和甜料酒调制而成）

鲜度 蟹肉和蟹黄厚实的为佳品。拿在手上，会有明显的厚重感。

特征 正如其名，毛蟹的甲壳和爪长有茂密而坚硬的羽状毛。毛蟹为冷水性蟹，近年来，产自阿拉斯加等地的毛蟹开始大量出口到日本。只要用盐水稍加蒸煮，就很美味。如果够新鲜，也可制成刺身或用来下涮涮锅。

别名 大栗蟹

5

如果蟹黄较少，就需要降价；同理，如果蟹黄发黑，成品价值也会降低。

6

加工蟹爪时，只要削去蟹棒肉（第3关节）部分的甲壳即可。至于蟹肩肉部分，如果毛蟹较大，可切成4等分；如果毛蟹较小，可切成2等分。应将蟹肩肉置于甲壳周围、将蟹爪置于两侧。把蟹脚的第1关节朝内弯曲，以便于整体造型。

7

有时难以让蟹黄的分布和外形做到均匀美观，这时可用欧芹等配菜点缀，以提升观感。通过用心加工来提升成品价值，自然能够获取利润。春季和年末是毛蟹的热销时节。

楚蟹（造型刺身）

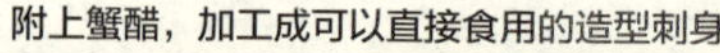
附上蟹醋，加工成可以直接食用的造型刺身

食用方法 蘸二料醋（由醋和酱油调制而成）、蘸三料醋（由醋、酱油和甜料酒调制而成）、天妇罗、烤制、刺身

鲜度 凡是冷冻的楚蟹，几乎都在产地用盐腌制过。沉重厚实且关节处不发黑的为佳。

特征 楚蟹分布于日本海、北部白令海及阿拉斯加，栖息于沿岸泥底。产卵期为每年12月至次年2月，期间会向沿岸移动。只有大个儿的雄蟹才被称为楚蟹，雌蟹则被称为越前蟹或子箱蟹。近年来，鱼市上常见的是红楚蟹。

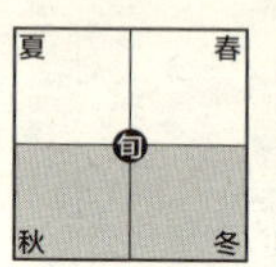

产地 福井县（越前蟹）、鸟取县（松叶蟹）

别名 松叶蟹、越前蟹

1

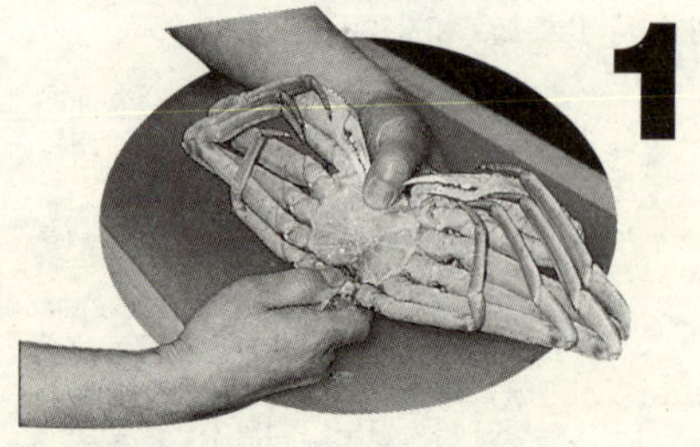

如果是熟冻的楚蟹，需要先用温水冲洗，以除去其体表薄薄的一层冰膜，之后用毛巾仔细擦干，放入冰箱保管。解冻时应拿捏分寸，如果解冻过度，不但会导致组织液渗出，还会增加切割的难度。处理蟹体时，首先要去除蟹脐。

2

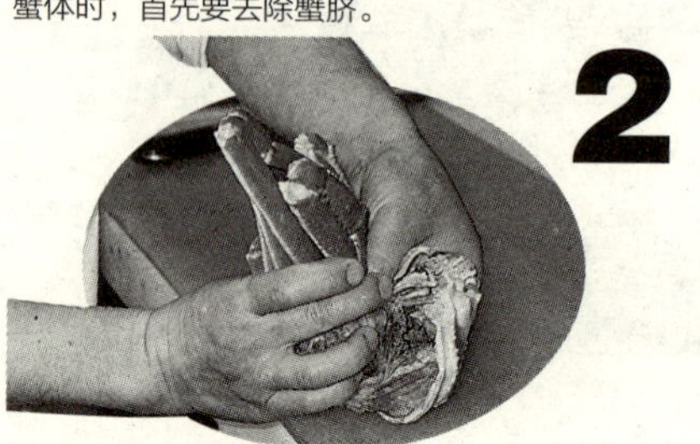

接着捏住蟹爪，朝内侧弯折，拧下蟹爪。这样一来，近一半的蟹肩肉会附带在蟹爪上。接着以同样方式拧下另一侧的蟹爪。

3

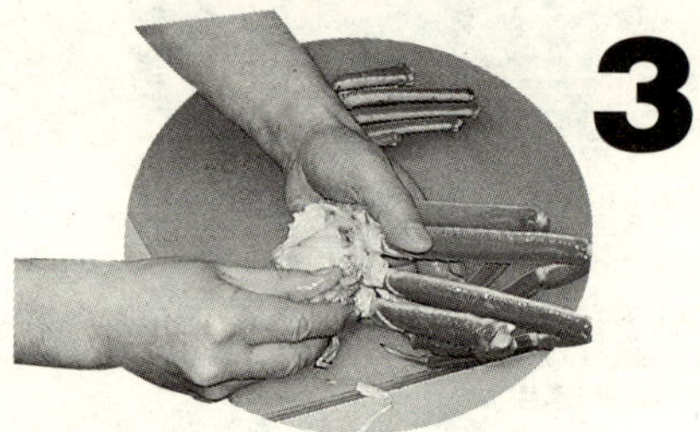

去除蟹脚根部的蟹鳃。

4

为了体现楚蟹加工成品的价值，装盘时的协调感是关键。此外，还应该突出美味精华——蟹黄的存在感。

5

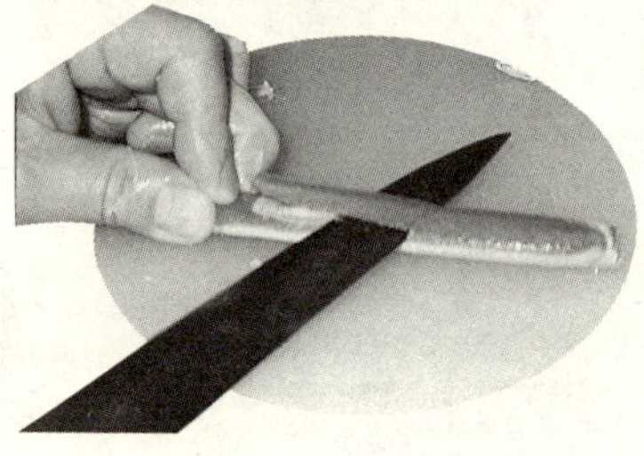

为了便于食用，还应进一步加工。首先将蟹爪红色的一面朝上，并将蟹爪肉根部置于右侧。左手摁住蟹爪上较短的那一节，从关节下方的外壳入刀，向右横向运刀，从而一口气去除蟹壳上部，直至关节。

6

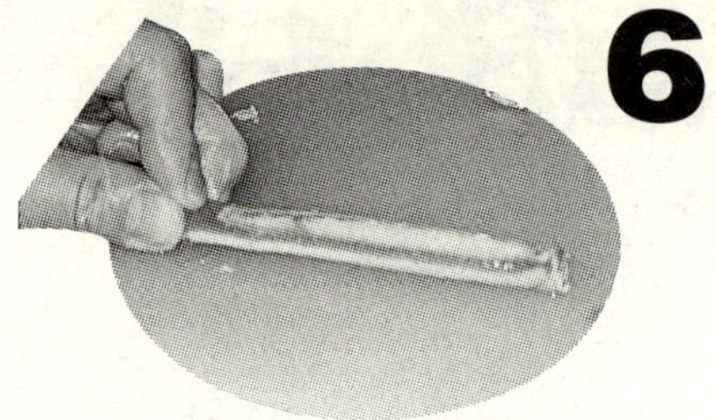

去壳后，要让红壳下的白色蟹肉外露，并突显赏心悦目的视觉效果。

7

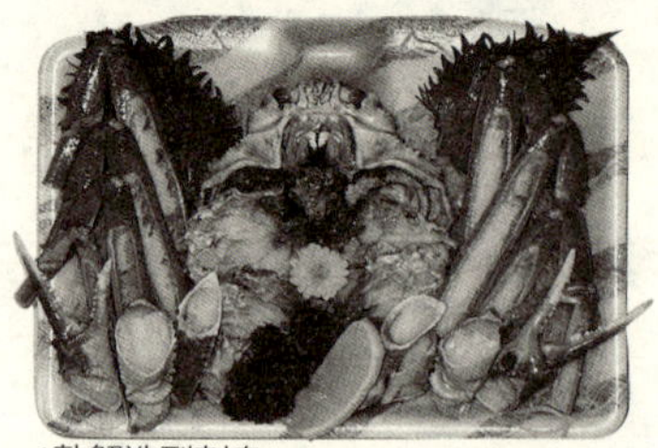

＜熟蟹造型刺身＞

以蟹壳为中心，两边的摆盘要保持协调。可以附上蟹醋、放置于刺身柜台，以突出其可直接生食的卖点。

楚蟹（蟹肩肉）

通过斜切，将楚蟹加工成可直接生食的成品

1

以熟冻楚蟹的蟹肩肉为加工材料，首先用温水把表面的冰膜冲洗干净，然后用毛巾擦干，再进行切割。在解冻时，要注意拿捏分寸，如果解冻过度，会加大切割的难度。

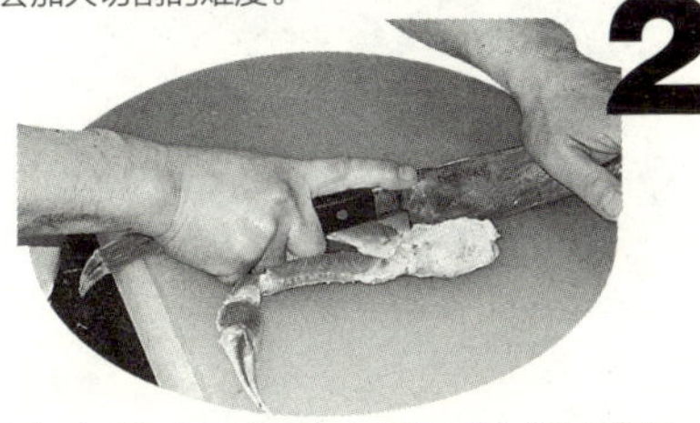

2

把蟹肩肉和蟹爪分离，必须使用日式牛刀操作，切割时要遵循“用刀根敲打”的要点。

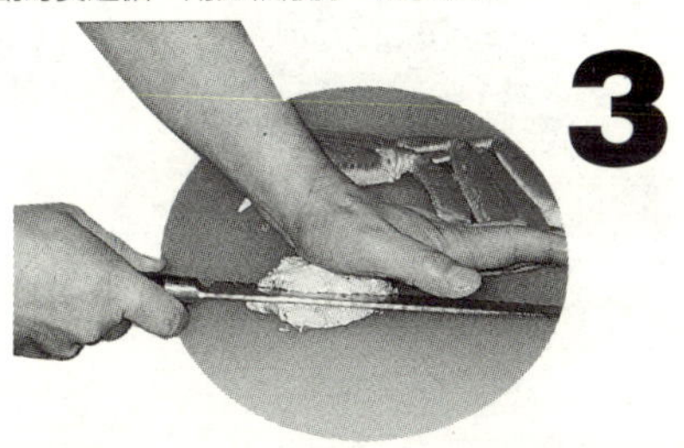

3

将蟹肩肉一分为二。左手摁住蟹肩肉，右手用日式牛刀切割，刀尖应抵住砧板，用刀根施力切割。

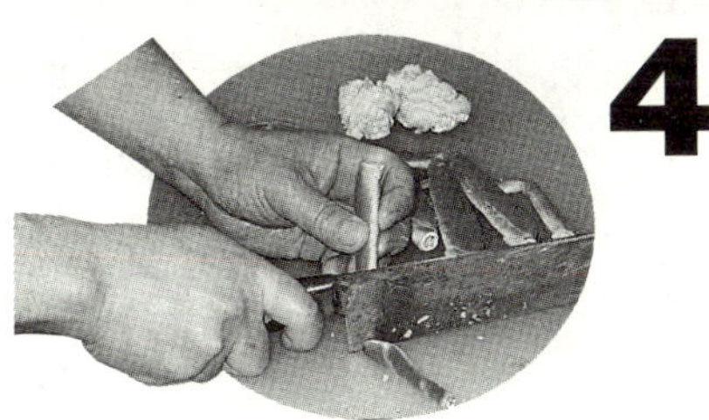

4

用刀根使蟹爪和关节分离。

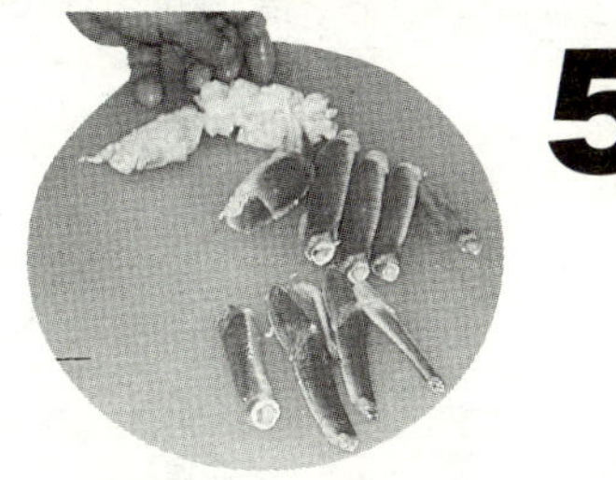

5

对于蟹爪较细的部分，可用菜刀纵向划切；对于蟹脚较粗的部分要斜切。

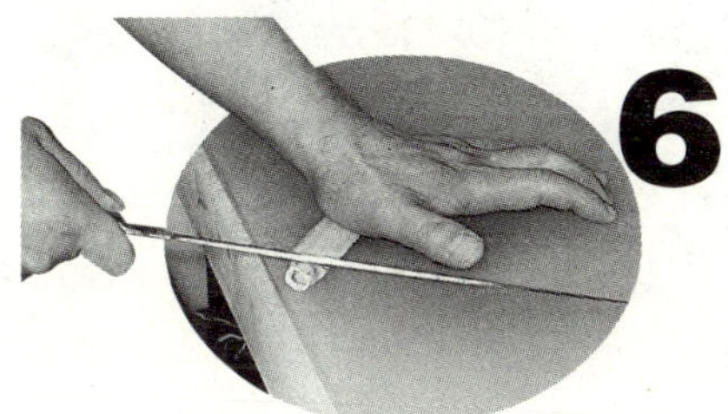

6

斜切完毕后，将蟹爪的白肉部分朝上，切成2等分。切割时，刀尖应顶住砧板，用刀根施力切割。切忌将菜刀尖端悬空，也不可用刀根以外的部分切，否则会导致手滑而受伤。

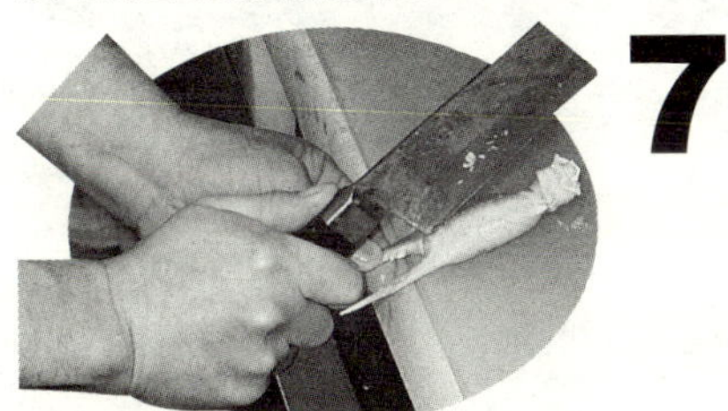

7

将蟹钳置于砧板边沿处，从中心部入刀，将其一切为二。

8

<斜切成品拼盘>

突出熟冻楚蟹可直接生食的卖点。放在刺身柜台贩售，销路最好。

鳕场蟹

制作简单的斜切造型刺身

食用方法 焯煮、烤制、蘸二料醋（由醋和酱油调制而成）、色拉、火锅、刺身

鲜度 沉重厚实的为佳。

特征 鳕场蟹体型较大，蟹爪张开后，有的跨度甚至超过 1m。其寿命也很长，无论雌性还是雄性，都可活 30 年以上。鳕场蟹其实和寄居蟹是同类，可谓“螃蟹外形的寄居蟹”，再加上其栖息地与鳕鱼渔场重叠，因而得名“鳕场蟹”。其也被加工成罐头，由鳕场蟹加工而成的罐头被日本人誉为“蟹罐头中的极品”。

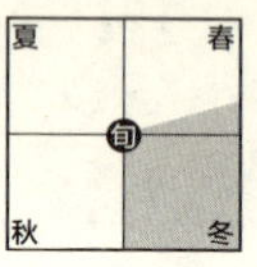

1

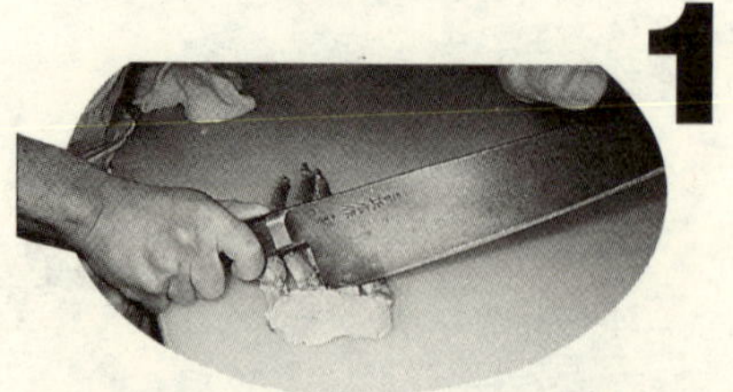

首先用温水冲净体表的冰膜，然后升温解冻，注意切勿解冻过度。加工时，必须使用日式牛刀。首先将刀根切入蟹爪根部，从蟹肩肉开始切割。可以分别处理每只蟹爪，这样更为方便。

2

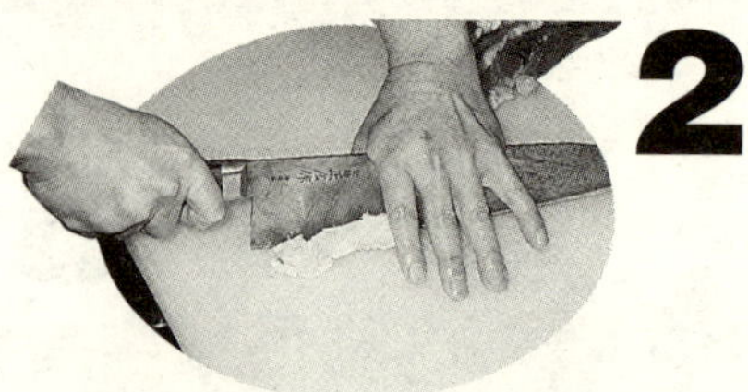

接下来切割蟹肩肉，使用刀根部位，对半切。

3

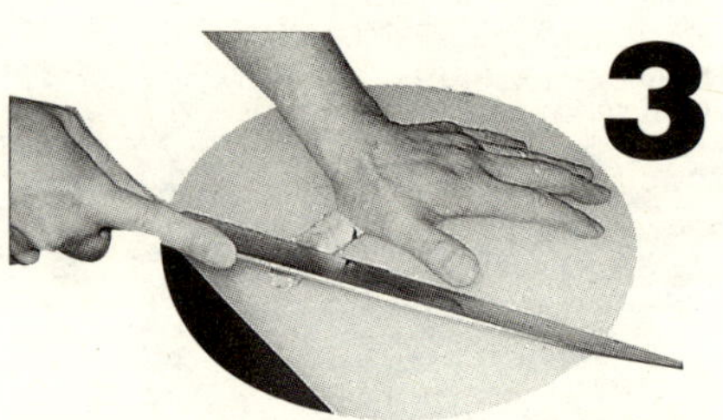

斜切蟹棒肉。将刀尖抵住砧板，用刀根部位切割。将蟹棒肉均匀切成二等分。然后将蟹棒肉的白肉部分朝上放置。

4

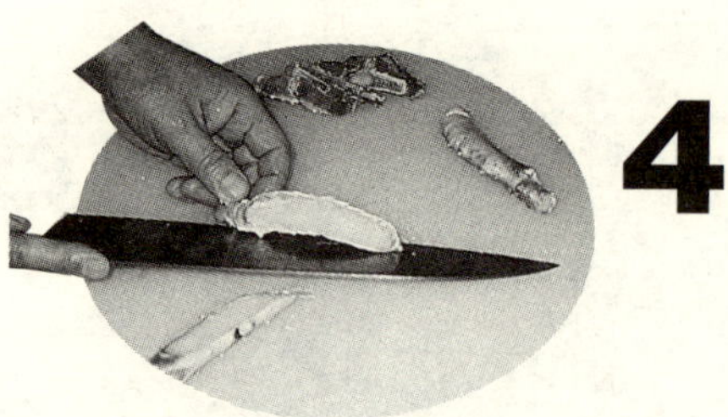

斜切完毕后的状态。如果解冻过度，就会增加切割难度。因此要格外注意。

5

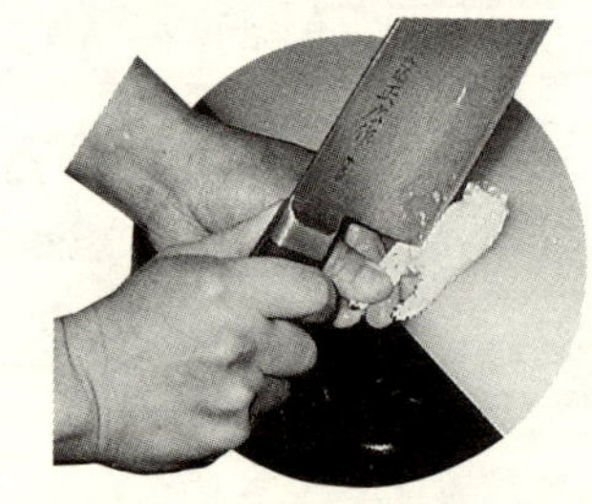

将蟹钳置于砧板边沿处，左手摁住蟹钳，右手用刀根部位切割。

6

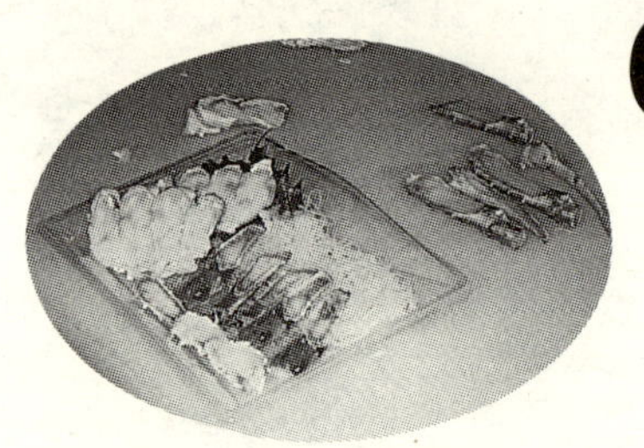

首先将切成两半的蟹肩肉装盘。然后将切下的蟹小腿装盘，接着将切下的蟹钳关节置于靠近自己的近端。

7

<斜切造型刺身>

最后将斜切好的蟹棒肉和切开的蟹钳装盘，并调整整体布局。在店内便能完成整个加工流程。

蝾螺

做成刺身成品，螺壳能起到锦上添花的装饰作用

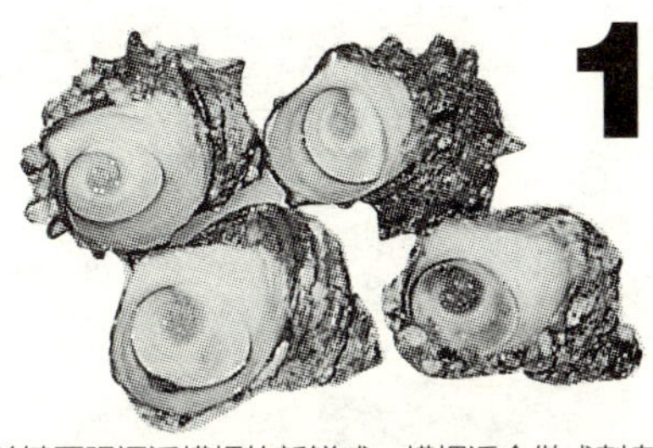

1

关键要强调活蝾螺的新鲜感。蝾螺适合做成刺身或带壳烤，但加工是难点。一般来说，很少有人能在家里处理蝾螺。因此首先要向员工传授方法，力图做到让全体员工都能掌握这一技能。

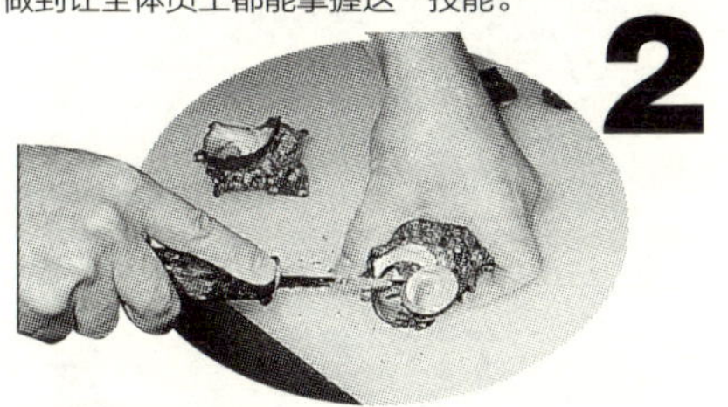

2

将开壳器垂直插入螺壳缝隙处，从而取出螺肉，注意要一气呵成。壳内有残留的内脏，因此要用手指伸进去掏，手指要顺着螺壳的螺旋去拧，从而掏出内脏。

3

用菜刀将螺肉下方的螺嘴和黑色脏污去除。至于内脏，应进一步切除肠子和砂囊，保留前端的肝脏。

主产地

夏	春
秋	冬

旬

食用方法 刺身、带壳烤

鲜度 螺壳薄、重量重的为佳。如果蝾螺够新鲜，当触摸鳃盖时，它会立即缩回去。

特征 由于滥捕，近年来，蝾螺数量减少，这导致活蝾螺的价格不断上涨。贝类较易腐坏，因此要趁其鲜活时，尽快加工或烹制。雌蝾螺的内脏呈绿色，雄蝾螺的内脏呈白色。其管状的触角能够反映栖息海域的环境——如果生长在平静无波的内海，则触角圆滑；如果生长在波涛汹涌的外海，则触角凸出。

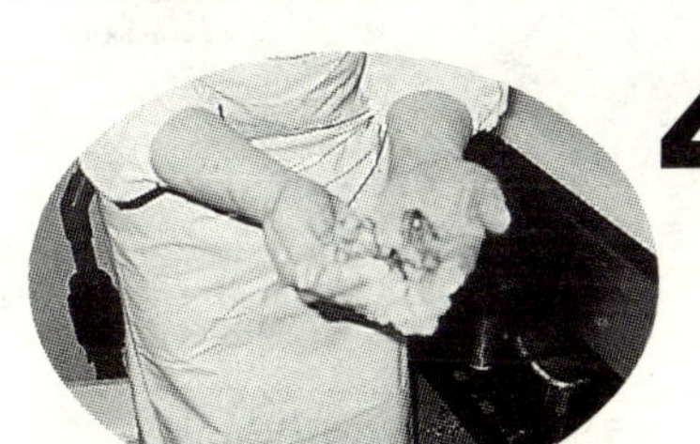

4

螺肉和螺柱上附有黏性物质，必须用盐揉搓，然后用水仔细冲净。肝脏部位可以直接食用，也可以稍稍用盐水焯一下，以提升鲜味。

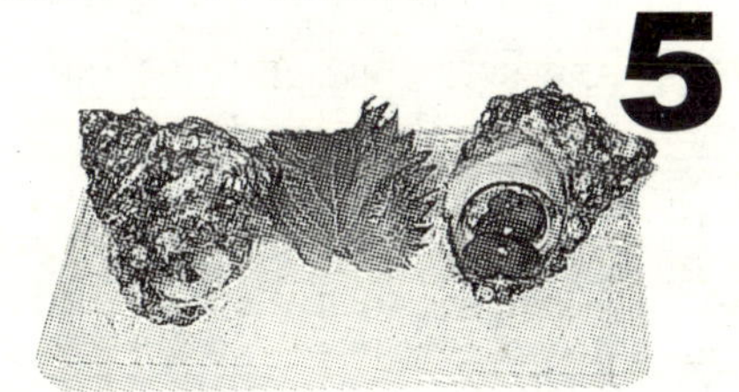

5

其刺身成品的重点在于螺壳，把螺壳摆放得美观，能够提升活贝类的新鲜感。可将鳃盖和肝脏放在螺壳口。

<带壳造型刺身>
要把贝肉和贝柱切成小薄片，以便于食用。如果没有螺壳，刺身成品会显得单薄寒碜；可一旦左右配上螺壳，就会给人完全不同的印象，瞬间提升了成品价值。

6

赤贝

附带贝壳的刺身 能够激起顾客的购买欲望

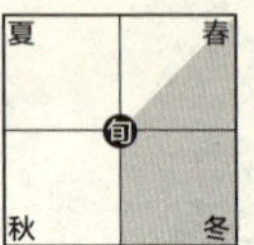

食用方法 刺身、寿司材料、醋泡、鱼贝菜饭

鲜度 贝壳紧闭且厚重的为佳。如果是肉质厚实的新鲜赤贝，在敲打其贝壳时，会发出坚实的声响。

特征 赤贝从日本北海道南部到九州沿岸皆有分布。此外，还栖息于韩国和中国的沿岸。贝肉中含有的血红蛋白使其呈红色，因此得名“赤贝”。每年9月至次年4月是其上市时间，但其时鲜期其实是2、3月。

产地 三重县

别名 魁蚶、血贝

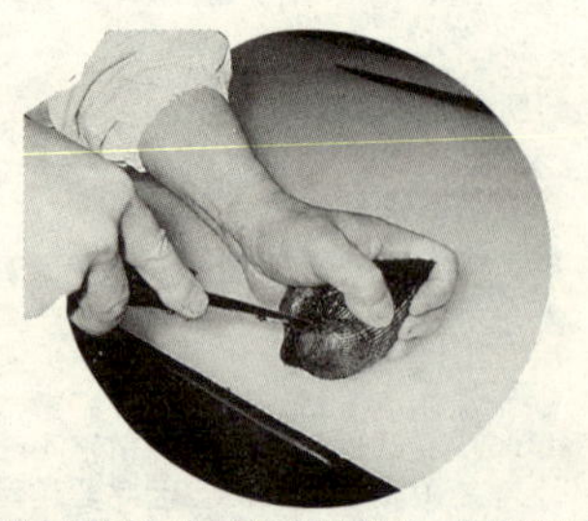

1

将开壳器插入赤贝的合叶部分，轻轻转动手腕，待出现缝隙后，用力撬下合叶。接着将开壳器沿着贝壳边缘游走，从而切开贝柱，打开贝壳。然后使用开壳器，将附着在贝壳一侧的贝肉与壳分离。

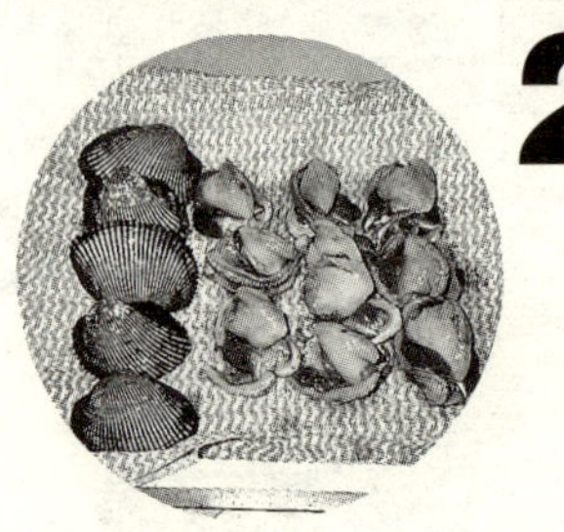

2

有的贝壳非常容易破碎，并不需要费力去撬，只要用开壳器在离合叶部分最近的隆起处敲打即可。

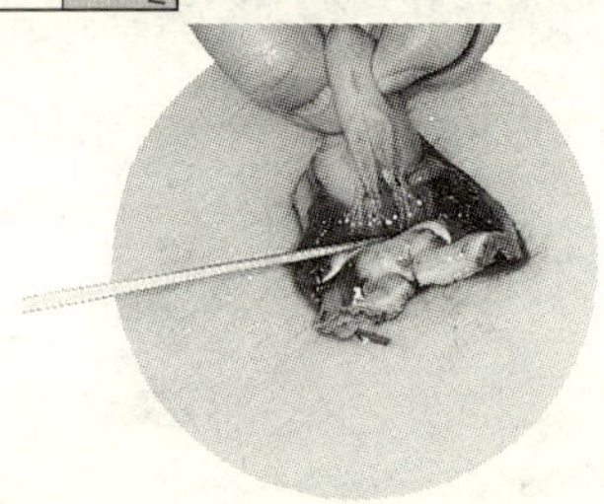

3

将贝唇朝下，用手捏起贝肉，切除连接贝肉和贝唇之间的黏膜。

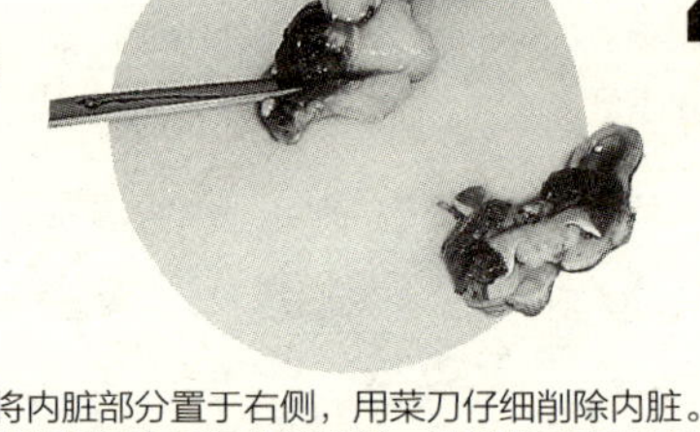

4

将内脏部分置于右侧，用菜刀仔细削除内脏。然后清除附着在贝唇上的薄膜。接着将贝肉和贝唇放入碗中，撒上盐并用手揉搓到位后，仔细用水洗净，从而去除黏性物质。最后用干净的布擦拭残留水分。

5

< 刺身拼盘实例 >

在装盘前，还需要先在贝肉上划切装饰刀痕，然后将其放到砧板上敲打，以做出美观诱人的刺身造型。在鲜活贝类中，赤贝尤其受欢迎。

日本各都道府县的特色水产(本土水产)一览表

都道府县	特色水产
北海道	鲑鱼
青森县	虾夷盘扇贝
岩手县	鲍鱼
宫城县	秋刀鱼
秋田县	日本叉牙鱼
山形县	真鲷
福岛县	长鲽
茨城县	朝鲜文蛤
千叶县	沙丁鱼
东京都	滨飞鱼
神奈川县	金枪鱼
新潟县	北方长额虾
富山县	荧乌贼
石川县	鲕鱼
福井县	越前蟹
静冈县	樱虾
爱知县	对虾
三重县	伊势龙虾
滋贺县	香鱼
京都府	鲕鱼
大阪市	章鱼
兵库县	鲷鱼
和歌山县	幼体金枪鱼
鸟取县	松叶蟹
岛根县	鲷鱼
冈山县	青鳞鱼
广岛县	牡蛎
山口县	河豚
德岛县	真鲷
香川县	对虾
爱媛县	幼鲕鱼
高知县	鲣鱼
福冈县	鲷鱼
佐贺县	大弹涂鱼
长崎县	剑尖长枪乌贼
熊本县	对虾
大分县	城下鲽鱼
宫崎县	黄鳍金枪鱼
鹿儿岛县	鲣鱼
冲绳县	二带梅鲷

北极贝

附壳的刺身成品

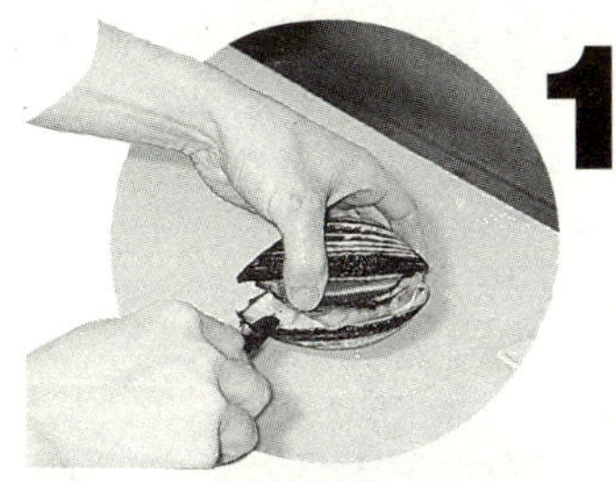

1

左手捏住贝身，将合叶部分朝左。从靠近自己的近端入手，插入开壳器，切割贝柱。

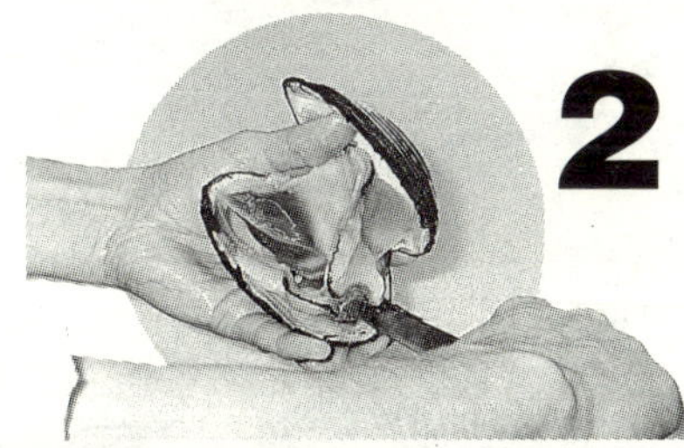

2

顺势把开壳器向右侧移动，切割右侧贝柱。将贝身的上下两部分分离，并将内容物置于砧板上。

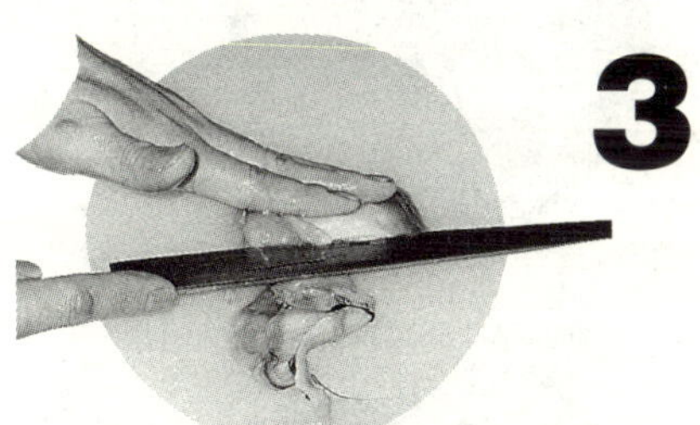

3

首先切下贝柱，保留贝唇和内脏，将贝身一切为二。

主产地

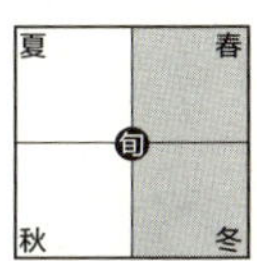

食用方法 刺身、寿司材料、醋泡、油炸、天妇罗、烤制、黄油烧、蛤蜊饭

鲜度 新鲜北极贝的贝壳表面乌黑有光泽，敲打时会发出厚实的声响，用手触碰贝身，它身上的水管会立刻缩回。

特征 北极贝的贝壳厚实外凸，被一层黄褐色壳皮包裹。其独特的风味和富有嚼劲的口感是其魅力所在。其近缘种为美洲马珂蛤，目前从加拿大大量出口至日本。与日本本土的北极贝相比，美洲马珂蛤的个头要大一圈。

别名 姥贝

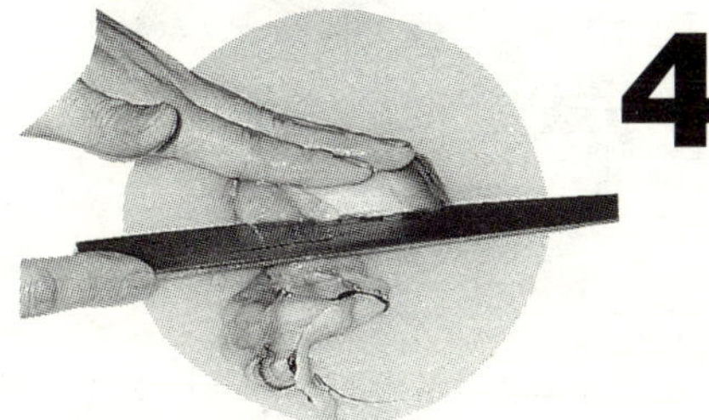

4

掰开贝身，能够看到下方的内脏。用菜刀将内脏挑出，再将去壳贝肉上的贝唇去除，然后捋去贝唇周围的黏液。最后，必须用淡水洗净去壳贝肉和贝唇。

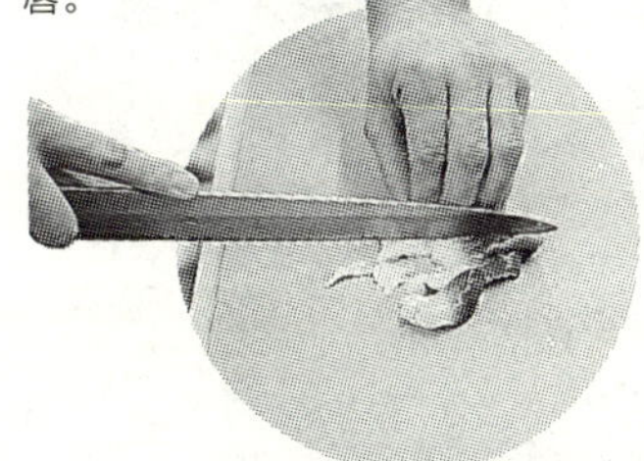

5

拿捏好大小尺寸，用平切法切割已经一切为二的两片贝身，从而加工出 4 片贝肉刺身。

6

< 附壳造型刺身 >

采用富有夏季气息的透明圆盘，以配菜铺底，将张开的贝壳立在盘子上，然后放上切好的贝肉刺身，再以欧芹、紫苏和菊花等作点缀，便成了一道令人赏心悦目的刺身成品。

配菜装盘

配菜就如同建房时的地基，关键在于造型

1

< 事前准备 >

如图所示，将浅盆和盘子置于左侧。将配菜置于沥水板上，并铺上白布，以便取用。

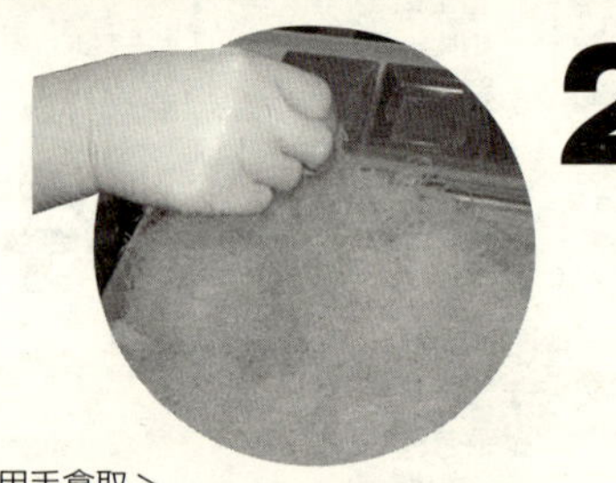

2

< 用手拿取 >

用右手拿取，每次一把（约 30g 的分量）。

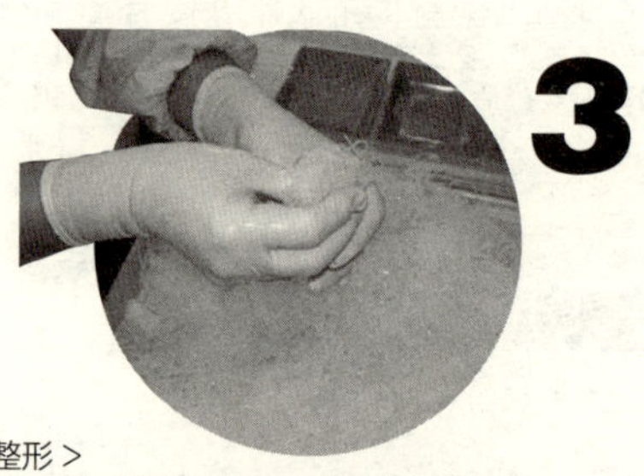

3

< 整形 >

双手捏紧，以挤出多余水分，然后进行整形。

整形的诀窍在于“把配菜捏得像鸟巢一样，又圆又坚固”。注意不要让配菜从手指缝中露出。

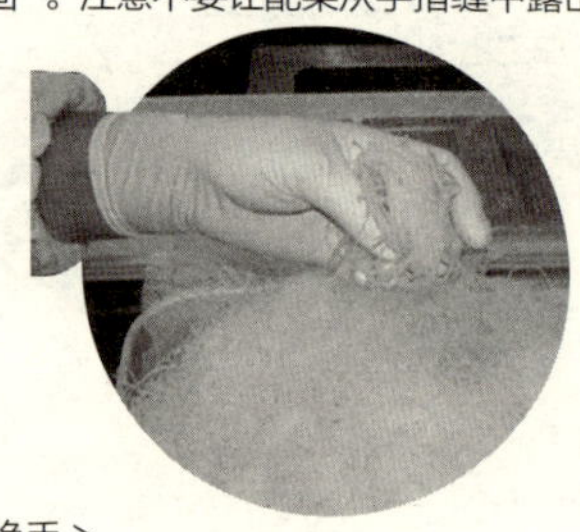

4

< 换手 >

将捏好的配菜换到左手。

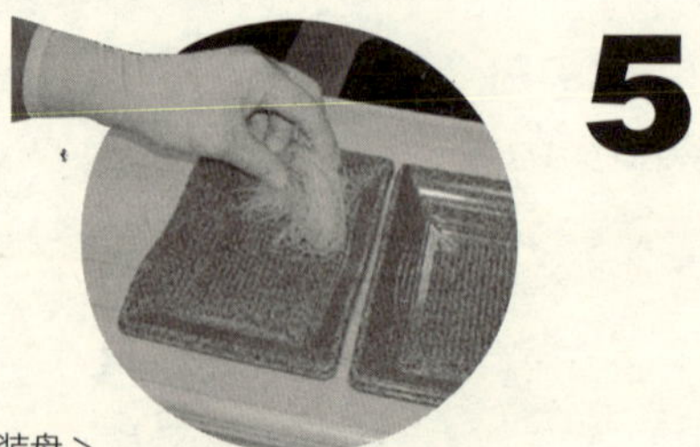

5

< 装盘 >

放配菜时，应按照“从左到右，由远及近”的顺序，以盘子左侧、离自己较远的一端为起点。

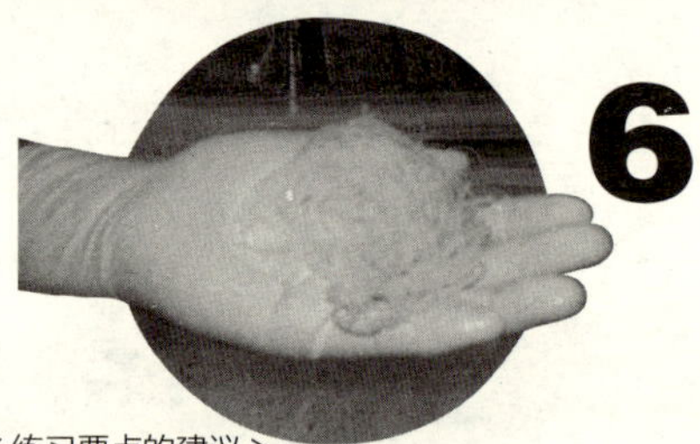

6

< 练习要点的建议 >

要训练自己对重量的判断力，力求做到“抓一把配菜，基本就是 30g”。建议反复练习。

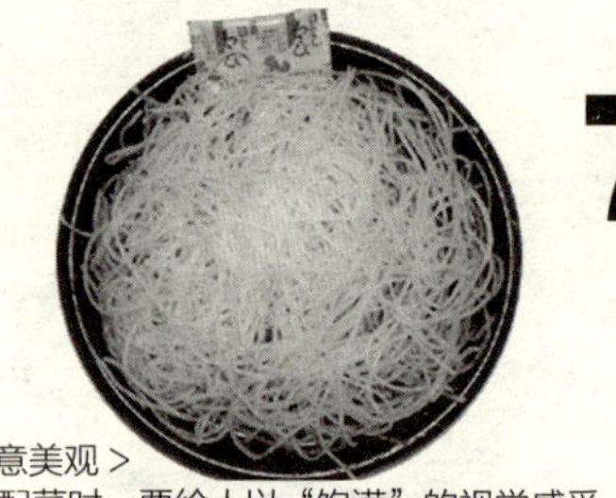

7

< 注意美观 >

平铺配菜时，要给人以“饱满”的视觉感受，因此中间部位要垒得高一点儿。

如果以均一厚度平铺，事后放上刺身时，刺身会下陷。

8

< 注意装盘方式 >

对于采用“一盘两样”等常用装盘手法的刺身拼盘，在放配菜时，应遵循“远端高、近端低；左边高、右边低”的摆放规则。以左侧、离自己较远的一端为起点，以右侧、离自己较近的一端为终点，按照“从左到右，由远及近”的顺序盛放配菜。应做到行云流水、一气呵成。

第3章

陈列与设计

冷藏·冷冻·陈列柜的区域划分

在笔者看来，卖场的陈列布局可分为 3 种基本形态——A 形态、B 形态和 C 形态。

直线 A 形态

A 形态是其他两种形态的基础，即“直线型”（见图表 3-1）。该形态的特征是“销售额取决于顾客行走动线”，假设顾客行走动线是由图表 3-1 的左侧而来，那么卖场左侧的第一个柜台几乎就决定了销售额的多少。

A形态（50尺）“直线型”

12尺 4层	8尺 4层	4尺 4层	4尺 4层	4尺 4层	4尺 4层	8尺 4～5层	6尺 4层
刺身	生鱼	火锅食材	贝·海藻	鳗鱼	鲑鱼子	腌制干货	冷链商品

图表 3-1　直线 A 形态

对于水产品部门而言，必须把“主打商品”或销量比最大的商品柜台放置在动线最前端的显眼位置。实际情况是，该位置几乎百分百属于刺身商品。

紧挨在刺身商品之后的往往是刺身的原型食材——全鱼或处理完毕的鱼片柜台，或者是陈列可以生食的新鲜海味及鱼子等。

之所以如此配置，最重要的理由之一就是此类商品“鲜度的吸引力”，且易于操作加工。

至于接下来的柜台，如果是春夏季，则可选择油炸食品柜台；如果是秋冬季，则可选择火锅食材柜台。

在第二陈列位（如上所述，往往是全鱼或鱼片）之后，一般可配置贝·海藻的柜台，但若正逢吃火锅的季节，由于生牡蛎和文蛤是典型的火锅食材，因此往往按“鱼片柜台”、“火锅食材柜台”和“贝·海藻柜台”的顺序陈列。

接着往往是鳗鱼（烤鱼）柜台，但由于鳗鱼也是可以立即食用的，因此有时也会设置在刺身柜台附近或鱼肉加工食品柜台之后。后者的情况下，其往往陈列在腌制干货类商品的最前端。

紧接在鳗鱼柜台之后的，往往是陈列鲑鱼子和鳟鱼子的柜台。

尤其是可直接生食的鱼子，往往会摆放在鳗鱼柜台的旁边。

鱼子柜台之后，便是一系列腌制干货了。为了起到“红白色”的视觉对比效果，往往会让小鳀鱼干摆在紧挨着鱼子柜台的位置；但摆放腌鱼或剖开的鱼干也较为常见。

换言之，如果让小鳀鱼干紧挨着鱼子柜台，那么接下来的商品陈列顺序便是整条鱼干、剖开的鱼干、腌鱼；如果让腌鱼紧挨鱼子柜台，那么接下来的商品陈列顺序便是剖开的鱼干、整条鱼干、小鳀鱼干。

最后设置冷冻陈列柜，应陈列虾、蟹及冷冻鱼。切忌将冷冻陈列柜置于冷藏陈列柜之间，因为一旦发现效果不好，就只能撤柜，而且由于已设置好的其他陈列面无法自由扩展及缩小，因此会给卖场布局造成较大的负面影响。

总之，采用直线型陈列时，只有最前端的“刺身柜台”和最末端的“冷冻陈列柜”的位置是不变的。

至于中间柜台的选择安排，可根据具体的促销主题决定，具有一定的自由度。即便灵活组合，也不会有突兀感。

但要注意的是，在“没有突兀感”的前提下，要按照销售效率的高低顺序（台面单位面积所创造的销售额的高低）来设置柜台排序。

紧接水果卖场的倒 L 字型

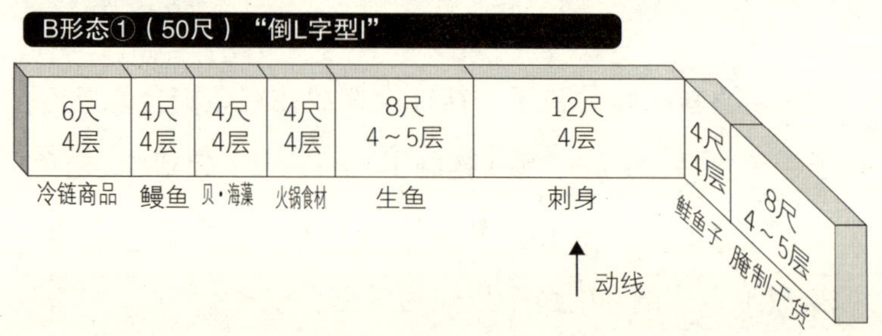

图表 3–2 紧接水果卖场的倒 L 字型

陈列布局的 B 形态是倒 L 字型（见图表 3–2）。其又可细分为两种形态，一种是“正面倒 L 字型”——位于紧贴水果卖场的正面；另一种是“里面倒L字型”——位于紧贴水果·肉类卖场的里面。对水产品部门而言，前一种“正面倒L字型”的布局更为有利。在水产品销路强于肉类的超市卖场，就应该使用这种陈列方式。

在这种形态下，应该在正面的通道尽头设置刺身柜台。因为这是水产品卖场吸引顾客的最大要素。在刺身柜台的右下侧，一般会设置腌制干货柜台，但根据陈列柜的具体长度，有时也会放置鲜鱼类商品。

至于刺身柜台的左侧，则应设置全鱼或鱼块柜台，接着是其他水产品柜台。

如果水产品卖场的陈列柜都是多层柜，则多会把冷冻柜放在最后；如果卖场中混有平开式卧柜，那么也可以把冷冻柜置于腌制干货柜台的最前端。

至于腌制干货的商品排列，则应该遵循“小鳀鱼干、整条鱼干、剖开的鱼干、腌鱼、鲑鳟鱼子”的先后顺序。

将销量较高的鲑鳟鱼子设置为起点亦可，但由于正面是刺身柜台，因此更好的方法是以“均可直接生食”为主题，将鱼子柜台安排在正面通道尽头位置。

卧柜导入型

陈列布局的C形态是卧柜导入型（见图表3–3）。其中，直线型的卧柜导入分为壁面卧柜导入型和中岛卧柜导入型。而壁面卧柜导入型又可进一步细分为前方导入型、后方导入型和全面导入型。

①直线型的卧柜导入应最先设置卧柜位置。导入卧柜的目的在于开展促销活动、提升销量及体现与其他公司的差异化。与在动线后方相比，在前方开展促销活动不但更有冲击力，而且也更利于卖场布置。

②中岛卧柜导入型。在壁面设置多层展示柜，在中岛区设置卧柜。其特征是将每天更换的全鱼和鱼片柜台移至卧柜，以促销的形式进行销售，从而提升销量。

③壁面卧柜导入型＋中岛卧柜导入型。从构造上来看，小型超市很难采用该陈列布局形态。因其必须满足一系列条件——卖场面积至少250坪[①]以上，多层展示柜加卧柜长度不可小于60尺，且具有相当的顾客数量。

在该形态下，壁面的卧柜是最适合搞促销活动的，应将其置于动线的起点。

采用①～④的陈列布局形态时，关键是选择合适的卧柜尺寸。如果是壁面卧柜，则长度至少要12尺以上；如果是中岛卧柜，则最好8尺以上。尤其要注意，如果壁面卧柜小于8尺、中岛卧柜小于6尺，则其所发挥的功能会减半。

④在倒L字型的陈列布局中导入壁面和中岛卧柜时，不提倡在动线的正面设置卧柜（顾客与超市员工的目光会正面相

---

① 译者注：坪，日本面积单位，1坪＝3.3057平方米

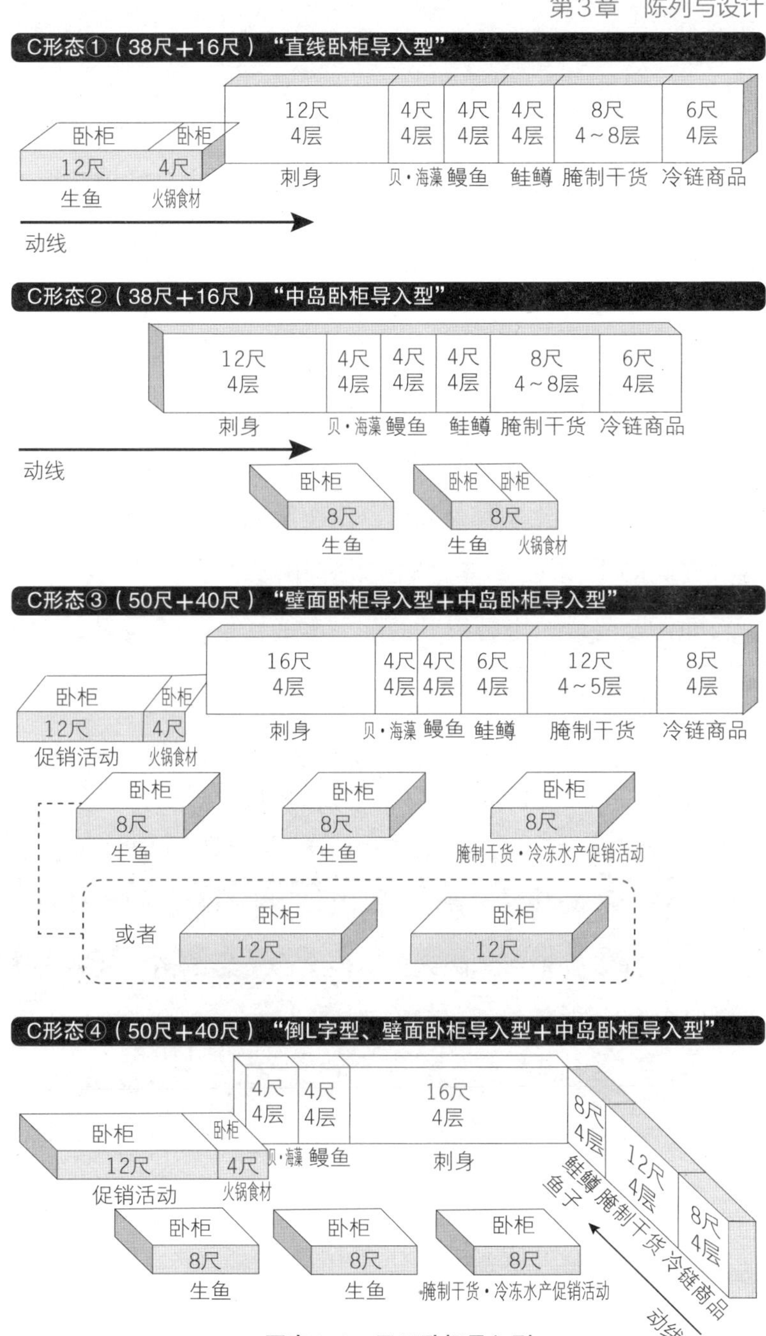

图表3-3 平开卧柜导入型

撞），这样尤其会使年轻女性产生抗拒感，从而影响她们的消费。此外，尽量不要在腌制干货的多层展示柜和刺身卧柜后接着设置多层展示柜，这样会使顾客感到突兀，从而产生负面印象。

因此，如果非得在动线的正面设置卧柜，则要么将所有水产品都以卧柜形式陈列，要么将卧柜置于最后的位置。此时要注意，为了不让超市员工与顾客的目光相碰，砧板的位置应与卖场走向呈直角。

不过，若将卧柜置于最后，便会大幅削弱促销效果，因此在开展促销活动时，应将活动区移至中岛。

即便要采取“全卧柜”的陈列方式，也应避免前文提及的“与顾客视线相撞”的问题。为此，就需要配置一个准备场所。

如果水产品卖场紧临肉类卖场，就应在壁面的起点设置卧柜。如此一来，便能与中岛处的卧柜形成加成效果，从而大幅提升促销功效。

总之，如果以“一刀切”的方式，把包括腌制干货在内的水产品全部以卧柜形式陈列，不但会严重影响销售效率，还会使商品看起来乏善可陈，影响观感。

按品类设置柜台

接下来应确定如何分配各柜台所占的卖场面积。要以“尺效[①]”“销售构成比”“卖场构成比”为衡量基准，还要考量去年同期的销售额构成比等数据，再结合当前的卖场位置，进行综合评估。

①水产部门尺效＝每30cm的平均销售额是否突破6000日元

具体来讲，即假设一包袋装商品的平均单价为300日元，则至少要售出陈列在多层展示柜或卧柜上的20包商品。

尤其是多层展示柜，假设是5层柜，那么从上至下的码货数量往往为3、3、3、4、8，如果能在一天内完成一次商品周转，也就完成了上述的销售任务。按此情况推论，每包商品的平均单价不得低于280日元（关于平均销售额，不同企业可能有不同基准，本文根据笔者的经验，以6000日元为基准，为读者进一步说明）。

简而言之，“6000日元”便是参考基准，如果尺效不足6000日元，则说明连“一日一周转”都做不到，此时应缩小水产部门卖场的面积；反之，如果每尺的平均销售额大大超过6000日元，则应扩大水产部门卖场的面积，从而争取更高的销售额。

---

① 译者注：每平方尺的销售额。中国超市通常以“米效”为单位

以“6000日元”的尺效为基准，审核实绩

通过上述方式，可以确定水产卖场的整体方向，接下来②**以鲜鱼卖场整体平均尺效超过6000日元为基准，审核尺效不足6000日元的柜台。**

在整体尺效已经超过6000日元的情况下，如果有的柜台尺效仍低于6000日元，一般来说，如果不考虑“最小码货数”的问题（之后会讲到），那么最为明智的做法便是缩小该柜台的面积。但如果是之前的销售方式出了问题，则可以通过店内活动和促销传单来提升销售额。

在上述②的情况下，如果④**目前的部门整体销售构成比大幅（大于0.3个百分点）低于去年同期**，则说明促销力度还不够，因此需要通过店内活动和促销传单等手段推销商品。促销揽客的力度和优先度必须按照各水产柜台所占销售构成比的大小来分配。

接下来，③**以水产卖场整体平均尺效超过6000日元为前提，审核尺效大幅超过6000日元的柜台。**

这样的柜台等于是水产卖场的“热销点”，因此应该考虑扩大其面积。

但要注意，此时如果出现这种情况——⑤**目前的销售构成比大幅（大于0.3个百分点）低于去年同期**，则应加大促销力度或变更码货方式。这时应按照各柜台所占销售构成比的大小

基本的思维方式（以尺效为基准）
①鲜鱼卖场整体平均尺效超过 6000 日元 →如未达标，则缩小卖场整体面积（做决策时，可与其他门店进行横向比较） ②审核低于尺效指标的部分 →加大促销力度或缩小柜台面积 ③审核大幅超过尺效指标的部分 →扩大柜台面积 ④在②的情况下，如果销售构成比高于去年同期 →加大促销力度，按照各柜台所占销售构成比的大小来决定优先级 ⑤在③的情况下，如果销售构成比低于去年同期 →加大促销力度或变更码货方式，按照各柜台所占销售构成比的大小来决定优先级 ⑥但要注意，在卖场陈列柜的功能上有所制约 ⑦但要注意，目前的柜台位置可能存在问题

图表 3-4　模拟数值分析的基本方法

来决定处理的优先级。

在⑥和⑦的情况下，使用上述应对方法后，基本上都能取得效果，但柜台位置对于销售额的影响则难以根除。

比如，柜台被柱子遮挡或位于展示柜的最后，或是柜台以冷冻陈列柜为载体，前者会降低销售额，后者则难以移动和调整。

因此，必须充分考量制约范围，进而按需扩大、缩小或移动卖场。

卖场与销售额的适配模拟

接下来，就以具体事例来进行实战模拟。假设当前的卖场布局和柜台布置如图表 3–5 所示。

此外，图表 3–6 为柜台布置和分配的具体数据。把图表 3–5 的布局图与图表 3–6 的数据分析进行比较，再基于数据调整柜台的布置和分配。这便是本次实战模拟的目的。

模拟 1

以刺身类商品为例，进行思考。

尺效合计（平均）为 10762 日元，大大超过平均值，因此可以判断水产部门整体销路良好。

其中，刺身柜台的平均尺效为 21066 日元，约为整体尺效的 2 倍，这个成绩非常高。而刺身又可分为切片鱼肉和生食水产品。其中，切片鱼肉的尺效与整体尺效接近；生食水产品的尺效则为整体尺效的 2 倍多。

从卖场构成比来看，水产部门柜台的整体长度为 50 尺，刺身柜台为 6 尺，占 12%；从销售构成比来看，刺身柜台则占了 21.1%。如此大的比例反差，体现了刺身柜台压倒性的销售效率优势。

再把今年的销售构成比和去年同期的进行比较，发现去年的为 24.29%，比今年高出 3 个百分点还多。因此可以得出结论：不但需要加大卖场促销和宣传力度，还需要重新审视码货方式和货品种类。

具体的实施方案为扩大生食水产品的卖场面积（①的切片鱼肉不在扩大之列）。至于扩大哪种生食水产品的卖场面积，则必须参考更为具体的数据。扩大生食水产品的卖场面积时，其基准为“大约扩大 2 倍”。但要注意的是，如果扩大 2 倍，其商品周转率和尺效会急剧下降，鉴于这种可预判的结果，出于保险的考量，一般的做法是把扩张程度限制在 1.5 倍之内（但在本例中，由于原先的柜台绝对长度过小，因此可以扩大为 2 倍）。

与此同时，还应采取强化卖场促销和宣传的对策，并根据实际数据来变更码货方式。

模拟 2

以图表 3–6 中的全鱼类商品为例。其尺效为 3251 日元，不仅大幅低于水产部门的合计（平均）尺效，还远远低于 6000 日元的尺效基准值。

通过比较销售构成比和卖场构成比，可以看出其与上述的生食水产品截然相反——卖场构成比明显过高，从而可以得出结论：全鱼类商品的卖场过大。

进一步比较去年与今年同期的销售构成比，发现今年比去年增长了 1% 有余，这是大力推销的结果。

因此，可将对策方案概括如下：缩小全鱼类商品的卖场面积，强化店内的促销及宣传。至于缩小的程度，则以“6000 日元”的尺效为判断基准。

反映到算式上，即当前的尺效（3251 日元）÷ 6000 日元＝54%；反映到卖场上，即应将柜台缩小到大约为目前的一半（4 尺 × 54% ≈ 2.2 尺）。但这样一来，码货的品类便无法满足顾客

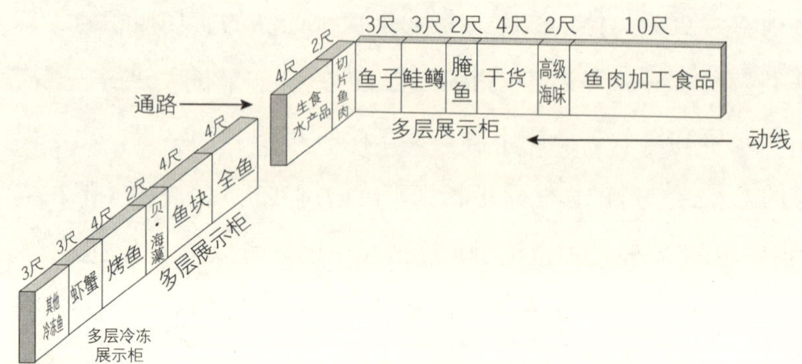

模拟1

①刺身的尺效大幅高于水产卖场的整体尺效。

②与鱼肉切片相比，鱼肉、章鱼、乌贼及其他刺身商品的尺效更高。

→与销售构成比相比，卖场构成比极低。

③但销售构成比与去年同期相比大幅下降。

※ 扩大刺身商品的卖场面积（除切片鱼肉外），变更码货，强化店内促销。

※ 卖场扩大程度。

→卖场面积翻倍可能导致尺效减半＝危险，姑且先不要超过1.5倍。

模拟2

①全鱼的尺效大大低于水产卖场的整体尺效。

②卖场构成比是销售构成比的3倍多＝严重过剩。

③但销售构成比与去年同期相比增长了1%。

※ 强化全鱼的店内促销力度，适当缩小其卖场面积。

※ 重新设定其卖场面积时，应遵循“尺效必须大于6000日元”的基准。

→ 3251 ÷ 6000=54.2%

4尺 ×54.2% ≈ 2尺

考虑到品类数量，暂且将其卖场长度缩减至3尺。

图表3–5　目前的现状50尺卖场布局

需求。

考虑到品类的充实性，姑且要保证日常食用水产（如竹荚鱼、青花鱼、秋刀鱼、沙丁鱼和乌贼等）的陈列空间，因此最终决定将其柜台长度暂且缩减为3尺。

强化揽客效果的卖场设置模式

模拟 3

模拟 3（见图表 3–7）参考了模拟 1 和模拟 2 的内容，是基于现有卖场布局的改善方案。

首先着手改良的是刺身柜台。刺身柜台敲定后，就可以按照模拟 1 和模拟 2 的内容，以较为简单的方式设置其他柜台。此外，还应认识到多层冷冻展示柜的功能制约，其极为狭小的空间是问题所在。

再加上左邻通道，滞销似乎难以避免。由此可见，应将刺身柜台设在通路正面或动线的起点，从而发挥揽客作用。

图表3–6　50尺卖场的分类数值解析

	细分	卖场尺数	卖场构成比(%)	销售构成比(%)	尺效(日元)	去年同期销售构成比(%)
刺身	鱼肉切片	2尺	4	4.60	12,414	7.06
	金枪鱼・鲣鱼					
	鱼肉					
	章鱼・乌贼	4尺	8	16.50	22,195	17.23
	寿司材料					
	其他刺身					
	小计	6尺	12	21.10	21,066	24.29
生鱼	全鱼	4尺	8	2.42	3,251	1.41
	鱼块	4尺	8	5.94	7,989	6.03
	贝・海藻	2尺	4	4.83	13,005	3.21

续表

	小计	10尺	20	13.19	7,049	10.65
冷冻鱼	虾・蟹	3尺	6	4.00	7,175	1.27
	其他冷冻鱼	3尺	6	5.73	10,278	7.41
	小计	6尺	12	9.73	8,726	8.68
鲑鳟・鱼子	鲑鳟	3尺	6	7.73	13,867	6.30
	鱼子	3尺	6	6.44	11,551	9.67
	小计	6尺	12	14.17	12,708	15.97
腌制干货	干货	4尺	8	8.47	11,395	5.21
	腌鱼	2尺	4	5.94	15,978	6.28
	高级海味	2尺	4	6.13	16,484	6.94
	小计	8尺	16	20.54	13,815	18.43
烤鱼	烤鱼	4尺	8	7.15	9,618	9.84
加工品	加工食品	10尺	20	14.11	7,590	12.15
	合计	50尺	100	100.00	10,762	100.00

※ 笔者注：数值源于实际采样，但稍有改动。

①将生食水产品置于正面，将鱼肉切片与原先的贝和海藻类商品一同陈列，这样的方案似乎不错，但会导致生食水产品的整体陈列空间变小。此外，如果把鱼肉切片柜台置于卖场整体的最里面，则很容易导致其滞销。

②因此，应将刺身柜台移至当前的鱼肉加工食品柜台，并扩大其面积。

③这时的柜台面积分配如下：生食水产品扩大约 2 倍（低于 2 倍）；鉴于鱼肉切片原先的柜台面积过小，为了扩大品类和

便于码货，将其扩大至 3 尺。

如此一来，生食水产品的柜台占了 7 尺，鱼肉切片的柜台占了 3 尺，但正如数据分析所示，即便是“8 尺对 2 尺”的长度分配，也是没有问题的。而柜台的排列顺序则为“生食水产品在先，鱼肉切片在后”，但要注意，生食水产品的展示柜有较厚的栅板，如果鱼肉切片的柜台长度不超过 3 尺，则很容易被顾客忽略。

④接下来在正面设置刺身柜台，然后是销售构成比较高的鲑鳟鱼子柜台。至于腌制干货，虽然其销售构成比处于 20.54% 的高位，但其中的高级海味完全可以归类于生食水产品。这样一来，余下的干货和腌鱼的揽客力明显下降，因此不应将其柜台置于正面。

⑤从销售效率来看，无论是卖场大小与销售额的匹配度，还是去年同期的销售额构成比，鲑鳟卖场都应该予以扩大，但将其柜台方位变更至正面的做法，在现实中也能起到相同的效果。

⑥接下来要设置尺效仅次于鲑鳟鱼子的干货和腌鱼柜台，应将其安排在与通道相接的第一个柜台。该柜台属于端架位置，揽客力较强，虽然对位置做了重大调整，但对其销售额并不会造成不利影响。按照数据分析，也可扩大其卖场面积，但在本例中，还是采取较为保守的方式——改变方位，观察效果。

⑦尺效仅次于干货和腌鱼的是鱼肉加工食品，必须认真对

待。数据显示，与销售额相比，其卖场面积过大，因此需要缩小。最为妥当的方法是“保持原位、缩小面积”。

然而，由于本次模拟的最大课题是刺身柜台，因此需要移动鱼肉加工食品的卖场方位。按理来说，将其与刺身柜台并列也不失为一个解决方法，但这样会打乱“水产卖场”的分类概念，并且也无法将鲑鳟柜台置于正面了。

因此，作为折中方案，只能将其安排在图表 3–7 中的干货·腌鱼柜台所在位置，或者设置在如图表 3–7 中的方位。衡量干货·腌鱼和其前面的商品（鱼子）的销售额孰大孰小，最终判断如此“逆向设置”并不会影响其销售额。

⑧接下来回到起点，安排刺身柜台旁边的柜台。鱼肉切片原本属于腌制干货柜台，但从商品性质上看，若将其置于刺身柜台附近，应该会增加其销路。这样就能在不扩大其卖场面积的情况下，通过改善方位来解决问题。烤鱼原本位于整个卖场的最后方，因此销售效率较为低下。这次将其移至紧临高级海味的位置，并将其原先 4 尺的柜台长度缩减为 3 尺。

⑨至于贝·藻类商品，基于数据、其原先的位置及与周边柜台的关系，图表 3–7 的位置是最为适宜的。

至于冷冻柜，若依照数据，其所占卖场面积有一定程度的过剩，但鉴于其先天的功能制约，无法移动其柜台位置，因此保持现状。至于其他冷冻鱼类商品，通过改变品类、店内促销宣传等方式，还是能够提高其销售额的。

2尺 3尺 4尺 3尺 2尺 3尺 7尺
3尺 3尺
通路
鱼子
鲑鳟
贝·海藻
全鱼
鱼块
烤鱼
高级海味
鱼肉切片
生食水产品
多层展示柜
动线
3尺 3尺 8尺 2尺 4尺
其他冷冻鱼
虾蟹
鱼肉加工食品
腌鱼
干货
多层展示柜
多层冷冻展示柜

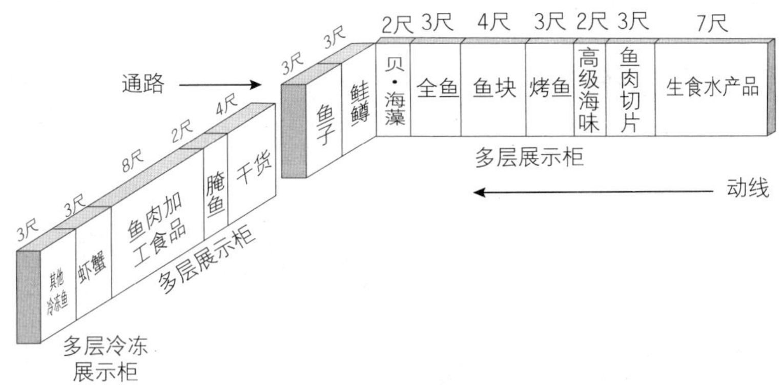

图表3–7　模拟3/50尺

货架分配与柜台布置

在确定了空间和什器后，就进入了分配货架的阶段（参照图表 3–8）。

① 4 尺 4 层的多层货架，其码货的单品（SKU）数量一般不超过 16 件。其计算过程如下：水产部门最常用的货盘长度为 20cm，因此在 4 尺 4 层的货架中，可容纳的饰面数为 24。根据我们在日常工作中得出的经验“1 件单品对应 1.5 饰面数”，饰面数 24 ÷ 对应饰面数 1.5 = 16。因此可以得出结论：4 尺 4 层的货架中，展示的单品数不可多于 16 件（假如是 5 层货架，则不得多于 20 件）。

②装饰资材和 POP[①] 必不可少。装饰资材分为展示板、大尺寸 POP、印刷带和搁板。对于重点推销的柜台，这四种装饰资材可谓缺一不可。

对于 POP，正如其名“point of purchase”，显眼醒目是其必须具备的要素。

效果最好的是立式 POP，挂在货架旁的次之，效果相对较差的是置于货架下层的。要注意的是，挂在货架上的 POP 反而

---

① 译者注：POP 为“point of purchase”的缩写，指超市卖场中的促销广告，通常张贴或悬挂在商品附近或卖场内显眼处。

最不起眼，尤其是那些只露出二分之一或三分之一的，要尽量避免。

主力在下，主打商品应面向动线

③各柜台以纵向方式陈列。比如，刺身柜台和全鱼柜台之间需要用隔板隔开，唯有最下层的商品可以左右“跨界”。

假如不在一定程度上容许这种下层的“商品跨界”现象，就无法在下层使用大型货盘。

④ 4 尺以下的柜台采用横向陈列方式，若超过 6 尺，则采用纵向陈列方式（设置迷你柜台）。一旦柜台长度超过 4 尺，在各层码货时，切忌“平均主义”，而应将销路好的商品置于下层，并往两侧横向扩展。如果单个柜台的长度超过了 6 尺，则可设置两个 3 尺的“迷你柜台”，从而使卖场显得更为饱满丰富。

⑤“主力商品在下”是陈列的诀窍之一，即将 POS 机（收银机）数据中销量前 50 位的商品置于货架倒数第 2 层的“黄金线”位置。如果把前 20 位的商品以“每样 3 件”的方式展示，单品数也高达 60 件，因此应合理控制单品数。较为理想的数量是“前 50 位展示 90 件左右”。如果是优秀的水产部门，其销量靠前的商品会呈现出一种金字塔式的业绩结构——销量冠军和亚军的销售额构成比往往高达 25% 左右，前 20 位所占的销售额构成比为 40%，前 30 位为 50%，前 40 位为 56%，前 50 位为 60%。

(1)柜台为4尺，至少1个以上(此处的柜台为功能性概念，如刺身柜台、全鱼柜台等)
(2)货架板至少3块以上
(3)商品的单品数不得超过16件(4尺4层货架)
(4)装饰资材和POP必不可少(设置在主打商品、柜台和店内促销商品周围)

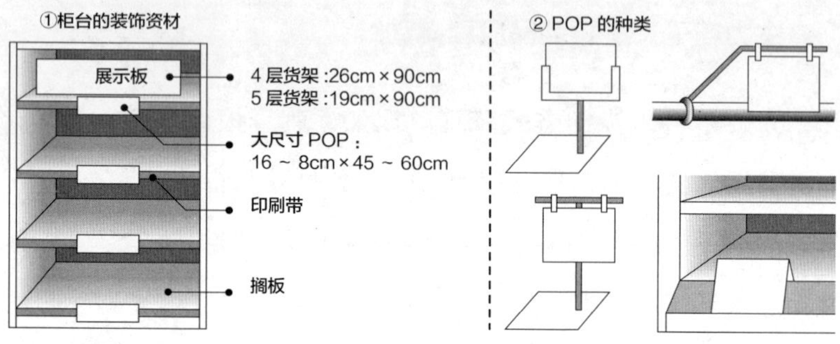

(5)各柜台以纵向方式陈列
(6)4尺以下的柜台采用横向陈列方式，超过6尺的则采用纵向陈列方式(设置迷你柜台)
(7)主打商品陈列在下方(POS机数据中销量前50位的商品)

备货商品
次主打商品
主打商品
主打商品

(8)主打商品的单品数不得少于2件
(9)主打商品的饰面数不得少于2
(10)卖场整体应呈现“金字塔式”的布局
(11)饰面数为1的商品应置于内侧(存在隔板的情况下)
(12)主打商品和畅销商品应面向动线陈列
(13)每个柜台所陈列的店内促销商品不得超过1种(在4尺的长度内，只能陈列1种，且必须附上POP)
(14)根据四季变化，灵活变更货架的分配方式
(15)在周六周日及客流较大的节假日亦是如此
(16)相关商品的联动式陈列必不可少
(17)实施陈列时，应由下至上(货架倒数第2层的“黄金线”所占的每日销售额比例高达80%左右)
(18)每件单品的饰面长度不得超过120cm
(19)只有最下层的货架允许采取“双层码货”方式
(20)最下层货架的整包商品的售价原则上必须高于500日元(腌制干货则必须高于400日元)
(21)若利润率下降20%，则应将每包商品的内容量增加15%(为了尽量不让整包商品的售价降低)
(22)消除陈列空隙

图表3–8　货架布置要点

⑥主力商品的单品陈列数应大于2件，如果是顾客青睐的热销商品，则至少应陈列3件。

⑦主力商品的饰面数应大于2。以销路较好的少盐红鲑鱼为例，可以让2块装的占据1个饰面，3块装的占据1个饰面，合计2个饰面；也可以让3块装的占据1个饰面，去内脏腌鲑鱼占据1个饰面，合计也是2个饰面。

⑧卖场整体应呈现“金字塔式”的布局。最下层的单品饰面数应大于2，然后由下至上逐层缩小。

⑨饰面数为1的商品应置于内侧。如果货架最下层的饰面数为零、2层以上饰面数为1的商品在动线一侧展示，这时应将内侧饰面数为2的商品与其对调位置，从而避免滞销的发生。

⑩主打商品和畅销商品应面向动线陈列。如果想力推少盐银鲑鱼5块装和生秋刀鱼5条装等大包商品，就需要将其陈列于靠近端架的动线位置。

⑪每个柜台所陈列的店内促销商品不得超过1种（在4尺的长度内只能陈列1种）。到位的宣传能够让顾客感觉划算，要做到“每4尺1张POP”。需要注意的是，正所谓过犹不及，如果4尺长度内的促销商品种类和POP数量超过1，顾客在视觉上就会应接不暇，结果适得其反，因此必须严格控制POP数量。

⑫超市卖场原本应“每日换新颜”，但考虑到费用、人工、进货批次和客流量等现实问题，每日更新不但收效有限，而且反而会增加损耗和支出。鉴于此，“3天一变”是基本要求。

⑬ 相关商品的联动式陈列必不可少。近来，无须冷藏的预包装熟食、佐料汁及色拉调料等商品不断推陈出新，不少零售企业会将其摆放在货架上层或半立式多层展示柜的顶部。

⑭ 陈列顺序由下至上。不管是150坪的面积还是450坪的面积，多层展示柜倒数第2层的“黄金线”地位都不会改变，其每日销售额占整体的比重往往保持在80%左右，当商品由于脱销或减少而需要补货时，其优先顺序也是由下至上。

⑮ 单品饰面长度不得超过120cm，其根据出自一位心理学家的理论——顾客在卖场走动时，双眼左右扫过的视野长度大约为120cm。换言之，如果饰面长度超过该数值，则会徒劳无功。

⑯ 只有最下层的货架允许采取“双层码货”方式。不管是250坪的店面还是面积更大的卖场，都往往把销量较低的冷门商品置于底层，陈列量也不会高，为了节省空间，便可采用“双层码货”的方式。

最下层货架的整包商品 售价必须高于500日元 且应消除陈列空隙

⑰ 最下层货架的整包商品的售价原则上必须高于500日元（腌制干货则必须高于400日元）。为了提升销售额及让顾客感觉划算，切忌压低每包商品的单价，而应在其上部或旁边陈列小包装（普通包装）的同种商品。通过简单计算也能看出，售出10包单价为100日元的商品与售出9包单价为120日元的商

品相比，后者更为理想。或许有人会认为“薄利多销，售出 9 包单价为 120 日元的商品，还不如售出 12 包单价为 90 日元的商品”，但鉴于当前消费者的消费取向，即便极力降低单包商品的售价，对销售额的提高也并不能起多大作用。

此外，之所以把“售价高于 500 日元及 400 日元”定为原则，并不是说卖 398 日元或 298 日元就是错，而是一种行业的主流观念而已。

⑱100 日元的售价不可贸然采用，要在“百元商品特卖”时方可使用，正所谓“好牌要留到最后出”。

⑲ 若利润率下降 20%，则应将每包商品的内容量增加 15%，其目的是为了不让整包商品的售价降低。所谓内容量，可以理解为重量或数量。

比如，有一包袋装商品，其重量为 100g，售价为 100 日元，进价为 70 日元，利润率为 30%。

如果对该商品采取店内促销宣传，将其利润率减少 20%，售价便低至 80 日元，若单包重量仍然维持 100g，则必须将销量提升 1.25 倍，销售额才能与原先齐平。但如果将单包重量增加 15%，那么每包的售价就变为 92 日元，要想实现销售额持平，只须将销量提升大约 1.1 倍。上述的“若利润率下降 20%，则应将每包商品的内容量增加 15%”只是经验所得，也可根据实际情况变通，但遵循的原则不变。

⑳ 消除陈列空隙。通过实际观察卖场便可知，商品若沿着

隔板整齐摆放，不但能带给顾客整齐美观的视觉感受，还能减少托盘纵置的情况发生。反之，倘若托盘之间的空隙过大，本来能够放下 6 个饰面的商品，就只能放置 5 个半（半个为纵置）左右的饰面。

这样的情况如果发生在每个柜台，就会产生累积效应，降低卖场整体美观度，进而影响销售额。

第4章

提案与店内促销

鲷鱼节

从春季至初夏，是真鲷最为美味的时节，应对其进行大力推销。频率以每月1次左右为宜。当鱼市行情导致进价上涨时，超市往往会减少其促销活动，但只要定价得当，依然能够取得较好的销售业绩。

卧柜右侧陈列鱼肉刺身、小鲷鱼和鱼块。小鲷鱼每条售价为580日元，平切造型刺身亦可以580日元的价格售卖。鱼块的包装量应多样化，可以以“3块装”、“2块装”和“1块装”的方式销售。如果是1块装的鱼块，则应切得较厚，陈列数量控制在3包左右即可。此外，鱼杂也是不可或缺的商品。

虾夷盘扇贝节

对虾夷盘扇贝进行集中促销时，与解冻的冷冻生食相比，自然解冻后即可食用的冷冻熟食更为合适。主推小包装，但大包装也能受到顾客青睐。尤其是较大的贝壳和贝柱，对顾客颇具吸引力。而像“葱盐”等调味料也是促销亮点。可根据商品进货价灵活调整。

促销章鱼时，如果要力推单品，则应保证至少8尺的平台空间，单品陈列数应为6~8件。POP需置于显眼位置。较为常见的市售章鱼是真章鱼和北海章鱼。此外，大章鱼是各产地的主打品种。在陈列单品时，应把它们作为“主角”，这点非常关键。

左侧的商品名为“章鱼泡菜”，是将章鱼切碎后，与黄瓜和泡菜拌在一起制作而成。中间的商品名为“葱章鱼”，是将章鱼与大葱凉拌而成。右侧的商品为生裙带菜，其与酸甜调料酱搭配。需要注意的是，在商品中添加黄瓜时，一定要用盐揉搓均匀，以去除黄瓜的青草气味。

左侧为美国产真章鱼商品，有“二分之一”装和“三分之一”装，应根据分量来调整单包售价。右侧为均价的单包章鱼薄片，盛放在白色小碟中。
这种白色小碟具有通用性，还可用于盛放金枪鱼肉和色拉等商品。

金枪鱼节

利用半立式多层展示柜进行金枪鱼促销的实例。装饰赏心悦目，且灵活运用了展示板和大尺寸POP等工具。

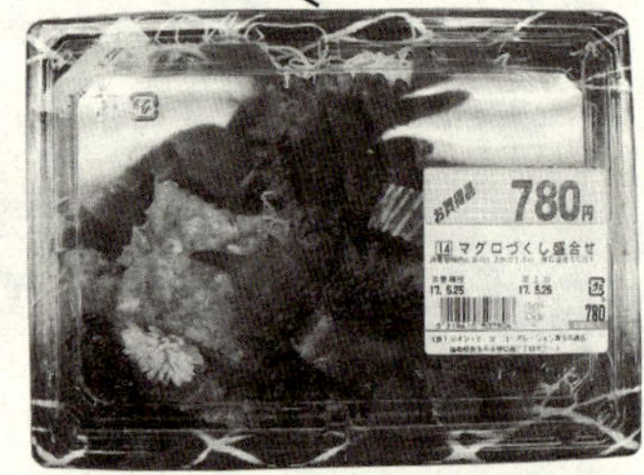

金枪鱼刺身拼盘：许多顾客想在同一时间品尝到各种金枪鱼刺身的不同风味。图中的左上部为赤身鱼片及削切造型刺身，左下部为鱼排和赤身鱼块。共4种。

金枪鱼的单品种类可谓丰富，除上述商品外，还有大肥和中肥的鱼块及造型刺身、生赤身、冷冻肉、中肥鱼片、赤身、混合拼盘、长鳍金枪鱼肉、鱼肉切片等。

刺身自助

“刺身自助”是一种促销方式。图为以卧柜为载体的刺身自助促销活动。既然开展促销，就要利用悬挂式POP和大尺寸POP等工具来渲染整个卖场的气氛。

刺身自助商品一览（以售价为298日元的商品为例）

金枪鱼赤身造型刺身/金枪鱼赤身鱼片/长鳍金枪鱼造型刺身/长鳍金枪鱼鱼片/金枪鱼赤身/长鳍金枪鱼混合鱼片/金枪鱼鱼排/竹荚鱼鱼排/竹荚鱼造型刺身/青花鱼造型刺身/北方长额虾刺身/幼鰤造型刺身/飞鱼造型刺身/鲈鱼造型刺身/鲑鱼造型刺身/冷鲣鱼赤身造型刺身/鲣鱼鱼排造型刺身/生枪乌贼造型刺身/赤乌贼造型刺身/鰤鱼肥肉/虾夷盘扇贝造型刺身/剑尖乌贼造型刺身/长枪乌贼造型刺身/乌贼素面（拌乌贼丝）/鲅鱼造型刺身/金目鲷造型刺身/石鲈/生鲜小沙丁鱼/生青花鱼造型刺身/小鰤造型刺身/小金枪鱼 · 短胖金枪鱼造型刺身/紫鰤、牛尾鱼/比目鱼等

利用平台进行鳗鱼促销的实例。以平台为促销载体时，关键在于“营造卖场整体的热闹气氛”。应使用横幅、旗帜及 POP 等工具来装饰卖场，从而烘托气氛。

利用卧柜进行鳗鱼促销的实例。备货方面，日本产鳗鱼和中国产鳗鱼缺一不可，而从销量上看，中国产鳗鱼依然是主流。一般来说，包装好的鳗鱼是常规商品，但有时也可以用笸箩或篮子盛装，从而给顾客带来新鲜感。此外，蚬贝是促销鳗鱼时必不可少的搭配商品，应一同推销。

生鲜秋刀鱼节

散装售卖时，如图所示的大量陈列是关键，并使用洁净的冷盐水来补充商品的水分。此外，散装售卖较易出现卫生问题，还会使卖场的管理难度加大，因此要特别注意。

商品实例：从鱼身入刀，并将削切下来的鱼片翻转摆放，从而将具有“刀花”的一面呈现给顾客。1包商品大约耗费1.5条生鲜秋刀鱼。

图为去头鱼身、2片鱼肉等商品。用于刺身的“3片切”鱼肉和采用“背开法”切割的鱼肉是必不可少的商品。在鱼肉旁边可放置柚子醋等调味料，以起到“组合销售”的效果。但切忌“因小失大”——影响秋刀鱼的销量。

户外烧烤

秋季是外出郊游和享受美食的“行乐”季节，可以开展以“户外烧烤”为主题的促销活动。根据国定休假安排和所属商圈的具体动向，可从春季至秋季开展该活动。如果加入“统一价促销”和“装多少拿多少”（译者注：超市售卖固定大小的袋子，顾客根据自己的需要装入参加相应活动的商品，结账时只算袋子的钱，商品不计费）的促销活动，效果会更好。在制订促销方案时，可以采用多种活动、利用多样素材。图为虾、虾夷盘扇贝和乌贼。其他商品请参考下述表格。

户外烧烤相关商品（例）

冷冻熟虾夷盘扇贝 / 小扇贝 / 虾夷盘扇贝贝柱 / 冷冻熟北极贝 / 有头虾 / 无头特大虾 / 无头大虾 / 无头中号虾 / 生剥大虾仁 / 冷冻大虾仁 / 生（冷冻）枪乌贼 / 墨鱼卷 / 生（冷冻）虹鳟 / 生（冷冻）大西洋鲑鱼 / 生（冷冻）鳕场蟹 / 生（冷冻）楚蟹 / 生（冷冻）毛蟹 / 生（冷冻）梭子蟹 / 鳕鱼 / 低盐鳕鱼 / 红鱼 / 海鲜什锦烧 / 海鲜汉堡肉 / 带籽旋瓜鱼 / 沙丁鱼干 / 蓝背脂眼鲱鱼干 / 海鹞鱼鳍干 / 生干小沙丁鱼片 / 栉江珧 / 文蛤

干货节

干货节。如今，添加儿茶酸的海鲜干货——“绿茶干货”持续热销，导致散装售卖的干货销量呈现颓势。对此，可在卖场一角设置卧柜，用竹篓盛装干货，以勾起顾客的兴趣。品类方面，不要一直主打单价 98 日元左右的廉价货，可适当采用高价策略，开展“无添加剂干货节”或“极品干货节”等促销活动。
只要策划得当，单价 500 日元的干货也能畅销。

鰤鱼节

鰤鱼的促销活动形式多样，图中的 200 日元的单块装厚鱼肉尤其受顾客欢迎。单块重量在 200g 左右，利润并不低。多块装的鱼肉则可相应切薄，营造“超值感”以吸引顾客。对于 4 块装和 5 块装的鱼肉，出于“薄利多销”的考虑，可适当折价出售。

鰤鱼节相关商品（例）

单块装厚鰤鱼肉 /4 块装鰤鱼肉 /5 块装鰤鱼肉 /2 块装鰤鱼肉 /3 块装鰤鱼肉 / 鰤鱼肥肉造型刺身 / 鰤鱼肥肉块 / 鰤鱼造型刺身 / 涮鰤鱼造型刺身 / 鰤鱼鱼杂

螃蟹节

图为楚蟹促销活动。秋季是螃蟹旺季，对于蟹类商品，可以自由搭配组合，但务必突出“鲜活”的卖点。螃蟹的“保值率高”是重点，即便蟹脚有残缺，仍然能卖出“3 只 1000 日元”的价格。通常认为螃蟹是秋冬两季的热销商品，但最近在春夏两季依然销路不错。需要注意的是，必须及时加工，以保证螃蟹足够新鲜。

火锅食材自助

火锅食材自助是最近较为流行的促销活动，许多超市卖场采取“1包398日元”“2包680日元”“3包1000日元”的定价方式。

如图所示的“1包200日元”“5包880日元”是让人印象最为深刻的定价方式。下述为火锅食材商品名列表，读者可用于参考。

最近超市水产商品呈现“两极分化”的趋势，螃蟹属于“热销”的一极。尤其受顾客青睐的是毛蟹和楚蟹的造型刺身。图为新鲜的鳕场蟹成品，是将解冻的鳕场蟹在店内加工而成。

建议定价为每包980~1980日元，以营造“超值感”来吸引顾客。

火锅食材商品

生牡蛎 / 文蛤 / 贻贝 / 虾夷盘扇贝贝柱 / 冷冻熟虾夷盘扇贝 / 小扇贝 / 鸡肉牛蒡 / 沙丁鱼肉糜 / 秋刀鱼肉糜 / 虾肉糜 / 白肉鱼肉糜 / 短蛸 / 真蛸 / 枪乌贼 / 墨鱼卷 / 剥皮鱼 / 红鱼 / 低盐鳕鱼 / 生鲜鳕鱼 / 生鲜秋鲑 / 鲷鱼 / 蓝点马鲛 / 冷冻熟楚蟹 / 冷冻熟鳕场蟹 / 冷冻熟梭子蟹 / 生楚蟹 / 生鳕场蟹 / 生梭子蟹 / 有头虾 / 无头虾

第5章

水产部门的具体操作流程

每日作业流程要点

水产部门的每日作业流程是“商品生产→陈列→销售→商品生产”的循环。因此，从生产、陈列到销售完毕，会有 30 分钟到 1 小时左右的时间间隔。

每日销售额与作业流程

由于最近人力成本增加，有的店铺从生产到销售完毕之间，会有 1 到 2 个小时左右的时间间隔。如图表 5–1 所示。

关键在于把每日的生产量、陈列量和销售额之间的关系分成 4 种情况看待。1. 从进店到打烊；2. 从开张到客流高峰；3. 客流高峰；4. 从客流高峰结束到打烊。

下面按照上述的 4 种情况，对生产量、陈列量和销售额进行说明。

⑴销售额

员工通常会在早上 8 点或距开张 2 个小时前进店开始生产，然后在生产大约 1 小时后开始陈列。在正式开张迎客时，卖场的所有商品必须 100% 到位。这是基本要求。

销售额则从开张后产生，随着午前客流高峰的到来，其数值呈一条逐步上扬的曲线。过了中午 12 点后，由于时值午间用餐时段，销售额会暂时减少，到了 13 点半左右再次回升。到了

15 点半左右，迎来下午时段的客流高峰，此时销售额曲线会急速上升，接近 18 点时则徐徐下降。一旦过了 18 点则急速下落。

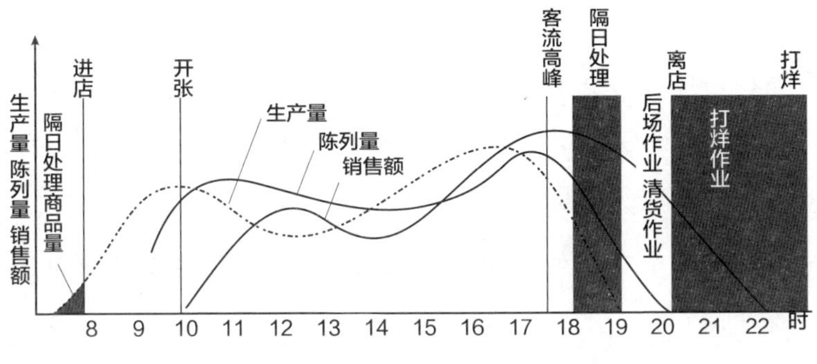

图表 5-1　生产量、陈列量和销售额之间的关系

需要注意的是，打烊时间越晚，18 点之后的销售额曲线就越会向右侧偏移。

⑵生产量

包括前一天的隔日处理商品量在内，生产量会随着开张时间的临近而增加。在开张后则会暂时回落。在午休结束之后，随着下午客流高峰的临近，生产量又会逐渐增加。在下午客流高峰结束前 30 分钟左右，就应该停止当日商品的生产，进而转入第二天的准备工作——隔日处理。

应在员工离店 30 分钟前结束一切生产作业，从而着手最后的清扫作业。如果打烊阶段的清扫工作由兼职员工实施，则正式员工便可提早下班。

⑶陈列量

虽说隔日处理给开张前的准备工作留出了一定的提前量，但也完全不必在作业开始时就急着进行陈列。可按照既定规则按需陈列。有的超市会将大量生产的商品保管在冰箱和冷库中，直到9点半才一并取出、开始陈列。因为陈列作业次数越少，效率就越高。陈列量通常取决于生产量与销售额之间的平衡度，其基本走势则与生产量的曲线大致同步，陈列作业必须在开始销售前完成。

应在打烊前2小时左右结束陈列作业，从而着手理货、整理、清货等收尾工作。

生产量、陈列量和销售额之间的关系

⑴生产量和销售额的关系

由于生产作业从员工进店后即告开始，因此生产量总是走在销售额的前面，但理想的状态是“销售额＝生产量”。为此，即便存在时间差，也必须让两者的曲线保持同步。因此，考虑到鲜度劣化，应将生产与销售的时间差控制在30分钟到1小时左右。

⑵陈列量和销售额的关系

同理，陈列量也总是走在销售额的前面。理想状态是“销售额＝陈列量”，但实际上必须让陈列量多出10%左右，否则销售额会呈现下降趋势。由此可见，“陈列量＝生产量”的等式是符合实际的，所以“销售额 = 陈列量 = 生产量”的等式则不成立。

而更为严密的说法是，由于存在隔日处理和最终处理的作业分工，“生产量 = 陈列量”的等式明显也是不成立的。

⑶生产量和陈列量的关系

由于是先有生产，后有陈列，因此陈列量的曲线势必随着生产量的变化而变化。理想的陈列曲线应与生产曲线保持同样形状，且具有 30 分钟左右的延迟，但考虑到作业效率，应尽量减少陈列的作业次数，因此实际的陈列曲线不可能很平滑。又如前文所述，与当日销售无关的生产量（隔日处理）越多，图表曲线坡度就会越发陡峭。

按时间段布置卖场的基本原则

按时间段布置卖场的基本原则如下（参照图表 5-2）。

⑴按时间段布置卖场的基本原则

①开张时

按照事先定好的商品种类和陈列量进行码货，应填满多层展示柜下面两层的一半进深和卧柜饰面的一半进深（占当日销售量的 35% ~ 40%，但由于卖场还残留着前一天甚至更早的余货，因此实际数值会更大）。

②从开张到客流高峰之前

图表5-2-1　开张前的作业

作业内容	要点
①检查温度	每日定时(8点 10点 14点 18点等)实施。 冷藏展示柜、冷冻展示柜、冰箱、冷库等
②收货	a.搬入(迅速完成)b.质检 c.品检(确认票据、商品和数量是否一致) d.整理
③前一天的余货商品点检	检查鲜度 然后将商品分为以下3类 a.重新包装即可 b.需二次加工 c.需废弃
④清扫	a.清扫开放式展示柜、单向展示柜等各种展示柜 b.检查标价机(日期、包装、价格)等
⑤定时陈列	a.按照主管指示,把各种商品置于饰面 b.此时应遵循先进先出原则,将前一天的商品置于前端 c.开展卖场的整理整顿工作
⑥商品的最终处理	a.刺身的切片成形加工 b.生鱼的鱼肉切块加工 c.冷冻鱼的鱼肉切块加工 d.全鱼的冰盐水清洗加工 e.标价 f.搬货 g.陈列
⑦检查卖场	a.检查价签和POP是否无误 检查陈列商品和POP上的标价是否无误 POP如有显眼污渍,则必须更换 b.检查主推商品的饰面数和陈列量
⑧晨会	a.预估当日销售额 b.宣布当日销售计划 c.店铺的联络信息

这段时间的商品种类、单品陈列数和陈列总量都会递增，从11点30分到12点，整个卖场到达几乎满仓的状态。

③客流高峰时

此时卖场的商品种类最全、数量最多、单品陈列数最大，陈列总量也增至最大值。

④客流高峰结束、打烊前2小时

如果是计划当日售完的商品，此时若售罄，则无须补货。

除部分促销商品和主力商品（POS 机数据中销量前 20 位 = 销售构成比为 40% 以上）外，即使呈现缺货状态也无妨。

图表5-2-2　营业中(从开张到客流高峰前)的作业

作业内容	要点
①销售	a.根据数据来调整卖场和商品(下午时段的首要任务) b.调整滞销商品的售卖形式
②推销商品	根据销路情况(按照主管的指示)随时进行
③整理商品	a.陈列调整　b.商品位置不得高于冷藏整理线 b.遵循先进先出原则
④检查时段	a.检查温度 b.检查鲜度(是否存在解冻后外渗的组织液、变色、过期、包装破损) c.陈列量
⑤陈列补充	根据销路情况施行，且必不可少
⑥隔日处理(为了第二天的准备)	a.容易变色的鱼类不予实施 b.隔日处理与准备工作(去鳃、去内脏、2片切、3片切等)
⑦订货	严格遵守时间和日期 a.核查库存　b.把握销售量 c.切勿遗漏主力商品
⑧店内例会	a.反省前一天的失误，确认前一天的业绩 b.商议第二天的销售计划 c.店内联络事项　d.其他
⑨整理整顿	在空闲时积极施行 a.冷库 b.冰箱 c.作业区 d.洗手盆
⑩清洗作业器械及工具(如菜刀等)	

图表5-2-3 高峰时的作业

作业内容
①调整卖场及更换POP
②整理整顿
③全速生产商品
④使商品陈列呈现丰富多样的感觉

图表5-2-4 从客流高峰到离店时的作业

作业内容
①将部分商品收纳至冷库和冰箱
②整理整顿(卖场、后场、冰箱和冷库等)
③清洗(作业器械及工具、菜刀和后场等)
④检查温度
⑤检查电源、燃气和自来水龙头
⑥二次加工，调整商品售卖形式
⑦清货，重新包装 等

⑤从打烊前 2 小时到打烊

此时，促销商品出现缺货也无妨。除部分主力商品（POS 机数据中销量前 10 位或指定力推的商品）外，即使断货也无妨。但要注意的是，各店铺有各自的具体处理方式，应遵循相应规则。

⑵按时间段布置卖场的必要条件

要想按时间段成功布置卖场，需要在两类情况下把相应的关键点做到位。

①开张时

为了在开张时做到商品的百分百到位，备货单必不可少。把备货单信息记录在货架分配表中，则会更为简单明了。

货架分配表必须包含品名、规格、使用货盘和陈列数量（陈列数量 = 饰面数 × 进深列数）。如能做到这点，全体员工只要查看货架分配表，便能对货品做到一目了然。不用每次询问下一项作业内容，而可以根据表格自行判断，从而保证各项作业毫不停滞地顺利更迭。

②打烊前 2 小时

为了减少清货和丢弃的发生，并保持第二天销售商品的鲜度，就需要填报“打烊时段备货单”。该单据决定了打烊前 2 小时到打烊时的备货方针。填写该单据时，应遵循“宁缺毋滥”的原则，即对于促销商品的缺货和打烊前的断货现象，除部分主力商品和指定力推的商品外，不做处理。

因此，记录在该单据上的商品不可出现断货现象。反之，如果是不被记录的商品，即便断货也没问题。

一旦到了打烊前 2 小时的时段，像大包商品或刺身拼盘等单价较高的商品会呈现滞销现象，因此需要将大包商品分装为中包、中包商品分装为小包。此外，应将全鱼切块，将小鱼进行再加工。总之，应尽量避免将商品留到第二天。

最终处理和隔日处理

根据商品被置于卖场的时间，可将其分为两类——最终处理商品和隔日处理商品。

所谓“最终处理”，是指在当日午前或午后的首个作业时段开展的生产工作，其目的是统一生产并保管供应当日卖场的商品。

假设生产计划为“上午 10 包，下午 3 包”，则在午前一并生产出 13 包，效率更高。又比如进了一箱青花鱼（1 箱 10 条），而当前需要加工 8 条，与分别处理相比，更有效率的做法是，先一并将 10 条全部加工完成，再将多余的 2 条保存起来。这些处理方式都被称为“最终处理”。

至于“隔日处理”，是指为第二天的营业而进行的前期备货作业。由于仅凭第二天的作业无法生产出所需的全部商品，因此要在前一天的傍晚时分提前生产出第二天无法完成的那部分生产量，并予以保存。

因此，隔日处理的原则是“补全第二天无法完成的产量”，倘若提前完成第三天甚至一周后的产量，则脱离了“隔日处理”的本意。

此外，如果生产全靠隔日处理，就会违背水产部门“当日进货，当日售完”的大原则，从而导致卖场商品的鲜度下降。因此，“最终处理”另当别论，但对于“隔日处理”，则应制订一览表，以确定品名及每日产量。

此外，对于这项“准备作业”必须正确理解。其目的并非生产第二天销售的商品，而是一种铺垫性的一次处理或二次处理，其目的是为了让第二天的生产活动更加高效。除特殊情况外，不管是刺身还是鱼块，都必须以“现切现卖”的方式售卖，向顾客提供高鲜度的商品。只有这样，才能获得顾客的青睐和支持。

水产部门不同时间段的作业与职责

⑴店铺内的每日作业

水产部门的每日作业内容也可以根据不同时段而分为4大块——1. 开张前；2. 从开张到客流高峰到来前；3. 客流高峰；4. 从客流高峰结束到离店前。

作业内容与销售额的变动可谓“表里一体”，二者息息相关。

若想尽快熟悉和适应水产部门的工作，就必须把握其每日作业的整体流程。

在把握整体流程的基础上，必须理解每项作业的目的、牢记每项作业的内容，否则便无法实现理想的流程操作。

⑵水产部门的作业种类与职能分配

图表5–3通过实例的方式，说明了水产部门主要的作业种类及相关职能分配。

图表5-3　不同阶层的职能分配(参考实例)

地点	No.	作业种类	主管	负责人	计时工/兼职工
卖场	①	清扫(货架及货柜等)	△	△	○
	②	陈列 整理	△	△	○
	③	确认POP	○	△	
	④	检查照明	△	△	○
	⑤	巡检商品鲜度	△	△	○
	⑥	清货	△	△	○
	⑦	变更码货	○	△	
	⑧	打烊收纳	△	△	○
操作间	①	加工(刺身)	△	○	△
	②	(鱼块)	△	○	△
	③	(其他)		△	○
	④	计算成品率及利润率	○	△	
	⑤	包装	△	△	○
	⑥	计量、标价		△	○
	⑦	冰盐水处理		△	○
	⑧	解冻		○	△
	⑨	再加工		○	△
	⑩	记录进货日期		○	△
	⑪	制订作业指示表	○	△	
	⑫	收货、入库	△	○	△
	⑬	后场、商品管理	○	△	△
	⑭	整理整顿	△	△	○

续表

地点	No.	作业种类	主管	负责人	计时工/兼职工
办公室	①	下单	○	△	△
	②	记录票据	○	△	
	③	安排码货	○	△	
	④	制作POP	△	○	△
	⑤	晨会	○	△	△
	⑥	制订作业分配表	○	△	
	⑦	移交	○	△	
	⑧	销售计划	○	△	
	⑨	制订每日预算	○	△	
	⑩	市场调查	○	△	
	⑪	制订考勤管理表	○	△	
	⑫	统计员工上下班打卡时间	○		
	⑬	制作报告书	○		
其他	①	盘点	○	△	△
	②	会议(日 周 月)	○	△	
	③	卫生检查	○	△	
	④	计量检查	△	○	
	⑤	保洁	△	○	△

图表5–4　一周内工作流程

<table>
<tr><th>星期</th><th>固定作业</th><th>非固定作业</th></tr>
<tr><td>一</td><td>①回顾上周数据
②制订周二的销售计划
③晨会
④店内例会
⑤单品数据核验</td><td rowspan="7">①处理投诉问题
②处理断货问题
③处理员工缺口问题
④开展商品快递服务
⑤应对突发订单
⑥处理预售问题
⑦处理顾客事故
⑧应对停电
⑨应对停水
⑩保管顾客已购商品
⑪大量采购超低价商品并安排销售计划
⑫制订买手直送商品的销售计划
⑬订购消耗品
⑭订购装饰品
⑮开展巡回销售
⑯其他</td></tr>
<tr><td>二</td><td>①回顾周一数据
②制订周三的销售计划
③晨会
④店内例会
⑤单品数据核验</td></tr>
<tr><td>三</td><td>①回顾周二数据
②制订周四的销售计划
③晨会
④店内例会
⑤单品数据核验</td></tr>
<tr><td>四</td><td>①回顾周三数据
②制订周五的销售计划
③晨会
④店内例会
⑤单品数据核验</td></tr>
<tr><td>五</td><td>①回顾周四数据
②制订周六的销售计划
③晨会
④店内例会
⑤单品数据核验</td></tr>
<tr><td>六</td><td>①回顾周五数值
②制订周日的销售计划
③制订周日的修正计划
④晨会
⑤店内例会
⑥单品数据核验</td></tr>
<tr><td>日</td><td>①回顾周六数据
②制订下周一的销售计划
③晨会
④店内例会(可以不召开)
⑤单品数据核验</td></tr>
</table>

由于各店铺的卖场规模、企业理念和管理水准有所差异，

因此具体情况有所不同，但基本原则不变。如图表 5–3 的职能分配表所示，关键要做到“职能清晰，责任明确”。

如图表所示，水产部门的作业种类较为繁多。

明确一周内（见图表 5–4）及一个月内（见图表 5–5）的工作内容，并切实执行。这是保持卖场标准化管理的必要条件。

图表5–5　一个月内工作流程

周数	固定作业	非固定作业
第1周	彻底执行上月制订的销售计划	①处理投诉问题 ②处理断货问题 ③处理员工缺口问题 ④开展商品快递服务 ⑤应对突发订单 ⑥处理预售问题 ⑦处理顾客事故 ⑧应对停电 ⑨应对停水 ⑩保管顾客已购商品 ⑪大量采购超低价商品并安排销售计划 ⑫制订买手直送商品的销售计划 ⑬订购消耗品 ⑭订购装饰品 ⑮开展巡回销售 ⑯其他
第2周	彻底执行上月制订的销售计划+根据上周实际业绩来微调计划	
第3周	回顾前两周的实际业绩，从而修改销售方针(要考虑销售额、毛利、毛利率和库存削减等指标)	
第4周	彻底执行上周修改过的销售计划	
第5周	①制订下个月的销售计划 ②将下个月的销售计划落实到每周 ③制订下个月的作业轮班表(范围为“从下个月的16日至下下个月的15日”)	

第6章

卖场与商品的卫生管理

个人健康管理与仪容整洁

员工进店后，必须换上正规的工作服，其理由有三：

①便于作业

②防止污染周边环境……人也是污染源之一

③营造洁净感……整洁统一的服装，能够让顾客放心

为此，工作服的颜色基调应遵循“使脏污更显眼”的原则，因此较多地采用白色、蓝色和粉色等色系。

穿工作服的理由

防止异物混入的基本对策

外衣是导致异物混入的“重灾区”，因此必须加强防范对策。较为常见的方法是取消纽扣设计，采用双面拉链，并取消外侧口袋。使用双面拉链的理由是其链牙（咬合的齿状部分）与拉链头始终连接着，即便不拉上，也不会发生脱落。

那么，要求佩戴帽子、三角巾和口罩的原因又是什么呢？

答案是“防止毛发脱落”。在食品内混有异物的投诉案例中，混入头发等体毛的情况占了绝大多数。在欧美，这属于可容许的现象，但日本不同。

拉链种类

× 单面金属拉链在拉开时，拉链头容易掉落，可谓异物之源。

○ 双面拉链即便拉开，也始终连接，不会沦为异物。

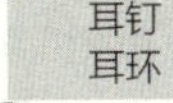

· 曾经发生过耳钉和耳环混入商品中的事故

每个人的平均发量为 10 万根左右，全部长成新头发大约需要 5 年时间。换算下来，一个人平均每天大约要掉 55 根头发。

因此必须用帽子等将头发盖住。如果头发太多太长而无法完全盖住，则应用网兜将头发罩住，再戴上帽子。

最近较为常见的做法是“换上工作服后用去毛滚轮打理，然后再进入加工室”。需要注意的是，“由上至下”才是滚轮的正确使用方法。

口罩是否遮住鼻子？

“覆盖口鼻”是戴口罩的原则。由于鼻子及其下部是金黄色葡萄球菌的分布区，因此无意间触碰自己鼻子的行为会导致手指被菌群污染。此外，戴口罩还能防止唾沫飞溅。

此外，手表和戒指等饰物都是“藏污纳垢”的源头，因此在工作时严禁佩戴。如果戒指无法摘下，则应先戴上紧贴皮肤的橡胶手套，再进行商品的加工制造。

保持指甲清洁同样重要。剪指甲时，要剪到“从手掌内侧看不到指甲露出”的程度。

此外，为了避免将室外的脏污带入店内，“进店换鞋”也是必须遵守的重要规则。

基于“防止异物混入”的原则，耳钉和耳环也属于禁止佩戴的物件。此外，像圆珠笔、马克笔等需要使用的书写工具，也应使用不附带笔帽的按压式款式。总之，应尽量减少员工身上的多余附属品，从而杜绝异物混入。

最后，为了杜绝商品出现异味，严禁加工作业点的员工涂抹具有强烈气味的发胶和香水等物质。

即便“气味芬芳”，但倘若在食品中出现这样的气味，顾客会作何感想呢？

这便是禁止的原因。

由此可见，之所以要求员工做到仪容整洁，背后自有其道理。

诺如病毒与个人健康管理的重要性

提到“食物中毒高发季”，你会想到哪个季节呢？

不少人认为是梅雨季和三伏天，其实并非如此。早在10年前，这样的观点就被证明是错误的。

通过对每年食物中毒事件的统计，可以得出一个平均数据。

该数据显示，食物中毒的高发期为 12 月份和 1 月份。

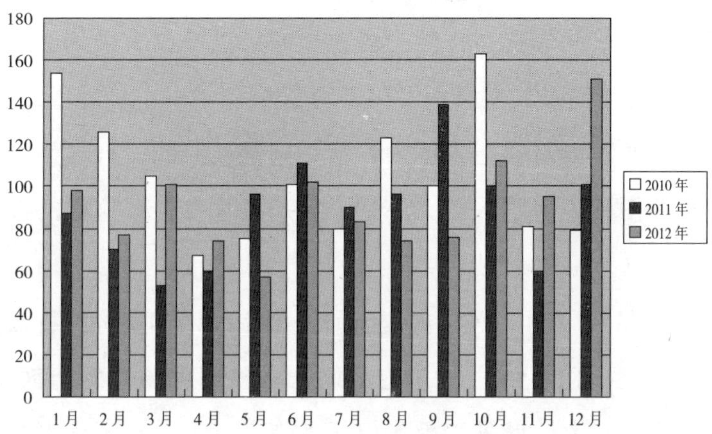

来源：日本厚生劳动省官方网站 食物中毒事件一览表

春夏两季的食物中毒事件以“细菌性”居多；而秋冬两季的食物中毒事件则以“诺如病毒”居多。

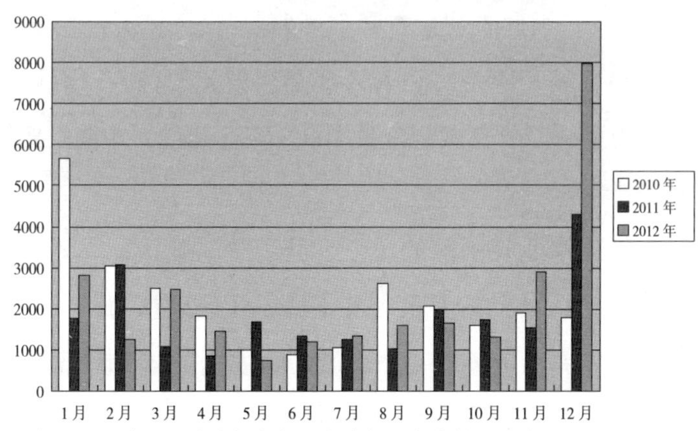

来源：日本厚生劳动省官方网站 食物中毒事件一览表

诺如病毒的中毒症状主要为腹泻和呕吐，症状通常在两三天后好转，再过两天左右，便会痊愈。如果在痊愈后立刻上班或参加其他社会活动，便会引发传染问题。

由于诺如病毒能够在人体内存活一到两周时间，且数量巨大，因此即便感染者本人已无不适，但病毒仍存在。这样的病毒机理反而成为一种隐患。

截至 2014 年 2 月，医学界仍未研发出治疗诺如病毒的特效药，患者即便就医，医生最多也只能开一些调理肠胃的药剂，并无多大实际意义。此外，由于仅凭外部观察无法断定患者是否感染诺如病毒，因此需要做粪便检查（正规名称为“肠内细菌检查”）来确认是否感染。

与诺如病毒类似的还有肠出血性大肠杆菌 O–157 及沙门氏菌等，即便存活于患者体内，也不一定会出现症状（即所谓的“健康带菌者”），因此粪便检查必不可少。

综上所述，员工体检时，人人都必须做粪便检查，否则便失去了预防的意义。只有做到全员 100% 检查到位，才能发挥体检的功能。

此外，每天作业开始前的“个人健康状况确认”亦是重要环节。不仅要确认员工本人是否有不适，还应确认与其共同居住的家属或亲友是否有腹泻呕吐等症状。如存在类似情况，员工应主动告知主管。该举措还可用于防范流感。

手部粗糙或皮损 须戴橡胶手套

如果手部粗糙或皮损，就会增加传播金黄色葡萄球菌的危险（即便在100℃下加热30分钟，也无法完全杀灭金黄色葡萄球菌）。

因此，倘若员工出现手部粗糙或皮损情况，就不应向其分配诸如“装盘”等直接接触食品的工作。

但如果没有人手接替，就应采取“戴橡胶手套”的折中方法。要让员工习惯戴上橡胶手套的感觉（当成是自己“裸手”的状态），然后再戴上一次性塑料手套，之后才能进行作业。

如上所述，“确认各自的健康状态”、“向全体员工分配工作任务”及“确认当日作业量”是相辅相成且必须落实到位的重要事项。这些都应该在晨会上完成。

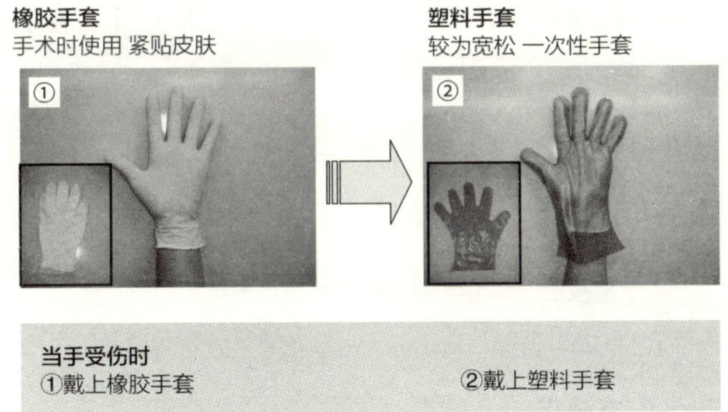

当手受伤时
①戴上橡胶手套　②戴上塑料手套

通过这样的晨会，不但能够培养员工自我健康管理的能力，还能提升其对于工作流程的掌控能力。

正确的洗手方法

从记事起，洗手便是每个人的一种日常活动，然而，大部分人的洗手方式其实都不正确。

对于保证手部卫生这件事，超市企业一般不会怠慢，但即便是非常重视员工培训的超市，也很少会“手把手零基础”地指导如何洗手。可事实上，洗手是卫生管理的根本。

比如，在预防流感和食物中毒方面，洗手是最为关键的环节。各位应该学习正确的洗手方法，并与自己平时的洗手方法作比较。

⑴盥洗室中应备物品

①液体洗剂（为了防止二次污染，不应使用固体肥皂）

②擦手纸巾（为了防止二次污染，不应使用布质毛巾；为了防止液体在狭窄的加工区飞溅四散，不应使用干手器）

③酒精喷剂

④指甲刷（最好能常备两个，按照“双号日”和“单号日”隔日使用，用后杀菌）

⑤垃圾箱（务必置于洗手盆附近）

⑵洗手的基本流程

①用水将手润湿

②取适量洗手液，使之充分起泡

③相互搓洗两只手的手背

④用手掌和手背搓洗指缝

⑤大拇指尤其容易残留污垢，应用另一只手捏握着搓洗（搓洗时，应屈伸大拇指，从而洗净缝隙处）

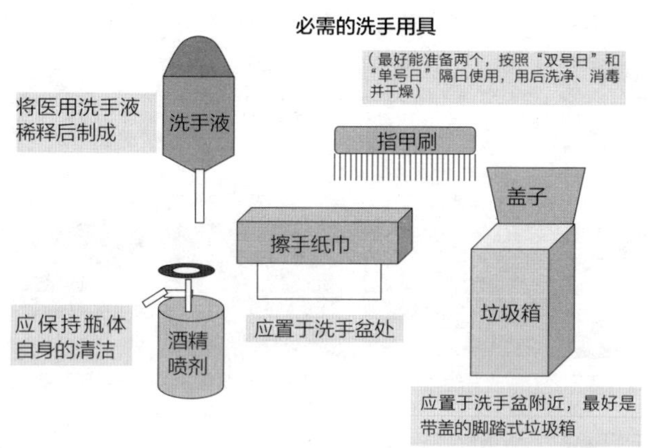

⑥指甲缝里的污垢较为顽固，应使用指甲刷，且要用“巧力”（用力过大会造成皮肤粗糙甚至皮损，从而适得其反）

⑦手腕也要洗净。应用另一只手抓住手腕部分，进行搓洗

⑧把手上残留的洗剂彻底冲净

⑨使用擦手纸巾把手擦干（去除手上残留的水，能够提高杀菌和抑菌效果）

⑩把酒精喷在双手上，并充分揉搓双手

按照最为理想的方式，连手肘也应清洗，如果无法做到这点，至少也要洗到手腕为止。至于何时洗手的问题，答案如下：“开始作业前”，“休息完毕、继续工作前”，“如厕完毕后”，“进入最后工序或装盘前”，“处理生肉或生鱼时”。

另外，在休息时或作业完成时，要养成涂护手霜的习惯。

作为企业，为了防止员工手部皮肤粗糙，应常备不添加香料的护手霜。

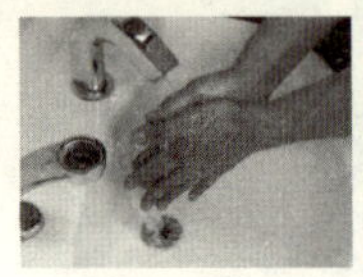

①用水将手润湿

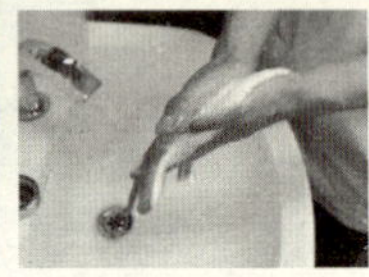

②取适量洗手液，使之充分起泡

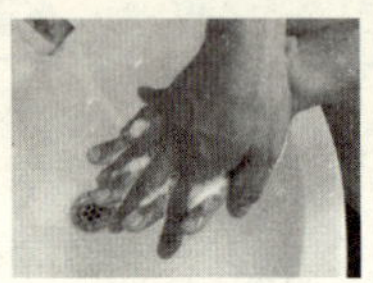

③④搓洗手背，并用手掌和手背搓洗指缝

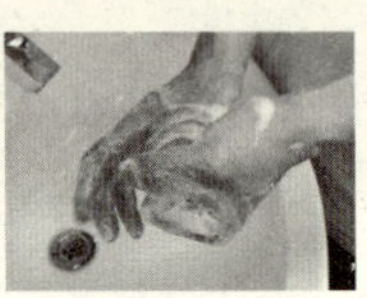

⑤用另一只手握着大拇指，进行搓洗

⑥用指甲刷清洗指甲

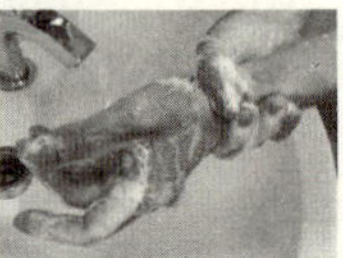

⑦搓洗手腕

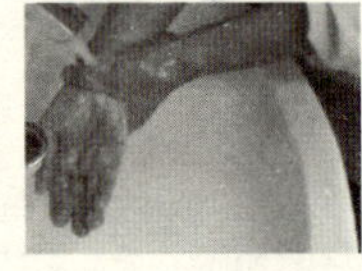

⑧把手上残留的洗剂冲净

⑨用擦手纸巾擦干

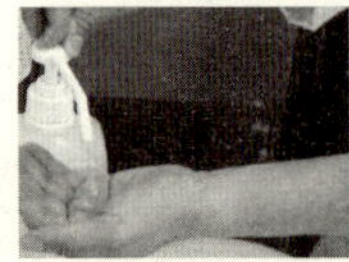

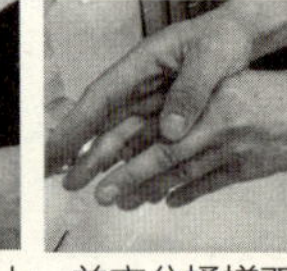

⑩把酒精喷在双手上，并充分揉搓双手

洗手的基本流程

后场的卫生管理

凡是从事过餐饮类工作的人，往往都有过清洗砧板和菜刀等工具的经历。但想必很少有人仔细观察过别人的清洗过程和方式。

对于器具的清洗和消毒，有的店铺并没有为员工制定统一规范并进行教育指导，从而导致实际操作方式因人而异，有时甚至有误。

器具清洗消毒的基本方式

下面就以使用频率较高的砧板和菜刀为例，对清洗的要点进行说明。

⑴应准备物品

①两个刷子（按照“双号日”和“单号日”交替使用）。理论上来说，树脂材质的刷帚也可以，但刷子更为方便（植物材质的刷帚易折断，原则上不予使用）

②去污海绵刷

③灌入专用容器中的中性洗剂

④厨房一次性清洁布

⑤酒精喷剂

⑵砧板的清洗方法

①用自来水冲洗，从而去除附着的食材残渣

②沥干

③将洗剂喷在砧板上，纵向擦拭，尤其要认真擦洗菜刀切痕部位。擦洗顺序为“由下至上，由左至右”

④接下来横向擦拭。擦洗顺序为“由右至左”

⑤擦洗砧板四角

⑥擦洗砧板反面

⑦用水冲洗砧板正反两面

⑧擦干砧板，喷上酒精

⑨如果是打烊收工时段，则应用厨房清洁布包裹砧板，接着倒上稀释为200ppm的亚氯酸钠（漂白剂）溶液，浸润20分钟左右后洗净

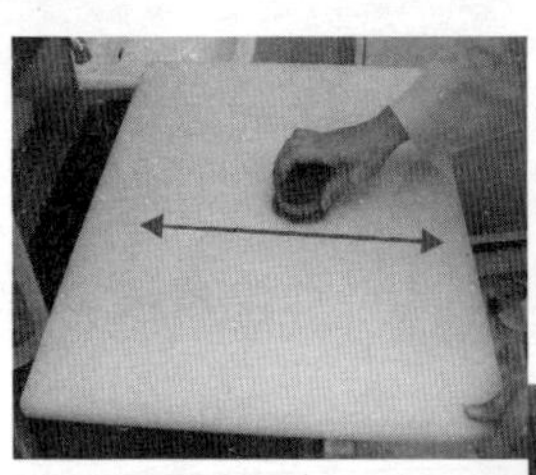

清洗及对砧板进行消毒的要点

清洗时，应使用中性洗剂，用刷子沿着菜刀切痕擦拭。

酒精消毒应在砧板擦干后实施

⑶菜刀的清洗方法

①用自来水冲洗刀刃，从而去除附着的食材残渣（一般在砧板上操作）

②将中性洗剂喷涂在去污海绵刷上，首先清洗刀柄（手握的部位），同时仔细清洗刀刃与刀柄的接合处（刀锷）

③接下来将菜刀置于砧板上，握住刀柄，清洗刀刃。此时，必须以靠近自己的一侧为起点，向着刀尖方向，“由近至远”地清洗。为了防止割伤手，不得来回往复。以这样的方式，洗净菜刀的两面

④握住刀柄，用水将菜刀冲净

⑤取4块用于生食加工的干净厨房清洁布，互相叠加，铺在操作台上。然后在上面放置菜刀，握住刀柄，将刀身仔细擦干

⑥在菜刀上喷洒酒精，要做到“面面俱到”，不可留有死角然后将菜刀置于保管库（如果保管库中配备了紫外线杀菌灯，就可省去喷洒酒精的步骤）

在履行上述操作流程时，要充分认识到“知行合一”的重要性。即便一开始速度较慢，也要切实做到按部就班。

食物中毒的防范措施及器具、备用品的用途分类

为何要根据不同情景、功能和用途而使用不同的砧板、菜刀及抹布呢？答案是为了最大限度地减少菌群的转移和感染，从而防止食品安全事故的发生。

为此，店铺把砧板和菜刀分为“蔬菜用”、“水果用”、“果盘用”等；把厨房清洁布（抹布的一种）也分为“生食用”、“擦桌用”等。

厨房清洁布有各种颜色，因此可根据不同用途，对其进行颜色分类。

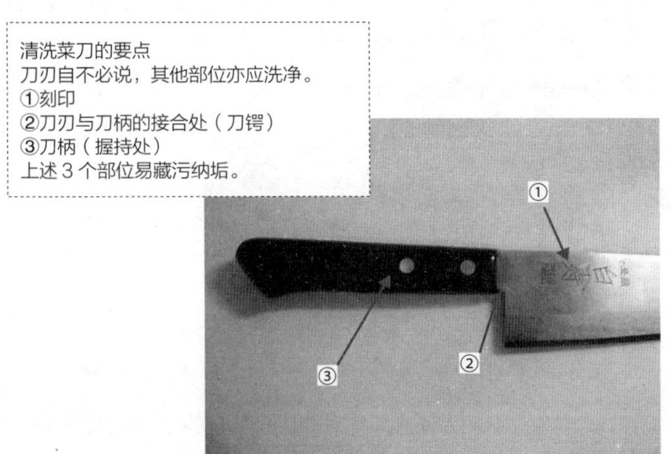

为了让读者理解“按用途分类”的重要性，在此对食物中毒的发生过程进行说明。总体来说，其过程可分为两大类。

一类是“食材中毒”。

由于加热不到位，导致菌群残留，加上没有及时食用，造成细菌滋生，从而发生中毒。这种情况也被称为“一次污染”。

另一类是“二次污染”。

在经过“去内脏”、“3 片切”等生鱼加工处理后，将使用过的砧板、菜刀和抹布进行水洗后，便直接用于最后的成品加工

（如制作刺身等）中。加上没有及时食用，从而发生中毒。

像这种，以人手、器具或备用品为媒介，将残留菌群转移至食材的事故，便称为“二次污染”。在实际的食物中毒事故中，“二次污染”的情况占了大多数，据说比例高达70% ~ 80%。

人类胃部分泌的胃酸及肠内的益生菌具有杀菌功效，一定程度上能够抵抗食物中毒菌类的侵袭，但幼儿及老年人的胃酸浓度较低、抵抗力较弱，因而较易成为食物中毒患者。

近年来，人类发现了诸如肠出血性大肠杆菌O–157、空肠弯曲菌及诺如病毒等“烈性种”，即便感染数量较少，也会诱发严重症状。

菜刀、砧板的用途分类

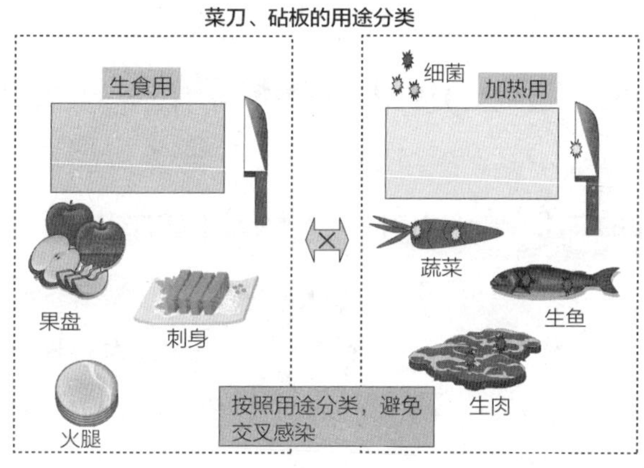

因此必须在店铺里彻底实行“勤洗手、勤洗器具、对器具和备用品按用途分类”的规章制度。

基于同样的考虑，“前期处理”与“收尾加工”作业也应在不同地点进行。如果加工作业区场地较大，可以专门划出加工

※厨房清洁布
由人造丝等面料制造而成的无纺布，因为它是一种不需要纺纱织布而形成的织物，只是将纺织短纤维或长丝进行定向或随机排列，形成纤网结构，然后采用机械、热粘或化学等方法加固而成。与传统抹布相比，其能够减少异物混入的几率并较易干燥，作为一种更为卫生方便的选择，渐渐成为食品加工业的普遍选择。

<厨房清洁布>
根据不同用途，对其进行颜色分类

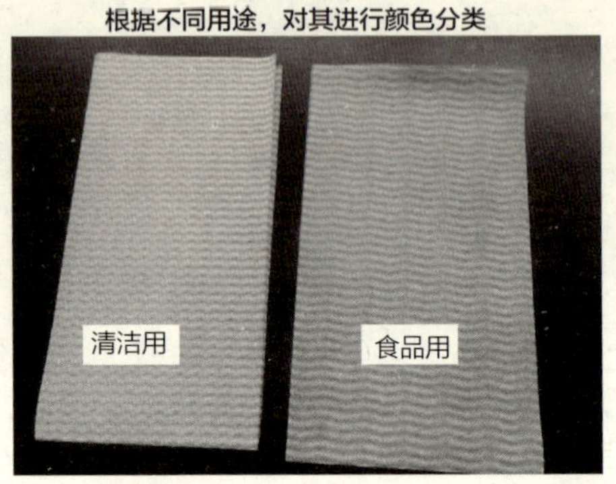

刺身等商品的区域；如果场地较小，就应该按不同时间段分别进行“前期处理”与“收尾加工”。

“3S”“5S”“7S”

在业内，一般把相关的处理对策称为“食品 5S 活动”或“7S 活动”。

日语的“整理（SEIRI）”、“整顿（SEITON）”和“清扫（SEISOU）”三个单词的罗马音首字母缩写为“3S”，指的是一种管理手段。为了让员工履行“3S”，最终成为一种自身素养，于是加上了“教育（SITUKE）”一词，再加上作为目的的“清洁（SEIKETU）”，便构成了“5S 活动”。

在加工或生产食品的企业中，有的还会进一步把“清扫”细分为“洗净（SENJYO）和“消毒（SYODOKU）两部分，从而构成了“7S 活动”。

下面，对其基础部分——“3S 活动”进行详细说明。

①整理（SEIRI）

整理是3S活动中最为重要的一环，具体来说，就是区分需要和不需要的物品，并处理掉后者。

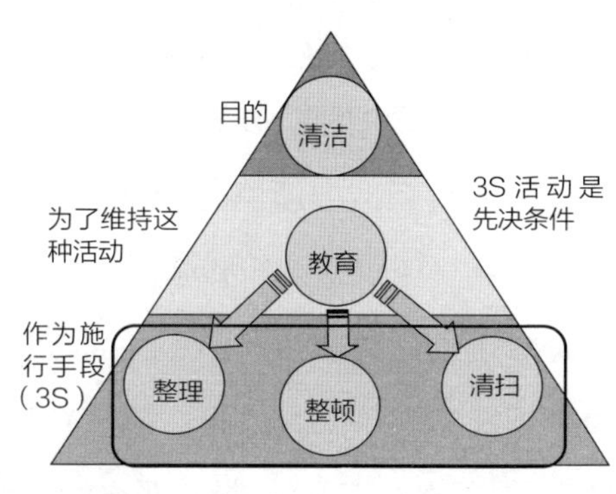

对于一时难以判断的物品，则应放入“未整理箱”内，在特定的地方保存一段时间后，再决定其是否为应抛弃的无用之物。

必须养成每个月或每个季度定期进行相应排查的习惯。尤其是面积较小的加工作业区，更要一丝不苟地进行整理。

②整顿（SEITON）

所谓整顿，即确定摆放所需物品的位置和方法，并明确标示物品的名称及用途，从而达到一目了然的效果。

整顿的原意为“认真收拾干净”，但在3S活动中，其意义又多了一层外延，即“贴标签，以做到一目了然”。

所谓3S，是“整理”、“整顿”和“清扫”的首字母。

清扫：SEISOU
通过打扫来维持清洁

整理：SEIRI
区分需要和不需要的物品，抛弃不需要的物品

整顿：SEITON
使物品一目了然
（可用打码机注明）

在初始阶段，贴标签的确是一项较为繁杂的作业，但其能够为后续工

作打下基础，并削减人力成本和工时，因此必须切实施行。

③清扫（SEISOU）

所谓清扫，即清除垃圾和灰尘等污物的活动，在食品加工生产企业，还包括洗净和杀菌。

对于食品，追求外观的洁净还远远不够，必须在微生物层面做到洗净和杀菌。因此，不能光凭肉眼观察来判断食品的“洁净”与“不净”，而应制定严格的企业规章，使食材来源、加工方式等做到“有法可依”，并切实履行洗净及杀菌作业。

收货时，验货是关键

“鲜度”可谓生鲜类商品的生命。可倘若食材本身有问题，那么不管如何迅速加工、精心调味，都是徒劳无功的。因此，在收货时，应认真仔细地验货。

验货时应确认的部分包括“外包装”、“商品的外观和鲜度”、“数量和重量”以及“温度”、“时间”。下面分别进行说明。

①确认外包装

在收货时，应认真检查外包装（如纸板箱、泡沫箱和集装箱等），如果发现外包装渗水、变形或破损的情况，即便商品本身看起来没有问题，也应向上级报告。

外箱渗水，说明要么打包是在户外进行的，要么就是被其他商品上的水所溅湿。这可能会导致商品本身被水溅湿，因此必须及时上报。这也是督促供应商自我整改的一种方式。

同理，外箱变形也是不允许的。即便商品没有出现问题，也是供应商对待货物不够严谨的明证。

如果集装箱表面有明显脏污，或分类标签有多枚重叠的情况，也应督促供应商自我整改。

对于不重视上述基本要求的供应商，应严加审核。

②检查食品的外观和鲜度

如果食材变色或出现组织液的大量渗出，原则上应予以退货。有的店铺会采用“压价收货”的方式，但从长远来看，这样的处理方式有待商榷。

的确，上述问题有程度轻重之分，一律予以退货不太现实，但原则上以退货为上策。

①注意外包装！
例如
①纸板箱是否变形
②是否有雨淋的痕迹
图例

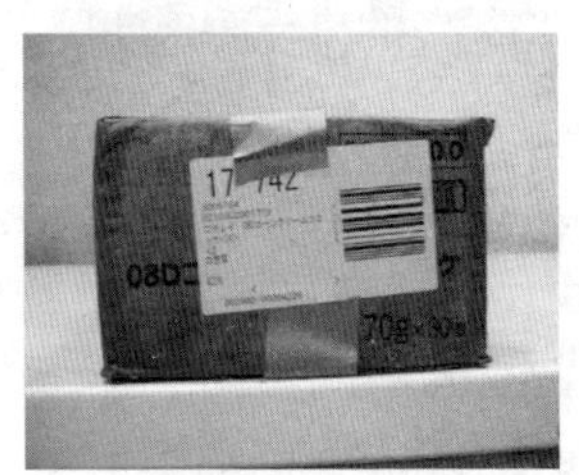

此外，以西红柿为例，诸如品质参差不齐（颜色混杂）、品级参差不齐（形状大小不一）的情况，也是应该予以重视的问题。应以换货或退货为前提，向供应商提出交涉，并向上级报告。

③确认数量和重量

此为验货的基本环节。要将票据内容和商品的数量、重量相互对照。

为此，在收货处，需常备最大承重 100kg 的秤。

即便在收货时无法做到称量所有商品，也要养成“抽样称重”的习惯。这点非常重要。

④确认温度

对于冷链货物（冷藏要求不得高于 10℃，冷冻要求不得高于零下 15℃），须在票据或交货单上注明交货时的商品温度。如有融化，则必须予以退货。

在夏冬两季，还要对冷链货物之外的商品进行抽样温度检测。通过这种方式，能够了解供应商的货品管理水准。

随着科技发展，如今的红外温度计在不触碰商品的情况下，就能测定其温度。

这种温度计的售价不到1万日元，至少应在店铺内配备1个。

⑤确认时间

对于具有加工日和保质期的商品，在收货时必须确认相应的时间和期限。

对于即将到保质期的商品，原则上应要求供应商换货或予以退货。对商品不产生影响的，则应按照规章，向供应商压价。

最后，在企业内部，应做好基本的沟通和确认工作。

上述5个环节发生问题时，应立即向上级报告，或联系商品部。如果正值上司休假，则应立即联系供应商。必须养成这种迅速沟通的习惯。

对于反复犯错、屡教不改的供应商，需要考虑是否对其进行撤换。

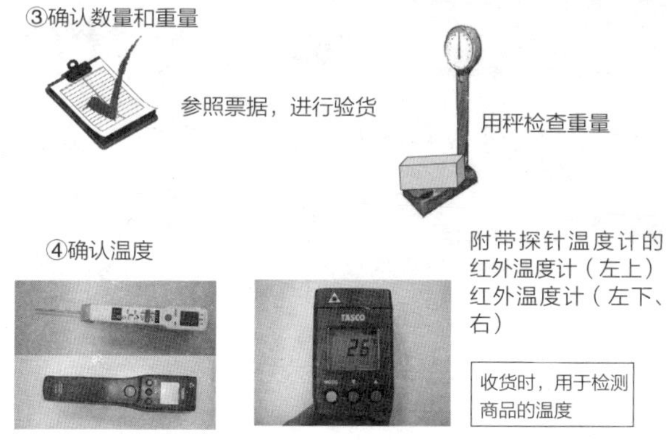

水产品的特性与卫生管理

鱼类等水产品可以加工成刺身，由于刺身是生食的，因此在注意细菌滋生的同时，还应预防寄生虫。一旦寄生虫进入人体，便可能引发食物中毒。

下面，以寄生虫中最为常见的异尖线虫类为例，对其特征及预防对策进行说明。

①异尖线虫类

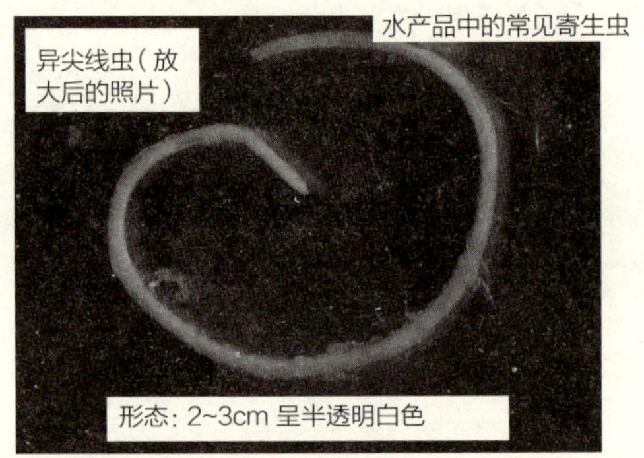

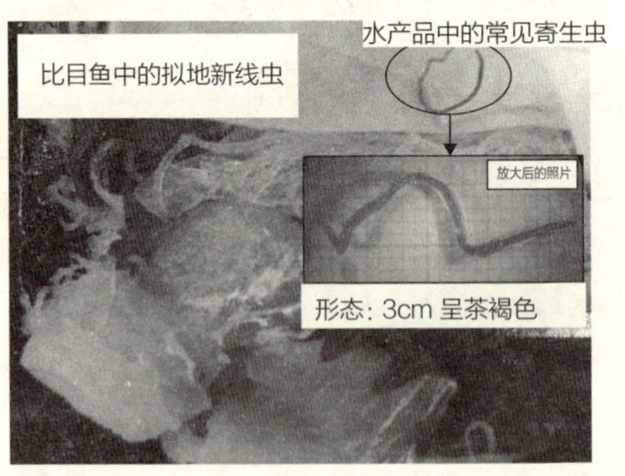

水产品中的常见寄生虫有两大类，它们分别是异尖线虫和拟地新线虫。

异尖线虫呈半透明白色，体长2~3cm左右，蜷曲为旋涡状；拟地新线虫呈茶褐色，体长3cm左右，身体不蜷曲。

它们喜寄生在鳕鱼、青花鱼、竹荚鱼、秋刀鱼、乌贼、远东多线鱼、鲑鱼等水产品中。

倘若由于不注意而食用了寄生有活异尖线虫的刺身，在 2~8 小时内可能就会出现急性肠胃炎症状，有时还会伴有呕吐。

最常用的治疗方法是通过内窥镜直接取出，严重时，甚至需要打开腹腔进行手术。

但并非每次都会出现上述症状，有不少人在感染后能够自然治愈。此外，有的人由于多次感染异尖线虫，会对其产生过敏，从而出现诸多过敏症状。

预防异尖线虫性食物中毒的方法

在店铺中，为了预防异尖线虫性食物中毒的发生，具体对策如下：

①使用新鲜食材

寄生虫普遍寄生于内脏中，但如果没有及时加工处理，则可能会转移到鱼肉等组织中。因此对用于制作刺身的食材，应在收货后尽快加工处理。

②了解水产品

对于寄生虫喜好的寄主（常见的为鳕鱼、青花鱼、竹荚鱼、秋刀鱼、乌贼等）要做到心中有数。

③冷冻杀虫

异尖线虫会在低温下死亡，因此较为理想的方式是将刺身在低于零下 20℃的冷库中存放 24 小时以上，然后再食用。

④加工时的注意点

倘若非要使用不经冷冻的新鲜水产品作为食材，就要注意以下几点：

寄生虫在鱼类等进食时进入其体内，之后会寄生在其内脏部位。因此在加工处理时，应较大面积地切除腹部组织，并仔细观察，以确认有无寄生虫。

此外，由于异尖线虫还会由于体表受伤而死亡，因此可在加工时尽量多地划切装饰刀痕（斜着切花刀）。

⑤对于内脏中含有大量寄生虫的水产品，尽量改为烤制加工

对于本来就较易大量感染寄生虫的水产品，应该放弃生食加工，改为烤制加工。

但不管是刺身，还是烤鱼或煮鱼，鲜度都是重中之重。不管怎样加工，都要向顾客提供美味新鲜的水产品，这是一种“重视鲜度”的职业态度。

加工时 对于肠炎弧菌的预防对策 何为肠炎弧菌？

弧菌的特征
①喜好海水环境，在淡水中难以存活
②在低温下，其增殖速度降低
③弧菌中毒多发于夏季

用自来水将加工中产生的脏污洗净
按照“生食用”和“加热用”，分别配备相应的冰盐水

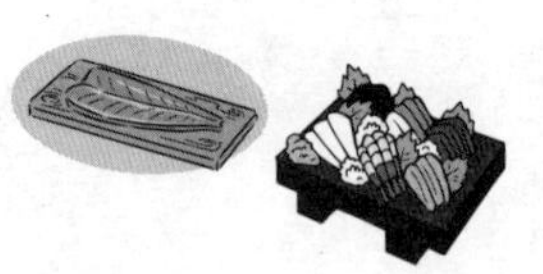

按照“前期处理”和“最终处理”，分别配备相应的菜刀和砧板
控制温度 保持低温（最好低于4℃）

肠炎弧菌的特征与预防对策

肠炎弧菌是水产品中最为典型的食物中毒菌。该菌种喜好海水环境，大量寄生于夏季日本近海所捕捞的鱼类和贝类体内，因此应特别小心。

肠炎弧菌的特征与预防对策如下：

该菌种喜好海水环境，会在淡水环境中死亡。

此外，其增殖速度极快。

在 20℃以上的环境下，10~20 分钟后便会开始分裂，3 小时后，一个肠炎弧菌便能通过分裂，增至足以引发食物中毒的数量。反之，在低温环境下，其增殖速度较为缓慢。

为了不在店铺中发生肠炎弧菌中毒事故，应施行下列对策：

①用自来水冲洗

肠炎弧菌多寄生于鱼体表面和鱼鳃部位。因此在加工前，应用自来水仔细冲洗相应部位。

有的店铺会先用容器接好水，然后将鱼浸着洗，这样的话，即便一开始是淡水，随着清洗次数和时间的增加，其盐分浓度会逐渐升高，最后转变为肠炎弧菌能够存活的咸水环境。因此，不要用接好的水洗，而应该直接用流水冲洗。

②按照“生食用”和“加热用”，分别配备相应的冰盐水

与菜刀和砧板一样，冰盐水处理槽也应按照“生食用”和“加热用”分别配备。此外，由于肠炎弧菌为畏热菌，如果以烤

鱼或煮鱼的方式进行加工，就能将其杀灭。

之所以将“生食用”和“加热用”的水槽分开，是为了不让用于生食的水产品受到细菌污染。

③保持低温环境

该菌种在4℃以下便无法增殖。早间加工时，从冰箱中取出所需的量，余下的置于冰箱中保存。这是一种有效的抑菌方法。

尤其是生食的刺身类商品，即便在陈列销售时，也必须置于冷柜中，以保持4℃以下的温度。

如果要加工寿司，店铺应在大托盘上铺上冰袋，然后在冰袋上放置小托盘，最后放上用于寿司制作的海鲜食材，从而确保低温环境。

总之，关键要做到三点——①淡水冲洗，②将加工工具分为“加热用”和“生食用”，③低温管理。

第7章

应遵守的法规及标识规则

食品标识的法律及基本原则

根据JAS法（日本农林物质及品质标识标准化执行的相关法律），“生鲜食品”与“加工食品”应采用不同标识方式。

较为特殊的“生鲜食品”与“加工食品”

为此，商家首先需要判断，销售的商品是生鲜食品还是加工食品。

有的食品即便在生活中被人们称为“生鲜食品”，但在法律上却属于“加工食品”的范畴。有的可能一下子让人难以接受，但正所谓“有法必依”，因此必须予以接受并牢记。

其区分方式如下：

⑴生鲜食品

①蔬菜、水果、鲜鱼、精肉等未加工的生鲜单品

②将上述单品经加工（如切割、切片等）后的商品

③隶属同种本体的不同商品（如大眼金枪鱼赤身和大眼金枪鱼肥肉的组合装）

④冷冻、冷藏及解冻后的单品，也被称为“生鲜食品”

⑵加工食品

①隶属不同种类的“生鲜食品”组合（如不同的蔬果、鲜鱼、精肉等）。如“金枪鱼乌贼拼盘”，“冬季海鲜蔬菜火锅组合”等

生鲜食品与加工食品的具体实例

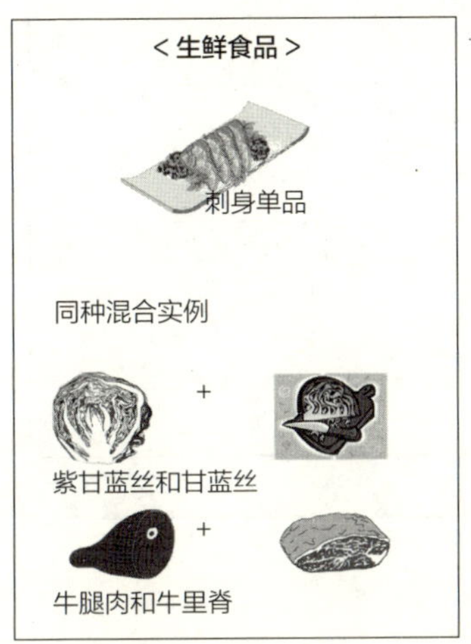

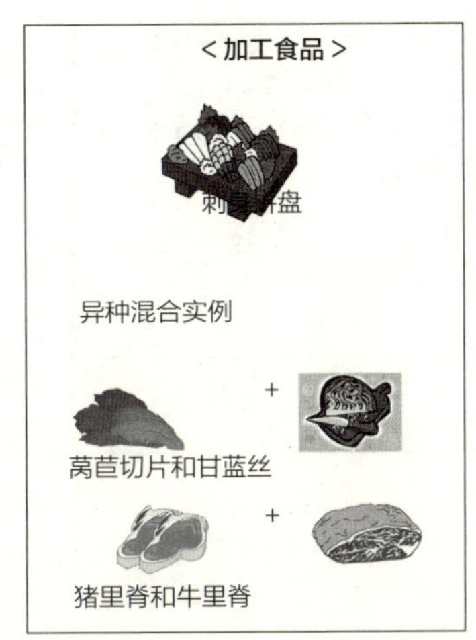

②把生鲜食品通过调味、腌制、风干等方式加工而成的食品

③把生鲜食品通过蒸煮、烤制等方式烹饪而成的食品，这些都被称为“加工食品”

生鲜食品与加工食品的标识区别

在牢记上述区别的同时，还需要对二者的食品标识方式进行整理归纳。

根据JAS法，生鲜食品须标明“名称”及“原产地”。

加工食品则须标明“名称”、“原材料”、“原料原产地（部分需要）”、“内容量”、“保质期限”、“保存方法”、“原产国（进口食品需要）”、“生产厂家”等项目。

生鲜食品与加工食品的分类方式(基于JAS法)

	切割前	单品	同种混合	异种混合	与加工品混合	加工品
刺身	鱼	大眼金枪鱼赤身	大眼金枪鱼赤身+大眼金枪鱼肥肉	大眼金枪鱼赤身+大章鱼(生)	大眼金枪鱼赤身+煮章鱼	煮章鱼
蔬菜切片	蔬菜	甘蓝丝	甘蓝丝+紫甘蓝丝	甘蓝丝+莴苣切片	甘蓝丝+莴苣切片+玉米罐头(加工品)	玉米罐头(加工品)
肉片		牛里脊片	牛里脊+牛五花	牛里脊+猪里脊	牛里脊+腌牛舌	腌牛舌

← 生鲜食品 | 加工食品 →

生鲜食品的标识

· 标识项目
名称
原产地
加工年月日
识别标志

· 标识项目
名称
原材料
添加物
原料原产地
内容量
保质期限
保存方法
生产厂家
过敏物标识
加工年月日
识别标志

加工食品的标识

金枪鱼片
金枪鱼（国内产）、食醋、盐、砂糖、食盐调味料
保存温度 4℃以下
保质期限 14.2.25 加工日期 14.2.24
每 100g（日元）
298
价格（日元）
内容量
（g） 1P
4 910345 000000
㈱〇〇 △△店
东京都 ×× 区 ×× 街 ××

店内加工食品与外包食品的标识

根据食品标识法的要求，基于“确保食品安全”及“向消费者提供选择商品时所需的信息”两大目的，凡是市售食品，都应具备标识。

在日本，如今的相关分管机构已合并为一个——消费者厅，但作为规章的法律依据仍然相互交叉，因此规章依旧略为复杂。

规章主要基于JAS法和食品卫生法。此外，还涉及计量法等法律法规。

接下来，就通过梳理加工食品的标识项目，来确认规章的基本部分。

食品卫生法的适用对象为包装在容器中的加工食品、食用肉类、生食水产品（包括刺身）、果盘等。

根据相应法规，必须标明的项目有“名称”、“原材料”、“原料原产地”、“食品添加物”、“过敏物标识”、“保质期限”、“保存方法（若不注明保存温度，则为常温保存）”、“生产厂家”、“是否为转基因食品”等项目。

计量法的适用对象为生鲜食品（包括冷冻食品），对于含容器或包装的市售商品，该法规要求标明内容量及标识制作者的姓名和地址。

换言之，加工食品需要标注上述所有项目。因此，如果是外包食品，就需要在收货时确认标识与实物是否一致。

但如果是店内加工食品，即便有外包装，根据JAS法，部分项目也可省略。如JAS法中规定的“原材料”和“原料原产地”便可省略。

店内加工食品和店外包装食品标示上的差异

店内加工食品可以省略原材料名称的标示，但要以店内工作人员能够对不足信息进行说明为前提。

之所以省略，其前提是店内的工作人员能够讲解未标注的内容。因此，必须让全员事先共享所需的全部信息，或者事先任命专门的“商品标识负责人”，让该负责人掌握所有的信息、回答顾客的问题。

关于食品保质期限的标注

对于食品而言，期限标识不可或缺，它标志着食品的食用期限。具体来说，期限标识指的是“在生产厂家要求的保存条件下，以未开封为前提的食品食用期限”。

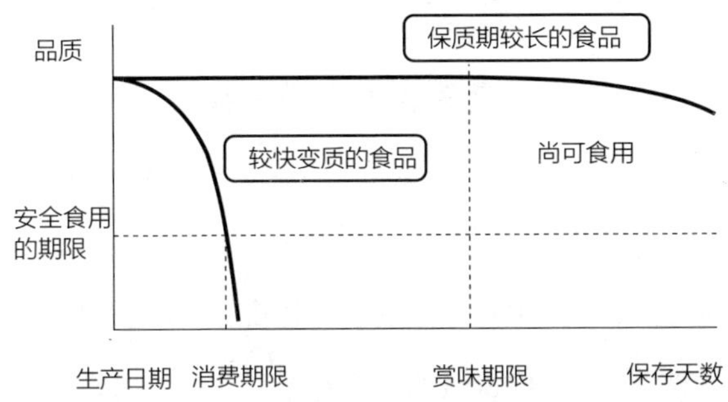

资料出处：农林水产省官方网站

赏味期限和消费期限的形象图解

判断和设定保质期的方法是综合化的。除了丰富的经验外，还要依靠细菌检查、水分、pH（※1）值等物理化学检测及感官检查（※2）等手段。

※1：pH值是表示水溶液酸碱性的单位。7是pH值的中性值，小于7为酸性，大于7为碱性。

※2：感官检查是指利用人的五感（视觉、触觉、听觉、味觉、嗅觉）而进行的检查。其还可细分为『分析型』和『评价型』，前者将人的感觉视为测定仪器，以数值来判定结果；后者则采取『喜欢』『讨厌』等感性化的判断概念。对于参加检查者，应事先对其进行测试和选拔，以保证人选适当。

保质期标识还可细分为以下两项：

①消费期限

该标识适用于像生鲜食品、便当、副食、西式软糕点等较易变质的食品。消费期限的含义为“过了该日期后，不建议食用”，往往用于保质期较短的食品。

②赏味期限

该标识适用于保质期较长的食品。在符合生产厂家要求条件的前提下，在该期限内，食品的口味和品质必须能够得到充分保障。

为了安全起见，生产厂家往往会将“标识保质期”时长设定为“实际保质期”的80%到90%。

保质期原则上须注明年月日，但对于罐头食品等保质期较长（3个月以上）的食品，允许省去日期，只标注年月。

此外，还有一些无保质期的特例食品。如食盐、砂糖、口香糖、冰块、冰淇淋等。只要保存得当，它们就不会腐坏变质，因此不设定赏味期限。

与上述的法定期限不同，还有一种“开封后的食用期限”，需由各店铺自行判断并设定。

对于“开封后食用期限”的设定，不但关乎食品安全问题，还能提升店铺对于食品口味和鲜度的管理水平。

如蔬果、鲜鱼、精肉等生鲜食品，它们的变质速度取决于气候、品种、物流和收货条件等多种因素，因此较难设定食用期限。必须秉着“抓原则主干、舍细枝末节”的态度，根据不同品种，分别设定食用期限。

设定保质期的方法

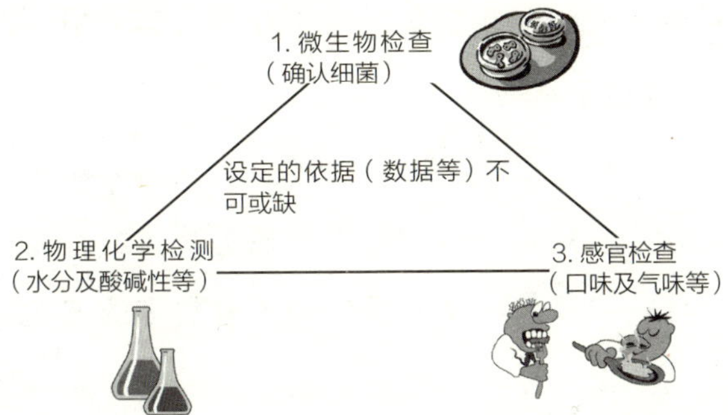

过敏标识是关键

2012年12月，日本东京都调布市发生的女学生食物过敏致死事件就是一起典型事故。该女学生为乳类过敏体质，在食用了学校提供的营养午餐（含芝士的韩式煎饼）后，引发了全身过敏反应（※1），最终死亡。其原因就在于校方把关不严，忽略了乳类物质——芝士粉。

如今，对特定食物过敏的人日益增多。以前，食物过敏的高发期为婴儿期（1周岁前），约占新生婴儿的一成。之后，随着身体的成长和免疫力的增强，过敏人数呈减少趋势。

然而，近年来，该趋势出现变化，成年后依然维持过敏体质的人

关于店内加工品标识的注意事项

务必注明添加物和过敏物！
原材料可不注明。

※1 全身过敏反应：其为全身各部位的一系列过敏症状，包括口腔和手足麻痹、荨麻疹、出冷汗，继而脉搏微弱、血压急剧下降、呼吸困难、意识丧失等。由于症状的出现和恶化速度极快，若不迅速、妥当地进行诊断和治疗，往往会造成重大事故。

在不断增多。

有数据显示，如今在日本，每 100 个成年人中，就有大约 1~2 人属于食物过敏体质。

为此，政府通过立法，将贴上食品的过敏标识作为厂商必须履行的义务。尤其对于过敏后症状较为严重、有危及生命之虞的两大品目——荞麦、花生及过敏人群较多的五大品目——蛋类、乳类、小麦、虾类、蟹类，法律规定这些品目属于“特定原材料”类，厂商必须予以注明。

此外，还有 18 种“建议注明”的特定原材料。

2014 年 8 月，特定原材料又增加了两种——芝麻和腰果。

把握过敏源的关键在于把握“形态发生改变的原料”，如酱油、豆瓣酱、佐料汁等调味料中的相关成分，都是必须考虑的因素。

换言之，对于原材料，不应将思维仅限于“一次原料”（如猪肉、甜橙和乌贼等），还应事先调查“二次原料”（如调味料中含有的原料素材）。

过敏标识事关人命，因此不可懈怠。因此，即便是店内加工品，也必须调查一次原料和二次原料的成分，并在此基础上制作标识。

如果是店员与顾客面对面进行的销售活动，则所卖商品可以省去标识。但要注意的是，这是以“卖场中的员工能够回答相关问题”为前提的。为了避免矛盾冲突的发生，除了商品一览表之外，最好另外制作一张“过敏物质一览表”，并张贴在卖场显眼处。

被列为过敏标识对象的原材料

特定原材料※法律规定必须注明	蛋类、乳类、小麦、虾类、蟹类	过敏人群较广
	荞麦、花生	过敏症状较重
视为特定原材料建议注明	鱼贝类：鲍鱼、乌贼、咸鲑鳟鱼子、鲑鱼、青花鱼	过敏人群较少
	水果：猕猴桃、桃子、苹果、甜橙、香蕉	
	肉类：牛肉、猪肉、鸡肉	
	蔬菜等：核桃、大豆、松口蘑、山芋	
	其他：明胶	

2014 年 8 月，又新增加了芝麻和腰果。

要想使店员能够明确回答顾客的问题，关键在于制作所售食品的“过敏物质一览表”。如下所示：

过敏一览表

品名	蛋类	小麦	乳类	荞麦	落花生	虾类	蟹类
炸猪柳盖饭	○	○	○				
炸虾盖饭	○	○	○			○	
天妇罗拼盘	○	○	○			○	
干烧比目鱼		○					
牛肉火锅	○	○					

水产品的“生鲜”与“加工”标识分类

下面，将围绕水产品的标识要点进行说明。

刺身单品和拼盘的标识

像金枪鱼造型刺身和高体鰤造型刺身等“单品刺身”属于生鲜食品，因此必须标注“名称”及“原产地”。

例如，“金枪鱼赤身”与“金枪鱼大肥赤身拼盘”，后者是同一种类（鱼种）的商品组合，因此仍然属于单品。这点需要注意。

由此可知，即便商品名为“金枪鱼拼盘”，也属于单品，须标注生鲜食品所需标识。

反之，诸如“金枪鱼配乌贼”、“金枪鱼、竹荚鱼、鲜虾拼盘”等组合商品则属于加工食品，因此须注明“名称”、“原材料”、“原料原产地”、“内容量”、“保质期限”、“保存方法”、“原产国”（进口食品需要）、“生产厂家”等项目。

此外，需要注意的是，作为生鲜食品的单品，还须标注养殖及解冻的相关信息，而加工食品则不需要。

刺身单品和拼盘

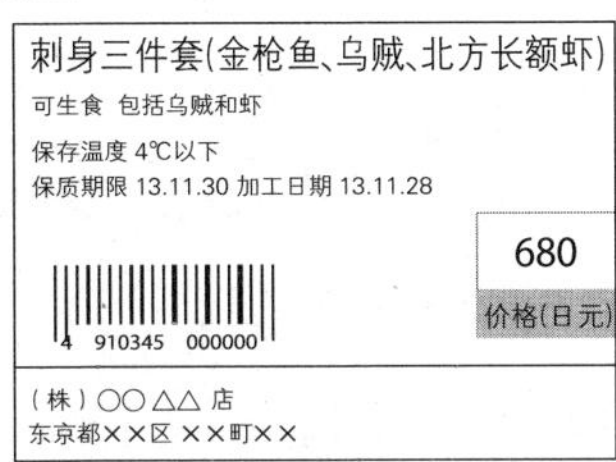

＜注意点＞ 单品须标注产地及解冻信息 多种单品的拼盘属于加工食品

①名称

应采用简单易懂的最常用名称，如“秋刀鱼”、“竹荚鱼”、“鲣鱼”等。

《鱼贝类命名指导方针》是权威且实用的资料，可作为参考。

关于水产品的标识方法

＜要点 1＞ 名称应采用常用名 标识规范并不承认像“关青花鱼”等品牌名，这点要注意 ＜要点 2＞ 切勿忘记标注产地 国产货：捕捞水域 若标注水域有困难，则应标注渔船卸货的港口名称 还应注明卸货港口所在的都道府县名称 水域、卸货港口及其所属都道府县名称可一并标注 进口货：标注原产国 可将水域与原产国一并标注 ＜要点 3＞ 若需要，则必须注明“解冻”及“养殖”字样 ＜要点 4＞ 若可生食，则须注明“可生食”（刺身用）

按照《鱼贝类命名指导方针》的规定，对于外来鱼种，不

能使用诸如“银牛眼鲢”、“金目鲈鱼”等给人以“高级鱼”错觉的名称。

因此，“银牛眼鲢”必须以“小鳞犬牙南极鱼”的名称来标注，“金目鲈鱼”则必须以“尼罗尖吻鲈”的名称来标注。

此外，该指导方针也不承认品牌名，因此诸如“关青花鱼”“越前楚蟹”应标注为“日本青花鱼”和“楚蟹”。

②原产地

国产货应注明捕捞水域（如太平洋、千叶县远海、北陆远海、陆奥湾等），若由于水域交叉而导致标注有困难，则应标注渔船卸货的港口名称或卸货港口所在的都道府县名称。

捕捞水域、卸货港口及其所属都道府县名称可一并标注。

渔船在日本国内港口卸货的情况下，如果是日本籍渔船，则可按照既述原产地标注；如果是外籍渔船，则其所属国家即为原产地。

例如，日本籍渔船在北海道远海捕获了秋刀鱼，在小樽靠岸卸货，则应将其标注为“北海道产秋刀鱼”。但如果捕捞渔船为中国籍，即便同样在北海道远海捕获了秋刀鱼，在小樽靠岸卸货，也只能标注为“中国产秋刀鱼”。

这是基于“进口货应标注原产国”的原则。

③养殖

养殖的水产品须注明“养殖”字样。所谓养殖，其标准定义为“以增加幼鱼等水产品的重量或品质为目的，在上市前，通过投食使其发育成长”。

因此，在养殖过程中不对其进行投食的水产品（如牡蛎和虾夷盘扇贝等），则无须注明“养殖”字样。

④解冻

以冷冻状态收货、在解冻后以冷藏状态销售的商品，应注明“解冻”字样。

⑤可生食

像刺身鱼肉和造型刺身等可直接生食的商品，应注明“可生食”或“刺身用”的字样。

须标注原料原产地的商品

像“鳗鱼蒲烧”这样的商品，就必须注明原料原产地。按规定，水产品中的“干货鱼贝类及腌制鱼贝类”（如鲱鱼干、开背竹荚鱼干、鱿鱼干等）、“腌藏鱼贝类及腌藏海藻类”（如盐腌青花鱼、盐腌青鱼子、盐腌裙带菜等）、“调味鱼贝类及海藻类”（如酱油腌金枪鱼、醋拌海藻等）、“蒸煮鱼贝类及海藻类”（如蒸蟹、热焯小沙丁鱼等）都必须注明原料原产地，因此在销售时，应明确标注商品的原料原产地。

关于水产品的标识(实例)

此外，还可能会出现原料原产地和加工地不一致的情况，要特别注意。比如，生产商采购了产自荷兰的青花鱼，在日本的小田原市将其加工成开背青花鱼干，于是超市内的 POP 上就明确标注“小田原产”。类似的情况时有发生。

其实这样的标注是违规的，有误导消费者之嫌。正确的标识应为“原料原产地 ：荷兰，加工地 ：小田原市”。

证明商品产地及是否野生
应要求供应商会在发货单或交货凭证上写明商品信息（如产地、是否野生及是否解冻等）。

在与供应商磨合时，对其的“教导”和“制约”也是不可或缺的环节。

必须能够证明商品产地及是否野生

①产地

对于市售的水产品，应如何“追本溯源”地标注其产地呢？

收货时，水产品的纸板箱、泡沫箱等包装容器表面，以及交货凭证上往往会注明产地。作为进货方的零售商，应拥有解释商品产地的依据，并保存相关证明。从而在标注商品时做到胸有成竹。

反之，倘若采购的水产品并没有在包装箱上注明产地，而只是通过电话从供应商那里口头确认了产地，就无法作为有效证明。正所谓“口说无凭”，必须有白纸黑字的证明。

近年来，对于食品产地的标注规定愈发严格，仅凭公司内部或公司总部开具的产地信息，政府相关部门已经渐渐不予以承认了。

因此，必须事先获取供应商提供的产地书面证明，否则便视为无效，这点要注意。

②野生

有的水产品具有“野生”的标识，但并非除养殖以外的所有水产品都能如此标注。

养殖的水产品须注明“养殖”字样，但野生的却允许省略“野生”字样。可一旦注明了“野生”，就必须与产地一样，具备相关证明。如果要在所售商品上标注“野生”，就必须要求供应商在交货凭证或包装箱上注明“野生”，以作为书面证明，否则就不可随意标注。

为准确标注商品产地和是否为野生的信息，商铺的上级应把商品原料的相关信息向店员传达到位。

例如，有的鱼需要加工、切片，然后冷藏。如果与原料（鱼）相关的信息（如产地等）传达有误，标注产地的员工就会出错。

为了把相关信息准确传达至每道工序的作业员，应将所有信息记录在“指示书”中，并加以保管。

鱼类的添加物及过敏标识

只要是加工品，就必须具备添加物及过敏标识，店内加工的食品亦不例外。像蒸章鱼、酱油鲑鳟鱼子等，虽然原料是生鲜水产品，但由于使用了添加物，因此属于加工品。

因此，像蒸章鱼和酱油鲑鳟鱼子之类的加工品，就必须注明所含的添加物及过敏原。

如果海鲜拼盘中有虾类，也需要注明过敏原。在水产品中，规定必须标注为过敏原的有虾类和蟹类，建议标注为过敏原的有鲍鱼、乌贼、鲑鳟鱼子、鲑鱼、青花鱼。

标注方式有很多种，只要能让顾客一目了然即可。如在店铺印发的标签上打印相关信息，或按照"虾"、"蟹"、"鲑鱼"的分类制作小贴纸，贴在相关商品上。

作为零售商，应特别注意类似"下酒菜拼盘"之类的商品，其中往往含有各类海鲜刺身。

这类商品中倘若含有虾蟹等海鲜原材料，则必须注明过敏原。此外，像蒸章鱼这种容易漏掉添加物标识的商品，也是应该着重注意的对象。

同理，在进货时也要多加注意。比如供应商的金枪鱼鱼排，其中常常含有添加物，如果将其与"同源"的金枪鱼赤身、金枪鱼肥脂一起打包销售，就必须按照加工品处理。

此外，在销售时，自然也不能忘记注明金枪鱼鱼排中所含的添加物。

照烧等加工品与店内分装品的区别

①照烧等店内加工品

店内烹饪加工的烤鱼、照烧鱼及蒸鱼，在销售时可不标注原材料，但必须标明添加物及过敏原。以店内加工的照烧鱼为例，必须注明其佐料汁中含有的添加物及过敏原。

而像蒲烧鳗鱼这样的商品，即便是店内加工，也必须注明原料原产地。因此不可漏标鳗鱼的产地信息。

②店内分装品

诸如咸鳕鱼子等鱼子类食品，以及竹荚鱼干、青花鱼干等盐腌干货，它们都属于店内分装品，店铺采购的是冷冻货品，然后在店内进行解冻和分装。这种情况下，店方常常会忘记在食品上标贴供应商提交的添加物及过敏原信息，这些信息通常写在贴签上。按照相关法规，如果忘记标贴，就属于遗漏食品安全信息的违规行为，应杜绝类似失误。在出库及码货时，必须予以确认。

在商品换季及货架调整时，如果不使用新贴签，而只是使用之前剩余的贴签，则常常会导致商品与信息不匹配，类似的事故在超市中时有发生。究其原因，往往是“扔掉可惜”的“节约精神”，但凡事要抓大放小。因此在商品调整或更换时，应养成良好习惯，报废所有旧贴签。

照烧等店内加工品

正面打印标签

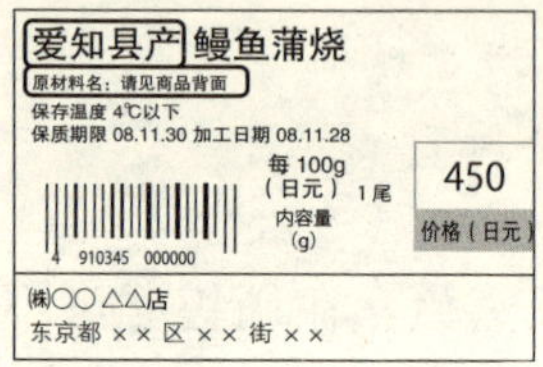

背面打印标签

要点①

即便是加工品，像鳗鱼加工品（如鳗鱼蒲烧）、腌制干货（如开背竹荚鱼干）、腌藏食品（如咸鳕鱼子等），仍须标注原料原产地。

要点②

诸如蒲烧一类的加工品，须标注原材料、添加物及过敏原。

关于变更了保存温度的商品

如果冷冻食品以冷冻状态销售，则不存在任何问题。然而，诸如鱼干和鱼子等商品，采购时是冷冻状态，但销售时是解冻后再冷藏的状态，因此须更改标识。

具体来说，必须变更“保存温度”和“保质期限”。倘若不予以变更，则标注的保存温度与陈列冷柜的温度就不一致了。

此外，原保质期限是以冷冻状态为依据的，但在冷藏状态下，这一期限会缩短。

因此，采购时是冷冻状态，销售时是冷藏状态的商品（如鱼干和鱼子等），须将保存温度变更为陈列冷柜的冷藏温度，并相应地调整保质期限。店方可将变更后的信息打印在贴签上，然后张贴在商品包装上（这也相当于一道加工工序，因此应注明“保存温度变更者”的信息）。

有的超市会把虾、乌贼和箭鱼按照不同温度（冷冻和冷藏）分别销售。比如冷冻销售的保质期限为两周，冷藏的则为一天。企业应事先设定好相关数据，只要输入条码，机器就能自动打印出对应的贴签。有的企业会把商品的保存温度和保质期限放入同一个条码内，根据当天的陈列面积和布局进行变更。

在给商品贴标签时，除品名外，还必须确认保存温度和保质期限与当天码货的冷藏或冷冻陈列柜是否相符。在陈列商品和检查卖场时，除了商品的鲜度以外，还应检查其保存温度及保质期限。

此外，冷冻食品一旦解冻，便不能作为冷冻食品销售。解冻后，由于温度变化，该商品便不再是“冷冻食品”了，这点必须明确。何为冷冻食品？其参考基准为两点，一是“在零下15℃的低温下保存”，二是“必须用清洁卫生的合成树脂材料、铝箔或耐水性特种纸包装保存”。如果满足不了这两个条件，便不能称之为冷冻食品。

关于保存温度的变更

采购时是冷冻状态，销售时是冷藏状态

保质期限 13年11月30日
保存温度 4℃以下
保存温度变更者
（株）○○
○○县 ○○市 ○○町○－○

须注明变更后的保存温度、保质期限，以及变更者的名称、地址等信息。

标识与陈列的要点

道理其实很简单，如果在陈列前，不对商品标注的信息加以确认，就可能受到工商行政管理部门的处罚。

以下具体情况应格外注意：

①广告传单及店内标识的法规区别

广告传单上常常会写有生鲜商品的产地，但由于天气等突发因素，并不能保证商品一定能及时到货。比如，由于物流滞后，店方无法及时采购到宣传单上的商品，店内 POP 却依然沿用宣传单上的描述，则这种销售方式涉嫌违规。

广告传单的印制和散发往往比商品实际到货时间提前 1~2 周左右，考虑到前面提到的种种突发情况及物流中转问题，有的店方会采取“注明多个产地”或“不写明产地”的方法，按照相关政策法规，对于广告传单上的宣传内容，可以如此处理。

但店内的标识则不同，必须注明实际到货的商品产地。

因此，店方必须通过供应商提供的票据来确认商品产地，进而记录在标识中。

此外，如果同时销售多个产地的同种商品，按照规定，应以陈列量为基准，按照“从多到少”的顺序，依次注明产地。

在陈列空间不足或力推热销商品时，有的卖场会将整箱商品堆放在动线或货柜旁。此时，纸板箱上标注的商品产地和单件商品上标注的产地必须一致。

②标注温度必须与实际一致

如果商品包装上写着“保存温度：10℃以下”，销售时，就必须将其置于10℃以下的冷柜中，否则便视为违规。一旦注明了“冷藏商品”，即便该商品可以在常温下保存，也必须在标注的温度下销售。

反之，如果把未标注保存温度的商品以冷藏状态销售，则没有任何问题。

③关于POP中的“功效标注”及“药性效果”

不可使用诸如“预防高血压”、“消除疲劳”、“增强体力”、“促进食欲”之类的表述，这是促销时的一贯原则。有的商家不直接采用此类措辞，而是引用或复印相关的书籍资料，这其实也是不允许的。

上述的促销行为皆触犯了《日本健康增进法》和《日本药事法》，属违规之举。

“优良误导”与“有利误导”

2013年10月，总部设在大阪市的某知名大酒店曝出违反“赠品标识法”的新闻，作为商品标识误导消费者的典型案例，被舆论及大众所关注。

具体来说，误导可分为两类：

①优良误导

为使商品的内容物呈现出优于实际的效果而传播“以次充好”的促销信息。如将普通大葱称为“九条名产大葱”，将通过蛋白黏合的组合肉称为“高级牛排上腰肉”。

②有利误导

没有调查过周边商家的价格，就贸然宣传自己是“本地最低价”，或者明明套装不比单买划算，却赫然标注“套装超值价”。

< 利用 POP 强调功效、效果的标识例 >

吃章鱼可以提高视力、降低胆固醇。

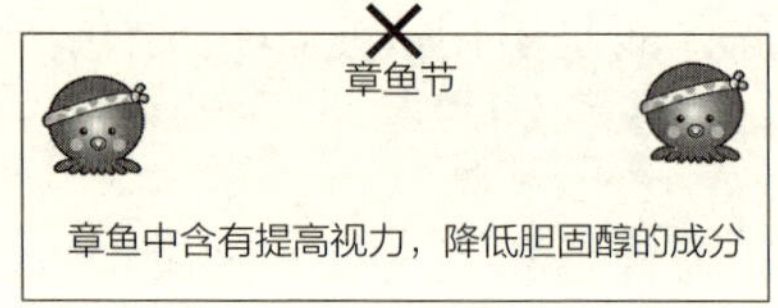

降价处理的要点

降价处理时，不管采用堆头陈列方式还是“装多少拿多少”的方式，都应注意以下要点：

①严禁将冷冻冷藏商品以常温销售

所有的商品都必须注明名称及原产地

如果是冷冻冷藏商品，即便降价处理，法规也禁止常温销售。哪怕商品只是脱离低温环境1~2小时，若被发现，也会遭到有关部门的警告和教育。倘若屡教不改，企业领导就必须提交书面检查。因此必须将商品置于冷柜中销售。

②绝对不可遗漏的标识

只要是生鲜食品，就必须标注“名称”及“原产地”。

像秋刀鱼等可以散装销售的商品，在最后称重装袋时，每袋上都应贴上写有上述两项信息的价签。

有的商家会将价签的商品名一栏标注为“降价处理品”，且不标注原产地，这样就属违规行为。符合要求的价签必须标有诸如“北海道产秋刀鱼”、“长崎县产青花鱼”等字样。

如果散装销售的是加工品（如米糠酱腌红鱼、酱油腌金枪鱼等），就必须注明添加物和过敏原。要注意，并不能因为是散装销售就遗漏标识。

③注意降价处理贴签的张贴位置

在包装商品上张贴降价处理贴签时，注意不要遮挡原有的“保存温度”、“保质期限”等必需信息。即便信息存在，倘若被降价处理贴签遮挡，也属于违规。

④妥善处理组织液外渗的商品

对于组织液外渗的水产品，有时会在去除外渗液体后重新打包贴签，再陈列销售。此时应注意保质期限的标识。如果在重新包装和贴签时没有相应地变更保质期，就属于违规延长保质期的行为，这是不允许的。

第8章

1年12个月的“周度”销售规划

销售主题与重点推销商品

1月

1 正月刺身拼盘

促销期1日~6日

作为新年的起始，餐桌上的“新年佳肴”自然也很重要。可向顾客推荐“家庭聚会刺身拼盘”，除了每年该时期卖场必备的“6样拼盘”、“8样拼盘”外，还应该推出能获得年轻人、女性顾客和儿童青睐的“新企划商品”，从而取悦顾客，提升销量。近年来，顾客对于“正月刺身”的口味偏好的确在发生变化，因此应该尽量推出新口味，哪怕只占总体的一到两成，也是值得尝试的。

图为装盘方式的创新——通过搭配莴苣和洋葱等蔬菜，赋予拼盘以新意，既可采用蘸芥末酱油的日式吃法，也可采用蘸色拉酱的西式吃法。装盘乍一看似乎很复杂，其实习惯后并不难。只要提前制定商品加工手册，将作业分工为“切割组”和“装盘组”，就能实

家庭聚会刺身拼盘（实例）

现较高的生产效率。

近年来，正月商战逐渐呈短期化趋势，主要的热销时段集中在年初一和年初二。再加上正月时的出勤员工少于平日，因此各项作业往往不得不在人手不足的情况下进行。为了妥善应对这段繁忙期，刺身拼盘是最为合适的商品规格，只要事先做好作业培训，让操作工熟悉流程，不管是从其他部门临时调过来的帮手，还是外聘的临时工，都能较好地胜任加工工作。

重点促销商品：大型刺身拼盘、大型寿司拼盘、蟹、鱼子类（调味青鱼子、酱油腌鲑鳟鱼子、咸明太鱼子）。

2 成人节①祝贺！

促销期12日~14日（成人节）

“成人节祝贺”促销活动的持续时间为12日~14日（成人节），为期三天。每年惯用的促销方式是力推鲷鱼及“出世鱼②”的刺身拼盘和花式拼盘等，但效果却总是差强人意。虽说成人节是青年男女与家人一起欢度的节日，但年轻人和家中父母、祖父母等长辈之间存在着口味差异，所谓众口难调，一件（大礼包）商品自然很难满足所有的家庭成员。

鉴于此，本次促销活动应该根据顾客年龄段加以细分，针对不同人群，推荐不同商品。价格控制在“每包580日元”左右，

---

① 译者注：“成人节”是日本节日之一，目的是向全国于该年度年满20岁的青年男女表示祝福。

② 译者注：“出世”意为“成长、成功、出人头地”，日本人把一些长大后体型较大的鱼种称为“出世鱼”，在不同成长阶段，赋予其不同的鱼名。

并采取“2 包 980 或 1000 日元”的捆绑优惠方案，以满足顾客多样化的需求。

商品种类方面，应向顾客提供普通刺身拼盘、花式刺身拼盘、红白海鲜拼盘、金枪鱼刺身拼盘（金枪鱼寿司拼盘）、色拉套装、刺身色拉等，至少要保证 5 到 6 种品类，最好能达到 7 到 8 种。

	商品种类	食材
针对年轻人	居酒屋色拉套装 刺身蘸色拉酱 蔬菜（洋葱丝、莴苣）刺身拼盘	各种刺身用鲑鱼 色拉材料（色拉虾、虾夷盘幼贝） 烟熏鲑鱼、蟹肉、蟹棒
针对中老年人	经典刺身、花式刺身蘸芥末酱油、红白海鲜拼盘 金枪鱼刺身拼盘、金枪鱼寿司拼盘、鲣鱼造型刺身	金枪鱼、鲷鱼、乌贼、章鱼、高体鰤 吉祥鱼（鲷鱼、鲣鱼）

3 寒鱼节

促销期 15 日 ~20 日（大寒）

此时是冬季时鲜水产大集合，有寒鰤、寒青花鱼、寒鳕鱼、寒蓝点马鲛、寒比目鱼、寒蚬贝、寒牡蛎等。可以根据实际进货情况加以调整，但应该把寒鰤、寒青花鱼、寒鳕鱼作为“三大主打商品”。而寒蓝点马鲛可谓“黑马”，可能由于海水温度上升的缘故，最近连日本东部的居民也渐渐开始喜食该鱼种，其鱼块的销量值得期待。

从大范围来说，5 日入寒，2 月节分[①]的后一天出寒。这段时间都可作为寒鱼促销期。其中，15 日 ~20 日为大寒，可谓促销高潮。此时应备齐各种寒鱼商品，大力开展“寒鱼节”促销活动。由于活动期相对较长，为了避免给人以单调刻板的印象，应让促销专区“张弛有度，变化丰富”，比如：工作日以寒鳕鱼、寒鰤、寒青花鱼为主力商品，分别进行促销；周末或节日则备齐商品，全力促销。还应利用 POP 等促销手段，向顾客讲解“寒鱼”一词的由来、宣传寒鱼的美味之处。

1 月 20 日（周日）大寒

寒鱼主题促销

鱼脂丰富的冬季时鲜水产——寒鰤、寒青花鱼、寒鳕鱼、寒蓝点马鲛、寒比目鱼、寒牡蛎、寒蚬贝等。

寒比目鱼		寒青花鱼鱼块		寒鰤		寒鰤		寒鳕鱼		寒牡蛎	
刺身用鱼肉	造型刺身	2 块装	3 块装	鰤鱼萝卜套装	鱼下巴肉	造型刺身 2 样拼盘	薄片造型刺身	鳕鱼火锅套装		小包	大包
寒蓝点马鲛鱼块		寒青花鱼		寒鰤鱼块		刺身用寒鰤		寒鳕鱼鱼块		寒蚬贝	
2 块装	3 块装	2 片切（整条鱼）	3 片切（整条鱼）	沿腹骨切 2 块装	沿腹骨切 3 块装	鱼肉	鱼片	2 块装	3 块装	小包	大包

重点促销商品：寒鰤、寒青花鱼、寒鳕鱼、寒蓝点马鲛。

① 立春的前一天。

4 火锅节 火锅食材与火锅蘸料的组合促销

促销期 21 日 ~27 日

一年最冷数大寒！　　火锅节　　火锅暖身又暖心！
向您推荐与各种蘸料搭配的火锅套装，一步到位，方便美味！敬请惠顾。

泡菜火锅蘸料	什锦火锅蘸料	相扑火锅蘸料	豚骨火锅蘸料
制造商 ○△□ 制造商 ▼○■ 2F	制造商 ○△□ 制造商 ▼○■ 2F	制造商 ○△□ 制造商 ▼○■ 2F	制造商 ○△□ 制造商 ▼○■ 2F
海鲜泡菜火锅套装 2F	海鲜什锦火锅套装 2F	相扑海鲜什锦火锅套装 2F	海鲜豚骨火锅套装 2F
试吃 ○○○ ◯	试吃 ○○○ ◯	试吃 ○○○ ◯	试吃 ○○○ ◯

正如历法所示，1 月 20 日为“大寒”，即一年中最为寒冷的时期，也是火锅需求量最大的时期。从秋季开始开展的火锅促销活动，其实都是为了这段时间所做的铺垫，如果把前期的铺垫视为“播种”，那如今便是“收获”（销售额）的关键时期。要体现出与之前促销活动的不同，向顾客推荐各种火锅套装。

生鲜食材周边陈列着各种品牌的火锅蘸料，对应各种火锅（如什锦火锅、相扑火锅、泡菜火锅、豚骨火锅、番茄火锅、咸味火锅、大酱火锅等），可谓琳琅满目、数不胜数，但蘸料与在售的火锅食材和火锅套装之间的关联性并不强。

因此，这次应将“火锅蘸料与火锅套装组合”作为企划的着眼点。从数量种类繁多的蘸料中精选 4 到 5 种，与所对应的火锅套装一起搭配销售。需要注意的是，不仅要在食材选择上下功夫（与蘸料和火锅种类对应），还要与蘸料所标注的量（几人份）正确对应。应开展试吃活动，让顾客品尝陈列的火锅蘸料与火锅套装的成品口味，从而让顾客接受这种美味且便捷的商品形式。

2月

1 节分！海鲜惠方卷[①]（粗手卷）及手卷寿司促销节

促销期 2 日 ~3 日

到了节分，不少家庭会亲手制作海鲜惠方卷或手卷寿司，因此应力推套装商品和寿司材料。一般在节分前一天就应该在卖场设置促销专区，但由于销售高峰在节分当日，因此切勿在前一天码货过多，从而导致商品损耗。与单价较高的惠方卷成品相比，水产部门的“食材套装”就显得非常合算——3 人份套装售 880 日元，顾客自己亲手制作，人均消费不到 300 日元，就能享用正宗的海鲜惠方卷，因此应该对其进行大力宣传和促销。

节分当日，促销专区的陈列应以海鲜手卷寿司套装和惠方卷套装为主，周围摆放各种寿司材料（如金枪鱼、幼鰤、鲷鱼、鲑鱼、金枪鱼鱼排、寿司虾、厚底煎蛋、鲑鳟鱼子、蒸色拉虾、酱油腌鲑鳟鱼子等）。此外，还应着力推销以鲷鱼、新鲜贝类或

① 译者注：惠方卷是一种特色寿司，内卷腌葫芦条、黄瓜、鸡蛋卷、鳗鱼、肉松、椎茸等七种食材，代表“七福神”。在节分日食用，象征着把福气卷起来吃掉，因此也有“招福卷”、“幸运卷”、“开运卷”等名称

海藻为汤料的鲜汤套装。关联商品方面，应备齐各种紫菜海苔（包括制作大手卷、半手卷及手卷寿司的海苔）和五色什锦寿司饭配料、寿司醋、肉松等。宣传方面，应利用图示板、POP等手段来烘托“节分”的气氛，并通过拼盘实例图和食谱介绍来激发顾客的购买意愿。

手卷寿司食材套装780日元（左）、580日元（右）。分别为两种切法的刺身成品，左边的切成片状，右边的切成棒状。

2 火锅食材促销节！搞个西式火锅换口味

促销期7日~11日

此时，不少火锅食客对普通火锅已经有点厌倦了，因此可以力推诸如普罗旺斯鱼汤锅（法国料理）、海鲜饭（西班牙料理）等西式料理。普罗旺斯鱼汤锅的食材有新鲜牡蛎（也可采用蒸牡蛎）、贻贝、蛤蜊、虾夷盘幼贝等贝类；新鲜鳕鱼、鲷鱼等白肉鱼鱼块；有头虾、虾仁、梭子蟹等甲壳类。而西班牙海鲜饭所需的食材也几乎相同，只要再加上鱿鱼圈（新鲜或冷冻）即可。有的贻贝壳大肉小（瘦），在选货和进货时要多加注意。

促销专区的陈列应以普罗旺斯鱼汤锅套装和西班牙海鲜饭

为主，周围摆放各种相关食材。有的顾客对这种西式火锅不太熟悉，可以利用POP和食谱贴士等手段，向顾客宣传讲解简单的烹制方法。此外，火锅蘸料及调味料等关联商品的促销也非常重要，切勿疏忽或遗漏。

普通火锅吃腻了？试试西式火锅吧。

“普罗旺斯鱼汤锅 & 西班牙海鲜饭”促销节

简单又美味。享用完普罗旺斯鱼汤锅后，剩下的底料还能做成西班牙海鲜饭。一次享受两种美食！

※推销普罗旺斯鱼汤锅和西班牙海鲜饭的关联商品（火锅蘸料、调味料）。

※制作标注简单烹制方法的POP或食谱贴士，并展示成品实物模型。

鱿鱼圈		养殖真鲷鱼块（小块）		西班牙海鲜饭套装		阿根廷有头红虾	贻贝	梭子蟹蟹腿
	2F	3块装	5块装	2人份680日元 2F	3人份880日元 2F	1F	1F	1F
牡蛎		新鲜鳕鱼块（小块）		普罗旺斯鱼汤锅套装		蛤蜊贝	虾仁	虾夷盘幼贝
蒸牡蛎 1F	新鲜牡蛎 1F	3块装 1F	5块装 1F	2人份680日元 2F	3人份880日元 2F	1F	1F	1F

3 盐腌鳕鱼子、咸明太鱼子促销节

促销期12日~17日

鲑鳟鱼子、咸大马哈鱼子的进价长期居高不下，盐腌鳕鱼子、咸明太鱼子的新货上市价也上涨了两成。在这种“鱼子价格全面看涨”的行情下，不少鱼子食品加工商采取“减少分量，维持原价”的变相涨价方式，使不少与鱼子相关的商品在顾客心中“失宠”。在这样的大环境下，有时采取逆向思维，将采购的鱼子块（原体）在店内分装打包出售，亦不失为一种好的促销方法。

分装打包出售的关键在于“容量差异化”——分为小、中、大、特大等不同单品，小、中、大包按量定价（如每克多少日元），小包150~200日元，中包250~300日元，大包300~400日元；特大包则按包定价（即每包多少日元）为580~980日元。与整包装相比，散装鱼子块的价格更便宜，但也要保证其品质和口味。

以POP为载体，向顾客宣传鱼子的多种吃法。不仅限于搭配平时的早饭和茶泡饭，还可用来搭配周末美食（如意大利面和加料吐司等）。

盐腌鳕鱼子、咸明太鱼子促销节
新货上市！烹饪方式多样的盐腌鳕鱼子、咸明太鱼子 现在购买最划算！

※开展试吃活动，让顾客品尝鱼子与其他美食的搭配效果（如加料吐司等）。

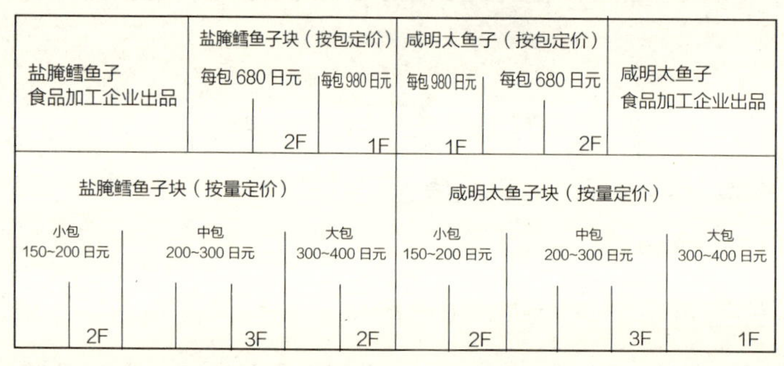

4 金枪鱼 VS 鲣鱼

促销期18日~24日

由于价格行情走低，解冻金枪鱼和解冻鲣鱼销路看好，因此可将“解冻大眼金枪鱼 VS 解冻鲣鱼・解冻长鳍金枪鱼”作为促销主题，推销用来下饭的刺身食品。近来，由于印度洋大眼金枪鱼的捕捞迎来了“丰收季”，使其冷冻赤身的鱼市价格略有下降。有的超市零售企业甚至打出了“大眼金枪鱼赤身 每 100g 仅售 198 日元”的促销价。本年度，与鲑鱼相关的海鲜产品持续热销，也从一定程度上挤压了金枪鱼的销路空间，许多超市卖场所陈列的金枪鱼加工食品种类有限，甚至仅有金枪鱼鱼排和金枪鱼肉碎。因此应该把握这个时机，备齐货品（包括金枪鱼鱼肉、金枪鱼鱼片和金枪鱼造型刺身）。尤其是每 100g 售价不到 300 日元的金枪鱼赤身，应力推横切的鱼片单品。

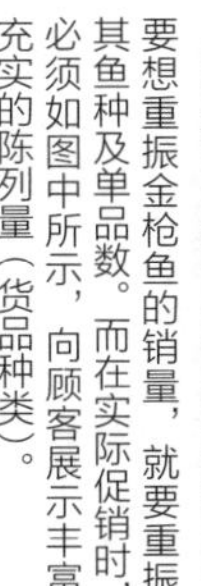
要想重振金枪鱼的销量，就要重振其鱼种及单品数。而在实际促销时，必须如图中所示，向顾客展示丰富充实的陈列量（货品种类）。

在用宣传单集中促销期间，最好能够充实陈列量（货品种类）。卖场促销时，应以大眼金枪鱼赤身为主力，辅以解冻长鳍金枪鱼、解冻鲣鱼和鲣鱼鱼排。且以鱼肉和鱼片为主推商品。货品方面，大眼金枪鱼和长鳍金枪鱼的圆盘刺身和肉碎、解冻鲣鱼的色拉套装、凉拌鲣鱼鱼排等都是应该备齐的。此外，在加工解冻鲣鱼和制作凉拌鲣鱼排时，鱼排的处理非常关键，接近镰状鱼骨和鱼尾的部位“骨多肉少”，价值不高。可将其切成薄片，作为色拉套装和凉拌鱼排的主料。这样一来，不但使余下的部位卖相更佳，也减少了损耗和浪费。

3月

1 女儿节[①] 一家人共同享用的海鲜什锦寿司（散寿司饭）

促销期 2 日、3 日

3月3日（周日）“女儿节”**海鲜什锦寿司（散寿司饭）、海鲜手卷寿司专场促销** “简便”、“美味”、“开心”的家中自制美食。向您推荐海鲜什锦寿司和海鲜手卷寿司。

新鲜大西洋鲑鱼	枪乌贼	金枪鱼鱼排	太平洋蓝鳍金枪鱼腹肉	鲷鱼	海鲜手卷寿司套装 3人份 2F	2人份 2F	酱油腌鲑鳟鱼子	腌飞鱼鱼子	虾夷盘扇贝贝柱	烤康吉鳗
虹鳟 2F		鰤鱼	金枪鱼赤身 2F		海鲜什锦寿司套装（散寿司饭） 3人份 2F	2人份 2F	寿司虾	蒸色拉虾	虾夷盘幼贝	厚底煎蛋

※ 在 POP 上注明寿司制作方法。用实物成品来展示使用套装食材制成的海鲜什锦寿司（散寿司饭）和海鲜手卷寿司。
※ 可推销的关联商品：肉松、蛋皮丝、黄瓜、嫩叶菜等。

既然是女儿节促销，其目标客户群自然是女性，因此无论是商品还是卖场，都应努力营造出“缤纷多彩”的氛围。

可以向顾客推荐海鲜什锦寿司（散寿司饭）和海鲜手卷寿司，这些都是全家人能够一起享用的美食。

定价方面，海鲜什锦寿司套装和手卷寿司套装的建议售价均为 580~680 日元（2 人份）、780~980 日元（3~4 人份）。

---

① 译者注：女儿节是日本女孩子的节日，又称雏祭、人偶节。本来在农历三月初三，明治维新后改为西历 3 月 3 日。

寿司食材方面，以金枪鱼、鲑鱼、寿司虾为主，辅以鲷鱼、鰤鱼、蒸色拉虾、康吉鳗、酱油腌鲑鳟鱼子、厚底煎蛋等。

女儿节是3月初春的首个节日，在促销专区铺上粉色或红色的地毯，既能装点“女儿节”的促销主题，也能体现春季的灿烂气息。

汤料方面，除了经典的文蛤汤和蛤蜊汤外，还可向顾客推荐鲷鱼汤料套装。

2 春季小鱼促销节

促销期 3月

炸玉筋鱼（面条鱼）和酱油生姜煮玉筋鱼是春季应景美食，加上小沙丁鱼干，都是该时期的促销主力。玉筋鱼属鲈形目玉筋鱼科，日本各地对它有不同叫法，如日本东部居民称玉筋鱼的鱼苗为“小女子”，日本西部居民则称其为“新子”。

日本濑户内海、北海道及东北地区的水域是玉筋鱼三大产区。而该时节上市的新鲜玉筋鱼主要产自濑户内海一带，是烹制炸玉筋鱼（面条鱼）的绝佳食材。

玉筋鱼（面条鱼）钙含量丰富，据说还有减少血液甘油三酯、胆固醇和预防癌症的功效。应在POP中灵活宣传。此外，与陈货相比，油炸新鲜玉筋鱼（面条鱼）的口感更为肥美柔滑。正所谓“浓缩才是精华”，鱼体越小，越被视为上品，鲜味更为醇厚和集中。

至于吃法，既可直接食用，也可“加萝卜泥拌柚子醋”或者“加洋葱拌柚子醋”，都很美味。

由于玉筋鱼（面条鱼）的捕捞量并不稳定，因此不要把主推商品局限于炸玉筋鱼（面条鱼）和酱油生姜煮玉筋鱼，还可向顾客推荐小沙丁鱼干和核桃煮玉筋鱼苗。定价方面，小沙丁鱼干的建议售价为每包 100 日元、200 日元和 300 日元左右，按分量设定 3 个价格阶梯。

3 春季时鲜鱼促销节 以真鲷为主 全面提升销量！

促销期 3 月

此时正值时鲜期的鱼类品种繁多，除最主流的真鲷、眼张鱼、六线鱼之外，还有小银绿鳍鱼、小鳍红娘鱼等，可谓“舌尖上的春季”。应全力推荐各种相关商品（如新鲜全鱼、造型刺身、“一夜干”[①]及鱼串等），从而打开销路。

小鲷鱼串

小银绿鳍鱼造型刺身

造型刺身的制作过程相

① 日本一种特殊的保存渔获方法，干制鱼类的制作方式。

对耗时，量贩难度较高，但如果配以海藻，便能营造出卖场的季节感并提升档次，是能够发挥关键作用的商品，即便数量不多，也应积极陈列。

如今，如果仅靠全鱼，已经无法突破销量瓶颈。

能否激发顾客的购买欲是促销成功与否的关键。应向顾客提供诸如开背鱼干（“一夜干”）和鱼串等种类丰富的商品。

4 春假！丰富孩子们的午餐选择

促销期 3 月下旬

时值春假，家庭主妇们往往会因为“午饭给孩子做什么好”而烦恼。

超市商家此时可以推荐孩子们普遍钟爱的“铁板烧＋面食”，如大阪烧和章鱼烧等。

定价方面，海鲜铁板烧和大阪烧食材套装的建议售价为 398 日元（2 人份）、580 日元（3 人份）。促销时，应突出食材套装的优势——搭配合理、避免浪费。

海鲜铁板烧的具体食材可采用鲑鱼鱼丁（去骨）、蒸虾、虾夷盘幼贝、鱿鱼圈或墨鱼卷。

大阪烧的具体食材可采用蒸虾、鱿鱼圈、虾夷盘幼贝、蒸牡蛎等。与海鲜铁板烧的食材大同小异。

在卖场促销专区陈列时，应以各种食材套装（2 人份、3 人份）

为“主角”，在其周围摆放单品食材。

海鲜铁板烧、大阪烧 专场促销
在平底锅或加热板上烤一下即可。简便又美味的海鲜铁板烧和大阪烧食材套装！

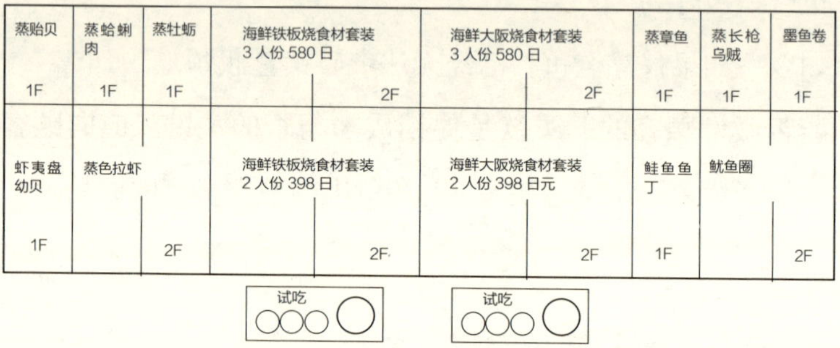

蒸贻贝 1F	蒸蛤蜊肉 1F	蒸牡蛎 1F	海鲜铁板烧食材套装 3人份580日 2F	海鲜大阪烧食材套装 3人份580日 2F	蒸章鱼 1F	蒸长枪乌贼 1F	墨鱼卷 1F
虾夷盘幼贝 1F	蒸色拉虾	2F	海鲜铁板烧食材套装 2人份398日 2F	海鲜大阪烧食材套装 2人份398日元 2F	鲑鱼鱼丁 1F	鱿鱼圈	2F

试吃　　试吃

4月

1 时鲜美味 蛤蜊节

促销期 1 日 ~7 日

此时是蛤蜊上市时节，电视和报纸等媒体往往会报道全国各地的赶海盛况。蛤蜊的产卵期为春秋两季，产卵月为 5 月和 10 月。在临近春季产卵期的 3~4 月，蛤蜊最为肥厚，其体内所含的丁二酸也会增加，它是蛤蜊的美味之源。该时节的蛤蜊，其营养成分聚集于肉身部位，因此壳又薄又脆，容易破裂。在搬运时要多加注意。一旦发生破裂，就要予以剔除。产地则以爱知县和熊本县的最多。为了体现差异性，除了大量采购“真空抽取”[①]的蛤蜊外，还可引进“手挖蛤蜊”和“大蛤蜊”。

蛤蜊的卖场陈列实例。大包商品备货齐全，且有菜式成品模型展示。

推荐整包销售的“单位计价”方式，即销售包装好的蛤蜊，确定单位重量价格。其关键在于恰当拿捏每包的内容量与定价之间的关系。典型的定价区间为“小包150~200日元”、“中包250~300日元”、“大包350~400日元”。特大包则可以不用单位计价，而采取“一口价”的方式，如“每包580日元”或“每包780日元”。对于“手挖蛤蜊”和“大蛤蜊”，既可采用“一口价”的方式销售，也可采用“单位计价”的方式销售。如果是“一口价”，那么通常的定价为“小包398日元”、“大包580日元”。

此外，还可在卖场向顾客推荐烹饪方法，如“酒蒸蛤蜊”、“杂烩菜饭”、“蛤蜊什锦饭”等。而顾客询问最多的问题则是“能直接（不去泥沙）吃吗”，因此应事先在POP上注明。如果还能陈列菜式的成品模型，那就更完美了。

2 干货节

促销期8日~14日

如果对比大地震前（2010年）4月与大地震后（2012年）4月的宣传单刊载频率，就会发现，地震后，其刊载次数总体呈

① 常用的蛤蜊捕获方法，以类似吸尘器的机械装置为工具。

下降趋势（参照下页图表）。

其中，远东多线鱼干和竹荚鱼干的宣传力度更是锐减，只能依靠青花鱼干和其他干货来填补缺口。

由表可知，日本的 8 家大型超市企业中，Yaoko 可谓“一枝独秀”。纵观其他友商，除青花鱼干外，干货宣传单的刊载频率均大幅降低，可 Yaoko 却急剧提高。分析其销量增加的竹荚鱼干和远东多线鱼干就能发现，其并非都是低单价均价商品。

要想恢复某种商品的销量、挽回滞销颓势，“增加促销机会”是首要对策。不要只采取“均价 298 日元或 398 日元”、“统一 99 日元单价”等低价促销策略，而应积极开展诸如“干货节”等注重口味和质量的促销活动。

4 月份宣传单刊载次数(8 家超市企业)对比表

		Yaoko	York	Benimaru	伊藤洋华堂	AEON	Daiei	Maruetsu	Life	SUMMIT
竹荚鱼干	2010 年	2	5	3	3	2	13	8	5	41
	2012 年	11	2	2	3	3	8	7	3	39
小计		13	7	5	6	5	21	15	8	80
秋刀鱼干	2010 年	0	5	0	0	0	1	0	0	6
	2012 年	0	1	0	0	0	1	0	0	2
小计		0	6	0	0	0	2	0	0	8
远东多线鱼干	2010 年	2	6	4	0	0	7	2	5	26
	2012 年	6	3	2	0	0	3	1	1	16
小计		8	9	6	0	0	10	3	6	42
青花鱼干	2010 年	1	5	1	0	2	3	1	4	17
	2012 年	7	2	2	3	0	6	5	2	27
小计		8	7	3	3	2	9	6	6	44
其他干货	2010 年	2	0	3	2	0	0	1	0	8
	2012 年	3	0	2	0	2	0	3	0	10
小计		5	0	5	2	2	0	4	0	18

3 金枪鱼节

促销期15日~21日

在西日本，4月份是新鲜鲣鱼的时鲜季，作为商家，应顺势加大金枪鱼相关商品的促销力度，从而提升销售额。该时期，以大型大眼金枪鱼为代表的金枪鱼类销量会渐渐转好，但最为关键的销售额却不尽如人意。其原因较多，如“金枪鱼的陈列面积不足”、“备货种类不全”、“陈列量过少”等。

比较宣传单刊载次数（2010年4月与2012年4月），也可以看出大地震对金枪鱼销售所造成的影响，2012年4月的刊载次数仅为2010年同期的79%，促销力度大为减弱。进口（养殖）鲑鱼的低价行情如今也呈上涨趋势。因此，重振金枪鱼的销量已然成为超市企业的当务之急。可采取“每100g售价198日元”的低价策略，尽量先提升销量。对于利润率低下的问题，则应采用“提高单品附加价值”的方式弥补，如加工销售金枪鱼鱼片、金枪鱼造型刺身、金枪鱼刺身拼盘、金枪鱼段、金枪鱼块等。应薄利多销，以营造“生意红火”的金枪鱼卖场气氛，为日后销量和利润大幅提升创造机会。

4月份宣传单刊载次数(8家超市企业)对比表

商品分类	2010年	2012年
	4月	4月
蓝鳍金枪鱼（新鲜）	24	12
蓝鳍金枪鱼（解冻）	8	7
大眼金枪鱼（解冻）	36	37
黄鳍金枪鱼（解冻）	17	15
长鳍金枪鱼（新鲜）	3	0
长鳍金枪鱼（解冻）	22	19
其他金枪鱼（新鲜）	5	4
其他金枪鱼（解冻）	22	14
大葱金枪鱼肥脂寿司 · 薄鱼片	1	1
金枪鱼加工品	3	0
四鳍旗鱼（解冻）	24	20
合计	167	132

资料出处：流通综合研究所 HD（Hyper Doctor）

4 春假！孩子们的午饭食谱推荐

促销期 25 日 ~ 五一黄金周

一到五一黄金周，鱼市也会休息，因此会导致新鲜全鱼的进货量减少或不稳定。为了保证销售额，关键在于如何成功扩大养殖鱼的销量。最为应景的促销方式是迎合孩子们的口味，主推“进口（养殖）鲑鱼节”。

（五一黄金周期间）

近来，虽然鲑鱼进价较为便宜，但不少企业和门店的相应销售额却仍低于往年同期。明明拥有“低进价 = 低单价”的价格优势，销量却没有很大起色，经济大环境低迷是无法避免的直接原因，而间接原因是略显单调的加工料理手法——除了刺身就是盐烤，无法给消费者带来新鲜感。因此，需要发散思维，推荐以加热蒸煮为主的新吃法，并以此为主题，开展“鲑鱼节”的促销活动。

在通常的鱼肉、鱼片和烤鱼块的基础上，向消费者推销附有各式调味汁和调味粉的加工半成品。不过，考虑到每个人的口味喜好不同，也应同时陈列没有经过调味加工的相应商品（食材）。

最值得推荐的是解冻的大西洋鲑和虹鳟，它们身上的去皮去骨鱼柳可以做成烤肉。此外，由于可生食，所以还能和蔬菜一起下锅，稍加翻炒，也是一道美味佳肴。

5月

1 日本儿童节、母亲节主推海鲜手卷和什锦寿司

促销期 3日~6日、11日、12日

从五一黄金周期间的“儿童节”[①]至12日的“母亲节”，可以着力推销海鲜手卷和什锦寿司，这些食品符合孩子们的兴趣点——“简单，有趣，又好吃”。不但能让孩子们吃得开心，其制作过程也颇有趣味。

如图所示，有这样的寿司材料拼盘，配上白米饭和寿司醋，就能用“手卷海苔”制作手卷寿司，用海苔丝、樱色鱼肉松或嫩萝卜制作什锦寿司了。可以用“红鱼肉系”（金枪鱼、鲑鱼、

① 译者注：5月5日是日本的儿童节之一，为“男孩节”

咸鲑鳟鱼子、色拉虾、寿司虾），或是“白鱼肉系”（鲷鱼、幼鰤、乌贼、虾夷盘扇贝贝柱），搭配金黄厚实的鸡蛋卷、绿油油的黄瓜和嫩萝卜，一道色香味俱全的寿司就完成了。

海鲜什锦寿司套装（左）2 人份 580 日元，（右）3 人份 880 日元。

图为 6 样（2 人份）寿司材料拼盘（每样各 30g）和 9 样（3 人份）寿司材料拼盘的商品企划实例。该企划成功与否的关键在于“能否通过 POP 和菜式成品模型向顾客传达‘简单，有趣，又好吃’的主题”。还可顺便介绍醋饭[①]的简单做法。

2 鲣鱼节

促销期 13 日 ~19 日

黄金周过后，随着各鱼市重新开张，鲣鱼的货源趋于稳定，因此可以开展以新鲜鲣鱼为重点的“鲣鱼节”促销活动。由于产地分布和饮食习惯的差异，日本各地区对于鲣鱼的消费意欲也有高有低。沿日本海一侧的地域不盛产鲣鱼，即便如此，其中不少城市乡镇的炙烤鲣鱼（鲣鱼鱼排）的消费量也达到了全国平均水平。位于此类地域的超市门店可以力推“私房炙烤鲣

---

① 译者注：醋饭即用醋调味后的米饭，常被用来捏寿司。

鱼”这道菜。

由于作业环境的限制，有的超市无法在店内进行炙烤加工，这时有两种折中的解决对策——①只售卖新鲜鲣鱼，向顾客提供能够在家中简单操作的炙烤方法；②委托外部加工，直接引进由新鲜鲣鱼炙烤而成的成品。如果仅推出最为常见的“委托外部加工的解冻鲣鱼炙烤成品”，就会显得毫无新意，远远达不到“私房炙烤鲣鱼”的效果，从而难以提升销售额。

因此，在卖场开展促销活动时，应以新鲜鲣鱼和新鲜鲣鱼炙烤成品两者为核心，从而体现与初春“鲣鱼节”之间的差异化。另外，着力丰富鲣鱼肉、鲣鱼片（大、小尺寸）及鲣鱼冷盘（大、中、小尺寸）的商品种类。尤其是鲣鱼冷盘，应增加其饰面数，定价方式通常为小份 298~398 日元、中大份 480~580 日元。

初夏的美味“鲣鱼节”

鲣鱼的时鲜期又来临了！生姜、葱花、洋葱丝、大蒜、野姜，各种佐料任您选择！

解冻鲣鱼 鲣鱼冷盘		炙烤新鲜鲣鱼 鲣鱼冷盘		新鲜鲣鱼造型刺身		鲣鱼色拉	
小P 1F	大P 1F	小P 2F	大P 1F	小P 2F	大P 1F	小P 1F	大P 1F
解冻鲣鱼鱼排		炙烤新鲜鲣鱼		新鲜鲣鱼		刺身用解冻鲣鱼	
鱼肉 1F	鱼片 1F	鱼肉 1F	鱼片 2F	鱼肉 2F		鱼肉 1F	鱼片 1F
试吃 ○○○ ◯		试吃 ○○○ ◯		试吃 ○○○ ◯		试吃 ○○○ ◯	

·向顾客提供试吃时，可推荐采用不同佐料（如生姜酱油、芥末酱油、醋味酱油、色拉酱等），从而让顾客品尝到多种口味。

3 盐渍鱼肉节

促销期 13 日 ~26 日

盐渍水产品的销量持续低迷。再加上 2011 年的“3.11”大地震，使得原本作为主打商品的大远东多线鱼、条纹远东多线鱼和鱼子（咸鲑鱼子、咸鳟鱼子等）的鱼市价格居高不下。此外，商家自身也存在问题，如卖场推销力度不足、新企划不充分等，也在一定程度上导致了销量不振的局面。

本周应备齐诸如盐渍鲑鳟、盐腌青花鱼、盐腌远东多线鱼和条纹远东多线鱼等盐渍水产品货源，开展“盐渍鱼肉节”的促销活动。由于正值学校运动会，因此也是便当的消费旺季，该促销活动可谓应景。可将腌青花鱼、腌远东多线鱼和远东多线鱼干作为销售主力。值得注意的是，腌青花鱼和条纹远东多线鱼明明是最为常用的便当食材，可许多超市店铺却不予备货。销售腌青花鱼时，可根据烹饪用途——作为日常小菜或作为便当配菜，分别进行推销。规格方面，可以 2 片装和 3 片装为主打，同时陈列“超值大包装”（内含 4 到 5 片鱼肉）。此外，鉴于条纹远东多线鱼的市场进价持续走高，也可将销售主力从传统的开背干货及鱼柳转移至价格调整较为容易的鱼肉切片。因此在加工处理时，更要认真仔细。

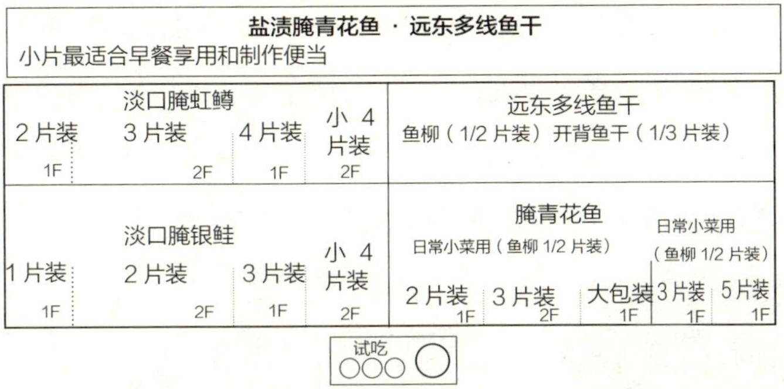

盐渍腌青花鱼 · 远东多线鱼干
小片最适合早餐享用和制作便当

淡口腌虹鳟				远东多线鱼干
2片装 1F	3片装 2F	4片装 1F	小4片装 2F	鱼柳（1/2片装）开背鱼干（1/3片装）

淡口腌银鲑				腌青花鱼 日常小菜用（鱼柳1/2片装）			日常小菜用（鱼柳1/2片装）	
1片装 1F	2片装 2F	3片装 1F	小4片装 2F	2片装 1F	3片装 2F	大包装 1F	3片装 1F	5片装 1F

试吃

4 初夏章鱼节

促销期 25日～月末

如今，非洲产蒸章鱼的进货价格日趋下降，进货成本的降低有利于销售活动的开展。每逢春季，各大水产品往往都会涨价，但与2012年同期相比，也有一些价格下浮的。作为商家，应该抓住恰当时机，采购相关商品，使利润最大化。这也是对零售业的基本要求。

非洲产章鱼的主打商品是章鱼爪和章鱼肉，但根据近年来的趋势，章鱼肉和章鱼块的销量不断增加，而章鱼爪的销量则出现萎缩。可以用各种调味酱汁（如芥末酱油、芥末酸辣酱等）来佐拌章鱼肉和章鱼块，供卖场顾客试吃。

结合目前的鱼市行情，除了非洲产蒸（真）章鱼外，还可在卖场陈列其他种类的章鱼。如北海章鱼（巨型章鱼、柳蛸）。若条件允许，还可销售本地章鱼。一个多月后的半夏生（译者注：日本的小节气之一，指的是夏至后第11天，7月2日左右）

是章鱼销售旺季，因此应从现在开始，提前做好铺垫，慢慢扩大陈列面积。最近，在某些地区，炙烤章鱼肉的销路不错，因此要多向顾客提供新的食用和烹饪方法（如新推章鱼色拉套装等），以丰富产品线，从而实现促销效果。

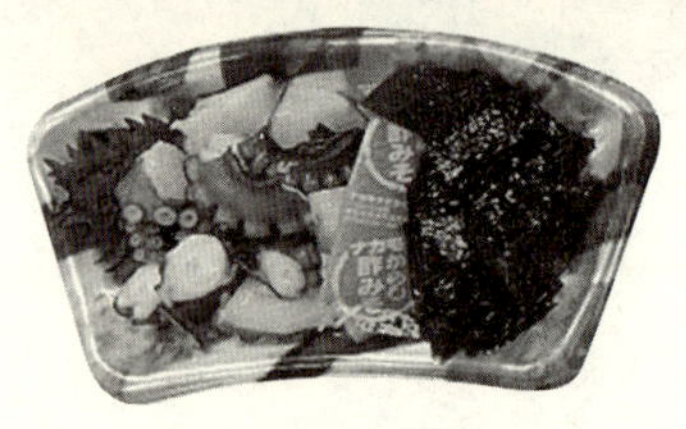

糖醋酱拌章鱼

章鱼色拉套装

6月

1 香鱼解禁！以香鱼为主的河鱼节

促销期 1 日～

6 月 1 日是香鱼禁渔期的解禁日。作为 6 月的时鲜鱼，搭配虹鳟、樱鳟、红点鲑等，专门开辟出一块“河鱼销售区”，从而提升销售额。为了区别于往年，可以力推新的烹饪方式，如“串烧鱼”和“串烤鱼”等。条件允许的话，最好再加上竹荚鱼、石鲈、比目鱼、有头虾和小鲷鱼等海产品。

至于销售方式，最好将柜台面向动线，面对面地向顾客展示散装或包装好的“鱼串”。虽然前期加工较为费时费力，但所带来的商品的丰富感和新鲜感是显而易见的。常用的 18cm 竹签长度不够，会导致串鱼和烤鱼的不便，因此应使用较长的竹签（21cm左右）。此外，串海鱼时，推荐用尖头竹签。而河鱼相对较轻较小，为了减少鱼体负担，推荐使用圆头细竹签。

面对面地向顾客展示串好的香鱼

串的方式也有所不同，海鱼一般是从鱼眼下部刺入，河鱼则是从嘴巴刺入。此外，根据材质的不同（竹签、木签、金属签），其穿刺方式也会有所差异，需要店员多加学习研究。初学时可能较为困难，需要一段时间适应，但作为一门食品加工和烹饪技术，其对提高自身的专业素养是大有裨益的。串烤分多种，野餐时，适合直接烧烤或用铁网烘烤；家庭聚会时，适合用烤架烧烤或使用无烟烤鱼器。根据场合和工具的不同，事先的食盐调味和烤制方式也会存在差异，应通过卖场的POP进行宣传介绍。

2 “国产鲑鱼VS进口鲑鱼”促销节

促销期1日～月末

6月份，三陆产的新鲜银鲑大量上市，野生的新鲜“时鲑”也大量到货。“时鲑”又名“时不知鲑”或“白鲑”，此时虽未完全成熟，却已富含油脂，非常美味。而此时的养殖银鲑已经长成——鱼体较大、肉质紧实。因此，这段时间的主打商品为三陆产新鲜银鲑和野生“时鲑”。再加上日本消费者渐渐接受了进口鲑鱼，所以也应予以大力推销，从而提高销售额。

“国产鲑鱼 VS 进口鲑鱼”鱼肉促销节

鱼肉紧致鲜美！三陆产新鲜银鲑、新鲜到货的“时鲑”、进口鲑鱼哪一种是您的最爱呢？

新鲜大西洋鲑鱼		解冻虹鳟		新鲜养殖银鲑				时鲜“时鲑”			
鱼片		酱料腌		小鱼片（尾部）		酱料腌鱼片		鱼片		便当用小鱼片	
1片	2片	2片	3片	3片	5片	2片	3片	1片	4片	3片	4片

解冻虹鳟　鱼片		新鲜养殖银鲑		时鲜“时鲑”　鱼片	
2片	2片	2片	3片	2片	3片

如今，与曾经一度下跌的超低价相比，进口鲑鱼的进价上涨了不少，但尚在可接受的范围内，只要提高销量，仍有较高利润空间。

至于食用方式，本季可以力推“加热烹煮”。不仅销售常见的鱼块，还陈列小片鱼片、肉碎及鱼丁等。此外，说到加热烹煮，去骨进口鲑鱼渐渐为消费者所青睐。根据用途，也应将三陆产新鲜银鲑分为“去骨”和“有骨”类商品，分别进行推销。

3 父亲节“感谢爸爸”的金枪鱼促销

促销期 13 日 ~16 日

今年的父亲节要力推金枪鱼。以太平洋蓝鳍金枪鱼的鱼腹肉为主打商品，加上近海的新鲜金枪鱼、价格划算的大眼金枪鱼，让顾客觉得超值划算。

商品企划应围绕重点商品——太平洋蓝鳍金枪鱼的鱼腹肉。

包括鱼腹肉单品造型刺身、鱼腹肉与大眼金枪鱼的“刺身三样拼盘”及“刺身圆碟拼盘”等，都可以在卖场中央陈列促销。

有的顾客会在父亲节购买手卷寿司或什锦寿司。为此，卖场可以力推以金枪鱼肉为主的手卷寿司和什锦寿司套装。寿司用料稍微奢侈一点，哪怕是对美食十分挑剔的父亲，面对质优量足的太平洋蓝鳍金枪鱼鱼腹肉和新鲜金枪鱼肉，也能开怀享用。

需要注意的是，与长期处于低价格区间的进口鲑鱼相比，一些顾客可能难以接受上述商品的相对高价。因此卖场必须备齐价格较低的大眼金枪鱼（大小种类都需要，以冷冻赤身为主），从而拓宽顾客的选择面。看重口味的顾客可以买大的，对价格敏感的顾客可以买小的。必须提供试吃，且最好能够提供各种类的试吃。让顾客在购买前能够充分了解口味和口感的差异。

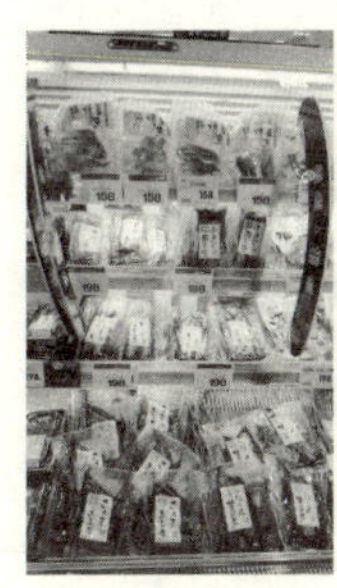

陈列着 Fast Fish（译者注：Fast Fish 是日本水产厅制定的一种水产品认证标准，其包含安全、价格合理、便于烹饪等各方面要求。其初衷是为了增加日本国民的水产品食用量，从而提升人口身体素质）商品的卖场。

4 简单便利！即食的烤鱼和煮鱼

促销期 中旬～

“Fast Fish”的定义过于宽泛，要想有效促销，就要缩小范围。“即食的烤鱼和煮鱼”便是一个不错的概念，将商品种类限定为“外部加工商品”，进行宣传推销。

2013 年初秋，日本水产厅制定了名为“Fast Fish”的行业标准。此后，各大超市卖场就开始陈列大量以“Fast Fish”为理念的商品。其中，有的商品获得了这一标准认证，有的则没有。

当然，没有获得认证的商品中也不乏新鲜质优的水产品，因此，“鱼龙混杂”是目前的现实状况。

从该意义上来说，本次促销活动也是一个重新审视“Fast Fish”标准的机会，如何真实呈现商品的价值（诸如口味、卖点、形态等），是应予以认真考虑的问题。

“感谢爸爸！”金枪鱼促销

爸爸最喜欢吃的金枪鱼。肉质肥厚的太平洋蓝鳍金枪鱼和近海的新鲜金枪鱼，献给天下所有的父亲！
金枪鱼还是老少皆宜的手卷和什锦寿司食材！

大眼金枪鱼赤身		新鲜金枪鱼		太平洋蓝鳍金枪鱼		大型大眼金枪鱼	
鱼丁	肉碎（刺身圆碟拼盘） 2F	鱼丁	刺身圆碟拼盘 2F	鱼肉	单品造型刺身 2F	造型刺身	鱼肉 2F
大眼金枪鱼赤身 100g198 日元		新鲜金枪鱼		金枪鱼拼盘寿司 （太平洋蓝鳍金枪鱼＋大型大眼金枪鱼）		大型大眼金枪鱼赤身	
鱼肉 2F	薄鱼片 2F	鱼肉	薄鱼片	刺身三样拼盘	刺身圆碟拼盘 2F	造型刺身	鱼肉 2F

不知味道如何，顾客便难以掏钱购买，因此必须提供试吃。最好能在公司或者店内举办大型试吃会，然后将其结果展示在卖场内（如“公司内部试吃人气排行榜”等）。

这类包装商品，无论是形态还是分类，都会让卖场显得平淡，因此必须利用 POP 等工具来强化商品宣传效果。

7月

1. 奖金周日[①]，开心地奢侈一下！

促销期 6 日、7 日，13 日 ~15 日

随着经济大环境逐渐好转，不少企业给予员工的夏季奖金也有所增加，因而从一定程度上激发了消费意欲。今年的奖金周日，超市商家可以重拾几年前的辉煌，向顾客推荐较为豪华奢侈的水产品。

此外，13 日 ~15 日正值盂兰盆节，而 8 月份的“里盆节[②]”也不远了，因此必须推出“盂兰盆节刺身”之类的主题商品。加上能够让全家老小吃得开心的“聚会刺身套装”，两种主题商品可并行推销。

拼盘器皿要符合夏季主题，宜采用配色清爽的盘子。刺身上可以用海藻作为点缀，以凸显清凉感。

单包定价最好在 1000~1500 日元左右的区间内。在选取“聚会刺身套装”中的食材时，不仅要考虑到蘸芥末酱油的情况，还应准备可以蘸色拉酱的食材。比如，可以加入鲑鱼、色拉虾、

---

① 译者注：日本企业通常会在夏冬两季集中发放奖金，得到奖金后的周日被称为“奖金周日”。

② 译者注：根据新旧立法和习俗变迁，如今日本的盂兰盆节分为“新盆”、“旧盆”和“里盆”三种。

虾夷盘扇贝贝柱等，营造“海鲜色拉套装”的视觉效果。定价一般在 1000 日元左右。

刺身拼盘 每包 1480~1580 日元。在盘子的选择上下功夫，并配以海藻，营造清凉感。

既可以蘸芥末酱油，也可以蘸色拉酱的“聚会刺身套装”。每包 1000 日元。

2 鱼子节

促销期 中旬 ~

咸鲑鱼子新货上市！“鱼子节” 阿拉斯加产红鲑咸鱼子大量到货！配上热气腾腾的米饭或茶泡饭，味道好极了。					
盐腌鳕鱼子			新货 盐腌鲑鱼子（红鲑鱼子）		
小包	中包	大包	小包	中包	大包
咸明太鱼子			新货 酱油鲑鱼子（红鲑鱼子）		
小包	中包	大包	小包	中包	大包

试吃　试吃　试吃

这段时间，海运的阿拉斯加产新鲜咸鲑鱼子（红鲑鱼子）正好在日本鱼市大量到货。

销售的热点在于“新鲜到货”和“价格划算”。价格最低也能维持在“每100g 498日元”的区间，根据容量不同，可设计两到三种单品，进行促销。需要注意的是，红鲑鱼子比其他鱼子要小，因此不要用过大的盘子盛装。

随着人们饮食健康观念的日益增强，不少人会限制自己的盐分摄取，因此卖场必须提供小包装的咸鱼子商品。从日本全国范围来看，与盐腌咸鱼子相比，更多人喜欢酱油咸鱼子。

因此，在码货时，酱油鱼子和盐腌鱼子的比例应为7∶3或8∶2。

主打商品为酱油咸鲑鱼子，大包定价500日元以上，中包定价300~500日元，小包定价不超过300日元。

3 土用丑日①

促销期20日~22日

鳗鱼的鱼市进货价格居高不下，使得超市商家的鳗鱼销量持续低迷。由于平日销售业绩不佳，所以到了应该大力推销的时候，往往会畏首畏尾。为了打破这种局面，应该在每个月实施一两次促销活动（包括印制宣传单），要以强大的信心来撑起卖场。近来年，夏季的土用丑日多在8月，提前促销不失为一个好

卖场促销应该比往年更加华丽和热闹

① 译者注：一年有4次土用，四季各一次。夏季的土用丑日在7月19日~8月7日之间。日本素有“土用丑日食鳗鱼”的习俗。

办法。与其担心库存积压，不如努力在卖场上下功夫，以改变鳗鱼的销售颓势。

要注意，如果不是特别精致的特优鳗鱼，每条定价一般不宜超过 2000 日元。此外，还可同时推销关联商品，如新鲜蚬贝、真空包装蚬贝、新鲜蛤蜊、鳗鱼肝和炸鳗鱼骨等。真空包装蚬贝的销路往往优于新鲜蚬贝，这是因为前者不需要去沙。买回去后，晚上就可以一边享用鳗鱼蒲烧，一边享用蚬贝。应该利用 POP 等宣传手段，向顾客积极宣传真空包装蚬贝可以立即食用的优势，以增加其销量。

4 户外烧烤、铁板烧食材总汇

促销期 20 日～

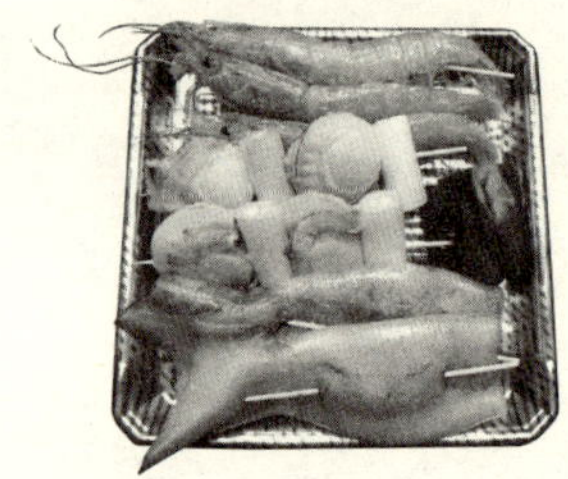

烤网烧烤套装
2、3 人份

铁板烧套装
2 人份

从 20 日起，学校陆续放暑假，一年中最大的户外烧烤、铁板烧旺季来临。今年采取散装销售、捆绑销售和套装销售相结合的方式，从户外烧烤到家中平底锅烹饪，向顾客提供不同场景下的各种食材。

散装销售应以新鲜海螺、带壳牡蛎、带壳虾夷盘扇贝、去内脏乌贼、有头虾、鲑鱼块等代表性食材为重点，配以新鲜香鱼、虹鳟等河鱼及小鲷、中型竹荚鱼、比目鱼等串烤鱼。对于售价50或100日元一串的低价单品，应先仔细检验其口味及质量，然后再进货销售。至于捆绑销售，可采用类似“1包298日元”、“2包500日元”的均一售价。商品方面，应备齐蒸牡蛎（开袋即食）、虾夷盘幼贝、煮虾夷盘扇贝（开袋即食）、虾、乌贼、鲑鱼等。

此外，日本近年来大量进口阿根廷红虾，虽然目前其鱼市价格看涨，但预测仍会热销。作为非常适合户外烧烤和铁板烧的食材，应予以大力推销。

至于套装销售，其定价基准为“2人份580日元左右”、“3人份780日元左右”。

8月

1 孩子们的午餐！平底锅、铁板烧菜单

促销期 8月上旬

暑假到来，每天给孩子午餐和晚餐吃什么，这是家庭主妇的烦恼之一。超市商家可以向顾客推荐便于烹饪的平底锅菜肴。图为荤素半成品套装，包括切好的冷冻蔬菜和什锦水产食材。蔬菜包括胡萝卜、花椰菜和马铃薯各50g；水产食材包括色拉虾、秘鲁产剑尖枪乌贼、冷冻太平洋褶柔鱼和虾夷盘幼贝各100g。

单品套装实例（铁尖枪乌贼）

什锦套装

畅销的秘诀在于“赏心悦目的色泽”。冷冻蔬菜和冷冻水产食材应充分解冻，以呈现较好的色泽。蘸酱不易超过两种，应由员工试吃决定。蘸酱的量原则上不超过食材合计重量的 10%，但还是应通过员工试吃来具体决定。

商品方面，4 样单品套装（售价 298~398 日元）和小包什锦套装（售价 398 日元）必不可少。此外，周末应力推大包什锦套装（售价 680 日元）。陈列布局应为“套装在中间，平底锅烹饪食材在周围”。必须向顾客提供试吃。还应利用 POP 来宣传平底锅、铁板烧菜单的便捷性——易于烹饪和收拾。

2 盂兰盆节商战

促销期 10 日 ~16 日

每到盂兰盆节长假，高速公路总是会拥堵。近来年，人们为了避开集中拥堵，呈现出行分流化的倾向。

10 日（周六）、11 日（周日）为盂兰盆节商战的准备阶段。10 日，各超市商家备齐刺身食材，并以“家乡味”为主题，陈列商品。11 日，全力推销刺身拼盘和鱼屋寿司。

12 日（周一）~14 日（周三）为盂兰盆节中期。应重点推销代表性的节日佳肴——刺身拼盘（鱼屋寿司）。其单价有地域差异，但原则上的定价区间为“1000 日元（980 日元）、1500 日元、2000 日元（1980 日元）”。

15 日（周四）~18 日（周日）为盂兰盆节后期。应力推较为简单的美味佳肴，还可提前促销新上市的时鲜秋刀鱼。但要“点到为止”，切忌“操之过急”。建议向顾客重点推荐刺身拼盘、单品造型刺身和色拉套装（1 包 580 日元，2 包 1000 日元（980 日元）），可采取捆绑销售的方式。这些商品作为饭桌上的丰盛菜肴，应该呈现“丰富多样”的感觉。到了周末，如果时鲜秋刀鱼已经到货，则可以积极推销新鲜秋刀鱼刺身。

日期	8日	9日	10日	11日	12日	13日	14日	15日	16日	17日	18日
						迎盆日		盆	送盆日		
高速公路拥堵预测			返乡高峰				回城高峰				
销售重点	准备阶段				丰盛佳肴			简单佳肴		普通周末	

3 秋季时鲜水产节

促销期 10 日 ~16 日

又迎来了秋刀鱼的时鲜期。盂兰盆节商战一结束，便迎来了秋季水产品正式上市的时节。但过去的 3 年内，由于捕捞量不稳定，导致秋刀鱼在上市初期货源不足。倘若仅力推秋刀鱼，超市商家将背负较大风险，因此应“多方面出击”，将同时大量上市的新鲜太平洋褶柔鱼和洄游鲣鱼也包括进来，开展“秋季时鲜水产节”的促销活动。图表为 3 种水产品的促销实例。根据商品的实际状况和卖场大小调整陈列方式。此外，还应力推由这 3 种水产品组成的“秋季时鲜拼盘”。

品种	单品促销实例
新鲜秋刀鱼	全鱼（包括散装）、去头鱼身、鱼块、开背鱼肉、鱼柳、单品造型刺身、刺身用鱼肉、盐烤秋刀鱼、各种酱料腌制品
新鲜太平洋褶柔鱼	原体（包括散装）、去内脏乌贼、用于铁板烧的乌贼圈、开背乌贼肉、单品造型刺身、刺身用乌贼肉、蒸乌贼、各种酱料腌制品
洄游鲣鱼	刺身用鱼肉（1/2 段、1 段）、单品造型刺身、单品炙烤拼盘、鱼块（用于生姜煮鱼）

※3 种水产品中，新鲜秋刀鱼应该“唱主角”。如果首批上市的秋刀鱼进价很高，可以将其加工为造型刺身，从而提升其附加价值。

时鲜秋刀鱼 秋季乌贼 洄游鲣鱼“秋季时鲜水产节”
时鲜秋刀鱼首批到货！加上秋季乌贼和洄游鲣鱼，秋季美味大集合！

新鲜秋季乌贼造型刺身	洄游鲣鱼（炙烤）	新鲜秋刀鱼造型刺身	新鲜秋刀鱼（全鱼）1 条包装
2 人份 1F；大包装 1F	1/2 段 1F；1 段 1F；造型拼盘 1F	单人份小包；大包 2F	2F
新鲜秋季乌贼（原体）	洄游鲣鱼	新鲜秋刀鱼造型刺身 2 人份	新鲜秋刀鱼（全鱼）2 条包装
1 只 1F；2 只 1F	1/2 段 1F；1 段 1F；造型刺身 1F	2F	2F

散装新鲜秋刀鱼

4 秋季美味第二波“全鲑宴”

促销期 26 日 ~

此时正值秋季时鲜鲑鱼上市。同时，阿拉斯加红鲑鱼新货也开始进入日本市场。继续以“秋季美味”为主题，主推秋季

时鲜鲑鱼，加上阿拉斯加红鲑鱼，着力促销“全鲑宴”。秋季时鲜鲑鱼品质优良、鱼皮亮银、鱼肉光泽，这些都是很好的卖点。

与平时销售的进口养殖鲑鱼不同，秋季时鲜鲑鱼的脂肪含量相对较少，因而最适合煎炒之类的西式烹饪法。吃火锅的时节尚早，因此应向顾客着力推荐西式烹饪食材和腌鱼。需要注意的是，由于去皮去骨的进口鲑鱼柳渐渐为消费者所接受，因此在推销西式烹饪食材时，必须去除鱼骨。

陈列商品时，秋季时鲜鲑鱼（包括鱼段和鱼块等）不可或缺。根据用途，又可分为煎炒用（法式黄油烤鱼、鱼肉炒蔬菜、煎鱼）和腌制用（酒渍、盐渍、酱腌、泡腌等）。还应陈列红鲑，包括鱼块、小片鱼片和煎炸用鱼肉等。

9月

1 北海道直送的“秋季美味”促销

促销期 5日~8日

进入9月后，新鲜秋刀鱼的货源就会趋于稳定，到了真正可以大量销售的时节。

近年来，秋刀鱼的上市时间偏晚，因此到了该时期，秋刀鱼和秋季鲑鱼会同时大量上市。这恰好是开展“北海道水产促销”的绝妙时机。

可销售的商品种类繁多，如新鲜秋刀鱼、新鲜秋季鲑鱼、秋季乌贼；鲽鱼类；海带类；虾夷盘扇贝、北极贝、螺贝（虾夷法螺）、虾夷鲍鱼、蛤蜊、蚬贝、长牡蛎等鲜活贝类；日本叉牙鱼、鲱鱼、比目鱼、日本长额虾、远东多线鱼、吉次鱼、白鱼、北海赤虾（甜虾）等鱼虾海鲜类。

应将新鲜秋刀鱼和秋季鲑鱼作为主推商品，增加其单品种类。

秋刀鱼卖场陈列实例

整条散装销售 增加单品种类

2 夫妇同贺！敬老日特别活动

促销期 14 日 ~16 日（敬老日）

16 日为日本的“敬老日”，可以开展题为“敬老日，夫妇同贺”的促销活动。

商品方面，可以提供刺身拼盘、金枪鱼单品刺身、色拉及什锦寿司套装、烤鱼、煮鱼等。这些都是老年夫妇乐于享用的美食。可采取“一包398日元，两包680日元”的均一售价策略。

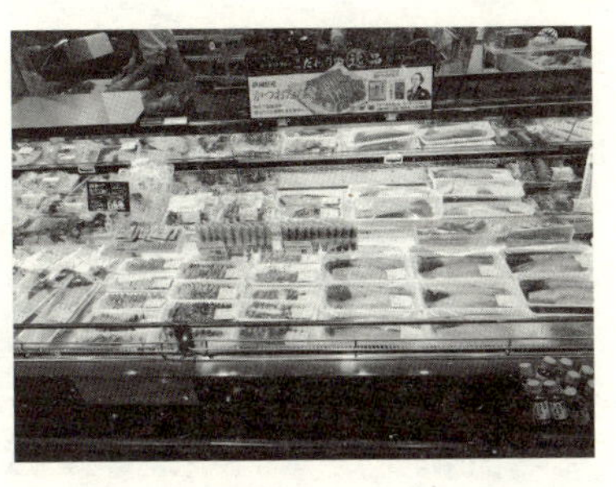

如果条件允许，最好在促销商品清单中加入“秋季时鲜西京酱腌鲑鱼”、“秋季时鲜盐渍鲑鱼”和“烤真鲷”。具体来说，应以新鲜秋刀鱼、新鲜秋季鲑鱼和洄游鲣鱼为主推商品，加上幼鰤、鲷鱼、金枪鱼等鱼肉的单品造型刺身、色拉及什锦寿司套装等生食成品，以及整条鲜鱼、鱼肉和烤鱼等加热烹煮食材，从而构成均衡的商品组合。这样一来，不但便于采取“捆绑均一售价”的促销方式，也给顾客提供了丰富的选择。

此外，还可附加诸如裙带菜拌海货（章鱼、乌贼、去壳贝肉）之类的凉拌菜。不要拘泥于个别商品的利润率，应该在促销活动中加入超值实惠的商品，从而提升整体销售额。

3 彼岸[①]与三连休（游乐和家庭聚会）

促销期19日~23日（秋分）

20日~26日为“彼岸”，21日~23日为“秋分”，两个节日重叠，正好三连休。

因此，商家制定的促销主题必须同时对应“彼岸”和“三

① 译者注：彼岸为日本传统节日，以春分或秋分为准，前后为期一周。日本人会在这时扫墓。该节日源自佛教习俗。

刺身拼盘 980~1280 日元

连休”。这便是“游乐和家庭聚会”的由来。

由于“彼岸”时人们会扫墓和祭拜先人，因此各户家庭往往会设宴招待亲朋好友，刺身拼盘便是不可或缺的主打商品，可采取每份 980~1280 日元的定价策略。

至于三连休，可以主推一些适合户外烧烤、铁板烧和家庭平底锅烹饪的食材，以及类似手卷寿司等即食食品。

4 西式火锅（普罗旺斯鱼汤）

促销期 26 日 ~29 日

到了 9 月下旬，虽然午间气温仍如夏日（25℃以上），但早晚温度已降至 15℃以下，人们渐渐开始钟情于热气腾腾的美食。

关东煮的销量节节攀升，但与火锅相关的水产品销量依然疲软。在这种情况下，可以力推西式火锅，打响“全民火锅季”到来前的“第一枪”。

西式火锅种类繁多，可以先主推代表性的几种——普罗旺斯鱼汤锅、咖喱锅、番茄意式海鲜锅、玉米浓汤锅等。还可向顾客推荐各种灵活的吃法，如用剩下的汤烹制肉汁烩饭、杂烩菜饭和乌冬面等。

有的顾客不太了解西式火锅，因此可以用POP或食谱来介绍简单的烹饪方法。

此外，不要忘记推销相关的酱汁和调味料等商品。

西式火锅	海鲜食材
普罗旺斯鱼汤锅	蒸牡蛎、贻贝、蛤蜊贝、虾夷盘幼贝等贝类；新鲜鳕鱼、鲷鱼等白肉鱼鱼块；有头虾、虾仁、梭子蟹等甲壳类
咖喱锅	虾夷盘幼贝、虾夷盘扇贝贝柱、去壳蛤蜊等贝类；新鲜鳕鱼等白肉鱼鱼块；鱿鱼圈
玉米浓汤锅	虾夷盘幼贝、虾夷盘扇贝贝柱、蒸牡蛎等贝类；鲑鱼
番茄意式海鲜锅	鲷鱼、蛤蜊

10月

1 秋季时鲜鱼“青花鱼节”

促销期 上旬

这段时间，时鲜鱼从新鲜秋刀鱼、新鲜秋季鲑鱼渐渐转为日本青花鱼和鰤鱼。

日本青花鱼又被称为“本鲭”或“平鲭”，夏季北上，秋冬则沿着日本列岛南下。由于较易腐败，且与秋刀鱼不同，其鱼头和内脏不可食用，因此对于超市商家而言，就必须予以加工，使其便于销售。

除干烧和盐烤外，最近龙田油炸[①]青花鱼也渐渐成为流行食

① 译者注：龙田油炸是一道日本菜肴。用盐、酱油和料酒等腌制鱼肉，然后再撒上淀粉，油炸而成。因其颜色为红色，故以日本红叶胜地——龙田川命名。

谱。此外，像香草烤青花鱼之类的西式料理也多了起来。如果卖场要推广西式的青花鱼烹饪法，最好向顾客提供去除了中骨、腹骨和血合肉的无骨鱼肉。

如果散装的全鱼销路不错，就务必在傍晚客流高峰时段销售散装的去头鱼身。此外，与2片切鱼肉相比，每年的销售主力总是3片切鱼肉。

如果是较为新鲜的青花鱼，也可以做成造型刺身或私房醋腌青花鱼，但异尖线虫是潜在风险。为了安全起见，一般的预防措施是冷冻一晚（须附带解冻标识）。如果不冷冻，则必须在加工时严格检查是否存在异尖线虫。

销售方式	销售形式及商品概念	位置	品名：单品	备注
散装销售	全鱼	○	新鲜青花鱼 1 条	
	去头鱼身	◎	新鲜青花鱼 1 条	傍晚客流高峰时段必不可少
包装销售	加工成品	○	新鲜青花鱼 2 片切 半条或整条加工	
		◎	新鲜青花鱼 3 片切 半条或整条加工	
		○	新鲜青花鱼鱼块 2 块装 3 块装 4 块装（整条加工）	
		◎	去骨鱼块 2 块装 3 块装 4 块装（整条加工）	
		△	新鲜青花鱼圆形切片（整条加工）	
	加工半成品	○	新鲜青花鱼（用于龙田油炸）半条或整条加工	
		◎	腌渍新鲜青花鱼（罗勒油、西京酱等）	
		○	裹粉新鲜青花鱼（香草粉等）	
	造型刺身	△	造型刺身、醋腌青花鱼造型刺身	注意防范异尖线虫

位置：◎畅销品、○常备品、△可选项

2 秋季行乐 户外烧烤主题促销

促销期 10 日 ~14 日

12 日（周六）~14 日是三连休。可向顾客宣传户外铁板烧之类的烧烤乐趣。秋季铁板烧和户外烧烤的推荐食材有小鲷、鲽鱼、虹鳟、香鱼等全鱼，以及有头虾、去内脏鱿鱼串、新鲜蝾螺、有壳虾夷盘扇贝、有壳牡蛎等甲壳类和贝类。

值得一提的是，阿根廷红虾由于外形鲜亮，能够点缀卖场，因此对其不要仅限于散装售卖，还可穿起来卖。

此外，用平底锅和加热板烹饪非常方便，适合做家常菜，可向顾客推荐“蔬菜炒鱼”。蔬菜可推荐花椰菜、马铃薯、胡萝卜、青椒、洋葱丝等。条件允许的话，最好把花椰菜、胡萝卜和马铃薯等蔬菜稍微焯一下，然后切成大小适当的块儿，从而加工为冷冻蔬菜。为了让蔬菜色泽新鲜，应用温盐水急速解冻。此外需要注意的是，“罗勒油浸泡”等腌渍工艺只适用于水产食材。且应该在浸泡后试吃，以确认口味。

蔬菜炒鱼。食材为3种蔬菜（马铃薯、花椰菜、胡萝卜各100g）和4种水产品（鱿鱼圈、色拉虾、虾夷盘幼贝、秘鲁产剑尖枪乌贼各50g）。3人份定价为680日元。

阿根廷红虾串。与散装一同销售。

3 鰤鱼节

促销期 17 日 ~20 日

目前，野生鰤鱼的捕捞量依然维持在理想水平，因此货源稳定。

虽然养殖鰤鱼的鱼市行情看涨，但由于野生鰤鱼的捕捞量持续稳定，因此销路仍然被看好。

促销时，应宣传野生鰤鱼和养殖鰤鱼各自的特性和优点，较为明智的方式是二者同时销售。

<table>
<tr><th>销售方式</th><th>形态</th><th>规格</th><th>养殖鰤鱼</th><th>野生鰤鱼</th></tr>
<tr><td rowspan="12">包装销售</td><td rowspan="5">鱼块</td><td>鰤鱼鱼块（1/4 条加工）1、2 块装</td><td></td><td>○</td></tr>
<tr><td>鰤鱼鱼块（1/4 条加工）3 块装</td><td></td><td>○</td></tr>
<tr><td>鰤鱼鱼块（沿腹骨切）2 块装</td><td>○</td><td>○</td></tr>
<tr><td>鰤鱼鱼块（小块切）3、4 块装</td><td>○</td><td>○</td></tr>
<tr><td>鰤鱼下巴肉</td><td>○</td><td>○</td></tr>
<tr><td rowspan="3">不同用途的半成品</td><td>鰤鱼鱼块（盐腌）1、2 块装</td><td></td><td>○</td></tr>
<tr><td>鰤鱼鱼块（泡腌）1、2 块装</td><td></td><td>○</td></tr>
<tr><td>鰤鱼煮萝卜套装</td><td>○</td><td>○</td></tr>
<tr><td rowspan="4">造型刺身</td><td>鰤鱼刺身用鱼肉</td><td>○</td><td></td></tr>
<tr><td>鰤鱼刺身用鱼片</td><td>○</td><td></td></tr>
<tr><td>鰤鱼造型刺身（平切）</td><td>○</td><td></td></tr>
<tr><td>鰤鱼薄片造型刺身（削切）</td><td>○</td><td></td></tr>
<tr><td rowspan="2">散装销售</td><td rowspan="2">鱼块</td><td>鰤鱼鱼块</td><td></td><td>○注意变色问题</td></tr>
<tr><td>腌鰤鱼鱼块（各种）</td><td></td><td>○注意变色问题</td></tr>
</table>

此时的野生鲕鱼色泽一般，不是非常适合生食，但如果加热烹饪，则能发挥其特性优势。经过盐腌、酱腌或泡腌后，野生鲕鱼的天然鲜味就会被发酵调味料“引”出来。

至于养殖鲕鱼，在“小鲕鱼”上淋色拉酱或乌梅酱，已渐渐成为今年夏季开始流行的吃法。

一般的食用方法是用芥末酱油蘸刺身吃，但此时便可以“顺势而为”，进一步力推用色拉酱或乌梅酱蘸着吃的“鲕鱼薄片造型刺身”。

4 火锅主题促销

促销期 24日~27日

初期的“火锅促销柜台”陈列图

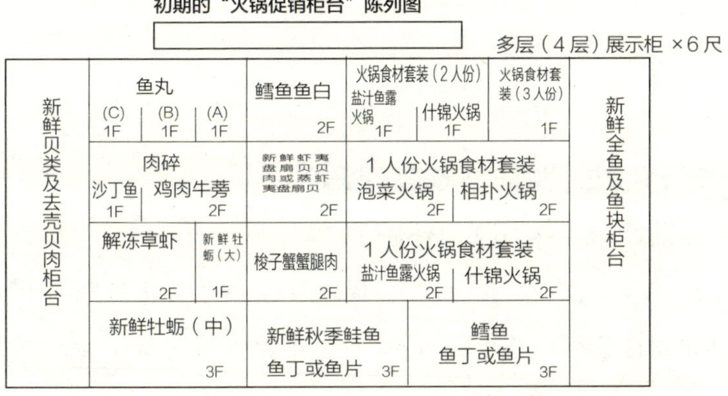

这段时间，早晚气温已降至10℃上下，吃火锅的时节正式到来。像新鲜鳕鱼、新鲜秋季鲑鱼、鲷鱼、剥皮鱼、鮟鱇、新鲜牡蛎都是火锅的“标配”食材。此外，无头虾、梭子蟹蟹腿肉、蒸虾夷盘扇贝、鱼丸、肉碎等也是颇受欢迎的火锅食材。再加上各地区“土菜火锅”中的当地水产，可谓数量繁多。例如法国南部普罗旺斯地区的“普罗旺斯鱼汤锅”，其源于近郊渔家的家常菜——把因个头太小或品相不好而卖不出去的鱼放入火锅炖煮。鉴于此，使用各地本土水产为原料的“土菜火锅”亦不失为一大卖点。

条件允许的话，最好陈列一两种西式火锅食材套装。定价方面，1 人份火锅食材每包 298~398 日元，2 人份每包 398~480 日元，3 人份每包 580~680 日元，4 人份 880 日元。目前，虽然不加蔬菜的“纯荤火锅”渐渐成为主流，但作为卖场，仍应在执行便利的基础上，兼顾不同顾客的需求。

11 月

1 寿司之日 手卷、什锦寿司派对

促销期 1 日 ~4 日（补休日）

1 日是日本的“寿司日”。周末又恰逢“文化日”，因为文化日与周日重叠，因此周一（4 日）补休一天，成为一个三连休的小长假。超市商家可以向顾客推荐节日料理——能一家人共享的手卷寿司、什锦寿司。这是全家老少都爱享用的美味，应在卖场开辟促销区，陈列手卷寿司和什锦寿司套装，以及做寿司的材料。

手卷寿司和什锦寿司套装的定价为：2~3 人份 680~780 日

元，3~4人份880~980日元。寿司材料则以“捆绑打包”的方式售卖。建议定价为：1包198日元，3包500日元。

可以捆绑打包的寿司材料有金枪鱼、金枪鱼鱼排、鲷鱼、鲕鱼、高体鰤、刺身鲑鱼（新鲜、解冻）、寿司虾、蒸色拉虾、腌飞鱼鱼子、虾夷盘扇贝贝柱、乌贼、厚底煎蛋等。如果是高价位的“寿司材料包”，还可加入金枪鱼腹肉、酱油腌鲑鳟鱼子、新鲜海胆、去壳蟹肉等。此外，勿忘推销关联商品。如黄瓜、寿司醋、樱色鱼肉松、海苔等。

即将到来的七五三节①、博若莱新酒节、圣诞派对等节日活动，都会使举办家庭聚会的几率大大增加。

超市商家应该多在创意上下功夫，使手卷寿司和什锦寿司成为消费者心目中的“家庭聚会必备美食”。

2 迎接“鲑鱼日”的促销活动

促销期7日~11日

11日是“鲑鱼日”，从前一周的7日起，便可开展为期五天的“鲑鱼节”促销活动。打装销售时，要仔细斟酌单包定价。

---

① 译者注：七五三节是日本的一个节日。新生儿出生后30至100天内须参拜保护神，到了三岁（男女童）、五岁（男孩）、七岁（女孩），则于每年的11月15日再去参拜，祈祝儿童健康成长。

要积极策划、努力推销。作为秋季美味之一的“新鲜秋季鲑鱼”，其旺季已经过去，此时应将推销重点转移至盐腌秋季鲑鱼，再加上虹鳟、大西洋鲑、智利产盐腌银鲑、阿拉斯加产盐腌红鳟等进口鱼，从而构成较为丰富的商品线。

“微烤鲑鱼片刺身”是应着力推销的生食用鲑鱼商品。与外部加工品相比，店内加工品的色泽更为光鲜。店内加工时，要注意炙烤的工序——用加热喷枪炙烤切面，待切面边缘出现1mm的烤焦区域即可；然后立即浸入冰水中或放入冰箱中；待冷却后，再进行切割。至于需加热烹饪的半成品，可向顾客推荐大西洋鲑、发酵调味料（如大酱、酒糟、盐曲之类）腌智利产银鲑。应提供试吃，以口味来吸引消费者，从而扩大销路。

微烤鲑鱼片　可顺便向顾客推荐洋葱丝和柚子醋。
微烤鲑鱼片加上洋葱丝和柚子醋，可谓绝配。
售价 298 日元

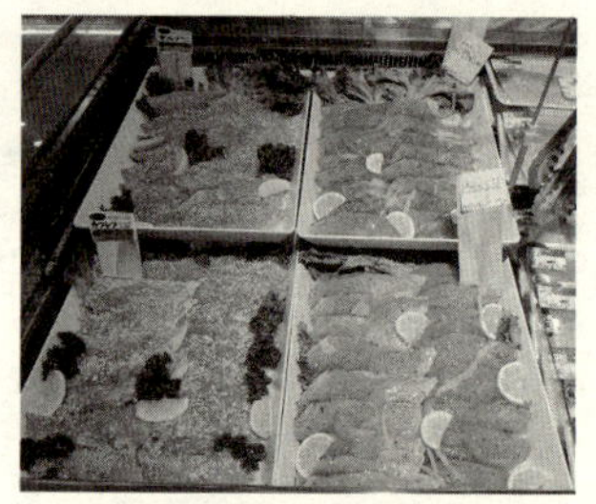
酱料腌鲑鱼（散装销售）实例

3 正式进入吃火锅的时节！“火锅节”促销

促销期 14 日 ~17 日

此时立冬已过，早晚温度骤降，正式迎来了吃火锅的时节。火锅套装的促销重点应从之前初期的“1 人份”变为 2 人份、

2~3 人份，周末则应大力推销 3~4 人份。

仅凭普通的火锅套装，难免给人以千篇一律的感觉，因此还可引入普罗旺斯鱼汤锅等西式火锅。可在火锅柜台设置一角，专卖西式火锅套装及食材。火锅食材品种繁多、数不胜数，但在推销西式火锅时，应同时力推以下食材：鲷鱼、鲈鱼、比目鱼、鳕鱼等白肉鱼；新鲜蛤蜊、去壳蛤蜊肉、贻贝（带壳贝、去壳肉）、阿根廷红虾（带头、带壳）、虾仁、梭子蟹等甲壳类；以及乌贼、章鱼等。

“火锅促销柜台”布局图

多层（4 层）展示柜　　多层（4 层）展示柜 6~7 尺左右

新鲜贝类及去壳贝肉柜台							新鲜全鱼及鱼块柜台
	鱼丸 各 1 层 3 样单品	鱼丸 沙丁鱼 1F	鸡肉牛蒡 2F	鳕鱼鱼白 2F	梭子蟹蟹腿肉 2F	鱿鱼圈 1F	
	去壳蛤蜊肉 1F	带壳贝或去壳肉 2F	解冻草虾 2F	阿根廷红虾 2F	西式火锅 普罗旺斯鱼汤锅食材套装 2F	什锦火锅套装 2~3 人份 1F	
	蒸牡蛎 2F	新鲜或蒸虾夷盘扇贝 2F	新鲜鳕鱼鱼丁或鱼片 3F	1 人份火锅食材套装 相扑火锅 2F	1 人份火锅食材套装 什锦火锅 2F		
	新鲜牡蛎 3、4F	新鲜秋季鲑鱼鱼丁或鱼片 3F	2 人份火锅食材套装 盐汁鱼露火锅 2F	2 人份火锅食材套装 什锦火锅 3F			

单品火锅套装方面，可陈列一到两种以新鲜鳕鱼、鲷鱼或金目鲷等为汤底的套装，以起到吸引眼球的作用。定价方面，建议 2 人份售价 580 日元，2~3 人份售价 680~780 日元，3~4 人份售价 880~980 日元。至于是外部加工还是店内加工，应遵循“尽可能避免全部委托外部加工”的方针。尤其对追求差异化或

精致感的火锅套装，应坚持店内加工，从而提升促销柜台的魅力及竞争力。

4 博若莱新酒节

促销期 21 日 ~24 日

从博若莱新酒节（21 日）至周末，以“成年人的家庭聚会”为主题，进行促销。主要向顾客推荐“能够蘸着柚子醋和色拉酱享用的美味水产”。在常见的刺身拼盘、金枪鱼寿司拼盘、刺身小菜拼盘的基础上，增加诸如海鲜色拉、海鲜西式冷盘等商品。尤其推荐以洋葱丝、柚子醋、色拉酱为佐料的海鲜色拉及炙烤熏制类食品。2 人份的定价均为 580~680 日元，使顾客乐于购买。目前，西式料理不可或缺的水产食材（如进口鲑鱼、色拉虾、虾夷盘幼贝等）皆处于较高价位，较高的进价的确会影响销路，但必须通过优秀的促销策划案来克服现实困难。

色拉虾＋番茄奶酱套装 每包 480 日元

至于促销区的布置，可使用开放式卧柜陈列，也可使用普通柜台集中展示“聚会推荐佳肴”。应运用 POP、图示板、贴纸等手段，营造“派对”氛围。此外，切勿忘记陈列本次促销活动的主角——博若莱新酒。

11月21日（周四）博若莱新酒解禁
“品尝葡萄酒 成年人的家庭聚会”
葡萄酒的绝配！能够蘸着柚子醋和色拉酱享用的海鲜西式冷盘、刺身和色拉。欢迎选购！！

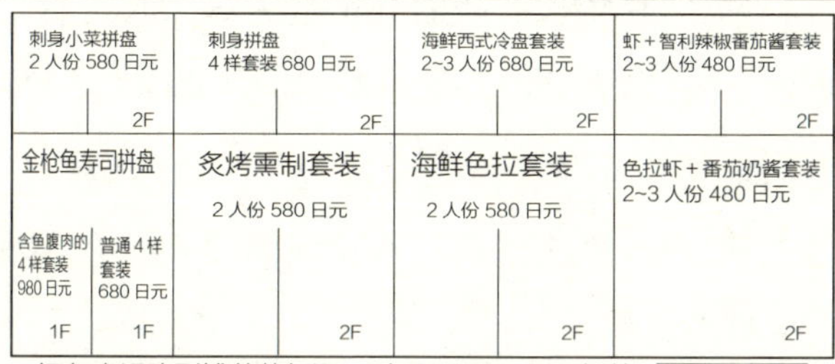

刺身小菜拼盘 2人份580日元 2F	刺身拼盘 4样套装680日元 2F	海鲜西式冷盘套装 2~3人份680日元 2F	虾+智利辣椒番茄酱套装 2~3人份480日元 2F
金枪鱼寿司拼盘 含鱼腹肉的4样套装980日元 1F 普通4样套装680日元 1F	炙烤熏制套装 2人份580日元 2F	海鲜色拉套装 2人份580日元 2F	色拉虾+番茄奶酱套装 2~3人份480日元 2F

· 切勿忘记陈列博若莱新酒。利用POP和图示板等手段来烘托“派对”气氛。

试吃 ○○○ ○

12月

1 奖金周日

促销期5日~8日

将近年末，也迎来了消费高峰，7、8日可谓是第一波购物热潮。周末则正逢“奖金周日”，可以开展诸如“圣诞节及年末商品大体验”的促销活动。日本经济总体呈上行走势，因此应该营造胜于往年的“豪华感”，力推刺身拼盘及聚会佳肴。

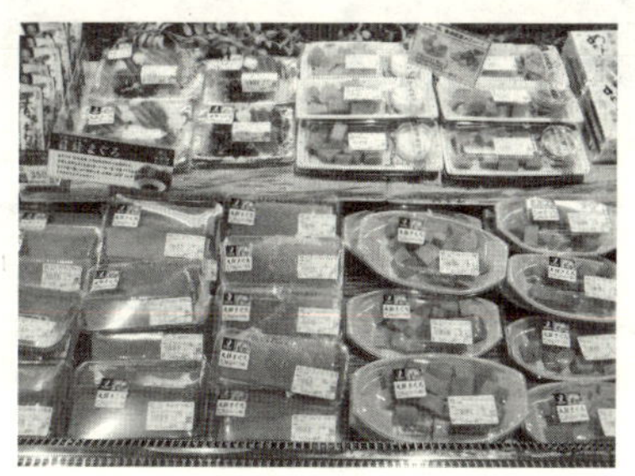

具体来说，可以着力向顾客推荐国产养殖新鲜金枪鱼、解冻蓝鳍金枪鱼、进价较为便宜的蒸鳕场蟹、非洲产蒸章鱼、

调味青鱼子、酱油腌鲑鳟鱼子、毛甲蟹、虾（有头、无头）等水产品。打响圣诞节及春节商战的“前哨第一枪”。需要注意的是，“大礼包”虽然是年末商战的真正重头戏，但其损耗率也较高，因此应先以“让顾客品尝”为着眼点，力推较为平价的商品。

如果是当地特产年货，首先应该一个不落地试销一遍，然后再确定主打商品。尤其是拼盘和套装类商品，应尽早确定，以便让员工尽早熟悉加工流程。

2 进口鲑鱼节

促销期 12 日 ~15 日

进口鲑鱼原本是拉动水产部门整体销售额的绩优商品，但由于其进价一度大幅上涨，售价也比以前提高了三到四成。值得庆幸的是，最近一年多，其鱼市价格一直处于低位，进价也趋于稳定，只要利用宣传单等手段积极推销，其销路依然被看好。

圣诞节和春节是进口鲑鱼需求量最为旺盛的时期，在此之前，应该开展以进口鲑鱼为“主角”的“鲑鱼节”，从而让鲑鱼事先“深入人心”。可以主推解冻虹鳟或解冻大西洋鲑鱼。但两者的进价都比较高，因此刺身鱼肉的建议零售价为“每 100g 售 238~278 日元”。其中，挪威产新鲜大

造型刺身 2 样拼盘

鲑鱼色拉套装

四分之一去骨鱼块

煎炸用去骨鱼块
（摆放成鱼形）

西洋鲑鱼的零售价为“每100g售298~348日元”，与去年相比，涨幅为120%左右，乍一看似乎有点离谱，但其实低于往年涨幅，反而有一丝“划算感”。今年的圣诞节和春节可以力推品质优良、价格相对划算的挪威产新鲜大西洋鲑鱼。

重点销售商品

	优先级	销售单品实例
新鲜大西洋鲑鱼	今年力推商品	生食：刺身用鱼肉、造型刺身（1~2样拼盘）、鲑鱼色拉套装 加热：煎炸用鱼块（整条鱼的四分之一，去骨）
解冻大西洋鲑鱼	主推商品（二选一）	生食：刺身用鱼肉、刺身用薄鱼片、鲑鱼色拉套装 加热：碎肉、鱼块（去骨）
解冻虹鳟（无盐）		生食：刺身用鱼肉、刺身用薄鱼片、鲑鱼色拉套装 加热：肉碎、鱼块（去骨）

3 圣诞节专场促销

促销期19日~25日

圣诞派对海鲜拼盘 每包售价980日元

圣诞刺身拼盘 每包售价980日元

20日是“鲱鱼日”，因此19日~22日可以开展名为“鲱鱼节”的促销活动。21日（周末）则可“双管齐下”，同时开展“鲱鱼节”和“圣诞节专场促销”活动。

23、24日，圣诞节商战正式到来。应该以“家庭圣诞派对”

为主题，向顾客推荐相关商品。不要浅薄地把“家庭圣诞派对”和“寿司拼盘”划等号。应该着眼于不同年龄段和性别，有的放矢地推销商品。

平价包装商品方面，2 人份商品的单包建议售价为 580 ~ 680 日元，家庭装售价不宜超过 980 日元。

一般来说，单包售价一旦超过 1000 日元，销量就会减少。但考虑到年末商战的特殊性，也可另辟蹊径，推出几种每包 1580~1980 日元的高价拼盘。由于主力食材几乎都会涨价，因此在做企划时，还应把握成本、确保利润。

4 岁末专场促销

促销期 28 日 ~31 日

从圣诞节商战到年末春节，应确定这段时间的销售额指数。

如果企业、门店去年同期（30 日）销售额较为理想，今年就应制订进一步提升销售额的计划。如在 28、29 和 30 日力推蒸鳕场蟹、蒸毛甲蟹、调味青鱼子、其他各种鱼子、有头及无头虾、炸虾、刺身用章鱼及醋腌章鱼等保质期相对较长的生鲜产品。每天轮换促销，还可限时打折，从而吸引顾客。

除夕当天应主推刺身等生食商品。如刺身拼盘、寿司拼盘、金枪鱼刺身、鲱鱼刺身、高体鰤刺身、鲷鱼刺身等。近年来，刺身拼盘的总体销量呈下滑趋势。为了改变刺身商品一成不变的陈旧印象，在保留“传统经典”的基础上，应努力推陈出新，让顾客品尝到新口味。

一两样新商品，往往就能让卖场焕然一新。

因此，应提前做好商品企划，充分做好生产加工的准备工作，从而提高生产效率和品质。

金枪鱼刺身拼盘（含鱼腹肉）6 件套
1800 日元

刺身用鱼肉拼盘 6 件套（附萝卜、紫苏叶）
1800 日元

（12 月）	28 日	29 日	30 日	31 日	4 日合计
销路趋势	↗	↗	↘	↗	↗

第9章

“家计”支出与月度数据

出处：日本总务省统计局
平成 24 年（2012 年）家计调查年报
（家计收支篇）
※ 以每户家庭为单位（家庭成员 2 名以上）

竹荚鱼

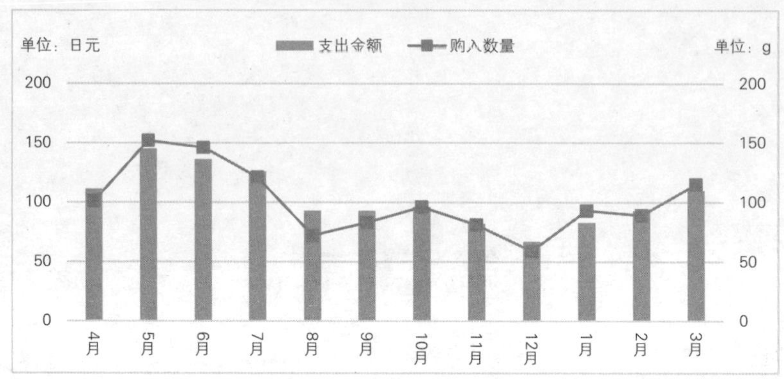

	4月	5月	6月	7月	8月	9月	10月	11月	12月	1月	2月	3月
支出金额	111	145	136	126	93	93	96	82	67	83	93	110
购入数量	101	152	146	121	72	83	96	81	59	93	89	115

金枪鱼

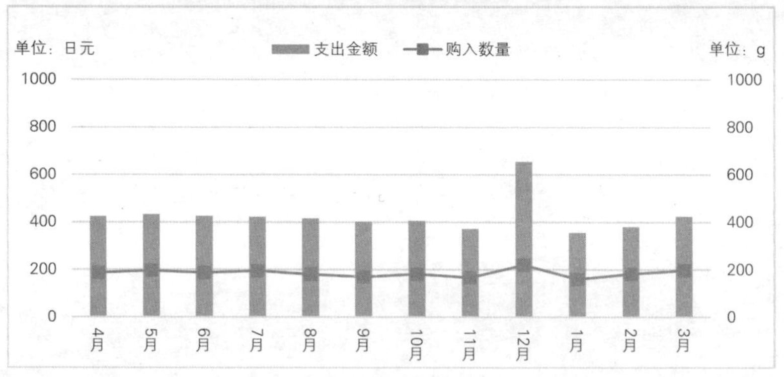

	4月	5月	6月	7月	8月	9月	10月	11月	12月	1月	2月	3月
支出金额	424	433	426	422	416	401	405	372	654	356	380	424
购入数量	188	196	188	195	181	170	182	167	220	160	183	197

鲑鱼

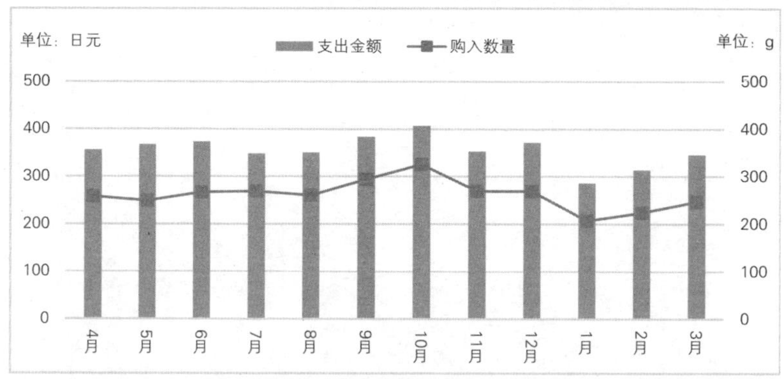

	4月	5月	6月	7月	8月	9月	10月	11月	12月	1月	2月	3月
支出金额	356	367	373	348	350	383	407	353	371	286	314	345
购入数量	258	249	267	269	260	294	325	269	269	207	224	247

沙丁鱼

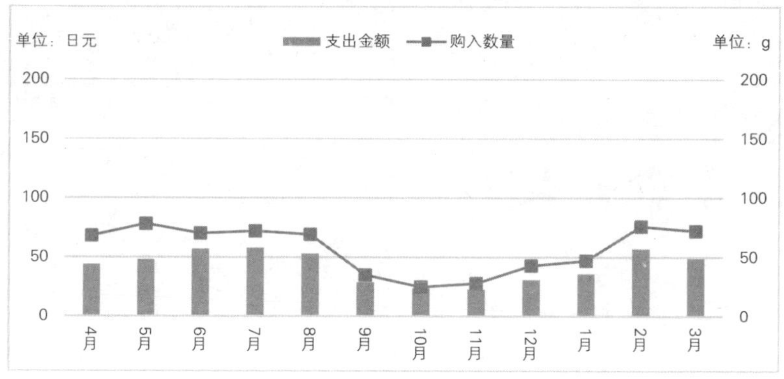

	4月	5月	6月	7月	8月	9月	10月	11月	12月	1月	2月	3月
支出金额	44	48	57	58	53	29	24	23	31	36	57	49
购入数量	68	78	70	72	69	35	25	28	43	47	76	72

鲕鱼

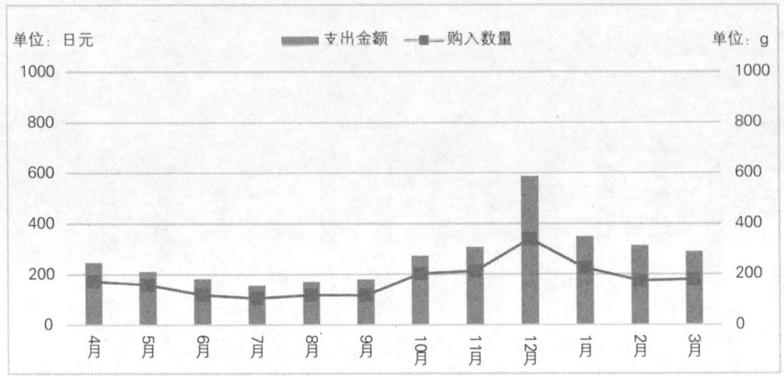

	4月	5月	6月	7月	8月	9月	10月	11月	12月	1月	2月	3月
支出金额	247	212	183	156	170	180	274	309	588	349	314	290
购入数量	173	158	118	105	118	117	202	212	340	224	174	180

鲣鱼

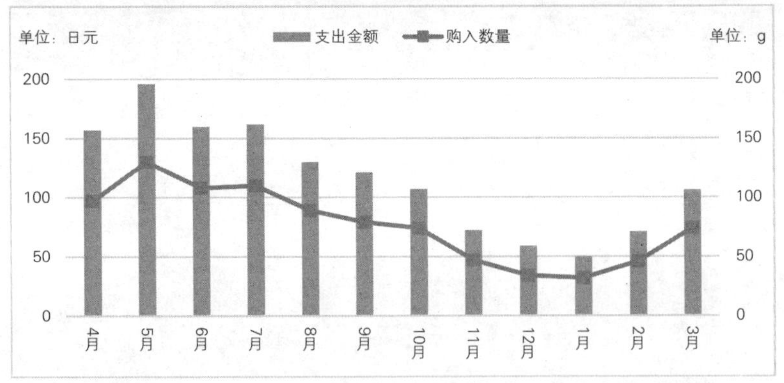

	4月	5月	6月	7月	8月	9月	10月	11月	12月	1月	2月	3月
支出金额	157	196	160	162	130	121	107	72	59	50	71	106
购入数量	97	130	108	110	89	79	74	47	34	32	46	74

鲽鱼

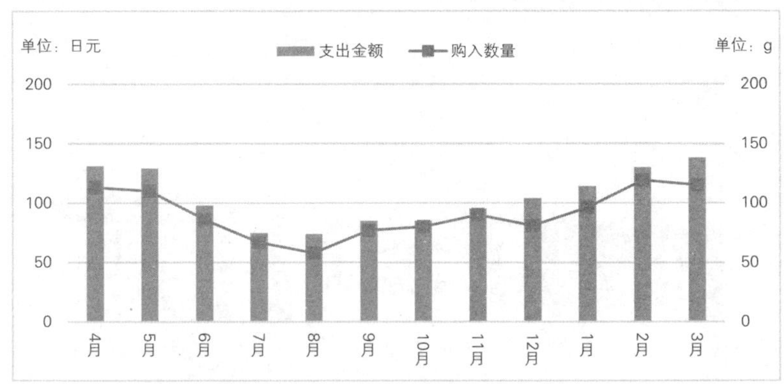

	4月	5月	6月	7月	8月	9月	10月	11月	12月	1月	2月	3月
支出金额	131	129	98	75	74	85	85	95	104	114	130	138
购入数量	113	110	86	67	58	77	80	90	81	96	119	115

青花鱼

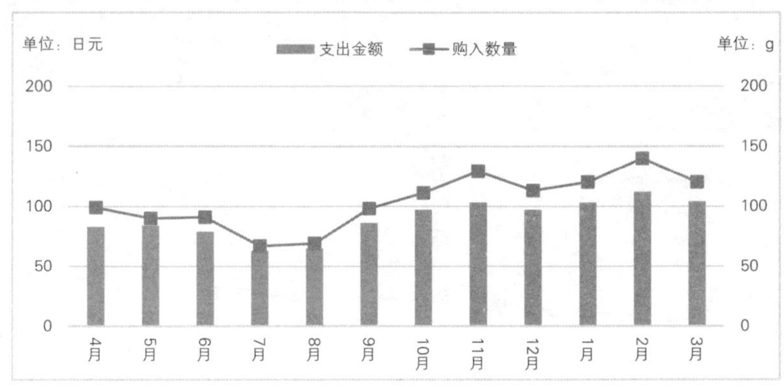

	4月	5月	6月	7月	8月	9月	10月	11月	12月	1月	2月	3月
支出金额	83	84	79	63	65	86	97	103	97	103	112	104
购入数量	99	90	91	67	69	98	111	129	113	120	140	120

鲷鱼

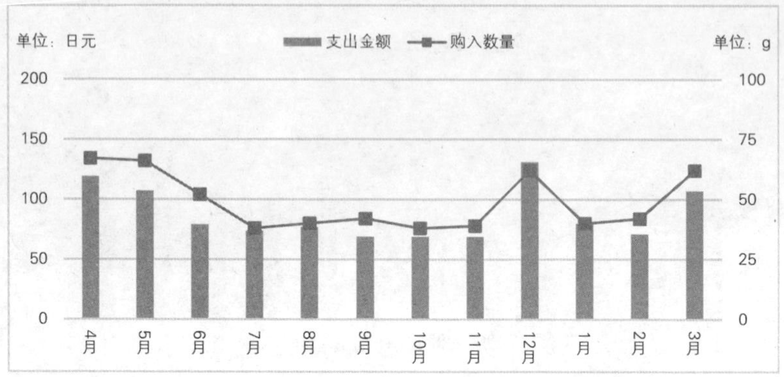

	4月	5月	6月	7月	8月	9月	10月	11月	12月	1月	2月	3月
支出金额	119	107	79	74	77	69	69	69	131	80	71	107
购入数量	67	66	52	38	40	42	38	39	62	40	42	62

秋刀鱼

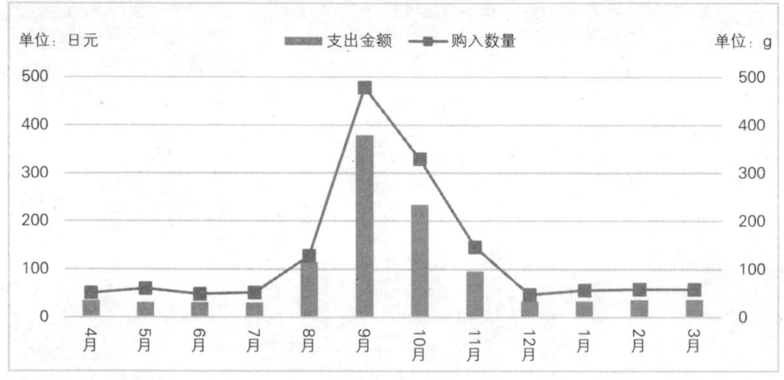

	4月	5月	6月	7月	8月	9月	10月	11月	12月	1月	2月	3月
支出金额	35	32	32	31	115	379	234	96	33	33	36	37
购入数量	51	60	49	52	128	478	329	146	47	56	58	58

乌贼

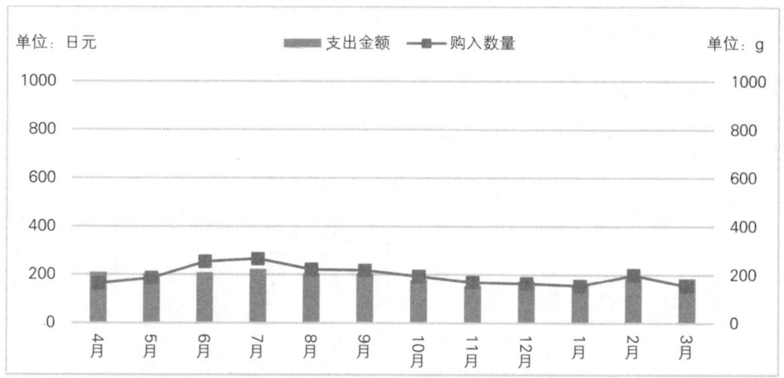

	4月	5月	6月	7月	8月	9月	10月	11月	12月	1月	2月	3月
支出金额	210	203	208	223	205	205	177	154	172	159	185	186
购入数量	164	185	253	265	220	217	192	168	163	154	199	154

蟹

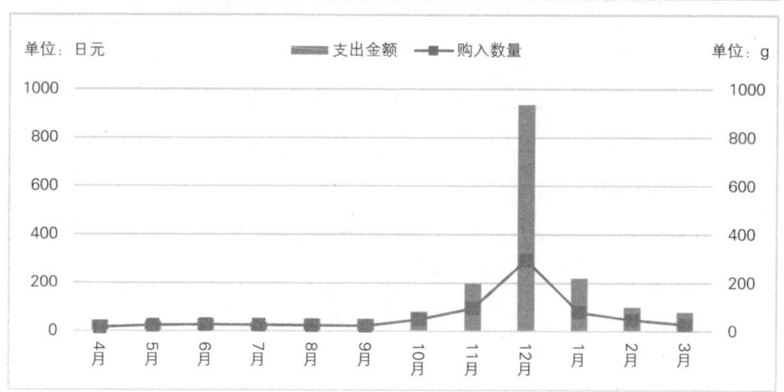

	4月	5月	6月	7月	8月	9月	10月	11月	12月	1月	2月	3月
支出金额	44	39	49	37	50	50	80	199	936	220	101	81
购入数量	15	23	26	24	23	21	47	94	294	79	46	27

章鱼

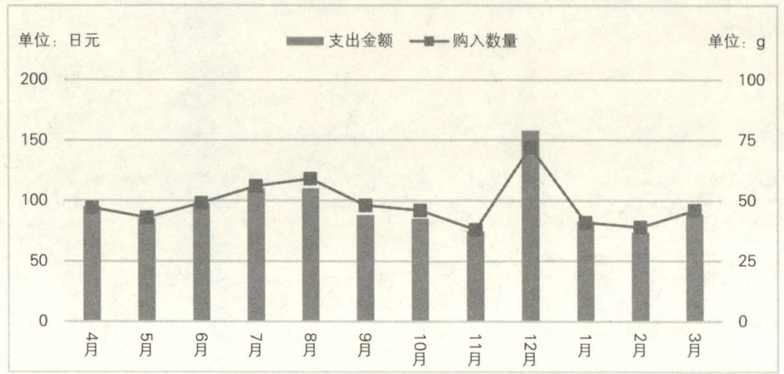

	4月	5月	6月	7月	8月	9月	10月	11月	12月	1月	2月	3月
支出金额	95	85	98	110	110	88	85	75	158	83	74	89
购入数量	47	43	49	56	59	48	46	38	72	41	39	46

虾

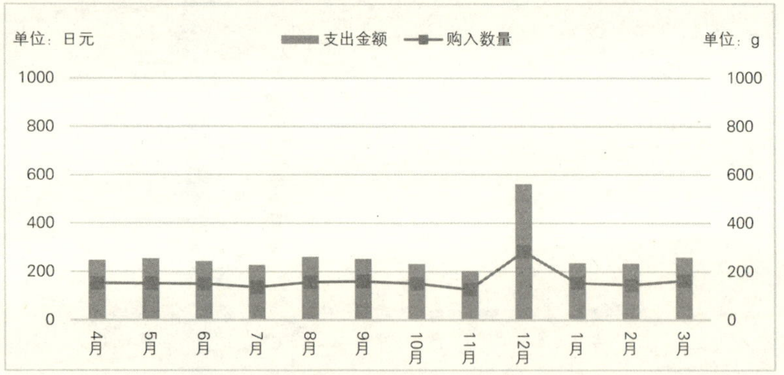

	4月	5月	6月	7月	8月	9月	10月	11月	12月	1月	2月	3月
支出金额	248	255	243	228	261	253	232	203	561	236	234	259
购入数量	153	152	150	136	157	160	151	127	283	153	144	162

刺身拼盘

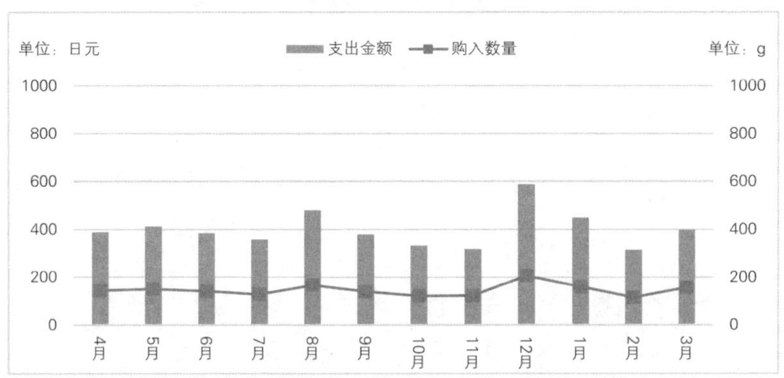

	4月	5月	6月	7月	8月	9月	10月	11月	12月	1月	2月	3月
支出金额	389	413	384	358	480	379	333	318	587	449	314	398
购入数量	144	150	141	128	167	139	121	123	206	160	115	157

其他海鲜（如什锦海鲜产品、新鲜鳕鱼子等）

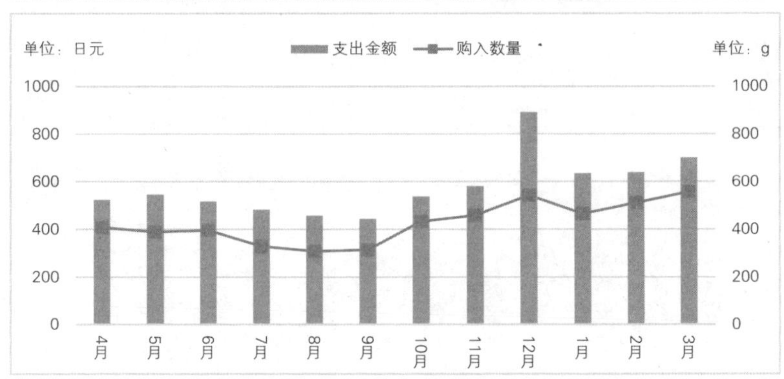

	4月	5月	6月	7月	8月	9月	10月	11月	12月	1月	2月	3月
支出金额	524	547	517	483	458	444	538	582	892	635	640	703
购入数量	408	389	396	329	308	314	433	459	543	466	511	557

蚬贝

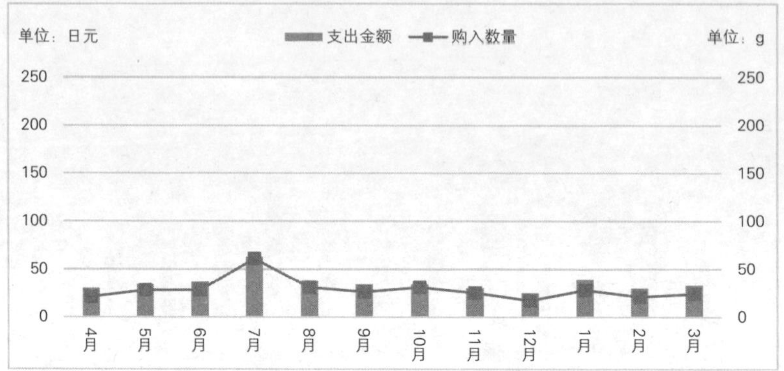

	4月	5月	6月	7月	8月	9月	10月	11月	12月	1月	2月	3月
支出金额	30	34	37	63	38	34	34	30	25	39	30	33
购入数量	21	28	28	61	31	26	31	25	17	28	21	24

蛤蜊

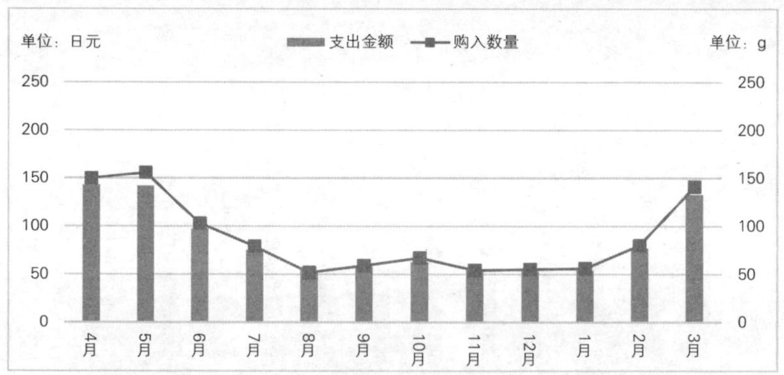

	4月	5月	6月	7月	8月	9月	10月	11月	12月	1月	2月	3月
支出金额	143	142	97	75	54	58	63	55	53	54	77	133
购入数量	150	156	103	79	52	59	67	54	55	56	80	141

虾夷盘扇贝

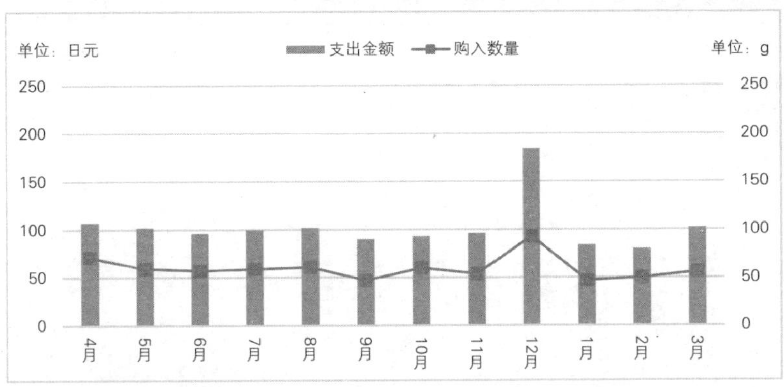

	4月	5月	6月	7月	8月	9月	10月	11月	12月	1月	2月	3月
支出金额	107	102	96	100	102	90	93	96	184	84	80	102
购入数量	71	59	57	59	61	47	60	54	93	47	50	56

牡蛎（贝）

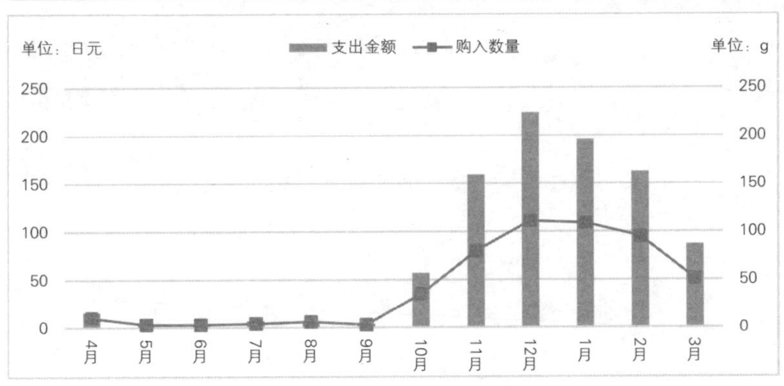

	4月	5月	6月	7月	8月	9月	10月	11月	12月	1月	2月	3月
支出金额	16	4	4	7	5	4	57	159	224	196	163	87
购入数量	10	3	3	4	6	3	35	80	111	109	95	51

盐腌鲑鱼

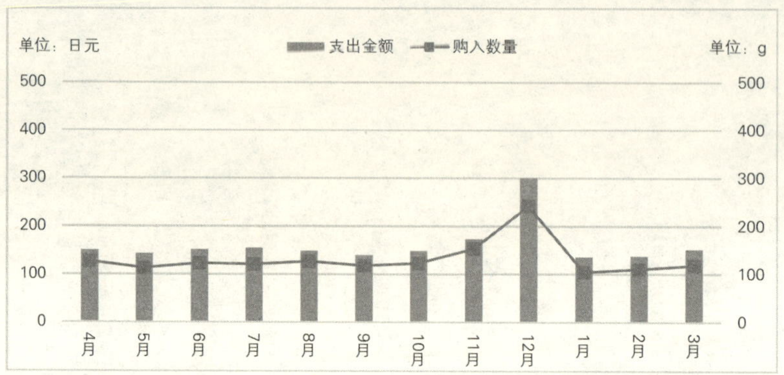

	4月	5月	6月	7月	8月	9月	10月	11月	12月	1月	2月	3月
支出金额	150	143	151	155	149	140	149	173	301	136	138	152
购入数量	127	113	123	121	127	118	123	153	242	104	110	118

其他贝类（文蛤、鲍鱼等）

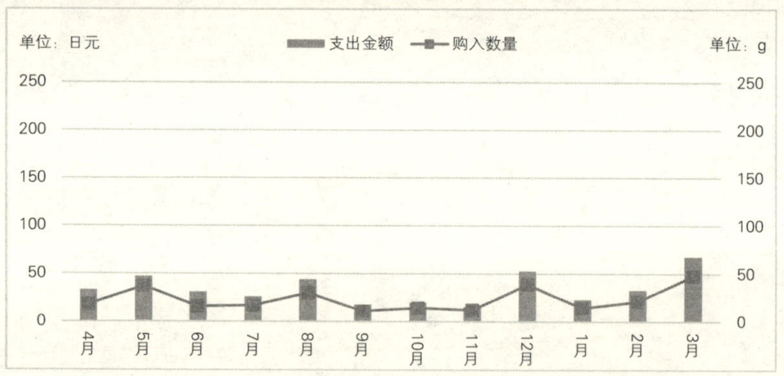

	4月	5月	6月	7月	8月	9月	10月	11月	12月	1月	2月	3月
支出金额	33	47	31	26	44	18	20	15	53	23	33	68
购入数量	18	37	16	17	30	11	14	12	39	14	21	48

小沙丁鱼干

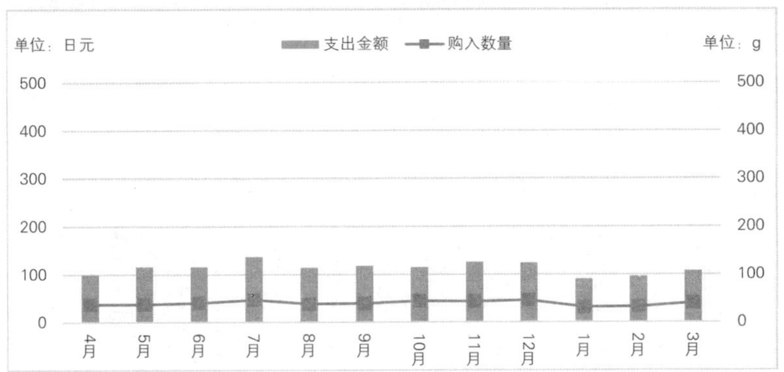

	4月	5月	6月	7月	8月	9月	10月	11月	12月	1月	2月	3月
支出金额	100	116	116	137	114	118	115	126	124	90	96	107
购入数量	37	37	40	46	38	39	44	43	45	31	32	40

咸鳕鱼子

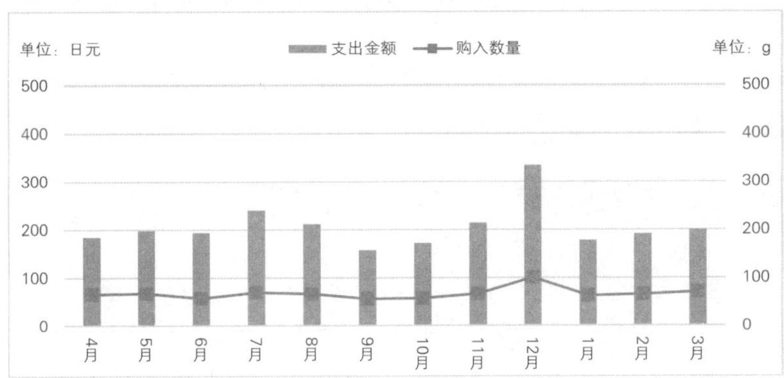

	4月	5月	6月	7月	8月	9月	10月	11月	12月	1月	2月	3月
支出金额	185	198	194	240	212	158	172	214	334	178	191	200
购入数量	66	68	58	70	67	57	58	67	101	63	66	71

其他水产腌货和干货（咸鲑鳟鱼子、多春鱼、鱿鱼干等）

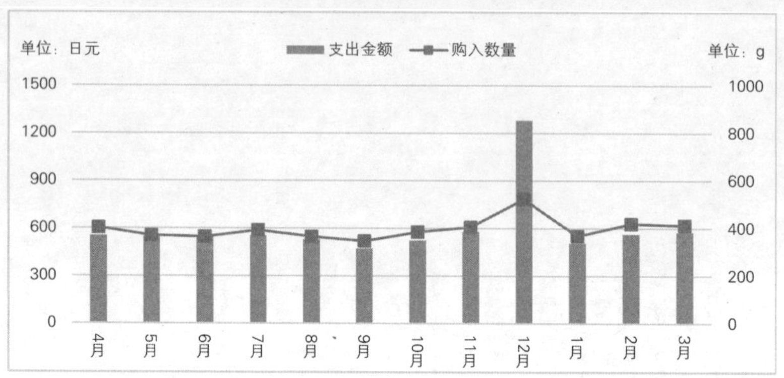

	4月	5月	6月	7月	8月	9月	10月	11月	12月	1月	2月	3月
支出金额	553	548	553	554	528	472	524	578	1281	506	563	577
购入数量	403	370	364	392	365	346	384	405	523	368	420	413

竹荚鱼干

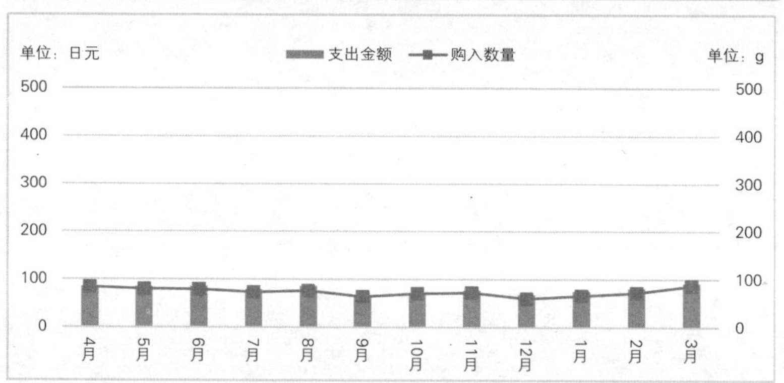

	4月	5月	6月	7月	8月	9月	10月	11月	12月	1月	2月	3月
支出金额	85	85	86	79	86	67	72	77	68	75	81	92
购入数量	84	80	79	73	76	64	70	72	60	66	72	87

第10章

卖场和商品的相关数据——销售额、利润及其他

超市的基本数据

与水产部门有关的数据取决于商品自身的变化（价格、品质、鲜度等），因此必须在对商品估价进行考量的基础上理解数据。对于最为重要的“利润把控”，则必须以零售业的基本数据为基础，再加上相关部门的特性来掌控。只有这样，才能对数据进行合理解读。

超市的计数

①售价（预想售价）

它是指进货后所预设的售价，一般称其为预想售价或理想销售额。与之相对，实际销售所产生的相关数值则被称为销售额。

理想销售额 = 售价（预想售价）× 进货数量

②成本价（进货成本）

它是指从供应商处进货时所支付的价格，一般称其为进货成本。

③利润・利润率

它是指售价（①）减去成本价（②）后得出的理想利润值。

利润 = 售价（预想售价）– 成本价（进货成本）

该利润值除以售价①，再乘以 100%，得到的数值便是利润

率（以百分比表示）。

利润率＝［售价（预想售价）－成本价（进货成本）］/ 售价（预想售价）×100%

④销售额

它是指商品实际经过收银台扫码售出的总计金额，是体现营业业绩的数值，也是量化评价部门、店铺，乃至整个企业的数值。

⑤成本价（销售额成本）

它是指与销售额相关的成本。在损益表中，其计算方式为“期初库存额＋期中进货额－期末库存额”。

<table>
<tr><td rowspan="3">①售价（预想售价）＝理想销售额</td><td rowspan="2">③利润</td><td>⑦损耗额</td><td></td></tr>
<tr><td>⑥毛利润</td><td rowspan="2">④实际销售额</td></tr>
<tr><td>②成本价（进货成本）</td><td>⑤成本价（销售额成本）</td></tr>
</table>

⑥毛利润

它是指销售额④减去成本价（销售额成本）⑤后所得的金额。通过实地盘存能够得出该数值，它是快速确认部门和店铺大致利润的工具。（盘存是一种盘点计数作业，目的是确认某段时期内的实际库存额）。

销售额－成本（销售额成本）＝毛利润

销售额－（期初库存额＋期中进货额－期末库存额）= 毛利润

⑦损耗额

它是指商品在销售过程中实际产生的销售额与理想销售额之间的差额。

损耗率则是指损耗额与销售额的比值。损耗包括清货损耗、处理损耗、报废损耗、失窃损耗、错账损耗、破损损耗等。此外，理想库存额与实际库存额之间的差额也被称为损耗额。

☆设定预想损耗额

普通食品（非生鲜类食品等）的保质期和赏味期从数日、数月到数年不等。其进货成本长期不变，预想损耗额较低。因此，普通食品的清货损耗和处理损耗较低。基于此，其预想损耗率往往设定为2%~3%。

与之相对，生鲜类食品较易变质，其中以生鲜水产尤甚。在短短一天之内，便能经历由新鲜到劣化、清货、报废的过程。因此不少生鲜商品都会审时度势地压低利润率销售。

由于清货、报废会导致利润率下降5%~10%，与普通食品相比，其预想损耗额较高，因此在设定初期的理想利润率时，也应该将这部分损耗计算在内。

◎普通食品

毛利润率（预想）18% ＋（预想损耗额）2%=20%（利润率）

◎水产部门

毛利润率（预想）25% ＋（预想损耗额）5%=30%（利润率）

商品生产加工的基本系数——成品率

成品率经常用来量化判断和评价员工生产加工技术的优劣。

与其他部门不同，水产部门、鲜肉部门的不少商品在进货后无法直接陈列出售，还须进行加工。因此其成品率对利润的影响举足轻重。

一条鱼在去鳃、去内脏后，再割下鱼头、去除中骨，最后切成鱼块。与进货时相比，其每 kg 所对应的单价自然发生了变化。如果加工成品的重量是原先的一半，则其每 kg 所对应的单价就是原先的两倍。

一条重量为 1kg 的鱼，如果由技术优秀的熟练工加工，则成品鱼肉的重量可达 700g；换作技术生疏的新人加工，则成品鱼肉的重量可能就只剩 500g。孰优孰劣，一目了然。其判断的量化基准便是成品率。

继续引用上述例子，即技术优秀的熟练工的加工成品率为 70%（0.7），而技术生疏的新人的加工成品率为 50%（0.5）。

成品率的具体计算方法如下：

图表 10–1 成品率正反实例·

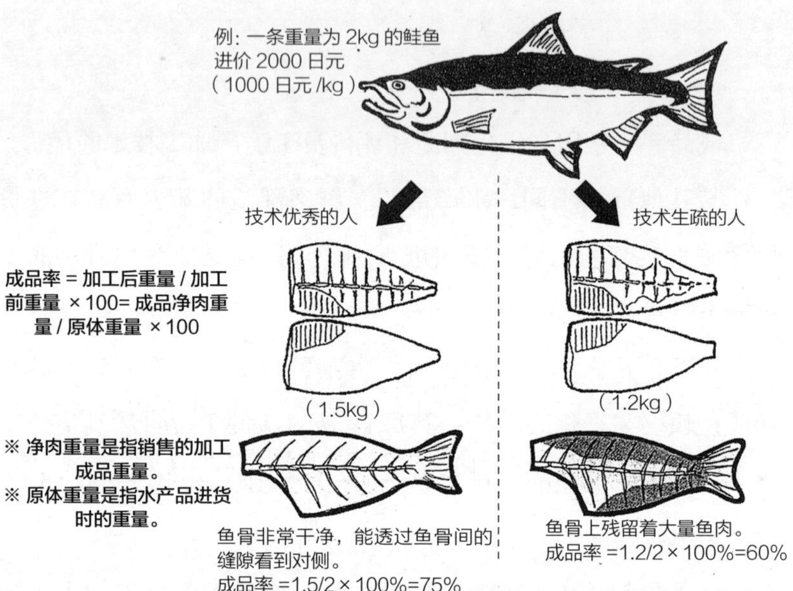

如果销售无须加工的商品（如整条鱼或整箱水产品），就不用计算上述成品率。

不过要注意，顾客对于高品质加工商品的需求日益旺盛，超市商家需要具备优秀的加工技术人才，成品率计算也成了零售业不可或缺的要素。

图表 10–1 明确体现了成品率对商品销售的巨大影响，平均 1kg 的差价竟高达 333 日元。倘若加工不当，相当于将进货成本

提高了 333 日元 /kg。如果换算成 33 日元 /100g，或许让人觉得微不足道，但在定价时，这 33 日元的增减简直有天壤之别。依据消费心理学，198 日元 /100g 的售价和 231 日元 /100g 的售价会导致截然不同的销售结果，顾客较易接受诸如“198”之类的定价，一旦到达“200”这个数值区间，其消费意欲便会下降。

图表 10–2　成品率和利润率的关系

鲑鱼（带头半成品）去除鱼鳃和内脏
原体价格 1250 日元 /kg

成品率 85% 和成品率 70% 这两种情况下，其成品净肉的成本差异如下。

	成品率	成品净肉成本
A	85%	1250÷0.85=1471 日元 /kg
B	70%	1250÷0.7=1786 日元 /kg

即便换算为 100g 价格，也有 31.5 日元（178.6 – 147.1=31.5）的差价。
如果二者以同样价格出售（比如 248 日元 /100g），则利润率差异如下：

	成品率	成品净肉成本	利润率
A	85%	1250÷0.85=1471 日元 /kg	（248 – 147）/248×100%=40.7%
B	70%	1250÷0.7=1786 日元 /kg	（248 – 179）/248×100%=27.8%

可见其差别之大。

图表 10–3　成品率标准（日本东京都中央批发市场《水产品成品率调查》1987.3.4 起实施）

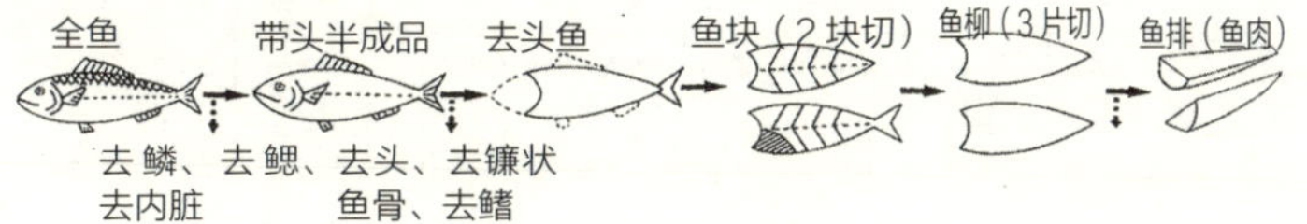

形态	品名	全鱼重量	鱼鳞、鱼鳃及内脏比重	带头半成品比重	鱼头、镰状鱼骨和鱼鳍比重	去头鱼比重	鱼骨鱼尾比重	加工成品比重	血合肉、鱼皮等比重	成品净肉比重
2 块切	金目鲷	2,150g 100%	330g 15.3%	1,820g 84.7%	760g 35.3%	1,060g 49.4%	70g 3.3%	990g 46.1%		
	鲣鱼	4,200g 100%	600g 14.3%	3,600g 86.7%	660g 15.5%	2,950g 70.2%	50g 1.2%	2,900g 69.0%		

续表

	鲑鱼（雄）	3,250g 100%	450g 13.8%	2,800g 86.2%	500g 15.4%	2,300g 70.8%	100g 3.1%	2,200g 67.7%		
	蓝点马鲛	3,300g 100%	400g 12.1%	2,900g 87.9%	400g 12.1%	2,500g 75.8%	100g 3.0%	2,400g 72.8%		
	青箭魚	600g 100%	50g 8.3%	550g 91.7%	70g 11.7%	480g 80.0%	20g 3.3%	460g 76.7%		
	青花鱼	700g 100%	120g 17.1%	580g 82.9%	120g 17.2%	460g 65.7%	10g 1.4%	450g 64.3%		
3片切	幼鰤 （INADA）	900g 100%	110g 12.2%	790g 87.8%	170g 18.9%	620g 68.9%	80g 8.9%	540g 60.0%		
	幼鰤 （HAMACHI）	3,700g 100%	470g 12.7%	3,230g 87.3%	790g 21.3%	2,440g 66.0%	350g 9.5%	2,090g 56.5%		
	青花鱼	740g 100%	120g 16.2%	620g 83.8%	110g 14.9%	510g 58.9%	70g 9.4%	440g 59.5%		
	松原平鲉	3,430g 100%	920g 26.8%	2,510g 73.2%	1,020g 29.7%	1,490g 43.5%	290g 8.5%	1,200g 35.0%		
	鳕鱼	4,800g 100%	1,400g 29.2%	3,400g 70.8%	1,100g 22.9%	2,300g 47.9%	400g 8.8%	1,900g 39.8%		
刺身	小金枪鱼	3,050g 100%	460g 15.1%	2,590g 84.9%	590g 19.3%	2,000g 65.6%	170g 5.6%	1,830g 60.0%	520g 17.0%	1,310g 43.0%
	真鯛①	3,090g 100%	500g 16.2%	2,590g 83.8%	910g 28.4%	1,680g 54.4%	350g 11.7%	1,320g 42.7%	400g 12.9%	920g 29.8%
	真鯛②	2,180g 100%	350g 16.1%	1,830g 83.9%	740g 33.9%	1,090g 50.0%	204g 9.4%	886g 40.6%	306g 14.0%	580g 26.6%
	鰤鱼	8,140g 100%	1,260g 15.5%	6,880g 84.5%	1,630g 20.0%	5,250g 64.5%	500g 6.1%	4,750g 58.4%	1,610g 19.8%	3,140g 38.6%
	比目鱼	3,800g 100%	800g 21.1%	3,000g 78.9%	500g 13.1%	2,500g 65.8%	800g 21.1%	1,700g 44.7%	200g 5.2%	1,500g 39.5%
	高体鰤	2,110g 100%	200g 9.5%	1,910g 90.5%	460g 21.8%	1,450g 68.7%	210g 9.9%	1,240g 58.8%	240g 11.4%	1,000g 47.4%
	大眼鲷	5,900g 100%	970g 16.4%	4,930g 83.6%	1,110g 18.8%	3,820g 64.8%	490g 8.3%	3,330g 56.5%	820g 13.9%	2,510g 42.6%
	金目鲷	2,200g 100%	460g 20.9%	1,740g 79.1%	700g 31.8%	1,040g 47.3%	180g 8.2%	860g 39.1%	200g 9.1%	860g 30.0%
	鲣鱼	3,680g 100%	650g 17.7%	3,030g 82.3%	530g 14.4%	2,500g 67.9%	250g 5.8%	2,250g 61.1%	800g 21.7%	1,450g 39.4%
	幼鰤 （INADA）	860g 100%	110g 12.8%	750g 87.2%	160g 18.6%	590g 68.6%	130g 15.1%	460g 53.5%	80g 7.0%	400g 46.5%
	幼鰤 （HAMACHI）	3,820g 100%	460g 12.0%	3,360g 88.0%	850g 22.3%	2,610g 65.7%	350g 9.2%	2,160g 56.5%	460g 8.8%	1,700g 44.5%

可以说，如果加工技术低下，就等于是拉高了进货成本。

由此可见，要想提高和确保成品率，其关键在于操作技术，但应尽量避免员工个体差异对企业利润结构的影响。为此，就需要制定“成品率一览表”，从而实现“作业基准化”（见图表10–2、10–3）。新员工和临时工必须每天按照要求，努力提升加工操作技术。要想把握自己当前的成品率水准，就必须遵循以下步骤：

①称量原体重量 A kg

②称量成品净肉重量 B kg

③成品率 =B/A×100%

④与企业基准值进行对照

⑤确认损耗浪费之处

鰤鱼鱼柳的高成品率加工技术

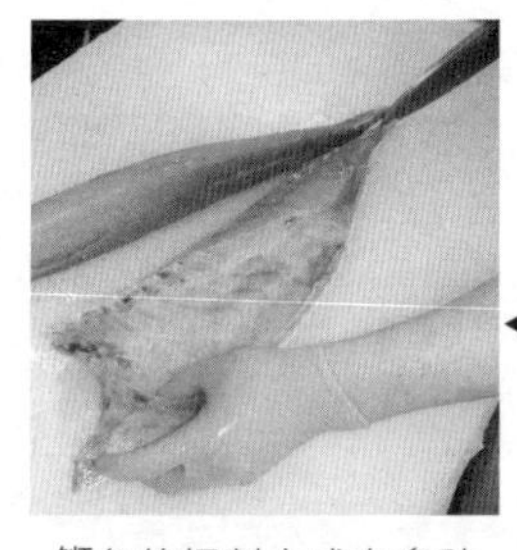

· 鰤鱼的切割方式有多种，但今后的商品趋势是“去骨鱼块”。为此，常见的加工方式是在去头、去骨后，将鱼肉切成4块。操作时要注意，切鱼腹时，须将血合肉和中骨一并切下。

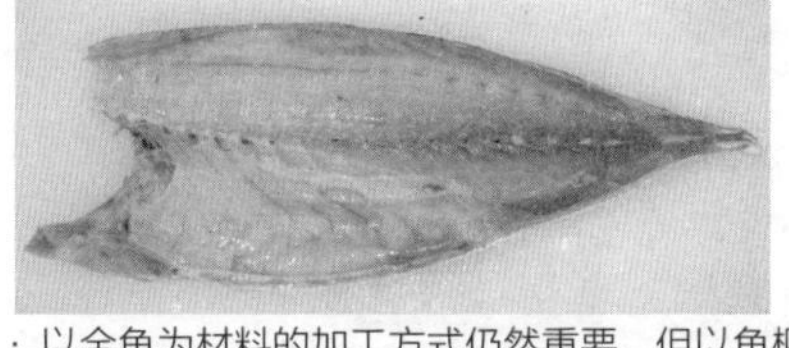

· 以全鱼为材料的加工方式仍然重要，但以鱼柳为材料的加工方式已然成为当今主流。但有点不可思议的是，许多超市企业并未设定检查鱼柳加工成品率的机制。图为1.8kg的鰤鱼鱼柳，进价为1500日元/kg。

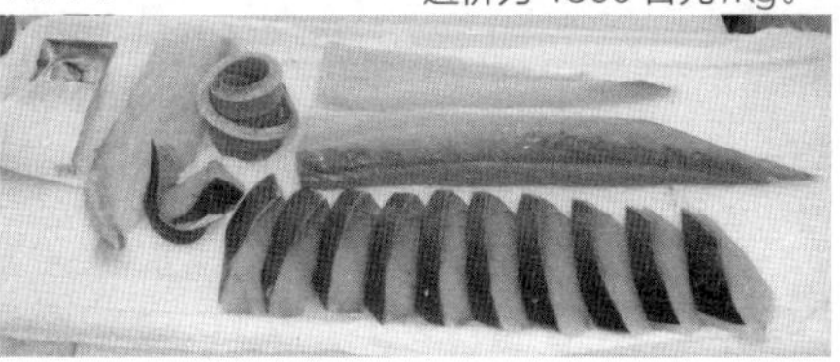

· 处理鱼腹时，先切割镰状鱼骨，再去除腹骨、中骨和血合肉。接着进一步横向入刀，切下带皮的2块鱼肉。剔鱼背肉时，应合理拿捏分量（每块鱼肉重70~80g为宜）。如图所示。

· 将镰状鱼骨部位切成轮廓清晰的四角，与血合肉和鱼皮等盛装在一起，制成拼盘。也可以不分割镰状鱼骨，将其单独出售。

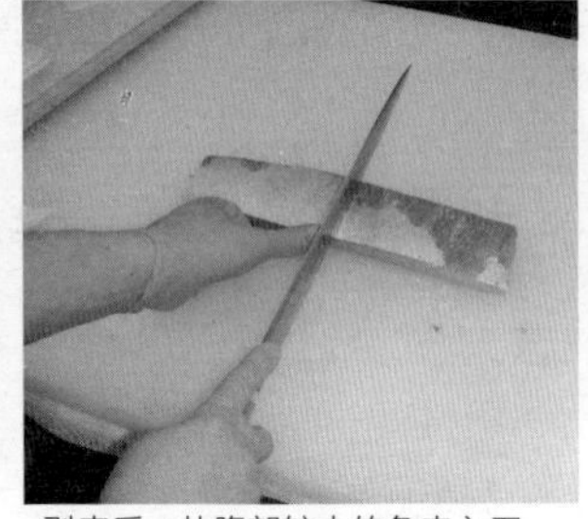

· 剥皮后，从腹部较大的鱼肉入刀，将其切成 2 块。注意要保留鱼皮上的银色物质。

· 处理相对较小的鱼肉时，应在鱼皮上划切装饰刀痕，做成造型刺身。

· 如左上角图，由上至下分别是镰状鱼骨拼盘、3 块装鱼块；如右上角图，从上至下分别是鱼肉套装、鰤鱼腹肉切片。这些商品的利润合计如下所示。在实际操作中，可以挑战不同组合，构成不同的利润合计值。

商品名	每包售价	数量	销售额	成品净肉成本	配菜、点缀及盘子等	成本合计	利润率
鰤鱼鱼肉 3 块装	500	4 包	2000	1350	40	1390	30.5%
鰤鱼肥脂鱼肉	900	2 包	1800	964	80	1044	42.0
鰤鱼肥脂 刺身	480	2 包	960	386	140	526	45.2
镰状鱼骨拼盘	298	1 包	298	0	10	10	96.6
合计		9 包	5058	2700	270	2970	41.3%

单位：日元、%

注 1：鰤鱼鱼块按照每块 70~75g 计算（四分之一条鱼的重量为 900g）。

注 2：鰤鱼肥脂占四分之一条鱼的 70%，因此其重量为 900×70%=630g。大块鱼肉与小块鱼肉的比例按照 5:2 计算，因此大块鱼肉为 450g，小块鱼肉为 180g（用作刺身）。大块鱼肉的零售价设定为“每 100g 售 398~400 日元”。

注 3：用于装盘的鰤鱼肥脂刺身，其每块鱼肉的重量为 12g。

金枪鱼全鱼的高成品率加工技术

· 金枪鱼刺身拼盘5样套装（包括大肥、中肥、赤身、边角肉）。每逢年末和节日，应该提升拼盘中大肥和中肥的比率，从而相应提高售价。此外，大肥和中肥可以削切后装盘，而赤身则能制作成造型刺身，二者相映成趣。

· 金枪鱼刺身3列式拼盘。为了统一大肥、中肥和赤身的视觉观感，将所有部位全部削切后装盘的成品。其重点在于定价相对较低。

利润合计实例

部位名	重量构成比	每100g售价	利润率	乘积
大肥	13.8%	1380日元	59.4%	8.20
中肥	50.4%	980日元	43.5%	21.92
赤身	19.4%	780日元	29.0%	5.63
边角肉	16.4%	580日元	4.5%	0.74
合计	100.00%			36.49

注1：半条鱼重量（无骨、有血合肉，冷链商品）为10.4kg。
注2：成品净肉成本为5538日元/kg。

在加工处理高级金枪鱼时，超市企业需要具备自己的利润合计基准。在切割加工不同部位时，须遵循相应的利润合计基准。

· 大肥 10 片装拼盘。在顾客消费能力较高的商圈中，超市的太平洋蓝鳍金枪鱼也好，印度蓝鳍金枪鱼也好，大肥单品拼盘的销路往往较佳，因此必须备齐相关商品。需要注意的是，须削切加工，每片重量控制在 12g 以下，且以均匀平铺的方式装盘。

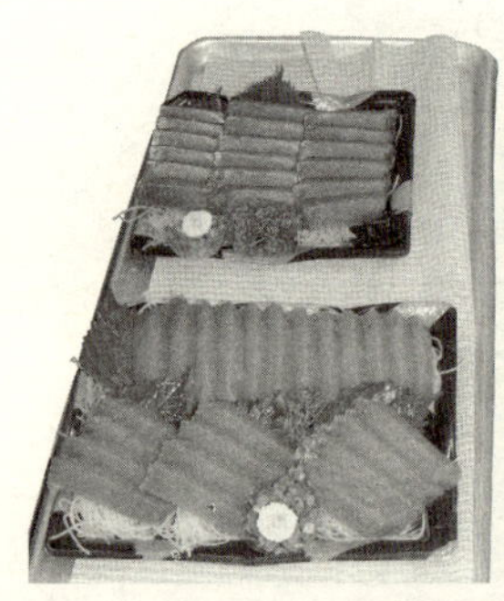

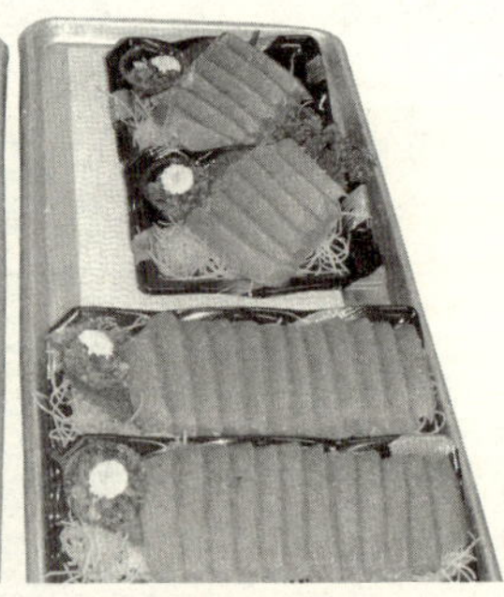

· 金枪鱼装盘造型实例。如图所示，左上纵向摆 3 层，下部横向摆 1 层 + 3 样造型刺身点缀。右上摆 1 样造型刺身，右下横向摆 1 层。如今的装盘方式与过去有很大不同。只要最终效果令人赏心悦目，大可不必墨守成规。

· 金枪鱼刺身拼盘 4 样套装。 最近流行的一种装盘方式是“将各部位金枪鱼刺身横向并列排成一线”。且有两种较为吸引眼球的摆盘方式，一种是“均匀平铺”，另一种是“逆向摆造型”。如图所示，商品从左至右依次为大肥、中肥、赤身和长鳍金枪鱼肉。

如何灵活运用乘积计算“利润率”及定价技巧

所谓“利润”，是相对于“进价（成本）”的概念，“进价＋利润”即零售价。如图表 10–4 所示。

由图表 10–4 可知，成本越低、利润越高，则赚取的越多。但若要压制成本，就只能采购廉价货品。即便每天赶早、身心疲惫，最多也只能降低 3%~5% 的进货成本。

不仅如此，同行之间的价格竞争也时有发生。倘若视若无睹、不对零售价进行调整，利润空间就会进一步被挤压，甚至导致无法盈利。

那么，在进货成本无法降低、零售价却又不得不降低的状况下，该如何确保利润呢？这是一个非常现实且常见的问题，当竞争对手大打价格战时，必须拿出行之有效的对策。这时能够发挥威力的，便是使用乘积计算的“利润合计”技巧。如图表 10–5 所示，其为销售构成比与利润率相乘的结果。

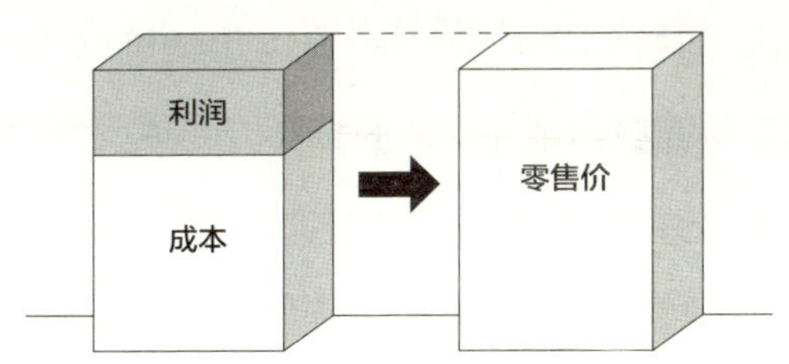

图表 10–4 “利润”图式

如图表 10–5 中的“实例”所示，商品群 A 的销售构成比为 30%，利润率为 20%，其相乘算式为“0.3 × 0.2 × 100 ＝ 6.0”。同理，商品群 B 的销售构成比为 70%，利润率为 35%，其相乘算式为“0.7 × 0.35 × 100 ＝ 24.5”。再把 A、B 二者的乘积结果相加，即“6.0 ＋ 24.5 ＝ 30.5”，便是合计栏中的乘积结果，其相当于合计利润率。像这样，以最大限度地确保利润为目的，在不同品类范畴中制定不同利润率的技巧，便被称为“利润合计”。

该计算式为通用公式，即便商品群再增加，规则也不会改变。

如图表 10–5 中的“实例”所示，即便商品群有 A、B、C、D 四种，其计算规则依然不变。0.2 × 0.3 × 100 ＝ 6.0，0.4 × 0.38 × 100 ＝ 15.2，0.1 × 0.33 × 100 ＝ 3.3。然后将四个乘积结果相加（6.0 ＋ 6.0 ＋ 15.2 ＋ 3.3），便得到了合计结果（30.5）。

由此可见，不同商品群的乘积结果合计便是整体的利润率，且纵栏与横栏的合计值相同。

但需要明确的是，实际的利润率计算还必须包括降价处理损耗、报废损耗及其他成本（如容器成本、薄膜成本、配菜成本、调料成本等）（见图表 10–6）。

如果把消耗品等成本计算在内，生鲜水产部门的全国平均毛利率约为 28% 以上。再加上上述的损耗率（3% 的降价处理损耗率和 1% 的报废损耗率）和消耗品率（容器成本和薄膜成本为 2.3%，紫苏叶、芥末、配菜、蘸料等成本为 1.2%），其利润率约为 33.0%。

图表 10–5 基于乘积的利润率计算公式

商品群	销售构成比（%）	利润率（%）	乘积（%）
A	30	20	6.0
B	70	35	24.5
合计	100		30.5

实例

商品群	销售构成比(%)	利润率(%)	乘积(%)
A	30	20	6.0
B	20	30	6.0
C	40	38	15.2
D	10	33	3.3
合计	100		30.5

图表 10–6 初期利润率计算公式

$$\text{初期利润率}=\frac{\underset{❶}{28.0\%}+\underset{❸}{3.0}+\underset{❹}{1.0}+\underset{❺}{2.3}+\underset{❻}{1.2}}{\underset{❷}{100\%}+\underset{❸}{3.0}+\underset{❹}{1.0}+\underset{❺}{2.3}+\underset{❻}{1.2}}\times 100=33.0\%$$

❶毛利率 28.0%、❷销售额 100%、❸降价处理损耗率 3.0%、❹报废损耗率 1.0%
❺容器、薄膜成本 2.3%、❻紫苏叶、芥末、蘸料、配菜等成本 1.2%

月度（包括通常销售、特卖销售、临时促销）利润

图表 10–7 是根据不同销售形式（通常销售、特卖销售、临

时促销）而分别计算的利润合计实例。以年末（12月）为目标时间段，从第1周至第5周（将圣诞节单独分栏），制定各周的销售额预算。

该表格将通常销售、临时促销和特卖销售（配合宣传单）分开计算，并与去年同期的业绩进行对照。

各周的销售额自不必说，利润额及利润率也是参差不齐，但在进行12月总计时，其数值则必须与事先设定的保持一致。

如图表10–7所示，当月度平均利润率为33.0%时，通常销售利润率为40.0%，临时促销利润率为35.0%，特卖销售利润率为24.7%。这种情况下，必须将通常销售的销售构成比设定为40%左右、将临时促销的销售构成比设定为20%、特卖的销售构成比设定为40%左右，否则便无法达成毛利率28%的目标。

接下来需要将卖场按不同货品进行“功能分区”，并按照不同品类范畴分别设定销售额及利润额。要想设定好利润，关键在于把握临时促销的销售构成比和特卖的销售构成比。

平常月度的销售构成比一般为“通常销售占50%、临时促销占20%、特卖销售占30%”，而到了12月的“年末商战”，由于竞争激烈，因此应提高特卖销售的比例。

而由于刺身货品区实际的特卖销售构成比较低，因此只能提高通常销售构成比。

反之，由于全鱼及鱼块商品本身的特性，其特卖销售构成比较高，所以通常销售构成比较低。此外，刺身货品区之所以将通常销售的利润率设定得较高，原因在于切割刺身的加工成本——不管是正式员工还是临时工，加工作业都会产生技术成本（人工成本）。

因此，为了确保合理的部门利益，在设定不同销售部分的利润时，应将人工成本计算在内。之所以将特卖销售的利润率定为25%左右，是为了灵活应对价格变化。

"基于品类范畴"的月度、周度利润

接下来是基于不同品类范畴、以"月"和"周"为单位的利润设定策略（如图表10-7、10-8）。由于全鱼和鱼块商品的基本原则为"每日售罄"，在如此重视周转率的前提下，其通常销售的月度利润率自然较低。而之所以将其特卖销售的利润率定得极低（20%），则是基于两大原因——一是为了提升特卖促销的冲击力，二是为了降低鱼市价格变动所带来的风险。

虾、蟹、冷冻鱼货品区，鲑鳟、鱼子货品区，烤鱼货品区，这三者的通常销售、临时促销和特卖销售的销售构成比和利润率都设定为相同数值。现实情况下，有不少企业会以"削减成本"的方式确保利润率，因此该表并不能呈现诸如"是否降低零售价"之类的信息。

至于腌货、干货等加工食品，其中不少都能确保较高的利润率，因此可以将其货品区的整体利润率定得较高。在进行特卖或临时促销时，往往还可以设定附加条件。其具体的利润率

如图表 10–5 所示。

接下来，便要将这些计划落实到每周。尤其是 12 月的第 5 周，要将刺身的销售构成比定在 40% 的高位（见图表 10–9）。此外，为了与其他商家展开竞争，必须尽可能将特卖销售的利润率控制在 20% 的低位，从而保证较低的零售价格。

图表 10–7　12 月份商品群个体利润合计实例(生鲜水产)

预计销售额 25000 千日元 / 月 预计毛利额 7000 千日元 毛利率 28.0% 利润率 33.0%

（金额单位：千日元）

周		第 1 周				第 2 周			
项目 \ 区分		通常销售	临时促销	特卖销售	合计	通常销售	临时促销	特卖销售	合计
销售	销售额	1519	675	1181	3375	2149	955	1671	4775
	销售构成比	45	20	35	100 13.5	45	20	35	100 19.1
利润	利润额	606	236	307	1151	860	334	434	1628
	利润率	40	35	26	34.1	40	35	26	34.1

周		第 3 周				第 4 周			
项目 \ 区分		通常销售	临时促销	特卖销售	合计	通常销售	临时促销	特卖销售	合计
销售	销售额	2903	930	1627	4650	1553	690	1207	3450
	销售构成比	45	20	35	100 18.6	45	20	35	100 13.8
利润	利润额	837	326	423	1686	621	242	314	1177
	利润率	40	35	26	34.1	40	36	26	34.1

周		圣诞节				第5周			
项目 \ 区分		通常销售	临时促销	特卖销售	合计	通常销售	临时促销	特卖销售	合计
销售	销售额	650	260	390	1300	2235	1490	3725	7450
	销售构成比	50	20	30	100 5.2	30	20	50	100 29.8
利润	利润额	260	91	101	452	894	522	841	2257
	利润率	40	35	26	34.8	40	35	22.8	30.3

周		总计			
项目 \ 区分		通常销售	临时促销	特卖销售	合计
销售	销售额	10199	5000	9801	25000
	销售构成比	40.8	20.0	39.2	100 8250
利润	利润额	4080	1751	2420	8250
	利润率	40.0	35.0	24.7	33.0

注：百分比率取小数点后3位（四舍五入），损耗率设定为5%，特卖商品以宣传单为准。

图表10-8　12月份各商品群总利润合计实例　　　　（金额单位：千日元）

12月度		刺身				全鱼、鱼块			
项目 \ 区分		通常销售	临时促销	特卖销售	合计	通常销售	临时促销	特卖销售	合计
销售	销售额	4000	1600	2400	8000	2025	1350	3375	6750
	销售构成比	50	20	30	100 32.0	30	20	50	100 27.0
利润	利润额	1640	576	600	2816	729	446	675	1850
	利润率	41.0	36.0	25.0	35.2	36.0	33.0	20.0	27.4

12月度		虾、蟹、冷冻鱼				鲑鳟、鱼子			
项目 \ 区分		通常销售	临时促销	特卖销售	合计	通常销售	临时促销	特卖销售	合计
销售	销售额	800	400	800	2000	1300	650	1300	3250
	销售构成比	40	20	40	100 8.0	40	20	40	100 13.0
利润	利润额	320	140	200	660	520	228	325	1073
	利润率	40.0	35.0	25.0	33.0	40.0	35.0	25.0	33.0

周		腌货、干货等加工食品				烤鱼			
项目 \ 区分		通常销售	临时促销	特卖销售	合计	通常销售	临时促销	特卖销售	合计
销售	销售额	1574	750	1426	3750	500	250	500	1250
	销售构成比	42.0	20.0	38.0	100 15.0	40.0	20.0	40.0	100 5.0
利润	利润额	671	273	495	1439	200	88	125	413
	利润率	42.6	36.4	34.7	38.2	40.0	35.0	25.0	34.2

周		总计			
项目 \ 区分		通常销售	临时促销	特卖销售	合计
销售	销售额	10199	5000	9801	25000
	销售构成比	40.8	20.0	39.2	100 100
利润	利润额	4080	1751	2420	8251
	利润率	40.0	35.0	24.7	33.0

图表10-9　12月第5周各商品群总利润合计实例　（金额单位：千日元）

第5周		刺身				全鱼、鱼块			
项目＼区分		通常销售	临时促销	特卖销售	合计	通常销售	临时促销	特卖销售	合计
销售	销售额	894	596	1490	2980	223	149	372	745
	销售构成比	30	20	50	100 40	30	20	50	100 10
利润	利润额	367	209	298	874	78	49	74	201
	利润率	41.0	35.0	20.0	29.3	35.0	33.0	20.0	27.0

第5周		虾、蟹、冷冻鱼				鲑鳟、鱼子			
项目＼区分		通常销售	临时促销	特卖销售	合计	通常销售	临时促销	特卖销售	合计
销售	销售额	335	224	559	1118	559	373	931	1863
	销售构成比	30	20	50	100 15	30	20	50	100 25
利润	利润额	134	78	140	352	224	131	233	588
	利润率	40.0	35.0	25.0	31.5	40.0	35.0	25.0	31.6

周		腌货、干货等加工食品				烤鱼			
项目＼区分		通常销售	临时促销	特卖销售	合计	通常销售	临时促销	特卖销售	合计
销售	销售额	112	74	186	372	112	74	186	372
	销售构成比	30	20	50	100 5	30	20	50	100 5
利润	利润额	45	26	49	120	46	29	47	122
	利润率	40	35	26.3	32.3	41.1	39.1	25	32.8

周		总计			
区分 项目		通常销售	临时促销	特卖销售	合计
销售	销售额	2235	1490	3725	7450
	销售构成比	30	20	50	100
利润	利润额	894	522	841	2257
	利润率	40.0	35.0	22.6	30.3

与之相反，全鱼及鱼块商品取决于其鱼种，鱼市缺货和销量颓势都会对其产生巨大影响，因此应将其构成比设定在 10% 的低位。

而之所以将冷冻鱼货品区和鲑鳟、鱼子货品区的销售构成比定得较高，是因为冷冻鱼商品中包含虾和蟹、鱼子商品中包含盐腌青鱼子和调味青鱼子。这些都属于热销商品。

反之，对于缺乏热销商品的腌、干货货品区，则应尽量压缩其销售构成比。

通过“ABC 分析法”来重点管理一流品目

在判断、确定了各货品区的利润率后，接下来必须设定各主力商品群的利润率。也就是常说的“销售数据 ABC 分析法”中“A 级商品”的利润。

运用 ABC 分析法剖析 POS 机数据可以得知，店铺的销售额越高，其销售额就越是呈现“向一流品目集中”的趋势。

用标准量化表示，即“销量排在 1~10 位的商品占总销量的

25%、11~20位的商品占15%、21~30位的商品占10%、31~50位的商品占10%”。可见，销量前50位的商品几乎占据了60%的销售额。

将主力商品群的平均利润率设定为33%，按照四种不同的情况，可作出如下判断（见图表10–10）。

① 销量前20位商品的利润率较低时

在这种情况下，应将销量前30位商品的利润率下调至平均值以下。

这么做不但能够进一步稳固销量，且前50位之外的商品（销售占比为40%）的利润率也处于32%~40%的较低区间，对顾客的吸引力巨大。

② 销量前20位商品的利润率高于平均值时

由于前20位热销商品已经充分保障了总体利润，因此排名在50位之外商品尽可采取“薄利多销”策略。

不过正所谓“物极必反”，根据具体价格竞争情况，可能会出现50位之外商品“逆袭”的情况，从而导致前20位热销商品的销量减少。

③ 销量前20位商品的利润率等于平均值时

这种情况下，由于排名50位之外商品的利润率较低，因此前50名热销商品的零售价恐怕会处于高位。此外，也会发生②中的情况，即由于低价销售50位之外商品而导致“销量逆转”的情况发生。

④ 销量前 50 位商品的利润等于平均值时

这种情况在实际中几乎不存在，因为这样的整体高价策略会导致竞争力的丧失。

由以上因素可知，①和③是较为常见的情况。

而将计划进一步落实到每件单品后，可以得出这样的结论——对于绝对热销的一流品目，第②种情况完全可能出现。

由此可知，“依靠主力商品”是较为轻松的获利方式。

不仅如此，在盂兰盆节、年末年初等长假时，刺身拼盘是不可或缺的美味佳肴。此时若想将相关商品的利润率提高，就应该采用第③种方式大力推销（见图表 10-11）。

商品进价较高时 如何确保利润

生鲜水产部门中，有 20%~25% 的商品群的价格会根据行情变动。每天的市场竞争和货源状况都会导致进价的涨跌。

若进价处于高位，有时会导致超市的零售价丧失竞争力。尤其是一些主力销售商品（如新鲜金枪鱼、竹荚鱼和乌贼等），它们在顾客脑中已经有了根深蒂固的“价格定位”。商家在制定每包或每 100g 的售价时，必须慎之又慎。

图表10-10　基于POS机数据的主力商品群利润率

①销量前20位商品的利润率低于平均值

POS销售排名	销售构成比	利润率	乘积
1-20	40	30.0	12.0
21-30	10	32.0	3.2
31-50	10	34.0	3.2
50位之外	40	36.0	14.4
合计	100		33.0

②销量前20位商品的利润率高于平均值

POS销售排名	销售构成比	利润率	乘积
1-20	40	35.0	14.0
21-30	10	34.0	3.4
31-50	10	33.0	3.3
50位之外	40	30.0	12.3
合计	100		33.0

③销量前20位商品的利润率等于平均值

POS销售排名	销售构成比	利润率	乘积
1-20	40	33.0	13.2
21-30	10	33.5	3.3
31-50	10	34.0	3.4
50位之外	40	32.6	13.0
合计	100		33.0

④销量前 50 位商品的利润率等于平均值

POS 销售排名	销售构成比	利润率	乘积
1-20	40	33.0	13.2
21-30	10	33.0	3.3
31-50	10	33.0	3.3
50 位之外	40	33.0	13.2
合计	100		33.0

与之相反，如拟鲹鱼、鲍鱼、日本长额虾等商品，它们在顾客脑中的定位是“价格较贵的高级货”。因此越是高级货，偶尔的降价促销效果越好，往往销量火爆。

但无论前者还是后者，关键在于确保理想的利润率。

通常的做法是计算“贱卖”商品所导致的利润减少额，如果预想利润无法达成，则应通过其他商品来填补缺口。

然而，越是通过降价促销而取得较高销售额的商品，越是难以通过其他商品来填补其造成的“利润缺口”。

鉴于此，还有一种可行方法，即增加“贱卖”商品的附加价值，从而保证商品利润。

以图表 10-11 的乌贼为例，其进价较高（一箱 3800 日元）。以零利润出售盒装乌贼（每盒 2 只乌贼，备货量为 10 盒），再通过乌贼刺身来赚回利润。

预想毛利率为 28%，因此乌贼的毛利额总计不得少于 3192 日元，而实际利润额为 3800 日元，出现了 608 日元的差额。

这 608 日元的利润差额，按毛利率计算即 2171（608 ÷ 0.28）

日元的销售额。

而图表中的实例不但成功实现了预想的毛利润，还富余出了 2171 日元的商品销售额。

图表10–11　基于定价策略的思维方式

①新鲜乌贼 1 箱 3800 日元（含 20 只）进货数量为 2 箱
②新鲜乌贼售价（含 2 只）380 日元 ×10 盒 =3800 日元
③乌贼刺身售价　　380 日元 ×20 盒 =7600 日元
④合计售价　　　　　　　　=11400 日元
⑤乌贼合计所需毛利额　　　　　=3192 日元
（28%= 预想毛利率）
⑥毛利额差额　3800–3192=608 日元
⑦ 608 日元毛利额按 28% 的毛利率计算，即
608÷0.28=2171 日元
⑧即便其他商品的售价导致 2171 日元商品的毛利率降至 0%，也能控制住预算

做好降价处理 降低报废损耗率

鲜度管理的起点在打烊时段。

如果打烊时段处理得当，对第二天开张前的准备工作帮助很大。如果前一天处理掉了不新鲜的商品，第二天开张时，卖场货架就能摆满新货，以新鲜的商品迎接顾客的惠顾。打烊时段的具体处理作业如下：

首先要事先明确卖场在打烊后的“理想状况”，其也被称为“打烊后商品分布基准”。即“打烊后，卖场中应该有哪些商品？分别应该在哪个位置？应该剩余多少”以及“哪些商品必须售罄”。这个基准，便是相关的作业指南。

要想制定“打烊后商品分布基准”，必须从顾客所需品类范畴及商品特性出发，细致入微地逐项确认。

基于品类范畴的降价处理要点

降价处理的初衷是“避免陈列的滞销货损失毛利”，可谓是一种防患于未然的技巧。因此其关键在于“将利益损失降至最小”。

为此，需要对品类范畴划分为三类——“热销”、“推销”和“备货”。

“热销”是指时鲜商品及主打商品，即所谓的“A 级商品”，许多顾客都是被它们吸引而来。即便临近打烊，也必须极力避免缺货状况的发生。

“推销”是指先于时鲜季上市的商品及能确保利润的商品，也被称为“B级商品”。

具体来说，先于时鲜季上市的商品发挥着“打头阵”的作用，其目的是为了在大多数顾客脑中留下印象；确保利润的商品则作用更大，是超市商家实现盈利目标的中流砥柱。

为此，对于先于时鲜季上市的商品，即便降价处理会牺牲部分利益，也要让更多的顾客品尝到，从而培养一批“忠实爱好者”。与之相对，对于确保利润的商品，倘若降价处理，便违背了初衷，因此只可将降价处理作为最后的对策。

“备货”是指卖场必须齐备的商品，其具体目的各不相同，包含普通商品和高级商品等。且不同商品群的周转率各不相同。

其又被称为“C级商品”。总体而言，在临近打烊时，允许C级商品出现一定的缺货状况。

基于食材特性的品类范畴

即便同为水产品，根据食材特性的不同（如生食商品、新鲜商品、加工品和冷冻品等），其处理方式也有所区别。

生食商品又可分为两种，一种以造型刺身为代表，要求一级鲜度，可以直接入口食用；另一种则是“小体积成品”，如鱼肉、虾仁、贝肉、海胆和鲑鳟鱼子等。

新鲜商品的鲜度要求虽然不及刺身，但依然至关重要。其包括全鱼和鱼块，有的鱼块属于解冻商品。不少近海水产的鲜度辨别较为容易，即便是普通顾客，也能观察判断。如新鲜太平洋褶柔鱼、沙丁鱼、竹荚鱼、秋刀鱼和青花鱼等，都是典型代表。

与之相对，对于加工品和冷冻品，即便是业内人士，也很难分辨其鲜度优劣。一般都是通过生产日期或进货日期来确认其新鲜与否。

造型刺身、生食商品和部分近海全鱼原则上必须当天售罄。尤其是生食商品和全鱼，在具体处理时，必须先通过目视等方式判断其鲜度。至于冷冻品和加工品，则应基于前述的日期进行管理。

总之，应遵循上述品类范畴，进而决定“打烊后”必须处理的品类和单品。

明确开张时的货品情况

接下来，需要确定“开张时”的货品情况。其关键在于实现“最小陈列量”和“最大品种数”。要习惯于通过数据管理来掌控各货品的销售量。在加工作业时，必须明确指示各单品的产量，从而避免过量生产。每日重复的加工作业，往往容易流于任务观念。比如不顾实际情况，机械地以“箱”为单位生产加工。这样的过量生产积少成多，最终将导致劳动力浪费、增加商品滞销风险。

除了当日必定售罄的商品以外，对于其他商品，从开张那一刻起，就必须做好降价处理的准备。尤其对于临保商品和当日减价商品，更要进行及时妥善的降价处理。

分担降价处理工作 可委任临时工

进行降价处理时，要选出相关负责人。降价处理时的商品点检原本是卖场主管的任务，但鉴于商品数量之多，工作量之大，如果仅靠主管，时间上根本来不及。因此，可将诸如加工品日期管理等较为简单的工作“下放”，委任特定负责人操作。

具体来说，卖场主管负责点检需要专业知识才能胜任的商品（如新鲜水产品和生食食品等），临时工负责点检只需确认日期的商品（如加工食品等）。此外，像腌货干货等二次加工食品，如果当时滞销，之后就要予以报废处理。

减价处理时的定价至关重要，必须制定“当时当场能卖出去的价格”。女性临时工是该项作业的不二人选，她们中大多数为勤俭持家的已婚妇女，对于价格的敏感度远远超过男性。

正午12点是决定当日降价处理时间和力度的理想时段。此时开张作业已经完成，上午的客流高峰也已过去，通过上午的销售额，也能大致推算出当日总销售额，因此是较好的时机。

需要注意当日的天气情况、地域活动等“变数”的影响，这些因素有时会导致预计的顾客数量大幅变动。提前获取相关信息是最为理想的应对措施，如果现实中难以做到，至少也要在当日午间掌握相关信息，作为加工及降价处理的决策依据。

是否实施“当日进货、当日售罄”需斟酌三方面

要想彻底完善损耗管理，其前提是制定“实际数据一览表”（如图表 10–12 所示），至于数据，既可以笔算，也可以从 POS 机导出。其思维方式和应用要点包含 4 大方面。

1. 仔细检查一览表右侧的“损耗与总销售构成比”项目。该数据指标是各货品区损耗额除以部门总销售额的结果，合计为部门的整体损耗率。通过该构成比数据，可以得知各商品群的损耗额。如图表所示，3 种商品群（新鲜水产、腌货干货和刺身）的损耗最大，占总数的 80% 以上。

2. 在损耗额排名前 3 的货品区中，锁定高损耗的商品群。图表 10–12 中，全鱼的损耗率为 0.72，鱼片拼盘的损耗率为 0.52，其他腌货干货的损耗率为 0.43，鱼块的损耗率为 0.27。4 品群合计损耗率高达 1.94。

3. 确认损耗的原因（是降价处理还是报废处理）。如果损耗率居高不下的原因是降价处理，就可以推断出问题的症结（加工生产阶段或商品陈列阶段存在失误）。此外，如果合计损耗率较高，则可以排查订货、生产和陈列等各个环节，根据因果关系找出失误之处。

4. 按照损耗由高到低的顺序，分析各商品群中各品类和单

品的损耗状况，然后落实到作业阶段，从而确认问题所在。

要想削减商品损耗，就离不开两大因素——商品的卖场售罄率和库存状况。如果库存较少，则虽然有缺货的风险，但能有效减少报废所产生的损耗。

毛利率最高的理想状态是“当日进货、当日售罄”，但实现难度较高。在实施前需要斟酌以下三方面：

一、是否采用“当日进货、当日售罄”的方式，首先要看商品在售时能否维持新鲜外观。

如果商品在售时能够维持较长时间的鲜度，则不必采用“当日进货、当日售罄”的方式。

比如，除了冷藏后会变色的商品（如洄游肥鲣鱼）以外，可以提前一到两天进货。这就为特卖活动的筹备和半成品的加工提供了条件。

这样一来，作业轮班计划也较易制订。此外，配送车辆也不必早上八九点前将货品送达，较为自由宽松的配送时间能够降低相关劳动成本。

不仅如此，原料能够在店铺中保存，这意味着只要库存周转不出问题，就不必每次采购必须当日售罄的量，从而能够制订较为大胆激进的销售计划。尤其对特卖商品和临时促销商品而言，这样的方式既有助于提升销售额，也有助于获取利润，可谓一举两得。

图表 10-12　某超市的实际损耗数据一览表(7月)(采自真实数据)

货品区	中分类	降价处理损耗	报废处理损耗	合计损耗率	与损耗合计构成比	损耗与总销售构成比	销售构成比
刺身	鱼肉	0.28	0.41	0.68	2.82	0.08	11.99
	鱼片拼盘	2.57	0.09	2.66	17.77	0.52	19.40
刺身合计		1.70	0.21	1.51	20.59	0.60	31.39
新鲜水产	全鱼	4.17	1.81	5.98	24.67	0.72	11.99
	鱼块	3.07	1.37	4.44	9.31	0.27	6.09
	贝类	1.44	1.02	3.45	5.02	0.15	4.23
新鲜水产合计		3.35	1.73	5.08	39.0	1.13	22.31
鲑鱼及鱼子	盐腌鲑类	1.82	0.32	2.14	4.78	0.14	6.49
	鱼子类	2.02	0.67	2.68	1.99	0.06	2.16
鲑鱼及鱼子合计		1.87	0.41	2.27	6.77	0.20	8.65
腌货干货加工品	鳀鱼干类	0.52	0.34	0.85	1.24	0.04	4.24
	开背鱼干类	2.77	1.67	4.45	5.76	0.17	3.77
	其他腌货干货	2.10	1.52	3.63	14.81	0.43	11.85
腌货干货合计		1.88	1.30	3.19	21.81	0.63	19.86
烤鱼	烤鱼合计	0.90	0.23	1.12	4.66	0.14	12.07
冷冻品	冷冻虾	2.57	0.32	2.89	4.54	0.13	4.57
	其他冷冻品	2.24	4.36	6.59	2.62	0.08	1.15
冷冻品合计		2.50	1.13	3.63	7.16	0.21	5.72
水产品总合计		2.07	0.84	2.90	100	2.90	100

注 1：损耗率的计算方式为“商品群的损耗额 ÷ 该商品群的销售额”。

二、是否采用“当日进货、当日售罄”的方式，还要看其是否能作为商品促销的有力“武器”。在消费者心中，对“当日进货、当日售罄”的商品的确有着根深蒂固的好感。

但纵观生鲜水产部门，实际情况并非如此。渔场状况、运送方式、鱼市存货等具体条件较为复杂，有时甚至会导致隔日商品比当日商品更加新鲜美味。因此“当日进货、当日售罄”并非一定最佳，作为水产部门的从业者，这点须谨记于心。

而且如果要彻底贯彻“当日进货、当日售罄”的方案，就无法在每日开张时做到100%的备货齐全，假设把备货要求降为80%，那余下货物的到店时间就成了大问题。此外，这种做法还会导致清早的作业内容增加。很明显，这与企业的最终目的（降低成本，增加利润）背道而驰。

应贯彻实行“当日进货、当日售罄”的商品群

三、是否采用“当日进货、当日售罄”的方式，要看商品自身是否能够维持鲜度，然后再结合第二方面的内容综合考量。从商品属性上看，图表10–13中所示的商品（全鱼、鱼块等纯生鲜水产以及刺身食材）必须当日进货，且其所占的销售额百分比为10%~15%。

因此，该图表的视角基于“应积极采取当日进货方式的商品”。换言之，当日进货也并非单纯的理想主义，是可以实现的。

图表左侧为当日进货的商品群及单品，备注栏中则记载着不符合当日进货条件的情况及其他内容。右侧为销售期限（对商家而言，即必须售罄日）。由销售期限可知，D0（当日售罄商品）相对较少，大多数商品会在转变形态后持续销售。

可销售至 D1（第二天）的商品及降价处理基准

接下来讲解“当日进货但无须当日售罄”的商品。

从上述内容可知，“当日进货、当日售罄”已然成为一种惯用说法，体现了在销售生鲜水产时鲜度的重要性。而如今冷藏、冷冻设备、配送车辆日益先进，冷链物流也迅速发展，但顾客心中对于鲜度的要求和顾虑仍然存在。

作为商家，则应该有效利用技术进步的成果。请看图表 10–13 右侧中销售期限不等于 D0 的商品。数值并非 D0，意味着其并非必须当日售罄的商品。但需要注意的是，即便是能够销售至 D1 的商品，其当日与隔日的口感也可能会有巨大差异。比如新鲜金枪鱼肉和活杀鲜鱼的当日货和隔日货，吃起来的感觉简直是天壤之别。因此在图表 10–13 中，D1、D2 商品有一个共通特性——口味不太会受到时间的影响。

通过逆向思维，就能明白 D0 商品的特性——外观和口味在隔日后大幅劣化，无法销售。

“当日售罄”有其操作方式和具体流程。首先应确认商品的销售期限及保质期限，然后以此为基准，设定以“当日售罄”为目的的“降价基准”和“销售注意点”。最后再附加“二次处理规定”，尽量避免毛利的下降（见图表 10–14）。

接下来请看图表 10–14 中的“降价基准”一栏，其中记载着降价率上限，其目的是尽量避免降价导致整体利润率的下滑。

只要有“降价试算表和最终利润率表”，就能把握商品在各时段的余量、降价率与整体利润率之间的关系。

作为售罄的方法和流程，应在“销售注意事项”一栏中记载降价处理的起始时间、商品档次及降价次数。

然后只要注明更为详细的相关信息即可（如几点进行降价处理、具体是何种档次的商品、降了多少日元或打了几折等）。右侧则与保质期限对应，在最初设定的保质期限范围内实行二次处理，并记载相关的售罄流程。

图表 10–13　应当日进货的商品及商品群实例

<table>
<tr><th colspan="2">商品群</th><th colspan="2">商品名</th><th>备注</th><th>销售期限</th></tr>
<tr><td rowspan="3">1</td><td rowspan="3">金枪鱼类</td><td>a</td><td>新鲜金枪鱼（各品种）</td><td></td><td>D1</td></tr>
<tr><td>b</td><td>中骨肉</td><td></td><td>D0</td></tr>
<tr><td>c</td><td>冷冻金枪鱼（各品种）</td><td>如果有超低温冷藏箱，则不受此限制</td><td>D1</td></tr>
<tr><td rowspan="4">2</td><td rowspan="4">鲣鱼类</td><td>a</td><td>鲣鱼肥肉</td><td rowspan="2">如果有超低温冷藏箱，则不受此限制</td><td>D0</td></tr>
<tr><td>b</td><td>鲣鱼鱼排</td><td>D0</td></tr>
<tr><td>c</td><td>炙烤鲣鱼鱼排</td><td></td><td>D0</td></tr>
<tr><td>d</td><td>新鲜鲣鱼</td><td></td><td>D1</td></tr>
<tr><td rowspan="3">3</td><td rowspan="3">活杀鱼类</td><td>a</td><td>鲷鱼</td><td rowspan="3">其他活杀鱼类也同样处理</td><td>D1</td></tr>
<tr><td>b</td><td>幼鰤</td><td>D1</td></tr>
<tr><td>c</td><td>比目鱼</td><td>D0</td></tr>
<tr><td rowspan="2">4</td><td rowspan="2">章鱼类</td><td>a</td><td>活章鱼</td><td></td><td>D1</td></tr>
<tr><td>b</td><td>蒸章鱼</td><td>如果为冷冻章鱼，则不受此限制</td><td>D1</td></tr>
<tr><td rowspan="2">5</td><td rowspan="2">新鲜乌贼类</td><td>a</td><td>新鲜柔鱼科乌贼</td><td>注意是否变色</td><td>D1</td></tr>
<tr><td>b</td><td>刺身用新鲜乌贼</td><td></td><td>D1</td></tr>
</table>

商品群		商品名		备注	销售期限
6	鰤鱼类	a	野生鰤鱼	注意是否变色	D0
		b	养殖幼鰤		D0
		c	壮鰤		D0
7	虾蟹类	a	解冻有头虾	必须附带添加剂使用标识（防止商品发黑的添加剂）	D1
		b	无头草虾		D1
		c	可生食的虾、蟹		D0
		d	虾仁		D1
8	贝类	a	新鲜贝类（各品种）		D1
		b	新鲜虾夷盘扇贝肉		D1
9	全鱼类	a	新鲜青花鱼		D0
		b	沙丁鱼		D1
		c	日本竹荚鱼		D1
10	新鲜鱼块	a	新鲜鲑鱼		D0
		b	蓝点马鲛		D0
		c	鲯鳅		D0
		d	箭鱼		D0
11	鳀鱼干类	a	热焯鱼干商品	不予冷冻	D0
12	整条干货类	a	“一夜干”	不予冷冻	D2
13	开背干货类	a	普通干燥食品	不予冷冻	D2
14	鳗鱼类	e	炙烤类商品		D1
		b	冷链商品（蒲烧）		D1

图表10-14　常规营业日售罄计划基准表(实例)

<table>
<tr><th colspan="2">商品及商品群</th><th>销售期限</th><th>保质期限</th><th>降价基准</th><th>销售注意事项</th><th>二次处理</th></tr>
<tr><td rowspan="2">1</td><td>刺身拼盘单品造型刺身及色拉</td><td rowspan="2">D0</td><td rowspan="2">D1</td><td rowspan="2">不得使刺身的整体利润率低于20%</td><td rowspan="2">a. 在下午3：00之前，降价处理已经变色及将要变色的商品
b. 从下午5：00起，进行两个阶段的降价处理（先7折销售，下午6：00起5折销售）</td><td rowspan="2">a. 加热处理，第二天售罄
b. 报废</td></tr>
<tr><td>鲣鱼类</td></tr>
<tr><td>2</td><td>金枪鱼类</td><td>D1</td><td>D1</td><td>不得使该种金枪鱼的整体利润率低于25%</td><td>a. 在下午3：00之前，降价处理已经变色及将要变色的商品
b. 从下午5：00起，除放到第二天也不会变色的商品外，一律进行降价处理，分两个阶段（先7折销售，下午6：00起5折销售）</td><td>a. 对于已经变色及将要变色的商品，采取同上的处理方式
b. 在D1切片，在D0销售
c. 报废</td></tr>
<tr><td>3</td><td>章鱼类</td><td>D1</td><td>D2</td><td>不得使该种章鱼的整体利润率低于25%</td><td>a. 从下午5：00起，只对第二天会变质的商品进行降价处理，分两个阶段（先7折销售，下午6：00起5折销售）</td><td>a. 在D2切片，在D0售罄
b. 报废</td></tr>
<tr><td rowspan="2">4</td><td>新鲜乌贼类</td><td>D0</td><td>D1</td><td>不得使该种乌贼的整体利润率低于25%</td><td>a. 在下午3：00之前，只降价处理已经变色的商品
b. 从下午5：00起，只取第二天无法售罄的余量，进行降价处理，分两个阶段（先7折销售，下午6：00起5折销售）</td><td>a. 在D1切片，在D0销售
b. 报废</td></tr>
<tr><td>冷冻乌贼（解冻）</td><td>D0</td><td>D1</td><td>不得使该种乌贼的整体利润率低于25%</td><td>a. 在下午3：00之前，降价处理已经变色及将要变色的商品（8折）
b. 下午5：00起采取同上策略</td><td>a. 在D1蒸熟，在D0售罄
b. 报废</td></tr>
<tr><td>5</td><td>竹荚鱼</td><td>D1</td><td>D1</td><td>不得使该种竹荚鱼的整体利润率低于25%</td><td>a. 第二天下午3：00起进行降价处理，分两个阶段（先7折销售，下午5：00起5折销售）</td><td>a. 在D1降价处理
b. 报废</td></tr>
<tr><td rowspan="2">6</td><td>鲕鱼类</td><td>D0</td><td>D1</td><td rowspan="2">不得使该种鲕鱼的整体利润率低于25%</td><td rowspan="2">a. 在下午3：00之前，降价处理已经变色及将要变色的商品（8折）
b. 下午5：00起，分两个阶段，全部进行降价处理</td><td rowspan="2">a. 在D1制成腌鱼，在D0售罄
b. 报废</td></tr>
<tr><td>鱼块类</td><td>D1</td><td>D1</td></tr>
</table>

商品及商品群		销售期限	保质期限	降价基准	销售注意事项	二次处理
7	鳗鱼类	D2	D3	不得使该种鳗鱼的整体利润率低于25%	a. 从下午6:00起，只对第二天会变质的商品进行降价处理	a. 在D2售罄 b. 报废
8	虾蟹类（生食用）	D0	D1	不得使该种虾蟹的整体利润率低于30%	a. 从下午6:00起，进行降价处理，分两个阶段	a. 加热处理，在D1售罄 b. 报废
	虾及冷冻鱼（保存在加热用的冷藏盒中）	D6	D7	不得使该种虾及冷冻鱼的整体利润率低于30%	a. 从下午6:00起，只降价处理已经变色变质的商品	a. 在D6售罄 b. 报废
	虾及冷冻鱼（解冻品）	D1	D2	不得使该种虾及冷冻鱼的整体利润率低于30%	a. 从下午6:00起，只降价处理已经变色的商品	a. 在D1售罄 b. 报废
9	鲑鱼类	D2	D4	不得使该种鲑鱼的整体利润率低于30%	a. 在下午3:00之前，降价处理已经变色及将要变色的商品 b. 从下午5:00起，进行降价处理，分两个阶段	a. 在D2售罄 b. 报废
10	鱼子类	D2	D4	不得使该种鱼子的整体利润率低于30%	a. 在下午3:00之前，降价处理已经变色及将要变色的商品 b. 从下午5:00起，进行降价处理，分两个阶段	a. 在D2售罄 b. 报废
	腌货干货、加工品					
11	扇贝类（保存在加热用的冷藏盒中）	D6	D7	不得使该种扇贝的整体利润率低于30%	a. 在下午3:00之前，降价处理已经变色及将要变色的商品 b. 从下午5:00起，进行降价处理，分两个阶段	a. 在D6售罄 b. 报废
	虾夷盘扇贝（解冻品）	D1	D2	不得使该种扇贝的整体利润率低于25%	a. 在下午3:00之前，降价处理已经变色及将要变色的商品 b. 从下午5:00起，进行降价处理，分两个阶段	a. 在D1售罄 b. 报废

“服务的细节”系列

《卖得好的陈列》：日本“卖场设计第一人”永岛幸夫

定价：26.00 元

《完全餐饮店》：一本旨在长期适用的餐饮店经营实务书

定价：32.00 元

《让顾客爱上店铺 1——东急手创馆》：零售业的非一般热销秘诀

定价：29.00 元

《新川服务圣经——餐饮店员工必学的 52 条待客之道》：日本“服务之神”新川义弘亲授服务论

定价：23.00 元

《为何顾客会在店里生气》：家电卖场销售人员必读

定价：26.00 元

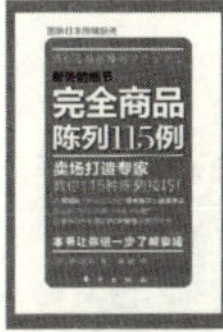

《完全商品陈列 115 例》：畅销的陈列就是将消费心理可视化

定价：30.00 元

《如何让顾客的不满产生利润》：重印 25 次之多的服务学经典著作

定价：29.00 元

《让顾客爱上店铺 2——三宅一生》：日本最著名奢侈品品牌、时尚设计与商业活动完美平衡的典范

定价：28.00 元

《摸过顾客的脚才能卖对鞋》：你所不知道的服务技巧，鞋子卖场销售的第一本书

定价：22.00 元

《繁荣店的问卷调查术》：成就服务业旺铺的问卷调查术

定价：26.00 元

《菜鸟餐饮店 30 天繁荣记》：帮助无数经营不善的店铺起死回生的日本餐饮第一顾问

定价：28.00 元

《最勾引顾客的招牌》：成功的招牌是最好的营销，好招牌分分钟替你召顾客！

定价：36.00 元

《会切西红柿，就能做餐饮》：没有比餐饮更好做的卖卖！ 饭店经营的“用户体验学”。

定价：28.00 元

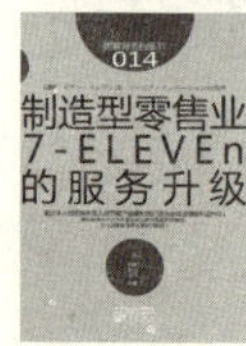

《制造型零售业——7-ELEVEn 的服务升级》：看日本人如何将美国人经营破产的便利店打造为全球连锁便利店 NO. 1！

定价：38.00 元

《店铺防盗》：7 大步骤消灭外盗，11 种方法杜绝内盗，最强大店铺防盗书！

定价：28.00 元

《中小企业自媒体集客术》：教你玩转拉动型销售的 7 大自媒体集客工具，让顾客主动找上门！

定价：36.00 元

《敢挑选顾客的店铺才能赚钱》：日本店铺招牌设计第一人亲授打造各行业旺铺的真实成功案例

定价：32.00 元

《餐饮店投诉应对术》：日本 23 家顶级餐饮集团投诉应对标准手册，迄今为止最全面最权威最专业的餐饮业投诉应对书。

定价：28.00 元

《大数据时代的社区小店》：大数据的小店实践先驱者、海尔电器的日本教练传授小店经营的数据之道

定价：28.00 元

《线下体验店》：日本 “体验式销售法” 第一人教你如何赋予 O2O 最完美的着地！

定价：32.00 元

《医患纠纷解决术》：日本医疗服务第一指导书，医院管理层、医疗一线人员必读书！ 医护专业入职必备！

定价：38.00 元

《迪士尼店长心法》：让迪士尼主题乐园里的餐饮店、零售店、酒店的服务成为公认第一的，不是硬件设施，而是店长的思维方式。

定价：28.00 元

《女装经营圣经》：上市一周就登上日本亚马逊畅销榜的女装成功经营学，中文版本终于面世！

定价：36.00 元

《医师接诊艺术》：2 秒速读患者表情，快速建立新赖关系！ 日本国宝级医生日野原重明先生重磅推荐！

定价：36.00 元

《超人气餐饮店促销大全》：图解型最完全实战型促销书，200 个历经检验的餐饮店促销成功案例，全方位深挖能让顾客进店的每一个突破点！

定价：46.80 元

《服务的初心》：服务的对象十人百样，服务的方式千变万化，唯有，初心不改！

定价：39.80 元

《最强导购成交术》：解决导购员最头疼的 55 个问题，快速提升成交率！
定价：36.00 元

《帝国酒店——恰到好处的服务》：日本第一国宾馆的 5 秒钟魅力神话，据说每一位客人都想再来一次！
定价：33.00 元

《服务的细节 029：餐饮店长如何带队伍》：解决餐饮店长头疼的问题——员工力！ 让团队帮你去赚钱！
定价：36.00 元

《服务的细节 030：漫画餐饮店经营》：老板、店长、厨师必须直面的 25 个营业额下降、顾客流失的场景
定价：36.00 元

《服务的细节 031：店铺服务体验师报告》：揭发你习以为常的待客漏洞 深挖你见怪不怪的服务死角 50 个客户极致体验法则
定价：38.00 元

《服务的细节 032：餐饮店超低风险运营策略》：致餐饮业有志创业者 & 计划扩大规模的经营者 & 与低迷经营苦战的管理者的最强支援书
定价：42.00 元

《服务的细节 033：零售现场力》：全世界销售额第一名的三越伊势丹董事长经营思想之集大成，不仅仅是零售业，对整个服务业来说，现场力都是第一要素。

定价：38.00 元

《服务的细节 034：别人家的店为什么卖得好》：畅销商品、人气旺铺的销售秘密到底在哪里？ 到底应该怎么学？ 人人都能玩得转的超简明 MBA

定价：38.00 元

《服务的细节 035： 顶级销售员做单训练》：世界超级销售员亲述做单心得，亲手培养出数千名优秀销售员！日文原版自出版后每月加印 3 次，销售人员做单必备。

定价：38.00 元

《服务的细节 036：店长手绘 POP 引流术》：专治“顾客门前走，就是不进门“，让你顾客盈门、营业额不断上涨的 POP 引流术！

定价：39.80 元

《服务的细节 037：不懂大数据，怎么做餐饮？》：餐饮店倒闭的最大原因就是“讨厌数据的糊涂账”经营模式。

定价：38.00 元

《服务的细节 038：零售店长就该这么干》：电商时代的实体店长自我变革。

定价：38.00 元

更多本系列精品图书，敬请期待！

图书在版编目（CIP）数据

生鲜超市工作手册. 水产篇 / 日本《食品商业》编辑部 编；周征文 译. —北京：东方出版社, 2016.5

（服务的细节；041）

ISBN 978-7-5060-9054-4

Ⅰ. ①生… Ⅱ. ①日…②周… Ⅲ. ①超市—商业服务—手册 Ⅳ. ①F717.6-62

中国版本图书馆CIP数据核字（2016）第121048号

服务的细节041：生鲜超市工作手册水产篇
（FUWU DE XIJIE 041:SHENGXIAN CHAOSHI GONGZUO SHOUCE SHUICHANPIAN）

编　　者：［日］《食品商业》编辑部
译　　者：周征文
责任编辑：崔雁行　高琛倩　王思怡
出　　版：东方出版社
发　　行：人民东方出版传媒有限公司
地　　址：北京市西城区北三环中路6号
邮　　编：100120
印　　刷：北京文昌阁彩色印刷有限责任公司
版　　次：2016年6月第1版
印　　次：2021年1月第5次印刷
开　　本：880毫米×1230毫米 1/32
印　　张：9.875
字　　数：205千字
书　　号：ISBN 978-7-5060-9054-4
定　　价：38.00元
发行电话：（010）85924663　85924644　85924641